SCHOOL OF
ORIENTAL AND AFRICAN STUDIES
UNIVERSITY OF LONDON

London Oriental Series
Volume 6, Part 2

LONDON ORIENTAL SERIES · VOLUME 6

THE HEVAJRA TANTRA

A CRITICAL STUDY

BY

D. L. SNELLGROVE

Reader in Tibetan,
School of Oriental and African Studies

PART 2

SANSKRIT AND TIBETAN TEXTS

LONDON
OXFORD UNIVERSITY PRESS
NEW YORK TORONTO

Oxford University Press, Ely House, London W. 1

GLASGOW NEW YORK TORONTO MELBOURNE WELLINGTON
CAPE TOWN SALISBURY IBADAN NAIROBI DAR ES SALAAM LUSAKA ADDIS ABABA
BOMBAY CALCUTTA MADRAS KARACHI LAHORE DACCA
KUALA LUMPUR SINGAPORE HONG KONG TOKYO

ISBN 0 19 713516 1

First edition 1959
Reprinted 1964 and 1971

REPRINTED LITHOGRAPHICALLY IN GREAT BRITAIN
AT THE UNIVERSITY PRESS, OXFORD
BY VIVIAN RIDLER
PRINTER TO THE UNIVERSITY

CONTENTS

NOTE ON THE TEXTS

In the preparation of the texts I made primary use of three Sanskrit manuscripts, all Nepalese copies of the nineteenth century: one belonging to Professor Tucci (A), one to the Cambridge University Library (B), and one to the Asiatic Society of Bengal (C). I have also noted the existence of the three other similar manuscripts obtained by Brian Hodgson, two of which are in the Bibliothèque Nationale and one in the Royal Asiatic Society, London. Of the last of these I have made some use. The Tibetan translation in the Kanjur and the translations of early Indian commentaries preserved in the Tenjur were my chief guides throughout.[1] I have since compared my text with an earlier Sanskrit manuscript (about fifteenth century) in the private library of Kaisher Shamsher in Kathmandu.

Of the early commentaries a fine Sanskrit manuscript of the *Yogaratnamālā* by Kaṇha is preserved in Cambridge. Of the 70 folios only two, 29 and 30, are missing. It is written on palm-leaf in an old Bengāli script and dated the 39th year of King Govindapāla. This king seems to have been the last of the Pāla dynasty and ruled in the second half of the twelfth century. In the Bir Library in Kathmandu there is another incomplete manuscript of 26 folios. It has been possible by means of this to supply most of the missing section of the Cambridge MS. Other small omissions and the few errors of the Cambridge MS. have been made good by means of the Tibetan Translation (Narthang Tenjur *rgyud*, xvi, ff. 1–73).

Field-Marshal Kaisher Shamsher kindly allowed me the free use of his library and I have since found there incomplete palm-leaf manuscripts of the commentaries of Saroruha and Vairocana, which are quoted in my notes from the Tibetan translations. There is a second and fuller manuscript of Vairocana's commentary in the Bir Library (formerly known as the Durbar Library), but permission to photograph it was refused. For this work of mine I have relied upon the Tibetan translations of the commentaries except in the case of the *Yogaratnamālā*; in any case it would be impracticable to make running references to fragmentary unpublished texts.

Also in the Field-Marshal's library there is one other commentary, the *Hevajrapañjikā* by Śrī-Kamalanāth, complete in 23 folios. This work does not seem to have been translated into Tibetan, for it is missing from the Tenjur. Nor does this Kamala or Kamalanāth appear to be known in Tibetan tradition. There is a *prima facie* case for identifying him with

[1] I have used the Narthang edition, controlling the occasional scribal errors on the blocks with the invaluable assistance of the Peking edition, reprinted under the supervision of Otani University, Kyoto and published in 1955 by the Tibetan Tripitika Research Institute. See *The Tibetan Tripitika*, ed. D. T. Suzuki, Vol. I, Tokyo-Kyoto, 1955, pp. 210–223. On the very rare occasions where there is any doubt of the correct reading, I have quoted both versions, Narthang (N) and Peking (P).

Kampala, who is named with Saroruha as an originator of the *Hevajra-tantra* (see Part I, p. 12), for we would expect him to have produced a commentary. This short work might well have been included in this edition, had it been found in time.

The Chinese version of the tantra (Taishō edition no. 892) appears to be based on the same Sanskrit original as the Tibetan, but the translator clearly found difficulty in rendering the more obscure parts as intelligible Chinese. Thus this version, rather than assisting towards a better understanding of the Sanskrit, would seem to provide new material for a study of its own. I have appealed to it on one or two occasions, but its testimony is really rendered superfluous by the far greater number of reliable Tibetan readings.

In mentioning the texts, I take the opportunity to thank Professor John Brough, who assisted me much with the reading of the manuscripts and provided me with many helpful ideas, and Professor Walter Simon, who assisted me with the Chinese version. Nor would I fail to mention those Tibetan translators of long ago, without whose labours we should be able to make little advance in Buddhist studies. Every one of their texts is an extraordinary linguistic feat, for no other translators have ever succeeded in reproducing an original with such painstaking accuracy. Relying upon them alone, there is no reason why the exact contents of any Buddhist text should not become known to us. A Tibetan translation of a text and a commentary, let alone five commentaries or more, is of far more value for understanding a work than a Sanskrit manuscript alone. It is on these translations that I have largely relied.

When one is confronted with the task of providing a satisfactory translation of a hitherto unedited Sanskrit work, the normal course of procedure should be first to establish a reliable text by a careful collation of the available manuscripts, and then to interpret this direct in accordance with the accepted rules of grammar and syntax. Guidance may be sought from secondary versions, either translations or commentaries, but such help one would expect to be of a subsidiary nature, for the original text should always be the chief authority. Such a statement of method might seem quite superfluous, were it not for the fact that it has been found necessary in dealing with the present text to dispense with the orthodox and logical method of procedure, and reverse the whole process in a manner that at first might seem unreliable and dangerous. Indeed it must be confessed that the general method has been to first ascertain the intended sense of the text and then edit the manuscripts accordingly. The one excuse for this method is that this is the most certain method of procedure, when one is dealing with manuscripts so manifestly rife with error as are the available manuscripts of the *Hevajra-tantra.* Nor on second thoughts should such a method seem necessarily unreliable, where the primary concern is to learn the contents of the work and establish its relationship to a general cultural background. For this can still be done, even though the actual text may remain imperfect.

For ascertaining the intended sense of the text the most reliable version is the Tibetan translation. This reproduces the original text at a far earlier stage than the nineteenth-century Nepalese MSS. The passages in *apabhraṃśa*, for example, are transliterated as such, while in the manuscripts they appear partly sanskritized, and there are several instances where the sense suggested by the Tibetan is to be preferred in spite of the contradictory evidence of the manuscripts. Likewise the many commentaries, which with the exception of the *Yogaratnamālā* are quoted from the Tibetan, refer to versions of the text as known from the ninth to eleventh centuries, and so they, too, in any matter of doubt must be given precedence over the extant manuscripts. In fact these two powerful aids, Tibetan translation and commentarial works, are in themselves sufficient to provide us with a satisfactory translation of the whole work, while the manuscripts taken alone are not. It would seem reasonable therefore, that the actual editing of the Sanskrit text should follow rather than precede our understanding of it. In final justification of this method it remains necessary to illustrate just how these manuscripts should be so unreliable.

In order that a text should serve as a reliable guide, it is necessary that the editor should first be able to edit with some consistency, and in order to do this he must feel confident that the original text which he is attempting to restore was a correct text, that scansion, grammar, and syntax were originally regular. In a choice between several readings he would then logically choose the one that was correct and in restoring corrupt passages he would pay full regard to regular scansion. But in the case of the *Hevajratantra* there can be no such confidence. More than a hundred lines are quite irregular, and although they clearly represent *ślokas* of a kind, it is impossible to see how many of them can ever have been anything but irregular. Thus where there is a choice of reading, the original one is by no means necessarily the one that would permit correct scansion. Likewise, in the case of grammar and syntax, there seems to be complete carelessness in the matter of endings and irregularities of a kind that would be insufficiently explained by the ignorance of scribes. They have certainly added to the confusion, as may be seen by a comparison of the extant manuscripts, but their distortions are of a kind that can only suggest error based upon error. Since this is so, it is clearly impossible to hope to provide a satisfactory edition of such a text. One's aim, of course, should be to produce a version as close to the original as possible, but there is a great difference between attempting to restore an originally perfect text and an originally imperfect text, for in the latter case we are deprived of the chief measure of success, namely the correctness of the restored version.

In our case therefore we have had to be content with the next best thing, namely a text that accords with the required sense as it may be ascertained from the Tibetan translation and the several commentaries. We may then accept the irregularities of scansion, when it seems that they could not be otherwise, and the irregularities of grammar, in so far as they do not render impossible the required sense. Such is the principle I have tried to follow, but it is a principle that is inevitably inconsistent in application, for another might well insist that many of the irregularities retained still render impossible any satisfactory translation. Some of these, however, occur with sufficient regularity to warrant their acceptance, some just cannot be otherwise, while some, which are altogether absurd, have been tentatively corrected.

Thus for mere example the form *-rūpiṇaṃ* appears as neuter nominative (II. iv. 40, 55; vii. 8) and is attested in all manuscripts.

ākṛti (II. iii. 4) is treated as neuter and this false attribution of gender is confirmed by three neuter forms in the same line.

The mixture of nominatives and instrumentals (II. iii. 54) is attested by all manuscripts and should clearly be allowed to remain, as they have every appearance of being original.

Barbarities of this kind are fundamental to the text, as is also the continual mixing of the endings *-ḥ* and *-ṃ*. In editing, one can but choose whichever seems the more correct of the two, but those who once recited this work do not seem to have bothered, while the scribes often write both the *visarga* and the *anusvāra*.

But there are cases where some deliberate alteration of the text is necessary in spite of the manuscripts' unanimity in error.

Thus they all have: *śabdaś ca . . . lakṣayet* and one must make an obvious correction to *śabdañ ca* (II. iv. 14).

They all confirm the reading *tarjayantaṃ surāsurān* (II. v. 27), but the required sense can be gained only by correcting to *tarjayañ ca . . . .*

They all read: *tatra madhye 'ham vidyāt* (II. v. 7), and one corrects to: . . . *vidyaṭe*, wondering meanwhile whether one should improve still further with . . . *vidyeya*.

Elsewhere we may reject all the alternatives offered, and supply the logically correct form. Thus instead of *devatī / devati / devatīṃ* we have written *devatīr* (II. iv. 66), and *kathaṃ* instead of *katamaṃ* (II. vii. 1).

Some corrections have been more bold, and while they seem necessary if the required sense is to be made clear, there can be no guarantee whatsoever that they represent the original text. See I. v. 6; vi. 9; II. v. 70.

Where the metre can be easily regularized this has normally been done, but in some cases I have amended the text against the metre, e.g. I. vii. 9; II. vi. 6; ix. 7. Such irregularity is probably inherent (cp. I. vi. 24).

The language need not be graced by the term Buddhist Sanskrit. It is just bad Sanskrit. The only special grammatical form worthy of note is the 3rd sing. opt. *karet*. The form of the gerund, normally reserved for compound verbs, is used with several simple verbs: *vādya*, *gṛhya*, *pūjya*. There are six cases of double *sandhi*.

The manuscripts themselves have no special features. Consonants are regularly doubled after *-r-*, but in our edition they are given as single.

Square brackets [ ] have been used to indicate the desirability of omitting a word or passage which is nevertheless attested by all manuscripts, or which has some other claim to consideration as an original reading. Pointed brackets ⟨ ⟩ indicate the desirability of inserting a word or passage, usually for metrical reasons, for which no authority can be quoted from the manuscripts, Tibetan version or the commentaries. The critical apparatus does not show all the variant readings, so very many of which, especially in the case of B, are useless scribal blunders. A number of absurdities are, however, quoted as illustration of the nature of these manuscripts. The pagination given throughout the *Hevajra-tantra* refers to the Calcutta MS.

ŚRĪ-HEVAJRA-MAHĀTANTRARĀJĀ

ŚRĪ-HEVAJRA-MAHĀTANTRARĀJĀ

PART I. CHAPTER i

Oṃ namaḥ śrīhevajrāya ||

Evaṃ mayā śrutam ekasmin samaye bhagavān sarvatathāgatakāyavākcittahṛdaya[1]vajrayoṣid[2]bhageṣu[3] vijahāra / (1) tatra bhagavān āha / sarvatathāgatakāyavākcittahṛdayaṃ bhaṭṭārakaṃ[4] guhyātiguhyataraṃ[5] / aho Vajragarbha sādhu sādhu mahākṛpa mahābodhisattva[6] [bodhisattvasya][7] vajrasattvasya mahāsattvasya samaya[2*a*]sattvasya [jñānasattvasya][7] hṛdayaṃ hevajrasaṃkhyaṃ śṛṇu / (2)

Vajragarbha uvāca

vajrasattvo[8] bhavet kasmāt · mahāsattvo[8] bhavet kathaṃ ||
samayasattvo[8] bhavet kena kathayatu bhagavān mayi || (3)

bhagavān[9] āha /

abhedyaṃ vajram ity uktam sattvaṃ tribhavasyaikatā[10] ||
anayā prajñayā yuktyā vajrasattva iti smṛtaḥ || (4)
mahājñānarasaiḥ pūrṇo[11] mahāsattvo[12] nigadyate ||
nitya[13]samayapravṛttatvāt samayasattvo[14] 'bhidhīyate || (5)
[bodhicaryāsamāsena bodhisattvo nigadyate ||
prajñājñānasamāyogāj[15] jñānasattvas tathāgataḥ ||] (5*a*)[7]

Vajragarbha uvāca /

hevajran tu bhavet ke[2*b*]na · īdṛśaṃ nāmasaṃgrahaṃ ||
hekāreṇa kim ākhyātaṃ vajreṇāpi kim [tathā] ucyate[16] || (6)

bhagavān āha /

hekāreṇa mahākaruṇā · vajraṃ prajñā ca bhaṇyate[17] ||
prajñopāyātmakaṃ tantraṃ tan me nigaditaṃ śṛṇu || (7)
dṛṣṭyākṛṣṭi[18]mahācchomaṃ sāmarthyaṃ bahuvidhaṃ viduḥ ||
stambhanoccāṭanaṃ caiva sainyastambhābhicārukaṃ || (8)
yoginīnāṃ yathānyāyam[19] utpattisthitikāraṇaṃ ||
sāmarthyaṃ jñānavijñānaṃ devatānāṃ yathodayaṃ || (9)
prathamaṃ tāvad bhaved[20] ekaṃ herukotpattikāraṇaṃ ||
bhāvenaiva vimucyante Vajragarbha mahākṛpa[21] || (10)
badhyante bhāvabandhena mucyante tatparijñayā ||
bhāvaṃ [3*a*] bhāvyaṃ bhavet prājña[22] · abhāvaṃ ca[23] parijñayā ||
tadvac[24] chrīherukaṃ bhāvyam abhāvaṃ[25] ca parijñayā || (11)
dehasthaṃ ca[26] mahājñānaṃ sarvasaṃkalpavarjitaṃ ||
vyāpakaḥ sarvavastūnāṃ dehastho 'pi na dehajaḥ || (12)

[1] *A and B omit* hṛdaya [2] *A* yogi [3] *B* bhaga [4] *A* bhamudrākāraṃ; *B* mudrārakaṃ [5] *A* -karaṃ [6] *A* -satvā [7] *Found in C only* [8] *A* -satva [9] *C* bhavān [10] *A* tribhavam ekatā [11] *A* pūrṇṇam; *B, C* pūrṇṇa [12] *A, B* satva [13] *C* nityaṃ [14] *A, B* -satvābhidhīyate. [15] *C* (*sole version*) -yogāt [16] *All MSS.* vajreṇāpi tathā kim; *B adds* ucyate [17] *A omits* ca [18] *C* ākṛṣṭir [19] *A* vaconyāyam [20] *B* bhāvayed; *T suggests* prathamaṃ bhāvayed ekaṃ [21] *A* mahākṛpaḥ [22] *A, B* prajño; *C* prajñaṃ; *T suggests* prājña; *K confirms voc. ending* [23] *B* abhāvasya [24] *C* tadvad śrīherukaṃ; *A, B, K* -tadvad dherukaṃ [25] *B* abhāvaś ca [26] *A, B omit* ca

rgya gar skad du / HE BADZRA TANTRA RĀ DZA nāma
bod skad du / KYEḤI RDO RJE źes bya ba RGYUD KYI RGYAL PO /

PART I. CHAPTER i

Kyeḥi rdo rje la phyag ḥtshal lo /
ḥdi skad bdag gis thos pa dus gcig na / bcom ldan ḥdas de bźin gśegs pa thams cad kyi sku daṅ gsuṅ daṅ thugs kyi sñiṅ po rdo rje btsun moḥi bha ga la bźugso / (1) de bźin gśegs pa thams cad kyi sku daṅ gsuṅ daṅ thugs kyi sñiṅ po rje btsun gsaṅ ba las śin tu ches gsaṅ baḥaṅ / de nas bcom ldan ḥdas kyis bkaḥ stsal pa / e maḥo byaṅ chub sems dpaḥ sems dpaḥ chen po / rdo rje sñiṅ po sñiṅ rje chen po legs so legs so || rdo rje sems dpaḥ daṅ / sems dpaḥ chen po daṅ / dam tshig sems dpaḥ chen po sñiṅ po kyeḥi rdo rje źes bya ba ñon cig / (2)

rdo rje sñiṅ pos gsol pa /
gaṅ phyir rdo rje sems dpaḥ lags || ji ltar sems dpaḥ chen po lags ||
gaṅ gis dam tshig sems dpaḥ lags || bcom ldan ḥdas kyis ṅa la gsuṅs || (3)
bcom ldan ḥdas kyis bkaḥ stsal pa /
rdo rje mi phyed ces byar brjod || sems dpaḥ srid pa gsum gcig pa ||
ḥdis ni śes rab rigs pa yis rdo rje sems dpaḥ źes byar brjod || (4)
ye śes chen poḥi ros gaṅ ba || sems dpaḥ chen por brjod par bya ||
rtag tu dam tshig la spyod phyir || dam tshig sems dpaḥ brjod par bya || (5)

rdo rje sñiṅ pos gsol pa /
miṅ bsdus pa ni ji lta bu || gaṅ gis kye ḥi rdo rje lags ||
he yi rnam pas ci źig bśad || badzra yis kyaṅ de bźin ci || (6)
bcom ldan ḥdas kyis bkaḥ stsol pa /
he ni sñiṅ rje chen po ñid || badzra ḥaṅ śes rab brjod par bya ||
thabs daṅ śes rab bdag ñid rgyud || de ni ṅa yis bśad kyis ñon || (7)
lta staṅs dgug daṅ brda chen daṅ || don byed rnam maṅ brjod pa daṅ ||
reṅs par byed daṅ skrod pa ñid || sde reṅs byed daṅ mṅon spyod daṅ || (8)

ji ltar rigs par rnal ḥbyor maḥi || bskyed daṅ gnas daṅ byed rgyu daṅ ||
don byed ye śes rnam śes daṅ || lha rnams ji ltar ḥbyuṅ baḥo || (9)
he ru ka ni bskyed paḥi rgyud || daṅ por gcig ni bsgom par bya ||
rdo rje sñiṅ po sñiṅ rje che || dṅos po ñid kyis rnam grol źiṅ || (10)
dṅos poḥi ḥchiṅ bas ḥchiṅ bar ḥgyur || de yoṅs śes pas grol ba yin ||
dṅos po med paḥaṅ yoṅs śes pas || dṅos po sgom ḥgyur śes rab can ||
dṅos po med pa yoṅs śes pas || de ltar he ru ka bsgom bya || (11)
lus la ye śes chen po gnas || rtog pa thams cad yaṅ dag spaṅs ||
dṅos po kun la khyab pa po || lus gnas lus las ma skyes paḥo || (12)

Vajragarbha āha / he bhagavan vajradehe katamā nāḍyaḥ / bhagavān āha / dvātriṃśan nāḍyaḥ / dvātriṃśad bodhicittāvahā mahāsukhasthāne sravante / tāsāṃ madhye tisro[1] nāḍyaḥ pradhānāḥ / lalanā rasanā · avadhūtī ceti / (13)

lalanā prajñāsvabhāvena rasanopāyasaṃsthitā ||
avadhūtī madhyadeśe[2] grāhyagrāhakavarjitā || (14)
akṣobhyāvahā lalanā ra[3*b*]sanā raktavāhinī ||
prajñācandrāvahākhyātā[3]vadhūtī sā prakīrtitā || (15)
abhedyā sūkṣmarūpā ca divyā vāmā tu vāminī[4] ||
kūrmajā bhāvakī sekā doṣā viṣṭā ca mātarī[5] || (16)
śavarī śītadā coṣmā lalanāvadhūtī[6] rasanā ||
pravaṇā kṛṣṇa[7]varṇā ca surūpiṇī[8] sāmānyā hetudāyikā || (17)
viyogā premaṇī siddhā pāvakī sumanās tathā ||
traivṛttā kāminī gehā caṇḍikā māradārikā || (18)

Vajragarbha uvāca / etā dvātriṃśan nāḍyo[9] bhagavan kīdṛśāḥ / bhagavān āha / (19)

tribhavapariṇatāḥ[10] sarvā grāhyagrāhakavarjitāḥ ||
athavā sarvopāyena bhāvalakṣaṇa[4*a*]kalpitāḥ || (20)

saṃvarabhedaś ca kathyate / āli-kāli-candra-sūrya-prajñopāya-dharma-saṃbhoga-nirmāṇa-mahāsukha-kāya-vāk-cittaṃ / evaṃ mayā || (21)

ekāreṇa Locanādevī vaṃkāreṇa Māmakī smṛtā ||
makāreṇa Pāṇḍurā ca yākāreṇa Tāraṇī smṛtā[11] || (22)

nirmāṇacakre padmaṃ catuḥṣaṣṭidalaṃ / dharmacakre aṣṭadalaṃ / saṃbhogacakre ṣoḍaśadalaṃ / mahāsukhacakre dvātriṃśaddalaṃ / cakrasaṃkhyākrameṇa vyavasthāpanaṃ / (23) catvāraḥ kṣaṇāḥ / vicitra · vipāka · vimarda · vilakṣaṇāś ceti (24) catvāry aṅgāni[12] / sevā · upasevā · sādhanā · mahāsādhanāś [4*b*] ceti (25) caturāryasatyāni / duḥkha · samudaya · nirodha · mārgāś[13] ceti / (26) catvāni tattvāni / ātmatattvaṃ mantratattvaṃ devatātattvaṃ jñānatattvaṃ ceti (27) catvāra ānandāḥ / ānandaḥ paramānando viramānandaḥ sahajānandaś ceti / (28) catvāro nikāyāḥ / sthāvarī sar-

[1] *All MSS.* trīṇi [2] *A, B insert* tu [3] *A, B* -khyātā ava- [4] *C* vāhinī [5] *C* mātarā [6] *A, B* lalanā avadhūtī; *C* lalanā cāvadhūtikā [7] *C*, T kṛṣṭhā [8] *All MSS.* svarūpiṇī; *T suggests* surūpiṇī [9] *A* nāḍyaḥ [10] *A* poniṇatā [11] *Thus A, B, T*; *C* yākāreṇa ca Tāraṇi [12] *These occur in C only* [13] *A, B* márggaḥ; *C* marggāś

rdo rje sñiṅ pos gsol pa / kye bcom ldan ḥdas rdo rjeḥi lus la rtsa du lags / bcom ldan ḥdas kyis bkaḥ stsal pa || rtsa rnams ni sum cu rtsa gñis te / byaṅ chub kyi sems sum cu rtsa gñis ḥbab pa bde ba chen poḥi gnas su ḥdzag paḥo || de rnams kyi naṅ nas rtsa rnam pa gsum ni gtso bo ste / brkyaṅ ma daṅ / ro ma daṅ / kun ḥdar maḥo || (13)

brkyaṅ ma śes rab raṅ bźin gyis || thabs kyis ro ma yaṅ dag gnas ||
kun ḥdar ma ni dbus su gnas || gzuṅ daṅ ḥdzin pa rnam par spaṅs || (14)

brkyaṅ ma mi bskyod ḥbab pa ste || ro ma de bźin khrag ḥbab ciṅ ||
śes rab zla ba ḥbab bśad pa || de ni kun ḥdar ma rab grags || (15)

mi phyed ma daṅ / phra gzugs ma daṅ / rtse ba ma daṅ / g'yon pa ma daṅ / thuṅ ṅu ma daṅ / ru sbal skyes ma daṅ / sgom pa ma daṅ / dbaṅ ma daṅ / skyon ma daṅ / ḥjug ma daṅ / ma mo daṅ / (16) mtshan mo daṅ / bsil sbyin ma daṅ / tsha ba ma daṅ / brkyaṅ ma daṅ / kun ḥdar ma daṅ / ro ma daṅ / gźol ma daṅ / reṅs ma daṅ / śin tu gzugs can ma daṅ / spyi ma daṅ / rgyu sbyin ma daṅ / (17) sbyor bral ma daṅ / sñu gu ma daṅ / grub ma daṅ / ḥtshed ma daṅ / de bźin du yid bzaṅ ma daṅ / sum ḥkhor ma daṅ / ḥdod ma daṅ / khyim ma daṅ / gtum mo daṅ / bdud dral maḥo / (18) rdo rje sñiṅ pos gsol pa / bcom ldan ḥdas rtsa sum cu rtsa gñis po ḥdi rnams ji lta bu lags / (19) bcom ldan ḥdas kyis bkaḥ stsal pa /

srid gsum yoṅs gyur thams cad ni || gzuṅ daṅ ḥdzin pa rnam par spaṅs ||
yaṅ na thabs ni thams cad kyis || dṅos poḥi mtshan ñid du ni brtag || (20)

sdom paḥi dbye baḥaṅ bśad par bya ste / ā li kā li ni zla ba daṅ / ñi ma daṅ / śes rab daṅ / thabs so || chos daṅ / loṅs spyod [308*b*] rdzogs pa daṅ / sprul pa daṅ ni sku daṅ / gsuṅ daṅ / thugs so || e baṃ ma ya ni || (21)

e yi rnam pa lha mo spyan || baṃ gi rnam pa bdag mar brjod ||
ma ni lha mo gos dkar mo || ya yi rnam pas sgrol mar brjod || (22)

sprul paḥi ḥkhor lo la padma mdab ma drug cu rtsa bźi daṅ / chos kyi ḥkhor lo la mdab ma brgyad daṅ / loṅs spyod rdzogs paḥi ḥkhor lo la mdab ma bcu drug daṅ / bde ba chen poḥi ḥkhor lo la mdab ma sum cu rtsa gñis so || ḥkhor loḥi graṅs kyi rim pas rnam par bźag pa / (23) skad cig ma bźi ni rnam pa sna tshogs daṅ / rnam par smin pa daṅ / rnam par ñed pa daṅ / mtshan ñid daṅ bral baḥo || (24) ḥphags paḥi bden pa bźi ni sdug bsṅal ba daṅ / (25) kun ḥbyuṅ ba daṅ / ḥgog pa daṅ / lam mo / (26) de kho na ñid bźi ni bdag gi de kho na daṅ / sṅags kyi de kho na daṅ / lhaḥi de kho na daṅ / ye śes kyi de kho na ñid do || (27) dgaḥ ba bźi ni dgaḥ ba daṅ / mchog tu dgaḥ ba daṅ / dgaḥ bral gyi dgaḥ ba daṅ / lhan cig skyes paḥi dgaḥ baḥo || (28) sde pa bźi ni gnas brtan pa daṅ / thams cad yod par smra ba daṅ / kun gyis bkur ba daṅ / dge ḥdun phal chen

vāstivādaḥ saṃvidī mahāsaṅghī[1] ceti / (29) candra-sūrya āli-kāli ṣoḍaśasaṃkrāntiś[2] catuḥ[3]ṣaṣṭidaṇḍo[4] dvātriṃśannāḍī catvāraḥ prahārā evaṃ sarve catvāraḥ / (30)

candālī jvalitā nābhau ||
dahati[5] pañcatathāgatān ||
dahati[5] ca Locanādīḥ ||
dagdhe 'haṃ sravate śaśī || (31)

sarvatathāga[5*a*]takāyavākcittahevajrakulapaṭalaḥ prathamaḥ ·/

PART I. CHAPTER ii

mantrapaṭalaṃ vyākhyāsyāmaḥ /
sarvabhautikabalimantraḥ / OṂ akāro mukhaṃ[6] sarvadharmāṇām ādyanutpannatvāt · OṂ ĀḤ HŪṂ PHAṬ SVĀHĀ (1)
tathāgatānāṃ bījaṃ / BUṂ AṂ JRĪṂ[7] KHAṂ HŪṂ / (2)[8]
Hevajrasya hṛdayaṃ / OṂ DEVA PICU VAJRA HŪṂ HŪṂ HŪṂ PHAṬ SVĀHĀ (3)
sarvamantrapadāḥ / OṂ-kārādi-SVĀHĀntā HŪṂ-PHAṬ-kāravidarbhitāḥ (4)
purakṣobhamantraḥ / OṂ A KA CA ṬA TA PA YA ŚA SVĀHĀ (5)
yoginīnāṃ bījaṃ / A Ā I Ī U Ū Ṛ Ṝ Ḷ Ḹ E AI O AU AṂ AḤ (6)
dvibhujasya / OṂ TRAILOKYĀKṢEPA HŪṂ HŪṂ HŪṂ PHAṬ SVĀHĀ (7)
ca[5*b*]turbhujasya / OṂ JVALAJVALABHYO HŪṂ HŪṂ HŪṂ PHAṬ SVĀHĀ (8)
ṣaḍbhujasya / OṂ KIṬI KIṬI VAJRA HŪṂ HŪṂ HŪṂ PHAṬ SVĀHĀ (9)
kāyavākcittādhiṣṭhānamantraḥ / OṂ ĀḤ HŪṂ (10)
bhūmiśodhanamantraḥ / OṂ RAKṢA RAKṢA HŪṂ HŪṂ HŪṂ PHAṬ SVĀHĀ (11)
stambhanaṃ / OṂ HŪṂ SVĀHĀ (12)
vaśyaṃ / OṂ AṂ SVĀHĀ (13)
uccāṭanaṃ / OṂ KHAṂ SVĀHĀ (14)
vidveṣaṇaṃ / OṂ JRĪṂ SVĀHĀ / (15)
abhicārukaṃ / OṂ BUṂ SVĀHĀ / (16)
ākarṣaṇaṃ / OṂ HŪṂ SVĀHĀ / (17)
māraṇaṃ / OṂ GHUḤ SVĀHĀ / (18)
OṂ KURUKULLE HRĪḤ SVĀHĀ / (19)

OṂ-ĀḤ-PHUḤ-kāraṃ anantapratikṛtiṃ kṛtvā pañcāmṛtena snāpayet / kṛṣṇapuṣpeṇārcayet / nāgadamarakarasena lepayet / hastimadena śiro lepayet / śarāvadvayena saṃpuṭī[6*a*]kṛtya sthāpayet / kṛṣṇagokṣīreṇa pūrayet / kṛṣṇakumārīkartitasūtreṇa veṣṭayet / vāyavyāṃ diśi puṣkariṇīṃ[9]

[1] *C* mahāsaṅghīś [2] *B, C* saṃkrāntiḥ [3] *All MSS.* catuṣaṣṭi [4] *C* daṇḍāḥ; *B* -dalaḥ [5] *A, B* dahatī [6] *All MSS.* mukha; *T transliterates* mukhaṃ [7] *A* BUṂ ĀṂ JĪM; *B* BUṂ ĀṂ JRIM; *C* BRUṂ ĀṂ JRĪM; *T* BRUṂ AṂ JRIṂ *These* bījas *reoccur below* (12–16). *Their correct reading is confirmed by K (see p.* 112 *fn.), and by V* (XV. 26*a* 7). *The reading of all the other mantras in this chapter is confirmed by Ch.* 9 *of Part II* (q.v.) *where they are spelled letter by letter* [8] *C alone inserts* Devīnāṃ tu / LĀṂ MĀṂ PAṂ TĀṂ VAṂ
[9] ·*A, B* puṣkariṇī *C* puṣkiriṇīṃ

no || (29) zla ba daṅ / ñi ma daṅ / ā li daṅ / kā li daṅ / ḥpho ba bcu drug daṅ / dbyug gu drug cu rtsa bźi daṅ / chu tshod sum cu rtsa gñis daṅ / thun tshod bźi ste / de ltar thams cad bźiḥo || (30)

lte bar gtum mo ḥbar ba yis || [309*a*]
de bźin gśegs pa lṅa bsregs śiṅ ||
spyan la sogs pa yaṅ bsregs te ||
bsregs pas ri boṅ can haṃ ḥdzag || (31)

rdo rje rigs kyi leḥu ste daṅ poḥo ||

PART I. CHAPTER ii

sṅags kyi leḥu bśad par byaḥo ||
oṃ a kā ro mu khaṃ sarbba dharmma ṅāṃ / ādya nut panna tvāt oṃ āḥ hūṃ phaṭ svaha / ḥbyuṅ po thams cad kyi gtor maḥi sṅags so || (1)
bruṃ aṃ dzrim khaṃ hūṃ / de bźin gśegs pa rnams kyi sa bon no || (2)
oṃ deva pitsu badzra hūṃ hūṃ hūṃ phaṭ svāhā / kyeḥi rdo rjeḥi sñiṅ poḥo || (3)
sṅags thams cad kyi rkaṅ par daṅ por oṃ gyi rnam pa daṅ / mthar ni svā hā daṅ / hūṃ phaṭ kyi rnam pa ni naṅ du gźug go || (4)
oṃ a ka tsa ṭa ta pa ya śa svāhā / groṅ khyer dkrug paḥi sṅags so || (5)
a ā i ī u ū / ṛ ṝ / ḷ ḹ / e ai / o au / oṃ / rnal ḥbyor ma rnams kyi sa bon no ||(6)
oṃ trai lokyā kṣe pa hūṃ hūṃ hūṃ phaṭ svāhā / phyag gñis paḥi ḥo || (7)
oṃ dzva la dzva la bhyo hūṃ hūṃ huṃ phaṭ svāhā / phyag bźi paḥi ḥo || (8)
oṃ kiṭi kiṭi badzra hūṃ hūṃ hūṃ phaṭ svāhā / phyag drug paḥi ḥo || (9)
oṃ āḥ hūṃ / sku daṅ gsuṅ daṅ thugs byin gyis brlabs paḥi sṅags so || (10)
oṃ rakṣa rakṣa hūṃ hūṃ hūṃ phaṭ svāhā / sa sbyaṅs paḥi sṅags so || (11)
oṃ hūṃ svāhā / reṅs par byed paḥi ḥo || (12)
oṃ aṃ svāhā / dbaṅ du byed paḥi ḥo || (13)
oṃ khaṃ svāhā / skrod par byed paḥi ḥo || (14)
oṃ dzriṃ svāhā / sdaṅ bar byed paḥi ḥo || (15)
oṃ buṃ svāhā / mṅon spyod kyi ḥo || (16)
oṃ hūṃ svāhā / ḥgugs [309*b*] par byed paḥi ḥo || (17)
oṃ ghu svāhā / gsod par byed paḥi ḥo || (18)
oṃ kurukulle hrīḥ svāhā / kurukullaḥi sṅags so || (19)

a phuḥ ḥi rnam pas mthaḥ yas kyi gzugs brñan byas la bdud rtsi lṅas ni blugs || me tog nag pos ni mchod / klu ḥdul bar byed paḥi khu baś ni byug / glaṅ po cheḥi chaṅ gis ni byug / kham phor kha sbyar du ni bźag / ba nag maḥi ḥo mas dgaṅ / gźon nu ma nag mos bkal baḥi skud pas ni

kṛtvā tam anantaṃ sthāpayet / tasyās taṭe maṇḍalaṃ vartayet / kṛṣṇarajaḥ śmaśānāṅgāreṇa sitarajo narāsthicūrṇena pītarajo haritalaktena raktarajaḥ śmaśāneṣṭakena haritarajaś cauryapattranarāsthi[1]cūrṇabhyāṃ nīlarajo narāsthiśmaśānāṅgāra[2]cūrṇabhyāṃ · rajobhir ebhir maṇḍalaṃ vartayitvā śmaśānasūtreṇa saṃsūtrya trayahastaṃ maṇḍalaṃ trayāṅguṣṭhādikaṃ[3] / tanmadhye 'nantākrāntaṃ Hevajraṃ likhet / aṣṭāsyaṃ catuścaraṇaṃ bhujaṣoḍaśabhūṣitaṃ [6*b*] caturviṃśatinetrādyaṃ / paścād ācāryo 'dhyātma[4]krūracetasā mantraṃ japed vijane deśe /

OṂ GHURU GHURU GHUḌU GHUḌU MASA MASA GHAṬA GHAṬA GHOṬAYA GHOṬAYA ANANTAKṢOBHAKARĀYA NĀGĀDHIPATAYE HE-HE-RU-RU-KA SAPTAPĀTĀLAGATĀN NĀGĀN KARṢAYA KARṢAYA VARṢAYA VARṢAYA GARJAYA GARJAYA PHUḤ PHUḤ PHUḤ PHUḤ PHUḤ PHUḤ PHUḤ PHUḤ HŪṂ HŪṂ HŪṂ PHAṬ SVĀHĀ /

yadi na varṣanti[5] tadā etan mantraṃ viparītaṃ japet / varṣanti / yadi na varṣanti tadā mūrdhā sphuṭati yathārjakasyeva mañjarī / varṣāyanavidhiḥ || (20) meghānāṃ sphāṭanaṃ[6] vakṣye / śmaśānakarpaṭa upaviśya mantrajapena sphāṭayet[7] /

OṂ ĀRYAŚMAŚĀNA[7*a*]PRIYĀYA HŪṂ HŪṂ HŪṂ PHAṬ SVĀHĀ /

meghasphāṭana[8]vidhiḥ || (21) parasainyavināśāya khaṭikāsādhanaṃ vakṣye / khaṭikāṃ piṣṭvā pañcāmṛtena kuṭhāracchinnayā[9] sārdhaṃ vatikāṃ kārayet / mantraḥ

OṂ VAJRAKARTARI HEVAJRĀYA HŪṂ HŪṂ HŪṂ PHAṬ /

siddhyarthaṃ koṭiṃ japet / pūrvasevāṃ lakṣaṃ japet / tāṃ sādhyakamaṇḍalugrīvāṃ veṣṭayet / veṣṭayitvā bhañjayet / sarve śatravaḥ śirohīnā bhavanti / vajrakartari[10]vidhiḥ || (22) devān sphāṭayitu[11]kāmena tilakaṃ sādhanīyaṃ / brahmabījaṃ puṣyasādhitaṃ kuṭhārachinnāmiśritaṃ sūryagrāse akṣobhyena piṣayet[12] / piṣṭvā pa⟨ra⟩śuṃ saṃ[7*b*]skaret / taṃ pādenākramya mantraṃ japet /

OṂ VAJRAKUṬHĀRA PĀṬAYA 2 HŪṂ HŪṂ HŪṂ PHAṬ SVĀHĀ /

koṭiṃ japya tilakaṃ vandayet / yaṃ ca lagati sa sphuṭati / devatāsphāṭana[13]vidhiḥ || (23) tāpajvalaṃ kartukāmena / arkadale viṣarājikāravaṇacitrakarasena śatror nāma likhet / tuṣāgnau nikṣipet / mantram ayutaṃ japet /

OṂ HEVAJRA JVALA 2 ŚATRŪN BHRUṂ HŪṂ HŪṂ HŪṂ PHAṬ SVĀHĀ/

[1] *A, C* -pattrānnasthi-; *B omits*; *T correct* [2] *C* aṅgāni [3] *T omits and adds* kartavyaṃ *instead* [4] *A, B* adhyātara-; *C* adhyātra-; *K* adhyāta [5] *A* varisāṃti [6] *C* sphuṭanaṃ [7] *C* sphuṭayet [8] *C* sphuṭana [9] *A* kuṭhārakṣinnayā [10] *A* vajrakali-; *B* vajrakutācchāsti caryyayā. *At this point B erroneously transposes a section, and runs straight to Chapter* 6, śloka 7. [11] *C* sphuṭayitu [12] *A* viṣayet; *B* pīṣayet; *C* pāṣayet [13] *C* sphuṭana-

dkri / rluṅ gi phyogs su rdziṅ bu byas te mthaḥ yas der bźag go / deḥi ḥgram du dkyil ḥkhor bźeṅs par bya ste / dur khrod kyi sol bas ni rdul tshon nag po / skyes paḥi rus paḥi phye mas ni rdul tshon dkar po / ldoṅ ros kyis ni rdul tshon ser po / dur khrod kyi so phag gis ni rdul tshon dmar po / rkun maḥi loma daṅ / skyes paḥi rus paḥi phye ma dag gis ni rdul tshon ljaṅ khu ste / ⟨skyes paḥi rus pa daṅ dur khrod kyi so phag gi phye ma dag gis ni sṅo bo /⟩ rdul tshon ḥdi rnams kyis dkyil ḥkhor bźeṅs so || dur khrod kyi srad bus thig gdab ciṅ dkyil ḥkhor khru gsum pa bya ste / deḥi dbus su mthaḥ yas mnan paḥi kyeḥi rdo rje źal brgyad pa / źabs bźi pa / phyag bcu drug gis rgyan pa / spyan ñi śu rtsa bźis che ba / ḥjigs pa ḥaṅ ḥjigs par mdzad pa bri ḥo || de nas slob dpon gyis naṅ gi ma ruṅs paḥi sems kyis dben paḥi gnas su sṅags bzla ste /

om ghu ru ghu ru gha ḍu gha ḍu ma sa ma sa gha ṭa gha ṭa gho ṭa ya gho ṭa ya / a nanta kṣo bha ka rā ya nā gā dhi pa ta ye he he ru ru kaṃ sapta pā tā [310*a*] la ga tā na nā gā nā karṣa ya barṣa ya / gardzdza ya tardzdza ya / phuḥ phuḥ phuḥ phuḥ phuḥ phuḥ phuḥ phuḥ hūṃ hūṃ hūṃ phaṭ svāhā ||

gal te char mi hbab na dehi tshe sṅags hdi bzlog la bzlas te / char ḥbab bo || gal te mi ḥbab na deḥi tshe mgo ardza kaḥi dog pa ltar ḥgas so || char dbab pa źes bya baḥi cho gaḥo || (20) sprin dral ba bśad de / dur khrod kyi ras la ñe bar ḥdug nas sṅags bzlas śiṅ dral te /

oṃ āryā ya śma śā na pri yā ya hūṃ hūṃ hūṃ phaṭ svāhā /

sprin dral baḥi cho gaḥo || (21) pha rol gyi sde rnam par gźig par bya baḥi phyir kha ṭi kaḥi sgrub pa bśad de kha ṭi ka dan / bdud rtsi lna dan/ ku ṭhā ra tstshi nna daṅ lhan cig btags la ril bu bya ste / sṅags ni

oṃ badzra ka rta ri he badzra ya hūṃ hūṃ hūṃ phaṭ /

dṅos grub kyi don du bye ba bzlas śiṅ sṅon du bsñen pa ḥbum byas te / de bsgrubs la ril ba spyi blugs kyi mgrin par bskor źiṅ bskor nas bcad na dgra thams cad kyi mgo med par ḥgyur ro || rdo rje gri gug gi cho gaḥo || (22) lha rnams dgas par ḥdod pas thig le sgrub te tshaṅs paḥi sa bon rgyal la bsgrubs nas / ku ṭhā ra tstshinna daṅ bsres la ñi ma gzas zin pa na mi bskyod pa daṅ btag ciṅ btags nas dgra sta byas te / de rkaṅ pas mnan nas sṅags bzlas te /

oṃ badzra kuṣṭhāra pā ṭa ya pā ṭa ya hūṃ hūṃ hūṃ [310*b*] phaṭ svāhā /

bye ba bzlas la thig le byas te gaṅ la phyag byas pa de ḥgas so || lha dgas paḥi cho gaḥo || (23) tsha bas gduṅ bar ḥdod pas arkkaḥi lo ma la dug daṅ ske tshe daṅ tsi tra kaḥi khu bas dgra boḥi miṅ bri źiṅ ḥbras phub kyi me la gduṅs te sṅags khri bzlas so ||

oṃ he badzra dzvā ra dzvā ra śa truṃ bhruṃ hūṃ hūṃ hūṃ phaṭ svāhā /

ayutajāpena sidhyati || (24) madyam udgiritu[1]kāmena sādhyasya nābhau MAṂ-kāraṃ bhāvayet / MAṂ-kāraniṣpannaṃ madyodaraṃ vibhāvayet / vāntikurvan[2] dṛṣyate / madyam udgirati || (25) pramādāṃ vaśīkartukā-[8*a*]mena aśokāṣṭamyām aśokatalaṃ gatvā raktavastraṃ paridhāya madanaphalaṃ[3] bhakṣayet / kāmācikārasena tilakaṃ vandya[4] mantraṃ japet /

OṂ HRĪḤ[5] AMUKĪ ME VAŚĪBHAVATU SVĀHĀ /

ayutajāpenāgacchati || (26) candrasūryau[6] vaśīkartukāmena śālipiṣṭakamayaṃ candrārkaṃ kṛtvā vajrodake[7] nikṣipet / mantraṃ japet /

OṂ CANDRĀRKA[8] MĀCALA MĀCALA TIṢṬHA TIṢṬHA HEVAJRĀYA HŪṂ HŪṂ HŪṂ PHAṬ SVĀHĀ /

saptakoṭiṃ japet / tiṣṭhate / candrasūryaṃ[9] rātriṃdivāviśeṣakaṃ[10] bhavati[11] / iti candrasūryavidhāraṇavidhiḥ || (27)

OṂ NAGRĀ NAGRĀ

ity anena mantreṇa vikālavelāyāṃ kumāryā 'rtha[8*b*]sādhanārthaṃ cakṣuṣy aṣṭottaraśatenābhimantrya puṣpadhūpadīpānāṃ pañcopacāreṇa saṃpūjya[12] nimantrayet / caturdaśyām aṣṭamyāṃ vā prabhātakāle kalaśādikaṃ saṃsthāpya tailam alaktaka[13]rasaṃ cānenaiva mantreṇāṣṭottaraśatavārān abhimantrayet / paścād abhimantritālaktakarasena mantriṇo vṛddhāṅguṣṭhaṃ makṣayitvā tailenāpi snāpya kumāryān[14] darśayet / vada kena mama dravyam apahṛtam iti / tatra sa kathayati / amukeneti / vajrajyotiṣo naṣṭadravyānveṣaṇavidhiḥ || (28)

OṂ VEḌUYĀ VEḌUYĀ ity ukte hastī palāyate / (29)
OṂ MARMĀ MARMĀ ity ukte vyāghraḥ palāyate / (30)
OṂ TE[9*a*]LIYĀ TELIYĀ ity ukte gaṇḍhā palāyate / (31)
ILI MILI PHUḤ PHUḤ ity ukte sarpaḥ palāyate / (32)

dhanapālavaineyahastena hastaṃ darśayet / śvā palāyate / (33)

Vajrā Gaurī ca Vārī ca Vajraḍākī Nairātmikā ||
Bhūcarī Khecarī -yogāt stambhanādi kared[15] vratī[16] || (34)

mantrapaṭalo dvitīyaḥ ||

PART I. CHAPTER iii

devatāpaṭalaṃ vyākhyāsyāmaḥ |

prathamaṃ bhāvayen maitrīṃ dvitīye karuṇāṃ tathā[17] ||
tṛtīye bhāvayen modam[18] upekṣāṃ sarvaśeṣataḥ || (1)

[1] *A* udbhiritu- [2] *A* vāntikurvana; *C* vāntikurvaṃtaṃ [3] *A* mandanahana [4] *A and B* vande [5] *C* OṂ Karakarṇne(*for* Kurukulle) amukī me HRĪḤ vaśībhavatu; *A and B likewise distort word order*: OṂ amukī me HRĪḤ, &c. (*See translation notes.*) [6] *A*, *B* candrasūryo; *C* candrasūryan [7] *C* vajrodakena [8] *C* candrārke [9] *A*, *B* candrasūryo; *C* candrasūryan [10] *A*, *B* aviśeṣako; *C* aviśeṣo [11] *All MSS.* bhavati [12] *A* saṃpūjyam; *B* saṃpūjye [13] *A* arakṣaka-; *B missing* [14] *A*, *B* kumāryyā; *C* kumāryyān [15] *A* kare; *B* kūryyād; *C* kared [16] *C* yogī [17] *A*, *B* karuṇāṃ vibhāvayet [18] *A*, *B* muditām

tsha baḥi cho gaḥo || khri bzlas pas ḥgrub bo || (24) chaṅ skyug par bya bar ḥdod pas bsgrub byaḥi lte bar yaṃ gi rnam pa sgom źiṅ maṃ gi rnam par gyur ba las chaṅ ltoे bar rnam par bsgoms te skyug par byed par bltas na chaṅ skyug go || (25) rab tu myos ma dbaṅ du bya bar ḥdod pas mya ṅan med paḥi brgyad pa la mya ṅan med paḥi ḥog tu soṅ ste gos dmar po bgos nas myos byed kyi ḥbras bu bzaḥ źiṅ / ka kā ma tsi kaḥi khu bas thig le byas nas sṅags bzlas te /

oṃ a mu kaṃ me hrīḥ ba sī bha ba tu svāhā /

khri yis ḥoṅ bar ḥgyur ro || (26) zla ba daṅ ñi ma dbaṅ du bya bar ḥdod pas sa lu btags paḥi ḥgyur ba zla ba daṅ ñi ma byas nas rdo rjeḥi chu la gźug ciṅ sṅags bzlas te /

oṃ badzra arkka mā tsa la mā tsa la tiṣṭha tiṣṭha he badzra ya hūṃ hūṃ hūṃ phaṭ svāhā /

bye ba phrag bdun bzlas te ñi ma daṅ zla ba dag yaṅ dag par gnas śiṅ ñin mtshan bye brag med par ḥgyur ro || zla ba daṅ ñi ma rnam par ḥdzin pa źes bya baḥi cho gaḥo || (27)

oṃ na grā na grā

źes bya baḥi sṅags ḥdis dus ma yin paḥi dus su don sgrub paḥi phyir gźon nu maḥi mig dag la brgya [311*a*] rtsa brgyad mṅon par bsṅags nas me tog la sogs paḥi mchod pa lṅas yaṅ dag par mchod ciṅ sñan gsan gdab bo || bcu bźi paḥam brgyad paḥi sṅa baḥi dus su bum pa la sogs pa bźag ciṅ ḥbru mar daṅ a lakṣaḥi khu ba la sṅags ḥdi ñid kyis lan brgya rtsa brgyad mṅon par bsṅag go || de nas mṅon par bsṅags paḥi a laktaḥi khu bas bsṅags paḥi mthe boṅ rgan po la bskus nas ḥbru mar gyis kyaṅ blugs la gźon nu ma la bstan te / ṅaḥi rdzas su khyer smos / de la des smras pa / che ge mo źes bya bas khyer ro || rdo rje skar maḥo || (28)

be ḍu yā be ḍu yā źes brjod na glaṅ po che ḥbros par ḥgyur ro || (29)
marmmā marmmā źes brjod na stag ḥbros par ḥgyur ro || (30)
tilli yā tilli yā źes brjod na bsre ḥbros par ḥgyur ro || (31)
i li mi li phuḥ phuḥ źes brjod na sbrul ḥbros par ḥgyur ro || (32)

nor skyoṅ ḥdul baḥi phyag gis lag pa rab tu bstan na khyi ḥbros par ḥgyur ro || (33) rdo rje ma daṅ / dkar mo daṅ / chu ma daṅ / rdo rje mkhaḥ ḥgro ma daṅ / bdag med ma daṅ sa spyod ma daṅ / mkhaḥ spyod maḥi rnal ḥbyor las reṅs par byed pa la sogs pa brtul śugs can gyis byed do || (34)

sṅags kyi leḥu ste gñis paḥo ||

PART I. CHAPTER iii

de nas lhaḥi leḥu bśad par bya ||
daṅ por byams pa bsgoms par bya || gñis par sñiṅ rje rnam sgom źiṅ ||
gsum pa dgaḥ ba sgom pa daṅ || kun [311*b*] gyis thar ni btaṅ sñoms so || (1)

tasmāt punar api

prathamaṃ śūnyatābodhiṃ dvitīyaṃ bījasaṃgrahaṃ ||
tṛtīyaṃ bimbaniṣpattiṃ caturthan nyāsam akṣaraṃ || (2)

rephena sūryaṃ purato vibhāvya
tasmin [9*b*] nābhau[1] HŪṂ-bhavaviśvavajraṃ ||
tenaiva vajreṇa vibhāvayec ca
prākārakaṃ pañjarabandhanañ ca || (3)

prathamaṃ bhāvayen mṛtakaṃ dharmadhātvātmakaṃ viduḥ ||
yogī tasyopari sthitvā herukatvaṃ vibhāvayet || (4)

tataḥ

svahṛdi bhāvayed rephaṃ tadbhavaṃ sūryamaṇḍalaṃ ||
tatraiva HŪṂ-kṛtiṃ caiva prajñopāyasvabhāvakaṃ || (5)
kṛṣṇavarṇaṃ mahāghoraṃ HŪṂ-kāraṃ vajrasaṃbhavaṃ ||
vajravaraṭakamadhyasthaṃ HŪṂ-tattvaṃ vibhāvayet || (6)

punaḥ /

HŪṂ-kārapariṇataṃ dṛṣṭvā dveṣātmakaṃ[2] vibhāvayet ||
vajrajanmamahākṛṣṇaṃ nīlapaṅkajasannibhaṃ ||
athavā nīlāruṇābhaṃ ca bhāvayec chandayā khalu || (7)
vyomni bhaṭṭārakaṃ dṛṣṭvā vajrajanmamahākṛpaṃ ||
pūjayed aṣṭa[10*a*]devībhiḥ sarvālaṅkāradhāribhiḥ || (8)
Caurī mṛgalāñchanadhartrī Gaurī mārtaṇḍabhājanaṃ[3] ||
Vetālī vārihastā ca bhaiṣajyadhartrī Ghasmarī || (9)
Pukkasī[4] vajrahastā ca Śavarī rasadharī tathā ||
Caṇḍālī ḍamaruṃ vādya[5] · etābhiḥ pūjyate prabhuḥ ||
Ḍombyāliṅgitakandharo mahārāgānurāgitaḥ || (10)
candrālikālimārtaṇḍaṃ · bījaṃ[6] madhyagataṃ[7] bhavet ||
sa eva sattva[8] ity āhuḥ paramānandasvabhāvako[9] || (11)
visphuranti svadehābhāḥ gaganamaṇḍalacchādakāḥ ||
saṃhāryānayed dhṛdaye[10] yogī dveṣātmako bhavet || (12)
nīlāruṇābhavarṇena raktabandhukanetravān ||
piṅgordhvakeśavartaś[11] ca pañcamudreṇālaṅkṛ[10*b*]taḥ || (13)
cakrī kuṇḍala kaṇṭhī ca haste rūcaka mekhalā ||
pañcabuddhaviśuddhyā ca etā mudrāḥ prakīrtitāḥ || (14)
kruddhadṛṣṭir vyāgracarmā ⟨sa⟩[12] dviraṣṭavarṣākṛtiḥ ||
vāme vajrakapālaṃ ca khaṭvāṅgaṃ cāpi vāmataḥ ||

[1] *C* ravau [2] *C* dveṣātmanaṃ [3] *A* -bhāṃjanaṃ [4] *A*, *C* Pukkaśi. Pukkasī *is the more common spelling throughout the MSS., and the name is regularly so spelt in T.* [5] *A* damanukaṃ vādayet; *C* damanuṃ vāde; *B omits this passage* [6] *All MSS.* bīja- [7] *C* -gate [8] *All MSS.* satvam [9] *A*, *C* -svabhāvakaṃ; *B* -svabhāvaka [10] *A* anaye hṛdayaṃ [11] *A* piṃglorddhvakeśavratmā ca; *B* piṅgadhakeśavatmā ca; *C* piṅgordhvakeśavatma ca; *T* ḥkhyil = āvarta [12] *A* -carmāvaro dvir, &c.; *C* -carmā dvir, &c.; *B missing*

yaṅ ni stoṅ paḥi byaṅ chub ste ‖	gñis pa la ni sa bon bsdu ‖
gsum pa la ni gzugs brñan rdzogs ‖	bźi pa la ni yig ḥbru dgod ‖ (2)

re phas ñi ma sṅon du rnam bsgoms nas ‖
ñi der hūṃ byuṅ sna tshogs rdo rje ste ‖
rdo rje de ñid kyis ni ra ba daṅ ‖
gur bciṅ ba yaṅ rnam par sgom pa ñid ‖ (3)

daṅ por ro ni rnam bsgoms pa ‖	chos kyi dbyins kyi bdag ñid brjod ‖
de steṅs rnal ḥbyor pa gnas nas ‖	he ru ka ni rnam par sgom ‖ (4)
raṅ gi sñiṅ khar re pha sgom ‖	de las byuṅ baḥi ñi dkyil ḥkhor ‖
der ni hūṃ gi rnam pa ñid ‖	thabs daṅ śes rab raṅ bźin can ‖ (5)
hūṃ las byuṅ baḥi rdo rje ni ‖	kha dog nag po ḥjigs chen po ‖
rdo rje lte baḥi dbus gnas par ‖	yaṅ ni hūṃ gi de ñid sgom ‖ (6)
hūṃ gi rnam par gyur bltas nas ‖	źe sdaṅ bdag ñid rnam par bsgom ‖
rdo rje skye ba nag po che ‖	ḥdam skyes sṅon po ḥdra baḥi mdog ‖
yaṅ na sṅo daṅ ñi maḥi mdog ‖	dad pas ṅes par rnam par sgom ‖ (7)
nam mkhar rje btsun bltas nas ni ‖	rdo rje skye ba sñiṅ rje che ‖
rgyan rnams thams cad ḥdzin pa yi ‖	lha mo brgyad po rnams kyis mchod ‖ (8)
dkar mo ri dvags mtshan pa ḥdzin ‖	chom kun bdud las rgyal baḥi snod ‖
ro laṅs ma ni chu lag ma ‖	gha sma ri ni sman ḥdzin ciṅ ‖ (9)
pukka si ni rdo rjeḥi lag ‖	de bźin ri khrod ma ro ḥdzin ‖
gdol pa mo ni caṅ teḥu rduṅ ‖	ḥdi rnams kyis ni gtso bo mchod ‖
[312*a*] ḥdod chags chen poḥi rjes chags pas ‖	g'yun mos sku la ḥkhyud pa ñid ‖ (10)
ā li zla ba kā li ñi ‖	sa bon naṅ du son gyur pa ‖
de ñid sems dpaḥ źes byar brjod ‖	mchog tu dgaḥ baḥi raṅ bźin can ‖ (11)
nam mkhaḥi dkyil ḥkhor khyab pa yi ‖	raṅ gi lus mtshuṅs rnam par spro ‖
bsdus nas sñiṅ kar dgug pa na ‖	yo gi źe sdaṅ bdag ñid ḥgyur ‖ (12)
sṅo daṅ ñi ma mtshuṅs paḥi mdog ‖	ban du dmar poḥi spyan daṅ ldan ‖
skra ser gyen du ḥkhyil ba daṅ ‖	phyag rgya lṅas ni rnam par rgyan ‖ (13)
ḥkhor lo rna cha nor bu daṅ ‖	lag gdub daṅ ni ska rags ñid ‖
saṅs rgyas lṅa ni rnam dag pa ‖	ḥdi rnams phyag rgyar rab tu grags ‖ (14)
sdaṅ mig brgyad gñis lo yi tshul ‖	
g'yon na rdo rje thod pa daṅ ‖	g'yon pa nas kyaṅ kha tvāṃ ga ‖

dakṣiṇe kṛṣṇavajraṃ ca HŪṂ-kāroccāraṇātmakaḥ || (15)
śmaśāne krīḍate nātho[1] 'ṣṭayoginī[bhiḥ] parivṛtaḥ ||
śvasatīty anayā yuktyā śmaśānety abhidhīyate || (16)

caturbhujaś[2] caturmāranirjitaviśuddhitaḥ / pūrvoktavarṇarūpo HŪṂ-bhavaḥ prathamavāmabhuje narakapālaṃ devāsurānāṃ raktena pūritaṃ prathamadakṣiṇabhuje vajraṃ śeṣadvibhujābhyāṃ prajñāliṅgitaḥ[3] / Vajra-[11a]vārāhī prajñā bhagavad[4]rūpiṇī || (17) ṣaḍbhujas trimukho[5] / vāmaṃ raktaṃ dakṣiṇaṃ candrāruṇābhaṃ prathamaṃ nīlaṃ / nagnoḥ pūrvoktavarṇarūpo[6] / bhujānāṃ ṣaṭpāramitāviśuddhiḥ / prathamavāmabhuje triśūlaṃ prathamadakṣiṇabhuje vajraṃ vāmadvitīyabhuje ghaṇṭhā dakṣiṇadvitīyabhuje kartiḥ / śeṣadvibhujābhyāṃ Vajraśṛṅkhalāsamāpannaḥ[7] / yadvad bhagavān tadvat prajñā / savyāvasavye kartṛkapālaṃ / traidhātukātmakamṛtakākrāntaḥ || (18)
sarvatathāgatakā[11b]yavākcittahevajradevatāpaṭalas tṛtīyaḥ ||

PART I. CHAPTER iv

devatābhiṣekapaṭalaṃ vyākhyāsyāmaḥ /

svahṛdi svabījād raśmiṃ[8] niścārya kṛṣṇadīptayā[9] 'ṅkuśākārayā traidhātukavyavasthitān buddhān ākṛṣyāṣṭamātṛbhiḥ saṃpūjyānunāyayati / (1)

OṂ abhiṣiñcantu māṃ sarvatathāgatā

iti / tair buddhair herukākārarūpaiḥ pañcāmṛtabhṛtaiḥ[10] pañcatathāgatātmakaiḥ kalaśaiḥ pañcabhir abhiṣicyate[11] abhiṣicyamāne[11] puṣpavṛṣṭir bhavati / dundubhiśabda uccalati[12] kuṅkumavṛṣṭir bhavati / (2) Rūpavajrādibhiḥ saṃpūjyate / vajragītyo[13] Locanādhibhir gīyante / abhi[12a]ṣicyamāne[11] mūrdhni svakuleśo bhavati / etena Heruko niṣpannaḥ trisaṃdhyādhiṣṭhānabhāvanāṃ vibhāvyo[14]ttiṣṭhet / devatāmūrtyā sthātavyaṃ || (3) abhiṣekapaṭalaś caturthaḥ ||

PART I. CHAPTER V

atha tattvapaṭalaṃ vyākhyāsyāmaḥ / svarūpeṇa

nāsti rūpaṃ na draṣṭā ca na śabdo nāpi śrotā ca ||
na gandho nāpi ghrātā ca na raso nāpi rāsakaḥ ||
na sparśo nāpi spraṣṭā ca na cittaṃ nāpi caittikaṃ || (1)

[1] *A* nāthaḥ aṣṭa-; *C* nātho 'ṣṭa- [2] *A*, *B* -bhuja [3] *C* -liṅgitaṃ [4] *A* bhavet rūpiṇī; *B* bhavādrūpiṇī; *C* bhagavan rūpiṇī [5] *A*, *B* ṣaḍbhujaṃ trimukhaṃ [6] *All MSS.* nagnaṃ — rūpaṃ [7] *A* samāpatya; *B*, *C* saṃāpatya [8] *A* rasmī; *B* raśmin; *C* raśmi [9] *All MS.* dīptitayā [10] *C* -bhṛtaḥ [11] *A*, *C* abhiṣiñcya-; *B* abhisicya- [12] *C* uccarati [13] *All MSS.* gītyā [14] *A*, *C* bhāvanā bhāvyo-; *B* bhāvanāṃ bhāvyaṃ; *T* bhāvanāṃ vibhāvya

g'yas na rdo rje nag po ñid || hūṃ gi yi ge ḥdon paḥi bdag || (15)
rnal ḥbyor ma brgyad yoṅs bskor nas || dur khrod du ni mgon po rol ||

dbugs rgyu źes byaḥi rigs pa ḥdis || dur khrod ces ni mṅon par brjod ||(16)
phyag bźi ni bdud bźi las rnam par rgyal ba rnam par dag pa ste || goṅ du brjod paḥi gzugs daṅ / sku mdog daṅ / hūṃ las byuṅ baḥo || phyag g'yon gyi daṅ po na skyes paḥi thod pa lha daṅ lha ma yin gyi khrag gis bkaṅ ba || de bźin du g'yas kyi phyag na rdo rje || phyag lhag ma dag gis śes rab la ḥkhyud pa / [312*b*] śes rab rdo rje phag mo ni bcom ldan ḥdas kyis gzugs can no || (17) phyag drug pa / źal gsum pa / g'yon dmar ba / g'yas zla ba daṅ ñi ma lta bu daṅ po sṅon poḥo / gcer bu goṅ du brjod paḥi sku mdog daṅ gzugs can || phyag rnams ni pha rol tu phyin pa rnam par dag paḥo || phyag g'yon gi daṅ po na rtse gsum pa / phyag g'yas kyi daṅ po na rdo rje / phyag g'yon gyi gñis pa na dril bu / phyag g'yas kyi gñis pa la gri gug / phyag lhag ma dag gis rdo rje lu gu rgyud ma la sñoms par ḥjug pa / bcom ldan ḥdas ji lta ba de ltar śes rab ste / g'yas daṅ g'yon pa na gri gug daṅ thod pa / khams gsum gyi bdag ñid can gyi ro mnan paḥo || (18)
lhaḥi leḥu ste gsum paḥo ||

PART I. CHAPTER IV

de nas lha dbaṅ bskur baḥi leḥu bśad par byaḥo ||
raṅ gi sñiṅ khar sa bon bsam mo / sa bon las ni ḥod zer nag po lcags kyuḥi rnam paḥi gzugs kyis phyuṅ nas / des khamṣ gsum du bźugs paḥi saṅs rgyas thams cad spyan draṅs la ma mo brgyad kyis yaṅ dag par mchod nas gsol ba gdab par byaḥo || (1)

oṃ abhiṣiñtsantu māṃ sarvatathāgatā

źes saṅs rgyas de rnams he ru kaḥi rnam paḥi gzugs kyis de bźin gśegs pa lṅaḥi bdag ñid kyi bdud rtsi lṅas gaṅ baḥi bum pa lṅas dbaṅ bskur bar byaḥo || dbaṅ bskur pa ni me tog gi char pa ḥbab par ḥgyur ro || [313*a*] rṅaḥi sgra ḥbyuṅ bar ḥgyur ro || gur gum gyi char ḥbab par ḥgyur ro || (2) gzugs kyi rdo rje ma la sogs pa rnams kyis mchod par byaḥo || rdo rje spyan la sogs pa rnams kyis glu blaṅ bar byaḥo || dbaṅ bskur nas spyi bor raṅ gi rigs kyi bdag por ḥgyur ro || ḥdi ni he ru ka rdzogs pa ñid do || thun gsum du byin gyis brlab paḥi sgom pa rnam par bsgom nas laṅs te lhaḥi gzugs su bźag go || (3)
dban gi leḥu ste bźi baḥo ||

PART I. CHAPTER V

de nas de kho na ñid kyi leḥu bśad par bya ||

ṅo bos gzugs med mthoṅ ba po || sgra med thos pa po yaṅ med ||
dri med snom pa po yaṅ med || ro med myoṅ ba po yaṅ med ||
reg med reg pa po yaṅ med || sems med sems las byuṅ baḥan med || (1)

Jananīṃ Bhaginīṃ caiva pūjayed yogavit sadā ||
Naṭīṃ[1] ca Rajakīṃ Vajrāṃ Caṇḍālīṃ Brāhmaṇīṃ tathā ||
prajñopāyavidhānena pūjayet tattvavatsalaḥ[2] || (2)
sevitavyāḥ prayatnena yathā bhedo na jāyate ||
agu[12*b*]pte[3] kriyate duḥkhaṃ vyāḍacaurāgnibhūcaraiḥ || (3)
mudrāḥ[4] pañcakulānīti kathyate mokṣahetunā ||
vajreṇa mudryate 'nena[5] mudrā tenābhidhīyate || (4)
Vajra Padma[6] tathā Karma[7] Tathāgata Ratnaiva ca ||
kulāni pañcavidhāny āhur uttamāni mahākṛpa || (5)
Vajre Ḍombī bhaven mudrā Padme Nartī tathaiva ca ||
Karmaṇi Rajaky[8] ākhyātā Brāhmaṇī ca Tathāgate || (6)
Ratne Caṇḍālinī jñeyā pañcamudrā viniścitāḥ ||
tathāgatakulaṃ caitat saṃkṣepenābhidhīyate || (7)
tathatāyāṃ gataḥ śrīmān āgataś ca tathaiva ca ||
anayā prajñayā yuktyā tathāgato 'bhidhīyate || (8)
kulāni ṣaḍvidhāny āhuḥ saṃkṣepeṇa tu pañca[13*a*]dhā ||
paścāc ca traividhyaṃ yānti kāyavakcittabhedena[9] || (9)
kulānāṃ[10] pañcabhūtānāṃ pañcaskandhasvarūpiṇāṃ ||
kulyate gaṇyate 'nena kulam ity abhidhīyate || (10)
nāsti bhāvako na bhāvo 'sti mantran nāsti na devatā ||
saṃsthitau[11] mantradevau ca niḥprapañcasvabhāvataḥ || (11)
Vairocanākṣobhyāmoghaś ca Ratnārolic ca Sātvikaḥ[12] ||
Brahmā Viṣṇuḥ Śivaḥ Sarvo Vibuddhas tattvam ucyate || (12)
Brahmā nirvṛtito buddhaḥ viṣanād Viṣṇur ucyate ||
Śivaḥ sadā sukalyāṇāt Sarvaḥ sarvātmani sthitaḥ || (13)
satsukhatvena[13] tattvaṃ ca vibuddho bodhanāt rateḥ ||
dehe saṃbhavatīty[14] asmād devateti [13*b*] nigadyate || (14)
bhago 'syāstīti buddhasya Bhagavān iti kathyate ||
bhagāni ṣaḍvidhāny āhur aiśvaryādiguṇākhilāḥ ||
athavā kleśādimārāṇāṃ bhañjanād Bhagavān iti || (15)
Jananī bhaṇyate prajñā janayati yasmāj jagat[15] ||
Bhaginīti tathā prajñā vibhāgaṃ darśayed yathā || (16)
Rajakīti Duhitā ca Nartakī ca prakathyate ||
rañjanāt sarvasattvānāṃ Rajakīti tathā smṛtā || (17)
guṇasya duhanāt prajñā Duhitā ca nigadyate ||
Nartakī bhaṇyate prajñā cañcalatvān mahākṛpa ||

[1] *All MSS.* -ī *throughout whole line* [2] *T* -tattvavit sadā [3] *C* aguptaṃ *All MSS.* mudrāpañca- [5] *A* mudryate 'nenādi; *B* mudye nedne; *C* mughrate neti; *T suggests* vajreṇa mudryate 'nenaiva [6] *A*, vajra . . . padma; *C* vajraṃ . . . padmaṃ [7] *All MSS.* karmmaṃ [8] *A*, *B* karma rajakī samākhyātā; *C* karma rajakī sadā khyāta [9] *A* bhedanaiḥ; *B*, *C* bhedena [10–11] *A three lines missing*: pañcabhūte mantradevau; *B one line missing, one corrupt.* [11] *C*, *K* trisv etau; *T* saṃsthitau [12] *A* ratnālaulikasāndhikaḥ [13] *A* satsukhena, *which has been altered to* satsukhe tena [14] *B*, *T* saṃbhavati yasmād [15] *A*, *B* jagajjinam; jagat janaṃ

skyed byed ma daṅ sriṅ mo ñid || rnal ḥbyor rig pas rtag tu mchod ||
gar ma tshos ma rdo rje ma || gdol ma de bźin bram ze mo ||
thabs daṅ śes rab cho ga yis || de ñid rig pas rtag tu mchod || (2)
ji ltar bye bar mi ḥgyur bar || rab tu ḥbad pas bsten pa ñid ||
ma gsaṅ sbrul daṅ chom rkun daṅ || sa spyod me yis sdug bsṅal byed || (3)
rigs lṅaḥi phyag rgya źes bya ba || thar baḥi rgyur ni brjod par bya ||
rdo rje ḥdis ni gdab pa ñid || des na phyag rgyar brjod par bya ||(4)
rdo rje padma de bźin las || de bźin gśegs daṅ rin chen ñid ||
sñiṅ rje chen po dam [313*b*] pa yi || rigs ni rnam pa lṅa ru brjod || (5)
rdo rjeḥi phyag rgya g'yuṅ mo ñid || de bźin padmaḥi gar ma ñid ||
las ni tshos mar rab tu bśad || de bźin gśegs paḥi bram ze mo || (6)
rin chen gdol mar śes par bya || phyag rgya lṅar ni rnam par ṅes ||
ḥdi rnams de bźin gśegs paḥi rigs || mdor bsdus pas na brjod bar bya || (7)
dpal ldan de bźin ñid gśegs śiṅ || de bźin slar yaṅ gśegs pa ñid ||
ḥdis ni śes rab rigs pa yis || de bźin gśegs śes brjod par bya || (8)
rigs ni rnam pa drug brjod ciṅ || mdor bsdus pas ni rnam par lṅa ||
sku gsuṅ thugs kyi dbye ba yis || phyi nas rnam pa gsum du ḥgyur ||(9)
rigs daṅ ḥbyuṅ ba lṅa rnams daṅ || phuṅ po lṅa yi raṅ bźin gyis ||
rigs daṅ bgraṅ bya ḥdi yis ni || rigs śes mṅon par brjod par bya || (10)
bsgom pa po med sgom paḥaṅ med || lha med sṅags kyaṅ yod ma yin ||
spros pa med paḥi raṅ bźin las || sṅags daṅ lha ni yaṅ dag gnas || (11)
rnam snaṅ mi bskyod don yod daṅ || rin chen dpaḥ med sems dpaḥ bo ||
tshaṅs pa khyab ḥjug źi ba daṅ || thams cad saṅs rgyas de ñid brjod || (12)
tshaṅs pa sgrib bral saṅs rgyas ñid || ḥjug phyir khyab ḥjug brjod par bya ||
rtag tu dge bas źi ba ñid || thams cad kun gyi bdag ñid gnas || (13)
dam paḥi bde bas de ñid de || bde ba rtogs phyir rnam saṅs rgyas ||
gaṅ phyir lus las [314*a*] byuṅ ba ñid || lha źes mṅon par brjod par bya || (14)
saṅs rgyas ḥdi la bha ga mṅaḥ || bcom ldan ḥdas śes brjod par bya ||
bha ga rnam pa drug tu brjod || dbaṅ phyug la sogs yon tan kun ||
yaṅ na ñon moṅs la sogs bdud || bcom phyir bcom ldan ḥdas śes bya || (15)
gaṅ phyir skye ḥgro skye pa yi || śes rab ma śes brjod par bya ||
gaṅ phyir skal pa ston pa yi || śes rab sriṅ mo źes bya ñid || (16)
gtso blag ma daṅ bu mo daṅ || gar mkhan ma źes brjod par bya ||
sems can thams cad ḥtshod paḥi phyir || gtso blag ma źes de bźin brjod || (17)
yon tan ḥjo phyir śes rab ni || bu mo źes ni brjod par bya ||
sñiṅ rje chen po g'yo baḥi phyir || śes rab gar mar brjod par bya ||

asparśā Bhagavatī yasmāt tasmād Ḍombī[1] prakathyate || (18)
jalpanaṃ japam ākhyātam ālikālyoḥ prajalpanāt ||
maṇḍalaṃ [14*a*] pādalekhaḥ syān malanād maṇḍalam ucyate || (19)
karasphoṭo bhaven mudrā · aṅgulyāmoṭanaṃ tathā ||
tad dhyeyaṃ cintitaṃ yac ca dhyeyaṃ yasmād vicintanaṃ || (20)
pitari prāptaṃ yat saukhyaṃ tat sukhaṃ bhujyate svayaṃ ||
maraṇaṃ yena sukhena tat sukhaṃ dhyānam ucyate || (21)

tattvapaṭalaḥ pañcamaḥ ||

PART I. CHAPTER vi

ataḥ[2] paraṃ pravakṣyāmi caryāṃ[3] pāraṃgatāṃ varāṃ ||
gamyate yena siddhāntaṃ Hevajre siddhihetunā || (1)
bhāvakena vidhartavyaṃ karṇayor divyakuṇḍalaṃ ||
śirasi cakrī dhartavyā hastayo rucakadvayaṃ || (2)
kaṭyāṃ vā mekhalaṃ caiva pādayor nūpuran tathā ||
bāhumūle ca keyūraṃ grīvāyām asthimālikā || (3)
[14*b*] paridhānaṃ vyāghracarma bhakṣaṇaṃ daśārdhāmṛtaṃ ||
herukayogasya puṃso vihāraḥ pañcavarṇeṣu || (4)
pañcavarṇasamāyuktam ekavarṇan tu kalpitaṃ ||
anekenaikavarṇena yasmād bhedo na lakṣyate || (5)
ekavṛkṣe śmaśāne vā bhāvanā kathyate śubhā ||
mātṛgṛhe tathā[4] ramye[5] 'thavā vijane prāntare || (6)
kiñcid uṣme tu saṃprāpte caryāṃ kartuṃ yadīṣyate[6] ||
siddhiṃ gantuṃ yadīcchāsti[7] caryayā tv anayā caret || (7)
cāruvaktrāṃ viśālākṣīṃ rūpayauvanamaṇḍitāṃ ||
nīlotpalaśyāmāṅgīṃ[8] ca svābhiṣiktāṃ kṛpāvatīṃ ||
vajrakanyām imāṃ gṛhya caryāṃ kartuṃ vibudhyate[9] || (8)
vajrakulābhāvāt [15*a*] sveṣṭadevakulena krīyate ||
athavānyakulodbhavā[10]
bodhibījanikṣepeṇa saṃskṛtām ⟨imāṃ⟩ gṛh⟨ṇīyāt⟩[11] || (9)
yadi [gītaṃ][12] gīyata ānandāt tarhi vajrānvitaṃ paraṃ[13] ||
yady ānande samutpanne nṛtyate mokṣahetunā ||
tarhi vajrapade nāṭyaṃ kuryād yogī samāhitaḥ || (10)
Akṣobhyaś cakrīrupeṇāmitābhaḥ kuṇḍalātmakaḥ ||
Ratneśaḥ kaṇṭhamālāyāṃ haste Vairocanaḥ smṛtaḥ[14] || (11)
mekhalāyāṃ sthito 'moghaḥ prajñā khaṭvāṅgarūpiṇī ||
ḍamarūpāyarūpeṇa yogī[15] dveṣaviśuddhitaḥ || (12)

[1] *A, B* Ḍombī tasmāt [2] *A, B* athaḥ [3] *All MSS.* caryāparaṃ- [4] *A, B, T* tathā rātrau; *C* tathā raṇye [5] *A inserts* arddharātrau vibhogya; *C inserts* arddharātrau viśeṣataḥ [6] *A* kartuñ ca dudhata; *B* katyaṃ yayadīyate [7] *A* yadicchānti; *B see* p. 6, fn. 11 [8] *A* nīlotpalaśyāmā; *B, T omit* [9] *A* kartuṃ yadiṣyate; *B* kartutta vasyate [10] *C* athavā cānukulotbhavāṃ [11] *A, C* saṃskṛtām gṛhya; *C* saṃgṛhya; *T suggests as amended* [12] *All MSS.* gītaṃ gīyate [13] *A* -tatparaṃ [14] *C* mataḥ [15] *A* ḍamarukopāyayogī; *B* ḍamarukopāyarūpeṇa yogī

gaṅ phyir bcom ldan mi reg pa || de phyir g'yuṅ mor brjod par bya || (18)
ā li kā li rab brtags pas || brjod pa bzlas par yaṅ dag bśad ||
rkaṅ paḥi rjes ni dkyil ḥkhor ñid || ñed phyir dkyil ḥkhor brjod par bya || (19)
lag pa bsgyur ba phyag rgya yin || sor mo ñed paḥaṅ de bźin no ||
gaṅ phyir rnam sems bsam gtan ni || gaṅ bsam de ni bsam gtan no || (20)
ji ltar pha las bde thob pa || de yi bde ba raṅ gis bzaḥ ||
bde ba gaṅ gis ḥchi ba ḥdi || de yi bde ba bsam gtan brjod || (21)
de kho na ñid kyi leḥu ste lṅa paḥo ||

PART I. CHAPTER vi

[314*b*] de nas gźan yaṅ rab bśad bya || spyod pa pha rol phyin mchog ñid ||
gaṅ gis dṅos grub mthar ḥgro ba || kye ḥi rdo rje dṅos grub rgyus || (1)
sgom pa po yis rnam ḥdzin pa || rna ba dag la rna cha bzaṅ ||
spyi bor ḥkhor lo rnam par ḥdzin || lag pa dag la lag gdub ñid || (2)
rked pa la yaṅ ska rags ñid || rkaṅ par de bźin rkaṅ gdub bo ||
lag paḥi rtsa bar dpuṅ rgyan ñid || mgrin par rus paḥi phreṅ ba ste || (3)
bgo ba stag gi lpags pa ñid || bzaḥ ba mi ḥchi bcu phyed de ||
he ru ka sbyor skyes bu ste || kha dog lṅa la rnam par gnas || (4)
rigs lṅa dag daṅ mñam ldan pa || rigs ni gcig tu rnam par brtag ||
kha dog du ma ñid kyis ni || gaṅ phyir dbye ba mtshan mi bya || (5)
śiṅ gcig daṅ ni dur khrod daṅ || ma moḥi khyim daṅ mtshan mo daṅ ||
yaṅ na dben paḥam bas mthaḥ ru || sgom pa bzaṅ por brjod par bya || (6)
cuṅ zad drod ni thob pa na || gal te spyod pa byed ḥdod pas ||
gal te ḥgrub ḥgyur ḥdod yod na || ḥdis ni spyod pa spyad pa ñid || (7)
śin tu bźin bzaṅ mig yaṅ ma || raṅ gis dbaṅ bskur sñiṅ rje can ||
rdo rjeḥi bu mo ḥdi khyer nas || spyod par bya bar rtogs par bya || (8)
rdo rje rigs kyi dṅos med na || raṅ ḥdod lha yi rigs kyis bya ||
yaṅ na gźan gyis rigs byuṅ ba ||
byaṅ chub sa bon gdab pa daṅ || sbyaṅ ba yis ni bzuṅ bar bya || (9)
gal te dgaḥ bas glu blaṅ ste || de tshe rdo rje mchog ldan no ||
gal te [315*a*] dgaḥ ba skyes pa na || thar paḥi rgyur ni gar bya ste ||
de tshe rdo rje rkaṅ pas gar || yo gis mñam par gźag pas byed || (10)
ḥkhor loḥi gzugs kyis mi bskyod pa || rna chaḥi bdag ñid ḥod dpaḥ med ||
mgul gyi phreṅ ba rin chen bdag || lag gdub rnam par snaṅ mdzad brjod || (11)
ska rags la ni don yod gnas || kha tvāṃ ga gzugs śes rab ste ||
thabs kyi gzugs kyis caṅ teḥu ñid || źe sdaṅ rnam dag rnal ḥbyor pa || (12)

mantra[vi]śuddhyā[1] sthitā gītā nartanā bhāvanā smṛtā ||
tasmād gītañ [15*b*] ca nāṭyañ ca kuryād[2] yogī sadā sadā || (13)
bhakṣitavyan tu bhaiṣajyaṃ pātavyaṃ vāri nityatām ||
jarāmṛtyur na bādheta[3] rakṣābhūtaḥ sadā bhavet || (14)
cauryakeśakṛtāṃ mukuṭīṃ[4] tatra HŪṂ-bhavo[5] yojayet ||
pañcabuddhakapālāni dhartavyaṃ yogaçaryayā || (15)
pañcāṅgulakapālakhaṇḍaṃ [kṛtvā] mukuṭyāṃ[6] dhriyate sadā ||
kacaḍorī dvivetā ca prajñopāyasvabhāvataḥ ||
bhasmakeśapavitrañ ca yogī vibharti caryayā || (16)
jāpo ḍamarukaśabdaḥ[7] prajñākhaṭvāṅgo[8] bhāvanā ||
jāpyaṃ bhāvyaṃ bhaved etad vajrakapālacaryayā || (17)
lobhaṃ mohaṃ bhayaṃ krodhaṃ vrīḍākāryañ ca varjayet ||
nidrām ātmānam [16*a*] utsṛjya caryāṃ kuryān[9] na saṃśayaḥ || (18)
śarīraṃ dānaṃ datvā ca paścāc caryāṃ samārabhet ||
bhāgābhāgavicāreṇa tasmād dānaṃ na dīyate || (19)
bhakṣyaṃ bhojyaṃ tathā pānaṃ yathāprāptaṃ tu bhakṣayet ||
grahaṇaṃ nātra kartavyaṃ[10] iṣṭāniṣṭavikalpataḥ || (20)
bhakṣyābhakṣyavicāran tu peyāpeyaṃ tathaiva ca ||
gamyāgamyan tathā mantrī vikalpan naiva kārayet || (21)
siddhilabdho 'pi yaḥ śiṣyaḥ samyagjñānāvabhāsakaḥ ||
abhivandayati guruṃ siddho 'vīcyātyājyahetunā || (22)
śikṣādikṣāvinirmukto lajjakāryaṃ tathaiva ca ||
sarvabhāvasvabhāvena [vi]cared yogī mahākṛpaḥ || (23)
homatyāgatapo'tīto ma[16*b*]ntradhyānavivarjitaḥ ||
samayasamvaravinirmuktaś caryāṃ kurute suyogavān || (24)
śakratulyo 'pi yo daityaḥ purato bhavati[11] niścitaṃ ||
bhayaṃ tatra na kurvīta siṃharūpeṇa paryaṭet || (25)
karuṇā pīyate nıtyaṃ sarvasattvārthahetunā ||
yogapānarato yogī nānyapānena majjanaṃ[12] || (26)

caryāpaṭalaḥ ṣaṣṭaḥ ||

PART I. CHAPTER vii

atha chomāpaṭalaṃ vyākhyāsyāmaḥ /

yena vijñāyate bhrāta bhaginī ca na saṃśayaḥ || (1)

[1] *All MSS.* viśuddhyā [2] *All MSS.* kurute [3] *A, B* bādhet [4] *All MSS.* -ā . . . -ī [5] *All MSS.* -bhava; *K* -bhavo [6] *A* mukuṭyā; *B* mukuṭā [7] *A, B* ḍamarukāśabda; *C* ḍamarukāśabdaṃ [8] *All MSS.* khaṭvāṅga [9] *A, B* caryā kriyate; *C* caryāṃ kriyen [10] *A, B* graham atra na karttavyaṃ; *C* grahanam atrà karttavyaṃ [11] *A, C* bhava; *B* bhavati [12] *A* majjanaḥ; *B, C* majjanaṃ

glu ni rnam dag sṅags su gnas || gar ni sgom pa byas pa ñid ||
de yi phyir na glu daṅ gar || yo gis rtag tu rtag tu byas || (13)

sman ni rnam par bźaḥ ba ste || chu ni rtag par btuṅ ba ñid ||
rga śis zil gyis mi gnon ciṅ || rtag tu sruṅ bar ḥgyur ba yin || (14)

rkun maḥi skra las cod pan byas || de la hūṃ byuṅ sbyar bar bya ||
saṅs rgyas lṅa yi thod pa rnams || rnal ḥbyor spyod pas rnam par ḥdzin || (15)

thod pa sor lṅa pa yi tshad || byas pas cod pan ḥdzin par byed ||
thabs daṅ śes rab raṅ bźin las || skra yi ska rags ñis bskor ñid ||
thal ba skra yi mchod phyir thogs || rnal ḥbyor pa yi spyod pas ḥdzin || (16)

caṅ teḥu sgra ni bzlas pa ste || kha tvāṃ ga sgom śes rab ñid ||
rdo rje thod paḥi spyod pa yis || ḥdi daṅ bzlas daṅ sgom pa yin || (17)

brkam daṅ rmoṅs daṅ ḥjigs daṅ khro || ṅo tshaḥi ḥbras bu rnam par spaṅ ||
bdag ñid kyi ni [315*b*] gñid spaṅs nas || the tsom med par spyod par bya || (18)

lus kyi sbyin pa byin nas ni || phyi nas spyod pa yaṅ dag spyad ||
skal daṅ skal min rnam spyod pas || de phyir sbyin pa sbyin mi bya || (19)

bzaḥ bcaḥ de bźin btuṅ ba ñid || ji ltar rñed pa rab tu bzaḥ ||
yid ḥoṅ mi ḥoṅ rnam rtog phyir || źen pa tsam du mi bya ḥo || (20)

bzaḥ daṅ bzaḥ min spyod pa daṅ || de bźin btuṅ daṅ btuṅ min ñid ||
bgrod daṅ bgrod min sṅags pa yis || rnam rtog ñid du mi bya ḥo || (21)

dṅos grub rñed paḥi slob ma gaṅ || yaṅ dag ye śes snaṅ ba po ||
mnar med spaṅ baḥi rgyu yi phyir || grub pas bla ma mṅon phyag btsal || (22)

bslab daṅ dbaṅ las rnam par grol || de bźin ṅo tshaḥi ḥdras bu ñid ||
dṅos po kun gyi raṅ bźin gyi || yo gis rnam dpyad sñiṅ rje che || (23)

sbyin sreg mchog sbyin dkaḥ thub ḥdas || sṅags daṅ bsam gtan rnam par spaṅs ||
dam tshig sdom las rnam par grol || rnal ḥbyor ldan par spyod par byed || (24)

ṅes par sṅon du lha min gaṅ || brgya byin lta bu yin na yaṅ ||
de la ḥjigs par mi bya ste || seṅ geḥi gzugs kyis rnam par rgyu || (25)

sems can kun gyi don gyi phyir || rtag tu sñiṅ rje btuṅ bar bya ||
rnal ḥbyor btuṅ dgaḥ rnal ḥbyor pa || gźan gyi btuṅ bas bzi ba med || (26)

spyod paḥi leḥu ste drug paḥo ||

PART I. CHAPTER vii

de nas tstsho maḥi leḥu bśad par bya ||

gaṅ gi spun daṅ sriṅ mor yaṅ || [316*a*] the tsom med par śes par bya || (1)

aṅgulīṃ darśayed yas tu · āgatam ity uktaṃ bhavet[1] ||
dvābhyāṃ susvāgato bhavet ||
kṣemamudrāṃ vijñānīyād vāmāṅguṣṭhanipīḍanāt || (2)
anāmikāṃ tu yo dadyād dadyāt tasya ka[17*a*]niṣṭhikāṃ ||
madhyamān darśayed yas[2] tu dadyāt tasya[3] pradeṣikāṃ || (3)
anāmikān darśayed yas[2] tu grīvāṃ tasya[4] pradarśayet ||
paṭaṃ saṃdarśayed yas[2] tu triśūlaṃ tasya[5] darśayed || (4)
stanaṃ darśayed yas[2] tu sīmān tasya[6] pradarśayet ||
medinīṃ darśayed yas[2] tu cakraṃ tasya[7] pradarśayet || (5)
bhṛkuṭīṃ darśayed yas[2] tu śikhāmokṣo vidhīyate[8] ||
lalāṭaṃ darśayed yas[2] tu pṛṣṭaṃ tasya[9] pradarśayet || (6)
pādatalaṃ darśayed yas[2] tu krīḍate kautukena[10] tu ||
mudrā[11]pratimudreṇa bhedayet samayena tu || (7)
vadanti tatra yoginya[12] aho putra[13] mahākṛpa ||
yaḍi mālāhastan darśayanti tatra[14] militavyam iti kathayanti || (8)
mālā⟨m a⟩[15][17*b*]bhipreṣitāṃ kṛtvā samaye tiṣṭha[16] suvratā ||
bhajeti[17]· tatra melāyāṃ divyagocaram āśritya[18] [19] ||
yad ⟨dhi⟩ vadanti yoginyas tat sarvam ⟨eva⟩ kartavyaṃ || (9)

Vajragarbha uvāca / he bhagavan ke te melāpakasthānāḥ /
bhagavān āha /·

⟨te⟩ pīṭhañ copapīṭhañ ca kṣetropakṣetram eva ca ||
chandohañ copacchandohaṃ melāpakopamelāpakas tathā ||
pīlavaṃ copapīlavaṃ śmaśānopaśmaśānakaṃ || (10)
etā dvādaśabhūmayaḥ ||
daśabhūmīśvaro nātha ebhir anyair na kathyate || (11)

Vajragarbha uvāca / he bhagavan ke te pīṭhādayaḥ /
bhagavān āha /

pīṭhaṃ Jālandharaṃ khyātam Oḍḍiyānaṃ tathai[18*a*]va ca ||
pīṭhaṃ Paurṇagiriś[20] caiva Kāmarūpan tathaiva ca || (12)
upapīṭhaṃ Mālavaṃ proktaṃ Sindhur Nagaram eva ca ||
kṣetraṃ Munmuni prakhyātaṃ kṣetraṃ Kāruṇyapāṭakaṃ ||
Devikoṭaṃ tathā kṣetraṃ kṣetraṃ Karmārapātakaṃ || (13)
upakṣetraṃ Kulatā proktam Arbudaś ca tathaiva ca ||
Godāvarī hi Mādriś ca · upakṣetraṃ hi saṃkṣipet || (14)
chandohaṃ Harikelañ ca lavaṇasāgaramadhyajaṃ ||
Lampākaṃ Kāñcikaṃ caiva Saurāṣṭraṃ ca tathaiva ca || (15)
Kaliṅgam upacchandohaṃ dvīpaṃ cāmīkarānvitaṃ ||

[1] *This half-line is absent from B and T* [2] *A, B* yas; *C* yā [3] *A, B* tasya; *C* tasyā [4] *A, B* tasyāḥ; *C* tasyā [5] *All MSS.* tasyā [6] *A, C* sīmān tasyāḥ; *B* sīmantaṃ tasya [7] *A, B* tasya; *C* tasyā [8] *A* 'bhidhīyate [9] *A, B* tasya; *C* tasyā [10] *A, B* nandakena [11] *A* mudrā; *B, C* mudrām [12] *A* vadantī tatra yoginī; *B* vadanti yoginyas tatra [13] *A inserts* sādhu [14] *A, B*

gaṅ źig sor mo gcig ston daṅ || gñis kyis legs par ḥoṅs pa yin ||
g'yon paḥi mthe boṅ bcaṅs pa las || bsñun gyi phyag rgyar rnam par śes || (2)
gaṅ źig srin lag ster ba las || de yi theḥu chuṅ rnam par sbyin ||
gaṅ źig guṅ mo ston pa la || de yi mdzub mo rnam par sbyin || (3)
gaṅ źig srin lag ston pa la || de yi mgrin par rab tu bstan ||
gaṅ źig gos ni ston pa la || de yi rtse gsum rab tu bstan || (4)
gaṅ źig nu mo ston pa la || de yi mtshams ni rab tu bstan ||
gaṅ źig so ni ston pa la || de yi kha ni rab tu bstan || (5)
gaṅ źig khro gñer ston pa la || gtsug pud dgrol bar brjod par bya ||
gaṅ źig dpral ba ston pa la || de yi rgyab ni rab tu bstan || (6)
gaṅ źig rkaṅ mthil ston pa la || ldo yis rnam par rtse bar bya ||
phyag rgya phyag rgyaḥi lam gyis ni || dam tshig gis ni rnam par dbye || (7)
de la rnal ḥbyor mas smras pas || e ma bu ni sñiṅ rje che ||
gal te phreṅ bahi lag ston na || hdu bar bya źes smra ba yin || (8)
phreṅ ba mṅon par gtaṅ byas na || dam tshig la gnos brtul źugs bzaṅ ||
de la phyi rol źes ḥdu ba || bzaṅ poḥi spyod yul gnas pa ni ||
de la ḥdu bar rnal ḥbyor mas || gaṅ smras de ltar thams cad bya || (9)

kye bcom ldan ḥdas ḥdu baḥi gnas du lags / bcom [316*b*] ldan ḥdas kyis bkaḥ stsal pa /

gnas daṅ ñe baḥi gnas daṅ ni / źiṅ daṅ ñe baḥi źiṅ ñid daṅ ||
tstshando ñe baḥi tstshando daṅ || de bźin ḥdu ba ñe ḥdu ba ||
ḥthuṅ bcod ñe baḥi ḥthuṅ gcod ñid || dur khrod ñe baḥi dur khrod ñid || (10)
ḥdi rnams sa ni bcu gñis te ||
sa bcuḥi dbaṅ phyug mgon po ñid || ḥdis ni gźan gyis brjod mi bya || (11)

kye bcom ldan ḥdas gnas la sogs pa gaṅ lags / bcom ldan ḥdas kyis bkaḥ stsal pa /

gnas ni dzā lan dha rar bśad || de bźin du ni u ḍi ñid ||
gnas ni ko lā gi rī ñid || de bźin du ni kāṃ rū ñid || (12)
ñe gnas mā la va źes brjod || sin dhu na ga ra ñid do ||
źiṅ ni mu mmu nir bśad de || źiṅ ni byed paḥi braṅ ñid do ||
de vi ko ta de bźin źiṅ || źiṅ ni lcags paḥi braṅ ñid do || (13)
ñe źiṅ ku lu ta źes brjod || de bźin arbu ta ñid daṅ ||
bā yi mchog sbyin kha baḥi ri || ñe baḥi źiṅ ni mdor bsdus paḥo || (14)
tstshando ha ri ke la daṅ || lan tsva rgya mtshoḥi naṅ skyes daṅ ||
laṃ pa kā daṅ kāñtsi ñid || de bźin so so raṣṭa ñid || (15)
ñe baḥi tstshando ka liṅ ka || gser daṅ ldan paḥi gliṅ daṅ ni ||

tatrāmilitavyaṃ [15] *All MSS.* mālābhiḥ preṣitām; *T* mālām abhipreṣitām [16] *C* tiṣṭhati [17] *A* bahyati; *B* bahye; *C* bāhyeti [18] *A* āśritā; *B* āśritāyāṃ; *C* āśritāyānaḥ [19] *All MSS. insert* bhajet (*C* tyajet) tatra melāyāṃ (*seemingly a repetition from above*) [20] *A, B* Paurṇṇagiriñ; *C* Pūrṇṇagiriñ

Kokaṇaṃ[1] copacchandohaṃ samāsenābhidhīyate || (16)
pīlavaṃ ⟨ca⟩ grāmantaṣṭhaṃ pīlavaṃ nagarasya ca ||
Caritraṃ Kośalaṃ caiva Vindhyā[18*b*]kaumārapaurikā ||
upapīlavaṃ tatsanniveśaṃ[2] Vajragarbha mahākṛpa || (17)
śmaśānaṃ pretasaṃhātaṃ śmaśānaṃ codadhes taṭaṃ[3] ||
udyānaṃ vāpikātīram upaśmaśānam ucyate[4] || (18)
divasaṃ caiva vakṣyāmi[5] yoginīnāṃ sumelakaṃ ||
Hevajre Yoginītantre sarvasattvārthahetunā || (19)

Vajragarbha uvāca / he bhagavan ke te divasāḥ / bhagavān āha /

pretapakṣe caturdaśyām aṣṭamyāñ ca tathaiva ca || (20)
dhvajaṃ śastrahataṃ caiva saptāvartañ ca bhakṣayet[6] ||
kṛpām utpādya yatnena māraṇaṃ krīyate viduḥ[7] || (21)
kṛpāhīnā na sidhyanti[8] tasmāt kṛpām utpādayet ||
duṣṭāvatāraṇe sarvaṃ [19*a*] vidhimukhyāt[9] prasidhyati[10] || (22)

tatraivaṃ mantavyaṃ /

dinas tu bhagavān Vajrī naktaṃ prajñā ca bhaṇyate || (23)
nākāryaṃ vidyate kiñcin nābhakṣyaṃ vidyate sadā ||
nācintyaṃ vidyate hy atra nāvācyaṃ yac chubhāśubhaṃ || (24)
yathātmani tathā sattve tathātmani ⟨hy⟩ ahaṃ paraṃ ||
iti saṃcintya yogātmā khānapānādim ārabhet || (25)
yāvanto[11] ⟨hy⟩ aṅgavikṣepā vacasaḥ prasarāṇi ca ||
tāvanto mantramudrāḥ syuḥ śrīherukapade sthite || (26)
śrīkāram advayaṃ jñānaṃ hekāraṃ[12] hetvādiśūnyatā ||
rukārāpagatavyūhaṃ kakāraṃ[13] na kvacit sthitaṃ || (27)
yeṣāṃ yeṣāṃ ca jantūnāṃ piśitam aśnīyate[14] budhaiḥ ||
te te sattvā vaśaṃ yānti [19*b*] vajrakapālayogataḥ || (28)
chomāpaṭalaḥ saptamaḥ ||

PART I. CHAPTER viii

atha yoginīcakraṃ vyākhyāsyāmaḥ /

khadhātau bhagaṃ dhyātvā madhye kurvīta bhāvanāṃ ||
cakraṃ pūrvaṃ yathānyāyaṃ devatānāṃ yathodayaṃ || (1)
cakraṃ kṣoṇījalaṃ pūrvaṃ yathānyāyaṃ hutāśanaṃ ||
devatānāṃ mahāvāyur bhāvakaś ca yathodayaṃ || (2)
dharmodayodbhavaṃ cakraṃ dviputaṃ ⟨hi⟩[15] nirāmayaṃ ||

[1] *C* Kāṃkanaṃ [2] *C* tatsaṃnidhayam [3] *A* codadheṣṭataṃ; *B* codadhistaṭī
[4] *All MSS.* nigadyate [5] *A*, *B* pravakṣyāmi [6] *C* bhavād yāti [7] *A* vibhuḥ
[8] *B* sidhyante [9] *A* vidhisaṃkhyāt [10] *B* prasidhyate [11] *A*, *B* yāvānto'ṅga-; *C* yāvaṅta aṅga- [12] *A* hekāti [13] *A* kakāti; *C* kakāreṇa [14] *A* agnīyate
[15] *All MSS.* śuddha-; *Absent from T.*

koṅ ka ṇā yaṅ ñe tstshandor || mdor bsdus pas ni brjod par bya || (16)
ḥthuṅ gcod groṅ khyer gyi daṅ yaṅ || ḥthuṅ gcod groṅ gi mthar gnas pa ||
tsa ri tra ta ko sa la || bin dha gźon nuḥi groṅ khyer ro ||
rdo rje sñiṅ po sñiṅ rje che || ñe baḥi ḥthuṅ gcod [317*a*] de ñe baḥo || (17)
dur khrod rab gson dge ḥdun daṅ || dur khrod rgya mtshoḥi ḥgram ñid do ||
skyed tshal ra ba rdziṅ buḥi ḥgram || ñe baḥi dur khrod brjod par bya || (18)
sems can kun gyi don gyi phyir || rnal ḥbyor ma rgyud kye rdo rje ||
rnal ḥbyor ma yi legs ḥdu ba || ñin par ñid kyaṅ rab bśad bya || (19)

kye bcom ldan ḥdas ñi ma gaṅ lags / bcom ldan ḥdas kyis bkaḥ stsal pa /

yi dvags zla phyed bcu bźi daṅ || de bźin du yaṅ brgyad pa ñid || (20)
rgyal mtshan daṅ ni mtshon bsnun ñid || lan bdun pa ḥaṅ bzaḥ bar bya ||
ḥbad pas sñiṅ rje bskyed pa yis || bśad par bya bar brjod pa ñid || (21)
sñiṅ rje med na mi ḥgrub pas || de phyir sñiṅ rje bskyed pa ñid ||
thams cad gdug par gźug pa ste || cho gaḥi gtso bos dgag par bya || (22)
de la ḥdi ltar blta ba ñid || ñin mo bcom ldan rdo rje can ||
mtshan no śes rab brtag par bya || (23) mi bya cuṅ zad yod ma yin ||
ḥdi la mi bsam yod ma yin || bzaṅ ṅan mi smra gaṅ yaṅ med || (24)
ji ltar bdag ñid de ltar gźan || de bźin bdag ñid ṅa mchog ñid ||
ḥdi ltar sems dpaḥi rnal ḥbyor bdag || bzaḥ daṅ btuṅ ba la sogs spyad || (25)
yan lag ji sñed bsgyur ba daṅ || tshig rnams rab tu rgyas pa ñid ||
he ru ka dpal gnas bźugs pas || de sñed [317*b*] sṅags daṅ phyag rgya yin || (26)
śrī ni gñis med ye śes te || he ni rgyu sogs stoṅ pa ñid ||
ru ni tshogs daṅ bral ba ñid || ka ni gaṅ duḥaṅ mi gnas paḥo || (27)
rdo rje thod paḥi sbyor ba yis || skye bo gaṅ daṅ gaṅ rnams kyi ||
śa ni mkhas pas bzaḥ bar bya || sems can de de dbaṅ du ḥgyur || (28)

brda daṅ gnas gtan la phab paḥi leḥu ste bdun paḥo ||

PART I. CHAPTER viii

de nas rnal ḥbyor maḥi ḥkhor lo bśad par byaḥo ||

nam mkhaḥi khams su bha ga bsam || dbus su rnam par sgom pa ni ||
ḥkhor lo sṅon du ci rigs par || lha rnams ji ltar ḥbyuṅ ba ñid || (1)
ḥkhor lo sa daṅ chu ni sṅo || ji ltar rigs par byin za daṅ ||
lha rnams kyis ni rluṅ chen daṅ || ji ltar sgom pa po ḥbyuṅ baḥaṅ || (2)
chos ḥbyuṅ las skyes ḥkhor lo ñid || ḥphar ma gñis dag skyon med pa ||

kiñjalkena bhaved ekaṃ trikoṇenāparaṃ śrutam || (3)
tanmadhye cintayen mṛtakaṃ pañcadaśāsanātmakaṃ ||
tasyopari bhavec candraś candrasyopari bījakaṃ || (4)
paścān mārtaṇḍam ākrāntaṃ dvayor [20*a*] melā mahat sukhaṃ ||
sthitāliś candrarūpeṇa kālirūpeṇa bhāskaraḥ || (5)
candrasūryadvayor melād[1] Gauryādyas te prakīrtitāḥ ||
ādarśajñānavāṃś candraḥ samatāvān saptāśvikaḥ[2] || (6)
bījaiś cihnaiḥ svadevasya pratyavekṣaṇam ucyate ||
sarvair ekam anuṣṭhānaṃ niṣpatti⟨ḥ⟩[3] śuddhidharmatā || (7)
ākārān bhāvayet pañcavidhānaiḥ kathitair budhaḥ ||
ālikālisamāyogo Vajrasattvasya viṣṭaraḥ || (8)
akṣarodbhavapiṇḍasya HŪṂ-PHAṬ-kārau na ceṣyete[4] ||
sattvabimbasamudbhūtaṃ maṇḍaleśaṃ vibhāvayet || (9)
pūrvavad vaktra[5]cihnādyaiś candrakāntimaṇiprabhaṃ ||
evaṃ sarve ca niṣpannāḥ prajñopāya[20*b*]svabhāvataḥ || (10)
prajñālikālyupāyeti candrārkasya prabhedanāt ||
Gauryādyāś ca bhavanty asmād varṇabhedaṃ paraṃ[6] pṛthak || (11)
adhyātmakapuṭe tāvat sthitā vai pañcayoginyaḥ ||
pañcaskandhasvabhāvena bhāvayed yogavit sadā || (12)
indre Vajrā yame Gaurī vāruṇyāṃ Vāriyoginī ||
kauverī Vajraḍākī ca madhye Nairātmyayoginī || (13)

bāhyapuṭe punar

Gaurī Caurī Vetālī ca[7] Ghasmarī Pukkasī tathā ||
Śavarī Caṇḍālī caiva · aṣṭamī Ḍombinī matā || (14)
adhovaty ūrdhvavaty eva Khecarī Bhūcarī smṛtā[8] ||
bhavanirvāṇasvabhāvena sthitāv etau dvidevate[9] || (15)

sarvā devatyaḥ

kṛṣṇavarṇā mahāraudrā pañcamudrāvi[21*a*]bhūṣitāḥ ||
ekavaktrāś ca raktākṣāḥ kartṛkapāladhṛkkarāḥ[10] || (16)
cakrī kuṇḍala kaṇṭhī ca haste rūcaka mekhalā ||
pañcabuddhaviśuddhyā ca pañcaite śuddhamudrakāḥ || (17)
sarvā etādṛśāḥ khyātā yathā Nairātmyayoginī ||
kapālaikakaravyagrā dakṣiṇe kartṛdhārikāḥ || (18)
khaṭvāṅgaṃ caiva vāmena vyāghracarmāvṛtā kaṭiḥ ||
śavārūḍhā[11] jvaladdīptā dvibhujāḥ piṅga[12]mūrdhajāḥ || (19)
tathā mānādiṣaḍdoṣān kartituṃ kartṛkā sthitā ||

[1] *A* melāt; *B*, *C* melā [2] *A*, *B* saptasaptikaḥ [3] *A*, *C* bimbaniṣpatti- [4] *A* cyasyate; *B*, *C* ceṣyate [5] *A* cakṣu-; *B* vaktra-; *C* cakra-; *T* źal = vaktra [6] *A* parakaṃ [7] *A omits* Caurī Vetālī ca [8] *A* sadā [9] *A* etau dvidevatī; *B* etau mahākṛpaḥ; *C* etau dvidevate mahākṛpa [10] *A* kapālānāvṛtau karau; *B* -āvṛto karo [11] *A* sarvārūḍhā; *B* sarvvorūḍhā; *C* śavā-; *T* ro = śava [12] *A* piṅgalo-; *B corrupt*; *C* piṅgala-

ze ḥbru las ni gcig ḥbyuṅ te || gru gsum gyis ni phyi mar brjod ||(3)
de dbus śi ba bco lṅa yi || gdan gyi bdag ñid rnam par bsam ||
de yi steṅ du zla ba yin || zla baḥi steṅ du sa bon ñid || (4)
phyi nas bdud las rgyal bas mnan || gñis ḥdus pa las bde chen po ||
ā li zla baḥi gzugs kyis gnas || kā liḥi gzugs kyis snaṅ byed do || (5)
zla ba ñi ma ḥdus pa las || dkar mo la sogs rab tu grags ||
zla ba me loṅ ye śes ldan || bdun gyi bdun pa mñam ñid ldan ||(6)
raṅ lhaḥi sa bon phyag mtshan ni || so sor [318*a*] rtog par brjod par bya ||
thams cad gcig gyur nan tan ñid || rdzogs pa chos dbyiṅs dag pa ste ||(7)
mkhas pas cho ga gsuṅs pa yis || rnam pa lṅa po sgom pa ñid ||
ā li kā li mñam sbyor bas || rdo rje sems dpaḥ ñid kyi gdan || (8)
yi ge las byuṅ goṅ bu la || hūṃ phaṭ rnam paḥaṅ ḥdod mi bya ||
sems dpaḥi gzugs brñan las byuṅ baḥi || dkyil ḥkhor bdag po rnam par sgom || (9)
phyag mtshan źal sogs goṅ ma bźin || zla ba chu śel nor buḥi ḥod ||
thabs daṅ śes rab raṅ bźin las || ḥdi ltar thams cad rdzogs pa ñid ||(10)
zla ba ñi maḥi rab dbye bas || a li śes rab ka li thabs ||
ḥdi las dkar mo la sogs pa || kha dog dbye bas so so yin || (11)
re śig naṅ gi ḥphar ma la || rnal ḥbyor ma lṅa ṅes gnas pa ||
phuṅ po lṅa yi raṅ bźin gyis || rnal ḥbyor rig pas rtag tu sgom ||(12)
dbaṅ por rdo rje gśin rje dkar || chu bdag chu yi rnal ḥbyor ma ||
lus ṅan rdo rje mkhaḥ ḥgro ma || dbus su bdag med rnal ḥbyor ma || (13)

phyi rol gyi ni ḥphar ma la ||
dkar mo chom rkun ro laṅs ma || gha sma rī daṅ pukka sī ||
ri khrod ma daṅ gdol pa mo || brgyad pa ḍombhi ni ru brjod || (14)
ḥog ldan ma daṅ steṅ ldan ñid || mkhaḥ spyod ma daṅ sa spyod brjod ||
srid daṅ źi baḥi raṅ bźin gyis || sñiṅ rje chen po [318*b*] ḥdi dag gnas || (15)
lha mo thams cad kha dog gnag || drag chen phyag rgya lṅa yis rgyan ||
źal gcig spyan ni dmar ba daṅ || lag par gri gug thod pas khyab || (16)
ḥkhor lo rna cha mgul rgyan daṅ || lag par lag gdub ska rags ni ||
saṅs rgyas lṅa ni rnam dag pas || ḥdi lṅa phyag rgya dag paḥo || (17)
ji ltar bdag med rnal ḥbyor ma || de ltar thams cad rnam par bśad ||
lag pa gcig ni thod pas brel || g'yas pa na ni gri gug ḥdzin || (18)
g'yon pas kha tvāṃ ga ñid do || stag gi lpags pas rnam dkris śiṅ ||
ro la źon źiṅ gzi brjid ḥbar || phyag gñis gyen du dbu skyes ser || (19)
ṅa rgyal la sogs skyon drug rnams || gcod phyir gri gug rnam par gnas ||

bhāvābhāvavikalpasya śirasā padmabhājanaṃ[1] || (20)
raktaṃ ca caturmārāṇāṃ pīyate siddhihetave[2] || —
khaṭvāṅgaśūnyatākāraiḥ śavopāyena[3] kalpitaṃ || (21)
etena bhāvayec cakraṃ [21*b*] laghu siddhim avāpnuyāt ||
prathame bhāvayet kṛṣṇāṃ dvitīye raktām eva ca[4] || (22)
tṛtīye bhāvayet pītāṃ caturthe haritān[5] tathā ||
pañcame nīlavarṇāñ ca ṣaṣṭame śukladehikāṃ || (23)
ṣaḍaṅgaṃ bhāvayed yogī viramāntaṃ punas tathā ||
kramam utpattikaṃ caiva · utpannakramam eva ca || (24)
kramadvayaṃ samāśritya vajriṇā dharmadeśanā ||
utpattibhāgaṃ kathitam utpannaṃ kathayāmy ahaṃ || (25)
khadhātāv iti padmeṣu jñānaṃ bhagam iti smṛtaṃ ||
bhāvaneti samāpattis tatsukhaṃ cakram ucyate || (26)
yathānyāyaṃ svasaṃvedyaṃ bodhicittaṃ tu devatā ||
yathodayaṃ bhavec chukraṃ dvaividyaṃ sahajaṃ tataḥ || (27)
yoṣit tāvad bhavet prajñā · upāyaḥ [22*a*] puruṣaḥ smṛtaḥ ||
paścād anayor dvaividhyaṃ vivṛti[6]saṃvṛtibhedataḥ || (28)
puṃsi tāvad ⟨dhi⟩ dvaividhyaṃ śukraṃ tasya sukhañ ca vā ||
prajñāyāṃ ca yathā puṃsi śukraṃ tasya sukhañ ca vā || (29)
atraivāpi hy ānandānāṃ catasṛṇāṃ prabhedanaṃ ||
sahajaṃ caturvidhaṃ yasmād utpannakramapakṣataḥ || (30)
ānandaṃ prathamaṃ vīraṃ paramānandaṃ yoginī ||
suratānandaṃ samastaṃ tat[7]sukhopāyaḥ[8] sarvavit[9] || (31)
ānandena sukhaṃ kiñcit paramānandaṃ tato'dhikaṃ ||
viramena[10] virāgaḥ syāt sahajānandaṃ śeṣataḥ || (32)
prathamaṃ sparśākāṅkṣayā[11] dvitīyaṃ sukhavāñcchayā ||
tṛtīyaṃ rāganāśatvāc [22*b*] caturthaṃ tena bhāvyate || (33)
paramānandaṃ bhavaṃ proktaṃ nirvāṇaṃ ca virāgataḥ ||
madhyamānandamātran tu sahajam ebhir vivarjitaṃ || (34)
na rāgo na virāgaś ca[12] madhyamaṃ nopalabhyate ||
nātra prajñā na copāyaḥ samyaktattvāva[13]bodhataḥ || (35)
nānyena kathyate sahajaṃ na kasminn api labhyate ||
ātmanā jñāyate puṇyād guruparvopasevayā || (36)
hīnamadhyamotkṛṣṭāny evānyāni yāni tāni ca ||
sarvāṇy etāni samānīti draṣṭavyaṃ tattvabhāvanaiḥ || (37)
hīnaṃ sūkṣmapadārthaṃ tu · utkṛṣṭaṃ[14] bhāvam ucyate ||

[1] *A* bhāñjanaṃ [2] *B* hetuna [3] *A, C* sarvopāyena; *B* savopāye; *T* ro = śava [4] *A* dvitī raktāṃ vibhāvāyet; *B* dvitīya raktā vibhāvayet; *C* dvitīye raktām vibhāvayet [5] *A, B* haritakāṃ [6] *A* vitisaṃvṛti- [7] *A* caitat; *B* cestat; *C* ca tat [8] *All MSS.* -ya [9] *A* -vitā; *B* -vita [10] *All MSS.* viramānanda [11] *A* ākāṃkaṃ; *B* ākākṣi; *C* sparśakrānta, *corrected to* -kāṃkṣa ca [12] *A, C* virāgo na virāgasya; *B missing*; *T as corrected.* (*See also* I. x. 17.) [13] *C* sampannatvāva- [14] *A* yat kṛtaṃ

dṅos daṅ dṅos med rnam rtog gi || mgo bo padmaḥi snod du ni || (20)
bdud rnams rnam pa bźi yi khrag || dṅos grub phyir ni btuṅ bar bya ||
stoṅ paḥi rnam pas kha tvāṃ ga || thabs kyis ro ni rnam par brtag || (21)
ḥdis ni ḥkhor lo rnam bsgoms na || dṅos grub myur du thob par ḥgyur ||
daṅ por nag po rab tu sgom || gñis par dmar po rnam par sgom || (22)

gsum pa la ni ser po sgom || bźi par ljaṅ khu de bźin no ||
lṅa par kha dog sṅon po daṅ || drug par dkar poḥi lus can te || (23)
yan lag drug sgom rnal ḥbyor pas || dgaḥ bral mthar yaṅ de bźin no ||
bskyed paḥi rim pa ñid daṅ ni || rdzogs [319*a*] pa yi raṅ rim pa ñid || (24)

rim gñis mñam par gnas nas ni || rdo rje can gyis chos ḥchad do ||
bskyed pa yi ni cha bśad do || (25)

nam mkhaḥi khams ni padma la || bha ga źes bya ye śes brjod ||
sgom pa źes bya sñoms ḥjug ñid || de yi bde ba ḥkhor lo brjod || (26)
sṅon du byuṅ ba źu ba ñid ||

rim pa ji bźin raṅ rig ñid || lha źes bya ba byaṅ chub sems ||
ji ltar ḥbyuṅ ba khu ba yin || lhan cig skyes pa rnam pa gñis || (27)
re śig btsun mo śes rab yin || skyes bu thabs su brjod pa ñid ||
kun rdzob don dam dbye ba las || phyi nas de yis rnam pa gñis || (28)
re śig skyes bu rnam pa gñis || de yi khu baḥaṅ bde ba ñid ||
skyes bu ji bźin śes rab laḥaṅ || de yi khu ba bde ba ñid || (29)
de ñid phyir na dgaḥ ba ñid || bźi yi rab tu dbye ba yis ||
skyes med rim paḥi phyogs las ni || ḥdi ltar lhan cig skyes rnam bźi || (30)
dgaḥ ba daṅ po dpaḥ bo ñid || mchog tu dgaḥ ba rnal ḥbyor ma ||
śin tu bde dgaḥ thams cad ṅes || de bdeḥi thabs las thams cad rig || (31)
dgaḥ ba bde ba cuṅ zad de || mchog tu dgaḥ ba de bas lhag ||
dgaḥ bral dgaḥ bas chags bral yin || lhag ma lhan cig skyes dgaḥ ñid || (32)
daṅ po reg par ḥdod pa daṅ || gñis pa bde bar ḥdod pa daṅ ||
gsum pa ḥdod chags [319*b*] ḥjig pa ñid || des na bźi pa bsgom par bya || (33)
mchog tu dgaḥ ba srid par brjod || dgaḥ bral las ni myaṅ ṅan ḥdas ||
dbu ma dgaḥ ba tsam ñid de || ḥdis ni lhan cig skyes pa spaṅs || (34)
ḥdod chags med ciṅ chags bral med || dbu mar dmigs par mi ḥgyur ro ||
ḥdi las thabs daṅ śes rab med || yaṅ dag de ñid snaṅ ba ḥo || (35)
gźan gyis brjod min lhan cig skyes || gaṅ du yaṅ ni mi rñed de ||
bla maḥi dus thabs bsten pa yis || bdag gis bsod nams las śes bya || (36)
dman pa ḥbriṅ daṅ mchog rnams daṅ || gźan daṅ gaṅ rnams de rnams kyaṅ ||
ro mñam de ñid bsgoms pa yis || ḥdi kun mñam pa ñid du blta || (37)
dman pa rnams ni phra baḥi don || mchog ni dṅos por brjod par bya ||

madhyamaṃ varjitaṃ dvābhyām anyānīti ṣaḍindriyaṃ || (38)
sthiracalaṃ yāni tāni sarvāṇy etānīty evāhaṃ[1] ||
sa[23*a*]māni tulya[2] ceṣṭāni samarasais tattvabhāvanaiḥ || (39)
samaṃ tulyam iti proktaṃ tasya cakro rasaḥ smṛtaḥ ||
samarasaṃ tv ekabhāvam[3] etenārthena bhaṇyate || (40)
madbhavaṃ[4] hi jagat sarvaṃ madbhavaṃ bhuvanatrayaṃ ||
madvyāpitam idam sarvaṃ nānyamayaṃ dṛṣṭaṃ jagat || (41)
evaṃ matvā tu vai[5] yogī yo[6] 'bhyāse su[7]samāhitaḥ ||
sa sidhyati na sandeho mandapuṇyo[8] 'pi mānavaḥ || (42)
khānapāne yathā snāne jāgrat supto 'pi cintayet ||
sātatyaṃ tu tato yāti[9] mahāmudrābhikāṅkṣakaḥ || (43)
bhāvyate[10] hi jagat sarvaṃ manasā yasmān na bhāvyate ||
sarvadharmaparijñānaṃ bhāvanā naiva bhāvanā || (44)
sthiracalāś ca ye bhāvās tṛṇagulma[23*b*]latādayaḥ ||
bhāvyante vai paraṃ tattvam ātmabhāvasvarūpakaṃ || (45)
teṣām ekaṃ paraṃ nāsti svasaṃvedyaṃ mahat sukhaṃ ||
svasaṃ[11]vedyā bhavet siddhiḥ svasaṃvedyā hi bhāvanā || (46)
svasaṃvedyamayaṃ karma bādhanāt[12] karma jāyate ||
svayaṃ hartā svayaṃ kartā svayaṃ rājā svayaṃ prabhuḥ || (47)
rāgo dveṣas tathaiverśyā moho mānas tathaiva ca ||
sarve te tatpade ramye kalān nārghanti[13] ṣoḍaśīṃ || (48)
dharmodayodbhavaṃ jñānaṃ khasamaṃ sopāyanvitaṃ ||
trailokyaṃ tatra jātaṃ hi prajñopāyasvabhāvataḥ || (49)
śukrākāro bhaved bhagavān tatsukhaṃ kāminī smṛtaṃ ||
ekānekaviyogo 'sau kṣaṇād ekā parā ratiḥ || (50)
svasaṃvedyam [24*a*] idaṃ jñānaṃ vākpathātītagocaraṃ ||
adhiṣṭhānakramo hy eṣaḥ sarvajñajñānatanmayaḥ || (51)
pṛthivy āpaś ca vāyuś ca teja ākāśam eva ca ||
kṣaṇāt sarve na bādhante svaparasaṃvidvedanaṃ[14] || (52)
svargamartyaiś ca pātālair ekamūrtir bhavet kṣaṇāt ||
svaparabhāgavikalpena bādhituṃ[15] naiva śakyate || (53)
samastavedasiddhāntaiḥ karmaprasaraṇādibhiḥ[16] ||
siddhir na syād bhavec chuddhyā punarjanma bhavāntare || (54)
na ca tena vinā siddhir iha loke paratra ca ||
na jñātaṃ yena Hevajraṃ vyarthas[17] tasya pariśramaḥ || (55)

[1] *A* sarvaitāni caitāni naivahaṃ; *B* sarva tāni tritevahaṃ; *C* sarvaitānīti naivahaṃ; *T as corrected.* [2] *All MSS. thus* [3] *A* ekabhāvetvaṃ nenā-; *B* ekabhāvan tu anenā-; *C* ekabhāvatvam etenā- [4] *A, C* madbhavā [5] *A, C* vai; *B* yo [6] *A, C* yogābhāse; *B* abhāset; *T* gaṅ goms pa = yo 'bhyās- [7] *B, K, T* su-; *A, C* samāhitaḥ [8] *A, B* -puṇyāpi [9] *A, C* yānti; *B* jāti [10] *C* bhāvyante [11] *A* -vedya; *B* -vedye; *C* -vedyaṃ [12] *A, C, K* bodhanāt; *B, T* bādhanāt (*see transl. note*) [13] *A, B* nādyanti [14] *A, C* svaparaṃ vittivedanaṃ; *B* svaparasamvitibhedanaṃ; *K* -samvittivedanaṃ [15] *A* bodhicittam; *B* bādhintu; *C* bādhituṃ [16] *A* -pasarādibhis tathā; *B* -prasādibhis tathā [17] *A* vyathā; *B, C* vṛthā

dbu ma gñis kyis spaṅs pa ñid ||

gaṅ rnams de rnams brtan daṅ g'yo ||
mñam ñid mtshuṅs par ḥdod pa ñid ||
mñam źes bya ba mtshuṅs par brjod ||
sgom pa ro gcig mñam pa ñid ||
ṅa las ḥgro ba thams cad ḥbyuṅ ||
ṅa yis ḥdi kun khyab pa ste ||

de ltar rnal ḥbyor pas śes na ||
[320*a*] bsod nams chuṅ baḥi mi yis kyaṅ ||
bzaḥ daṅ btuṅ daṅ blugs pa daṅ ||
phyag rgya chen po mṅon ḥdod pas ||
gaṅ phyir yid kyis mi sgom par ||
thams cad chos ni yoṅs śes na ||
brtan daṅ g'yo baḥi dṅos po gaṅ ||
bdag gi dṅos poḥi raṅ bźin las ||
de rnams dam pa gcig yod min ||
raṅ rig nas ni byaṅ chub ḥgyur ||
raṅ gi rig paḥi ḥgyur ba las ||
raṅ gis ḥphrog ciṅ raṅ gis byed ||
ḥdod chags źe sdaṅ phrag dog daṅ ||
de kun gnas ni ñams dgaḥ bar ||
chos byuṅ las skyes ye śes ni ||

thabs daṅ śes rab raṅ bźin las ||
khu baḥi rnam pa bcom ldan yin ||
gcig daṅ du ma bral ba ste ||
raṅ gi [320*b*] rig paḥi ye śes ḥdi ||
ḥdi ni byin rlabs rim paḥi phyir ||
sa daṅ chu daṅ rluṅ daṅ ni ||
raṅ gźan rig paḥi tshor ba yis ||
mtho ris mi yul rkaṅ ḥog gi ||
raṅ gźan cha yi rnam rtog gis ||
thams cad rig byed grub mthaḥ daṅ ||
srid pa dag paḥi dṅos grub min ||

ḥjig rten ḥdi daṅ pha rol tu ||
gaṅ gis mi śes kyeḥi rdo rje ||

gźan rnams źes bya dbaṅ po drug || (38)
ḥdi kun źes bya ṅa ñid de ||
ro mñam de ñid bsgoms pa ni || (39)
de yi ḥkhor lo ro źes brjod ||

ḥdis ni don gyis brjod par bya || (40)
ṅa las gnas gsum po yaṅ ḥbyuṅ ||
ḥgro baḥi raṅ bźin gźan ma mthoṅ || (41)
śin tu mñam gźag gaṅ goms pa ||
de yi ḥgrub pa the tsom med || (42)

ñal daṅ log daṅ sems pa na ||
de nas mṅon du ḥgro bar ḥgyur || (43)
ḥgro ba thams cad bsgom par bya ||
sgom pa ñid ni sgom pa min || (44)
rtswa lcug ḥkhril śiṅ la sogs pa ||
dam paḥi de ñid ṅas bsgom bya || (45)
raṅ rig bde ba chen po ñid ||
raṅ rig phyir na sgom pa ñid || (46)
mnan ba las ni las skyes te ||
raṅ rig rgyal po raṅ gtso bo || (47)
de bźin gti mug ṅa rgyal ñid ||
bcu drug char yaṅ mi phod do || (48)
mkhaḥ mñam lhan cig thabs daṅ bcas ||
ḥjig rten gsum po de las skyes || (49)
de yi bde ba ḥdod mar brjod ||
skad cig gcig las mchog dgaḥ ba || (50)
ṅag gi lam ḥdas spyod yul te ||
kun mkhyen ye śes de lta bu || (51)
me daṅ nam mkhaḥ ñid daṅ ni ||
kun gyis skad cig mi gnod te || (52)
skad cig las ni gzugs gcig ḥgyur ||
gnod pa ñid ni nus pa min || (53)
de bźin las rgyas la sogs pas ||
yaṅ ni srid mthar skye bar ḥgyur || (54)
de med pas kyaṅ dṅos grub med ||
de ni ṅal ba don med ḥgyur || (55)

nadīsrotaḥpravāhena dīpajyotiḥprabandhavat ||
satataṃ tattvayogena sthātavyam ahorātra[24*b*]taḥ || (56)

yoginīcakro nāma mahāyoginīnāṃ melāpakapaṭalo 'ṣṭamaḥ

PART I. CHAPTER ix

ataḥ paraṃ viśuddhipaṭalaṃ vyākhyāsyāmaḥ /

sarveṣāṃ khalu vastūnāṃ viśuddhis tathatā smṛtā ||
paścād ekaikabhedena devatānān tu kathyate || (1)
ṣaḍindriyaṃ pañcaskandhaṃ ṣaḍāyatanaṃ pañcabhūtaṃ[1] ||
svabhāvena viśuddham ⟨apy⟩ ajñānakleśair āvṛtaṃ[2] || (2)
svasaṃvedyātmikā śuddhir nānaśuddhyā vimucyate ||
viṣayaśuddhabhāvatvāt svasaṃvedyaṃ paraṃ sukhaṃ || (3)
rūpaviṣayādi ye 'py anye[3] pratibhāsante hi yoginaḥ[4] ||
sarve te śuddhabhāvā hi yasmād buddhamayaṃ [25*a*] jagat || (4)

he bhagavan ke te 'viśuddhāḥ /
bhagavān āha / rūpādayaḥ / kasmāt / grāhyagrāhakabhāvāt /
Vajragarbha āha / ke te grāhyagrāhakāś ceti / (5)
bhagavān āha /

cakṣuṣā gṛhyate rūpaṃ śabdaḥ karṇena śrūyate ||
gandhaṃ nāsikayā veti jihvayā svādanaṃ viduḥ || (6)
kāyena spṛśyate vastu manaḥ sukhādim āpnute ||
sevitavyā ime sevyā nirviṣīkṛtya śuddhitaḥ || (7)
rūpaskandhe bhaved Vajrā Gaurī vedanāyāṃ smṛtā ||
saṃjñāyāṃ Vāriyoginī[5] saṃskāre Vajraḍākinī || (8)
vijñānaskandharūpeṇa sthitā Nairātmyayoginī ||
sadā tāsāṃ viśuddhyā vai sidhyanti tattvayoginaḥ ||
adhyātmapuṭaṃ[6] / (9)

paścād bāhyapuṭaṃ vakṣye · aparagauryādiyoginyaḥ / [25*b*]

aiśānyāṃ Pukkasī khyātā · agnau Śavarī kīrtitā[7] ||
nairṛtye sthāpya Caṇḍālīṃ vāyave Ḍombinī sthitā || (10)
indre Gaurī yame Caurī Vetālī vāruṇadiśi ||
kauvere Ghasmarī caiva · adhastād Bhūcarī smṛtā || (11)
ūrdhvaṃ ca Khecarī proktā · utpattikramapakṣataḥ ||

[1] *A*, *B* pañcamahābhūtaṃ. [2] *T* kleśajñānāvaraṇaṃ; *A*, *C add* viśodhyate (*confirmed by T and K*) [3] *A*, *B* ya py anya [4] *A* yoginā; *B* yogineḥ [5] *A* Cauriyoginī; *C* Vajrayoginī [6] *All MSS. place this word after* Nairātmyayoginī *of line above. A reads* Nairātmyayoginī adhyātme yoginī adhyātmapuṭe. *The amended order is confirmed by T and K.* [7] *A*, *C* prakīrttitā; *B*, *T* tathaiva ca

chu boḥi rgyun ni rab ḥbab daṅ || mar meḥi rtse mo rab bciṅs ltar ||
rtag tu de ñid rnal ḥbyor gyis || ñin daṅ mtshan du mñam par gźag || (56)

rnal ḥbyor maḥi ḥkhor lo źes bya ba ḥdu baḥi leḥu ste brgyad paḥo ||

PART I. CHAPTER ix

de nas mchog tu rnam par dag paḥi leḥu bśad par bya ||

ṅes par dṅos po thams cad kyi || dag pa de bźin ñid du brjod ||
phyi nas re reḥi dbye ba yis || lha rnams kyi ni brjod par bya || (1)
phuṅ po lṅa daṅ dbaṅ po drug || skye mched drug daṅ ḥbyuṅ chen lṅa ||
raṅ bźin gyis ni rnam par dag || ñon moṅs śes byaḥi sgrib byaṅ bya || (2)
raṅ rig bdag ñid dag pa ñid || dag pa gźan gyis rnam grol min ||
yul gyi [321*a*] dṅos po dag paḥi phyir || raṅ gi rig paḥi bde chen mchog || (3)
gzugs la sogs paḥi yul rnams daṅ || gźan yaṅ rnal ḥbyor pas mthoṅ ba ||
dṅos po de kun dag pa ste || ḥdi ltar ḥgro ba saṅs rgyas ḥgyur || (4)

kye bcom ldan ḥdas rnam par ma dag pa gaṅ lags || bcom ldan ḥdas kyis bkaḥ stsal pa / gzugs pa sogs paḥo / ciḥi slad du źes na / gzuṅ ba daṅ ḥdzin paḥi dṅos poḥi phyir ro / rdo rje sñiṅ pos gsol pa / kye bcom ldan ḥdas gzuṅ daṅ ḥdzin pa gaṅ lags / (5) bcom ldan ḥdas kyis bkaḥ stsal pa /

mig gis gzugs ni gzuṅ bar bya || sgra ni rna bas ñan par bya ||
dri ni sna yis tshor ba bya || lce yis ro ni tshor bar bya || (6)
dṅos po lus kyis reg par bya || yid kyis bde sogs thob pa ni ||
dag pas dug med byas nas ni || bsten bya ḥdi dag bsten pa ñid || (7)
gzugs phuṅ rdo rje ma yin te || tshor ba la yaṅ dkar mor brjod ||
ḥdu śes chu yi rnal ḥbyor ma || ḥdu byed rdo rje mkhaḥ ḥgro ma || (8)
rnam śes phuṅ poḥi tshul gyis ni || bdag med rnal ḥbyor ma gnas so ||
rtag tu ḥdi dag rnam dag pas || de ñid rnal ḥbyor pas ḥgrub ḥgyur ||
naṅ gi ḥphar maḥo || (9)

de nas phyi yi ḥphar ma bśad || dbaṅ ldan du ni pukka sī ||
mer ni de bźin ri khrod ma || bden bral gdol ba mo bźag ciṅ ||
rluṅ du [321*b*] g'yuṅ mo rnam par bźag || phyi ma lha mo dkar mo sogs || (10)
dbaṅ dkar gśin rjer chom rkun ma || chu bdag phyogs su ro laṅs ma ||
lus ṅan por ni gha sma rī || ḥog tu sa spyod ma źes brjod || (11)
steṅ du mkhaḥ spyod ma źes bśad || bskyed paḥi rim pa ñid kyi phyogs ||

bhavanirvāṇasvabhāvena sthitāv etau dvidevate[1] || (12)
rūpe Gaurī samākhyātā śabde Caurī prakīrtitā ||
Vetālī gandhabhāge ca rase Ghasmarī kīrtitā || (13)
sparśe ca Bhūcarī khyātā Khecarī dharmadhātutaḥ ||
sadā hy āsāṃ viśuddhyā tu sidhyanti[2] tattvayoginaḥ || (14)
bhujānāṃ [26a] śūnyatā śuddhiś[3] caraṇā[4] māraśuddhitaḥ ||
mukhāny aṣṭavimokṣeṇa netraśuddhis trivajriṇāṃ || (15)
pṛthivī Pukkasī khyātā · abdhātuḥ Śavarī smṛtā ||
tejaś Caṇḍālinī jñeyā vāyur Ḍombī prakīrtitā || (16)
dveṣākhyāpitā Nairātmyā[5] rāga- ca Vāriyoginī ||
īrṣyā ca Vajraḍākinī paiśunyaṃ Guptagaurikā || (17)
mogho Vajrā tathā khyātā dveṣādīnāṃ tu śodhanaṃ ||
etena śodhyate skandham utpattikramapakṣataḥ || (18)

yena tu yena badhyate lokas tena tu tena tu bandhanaṃ muñcet ||
loko muhyati vetti na tattvaṃ tattvavivarjitaḥ siddhiṃ na lapsyet[6] ||

tasmāt / (19)

gandha na śabda na rūpaṃ naiva rasa na ca cittaviśuddhiḥ || [26b]
sparśa na dharma na sarvaviśụddhyā śuddhasahāva[7] jago jaga manye || (20)

viśuddhipaṭalo navamaḥ ||

PART I. CHAPTER X

athātaḥ saṃpravakṣyāmi maṇḍalasya yathākramaṃ ||
śiṣyo 'bhiṣicyate yena vidhiś cāpi pravakṣyate || (1)
vasudhāṃ śodhayed yogī prathamaṃ devatātmakaḥ[8] ||
HŪṂ-vajrīkṛtya yatnena paścān maṇḍalam ālikhet || (2)
udyāne vijane deśe bodhisattvagṛheṣu ca ||
maṇḍalāgāramadhye ca vartayen maṇḍalaṃ varaṃ || (3)
divyena rajolekhena · athavā madhyamena tu ||
pañcaratnamayaiś cūrṇair athavā taṇḍulādibhiḥ || (4)
trihastaṃ maṇḍalaṃ kāryaṃ trayāṅguṣṭhādhikan tataḥ ||
vidyā tatra praveṣṭavyā divyā pañcakulodbhavā || (5)
athavā yā kā[9] yathālabdhā[10] ṣoḍaśābdā[10] tathaiva ca ||
tāvad dhi sevyate mudrā yāvac chukravatī bhavet || (6)
mudrāyāś ca mukhaṃ [27a] baddhvā upāyasya mukhaṃ tathā ||

[1] *A* -devatīḥ; *B* devati; *C* devatī [2] *A*, *C* sidhyate [3] *A*, *C* viśuddhiś
[4] *C* caraṇau [5] *A*, *B*, *T* Vajrā; *C* Cakrī (*see transl. note*) [6] *A*, *C* lapsye
[7] *A* -svabhāva [8] *A*, *C* -ātmakaṃ [9] *A* yān tā; *B* yātrāṃ; *C* yāṃ kāṃ
[10] *C* -ṃ

srid daṅ źi baḥi raṅ bźin gyis ||
gzugs la dkar mor rtag tu bśad ||
dri yi cha la ro laṅs ma ||
reg la sa spyod ma źes bśad ||
rtag tu ḥdi dag rnam dag pas ||

phyag gi dag pa stoṅ pa ñid ||
rnam thar brgyad kyis źal rnams ñid ||
sa ni pukka sī źes bśad ||
me ni gtum mor śes par bya ||
źe sdaṅ źes bśad rdo rje ma ||
phrag dag rdo rje mkhaḥ ḥgro ma ||
gti mug de bźin rdo rjer bśad ||
bskyed paḥi rim paḥi phyogs la ni ||

lha mo ḥdi gñis rnam par gnas || (12)
sgra la chom rkun ma rab grags ||
ro la gha sma rī rab grags || (13)
chos kyi dbyiṅs la mkhaḥ spyod ma ||
de ñid rnal ḥbyor pas ḥgrub ḥgyur || (14)
bdud dag pa las źabs rnams ñid ||
rdo rje gsum gyis dag paḥi spyan || (15)
chu khams rṅon pa ma źes brjod ||
rluṅ ni g'yuṅ mor rab tu grags || (16)
ḥdod chags chu yi rnal ḥbyor ma ||
ser sna gsaṅ baḥi dkar mo ñid || (17)
źe sdaṅ la sogs rnam sbyoṅ ba ||
ḥdis ni phuṅ po sbyaṅ bar bya || (18)

gaṅ daṅ gaṅ gis ḥjig rten ḥchiṅ ḥgyur ba ||
de daṅ des ni ḥchiṅ ba las grol te ||
de ñid mi śes ḥjig rten mi grol źiṅ ||
de ñid rnam spaṅs dṅos grub rñed mi ḥgyur || (19)
de phyir dri med sgra med [322*a*] gzugs ñid med ||
ro daṅ sems kyi rnam par dag pa med ||
reg med chos med thams cad rnam par dag ||
raṅ bźin dag paḥi ḥgro la ḥgro bar śes || (20)

rnam par dag paḥi leḥu ste dgu paḥo ||

PART I. CHAPTER X

de nas ji ltar dkyil ḥkhor gyi ||
gaṅ gis slob ma dbaṅ bskur baḥi ||
daṅ po lha yi bdag ñid kyi ||
ḥbad pas hūṃ las rdo rje can ||
tshal daṅ skye bo med gnas daṅ ||
dkyil ḥkhor khaṅ paḥi naṅ du yaṅ ||
rdul mtshon dam paḥi tshon daṅ ni ||
rin chen lṅa yi phye maḥam ||
de na dkyil ḥkhor khru gsum daṅ ||
der ni rigs lṅar las ḥbyuṅ baḥi ||
yaṅ na ji ltar gaṅ rñed de ||
ji srid khu ba ldan gyur pa ||
phyag rgyaḥi gdoṅ yaṅ bciṅ ba daṅ ||

rim pa yaṅ dag rab tu bśad ||
cho gaḥaṅ rab tu bśad par bya || (1)
rnal ḥbyor pas ni nor ḥdzin sbyaṅ ||
byas te phyi nas dkyil ḥkhor bri || (2)
byaṅ chub sems dpaḥi khyim daṅ ni ||
dkyil ḥkhor dam pa rab tu bźeṅs || (3)
yaṅ na ḥbriṅ po ñid kyis te ||
yaṅ na ḥbras pa sogs pas so || (4)
the boṅ gsum ni lhag par bya ||
rig ma bźaṅ mo rnam par gźug || (5)
de ltar bcu drug lon pa ñid ||
de srid phyag rgya bsten par bya || (6)
thabs kyi gdoṅ yaṅ de bźin no ||

sevayā tatra yad bhūtaṃ śiṣyavaktre nipātayet || (7)
kāritavyaṃ ca tatraiva samarasaṃ śiṣyagocaraṃ ||
svasaṃvedyād bhaved jñānaṃ svaparavitti[1]varjitaṃ || (8)
khasamaṃ virajaṃ śūnyaṃ bhāvābhāvātmakaṃ paraṃ ||
prajñopāyavyatimiśraṃ rāgārāgavimiśritaṃ || (9)
sa eva prāṇināṃ prāṇaḥ sa eva paramākṣaraḥ ||
sarvavyāpī sa evāsau sarvadehavyavasthitaḥ || (10)
sa evāsau mahāprāṇaḥ[2] sa evāsau jaganmayaḥ ||
bhāvābhāvau tadudbhūtau anyāni yāni tāni ca || (11)
sarvaṃ[3] vijñānarūpaṃ ca puruṣaḥ purāṇa īśvaro ||
ātmā jīvaṃ ca sattvaṃ ca kālaḥ puḍgala eva ca ||
sarvabhāvasvabhāvo 'sau mā[27*b*]yārūpī ca saṃsthitaḥ || (12)
prathamānandamātran tu paramānandaṃ dvisaṃkhyataḥ ||
tṛtīyaṃ viramākhyaṃ ca caturthaṃ sahajaṃ smṛtaṃ || (13)
evaṃ śrutvā tu vai sarve Vajragarbhādayo budhāḥ ||
paramavismayāpannā mūrchitāḥ patitāvanau || (14)
prathamānandaṃ jagadrūpaṃ paramānandaṃ jagat tathā ||
viramānandaṃ jagac caiva na vidyate sahajaṃ triṣu || (15)

iti /

bhagavān āha Hevajraḥ sarvabuddhaika[4]vigrahaḥ /
saṃśayāpanayaṃ divyaṃ Vajragarbhasya bodhaye[5] || (16)
na rāgo na virāgaś ca madhyamaṃ[6] nopalabhyate ||
trayāṇāṃ varjanād eva sahajaṃ[7] bodhir[8] ucyate || (17)
athavā sarvātmakaḥ saivāthavā sarvair vivarjitaḥ ||
[28*a*] viramādau sa lakṣyata ānandatrayavarjitaḥ || (18)
prathamaṃ meghavad bhāti siddhe tu māyāvad bhavet ||
sahasā svapnavad bhāti svapijāgradabhedavat || (19)
abhedalakṣaṇāsiddhau mudrāyogī tu sidhyati ||
ity āha maṇḍalaṃ śāstā catuṣkoṇaṃ samujjvalaṃ || (20)
caturdvāraṃ mahādīptaṃ hārārdhahārabhūṣitaṃ ||
śrakcitracāmarair yuktaṃ aṣṭastambhopaśobhitaṃ || (21)
vajrasūtrair samāyuktaṃ nānāpuṣpopaśobhitaṃ ||
dhūpaṃ dīpaṃ tathā gandham aṣṭakalaśādibhir yutaṃ || (22)
te ca[9] sapallavāgrāḥ syur[10] vastrācchāditakandharāḥ ||

[1] *A* svaparamavitti; *B* svaparasaṃriti; *C* svaparasaṃvitti [2] *A and T omit this half-line* [3] *A* satvavijñāna- [4] *A* hevajrasya buddhika- [5] *C adds* tribhir varjitam iti hetoḥ [6] *All MSS* madhyamā [7] *A* -aḥ; *B, C* -a [8] *A, C* saṃbodhir; *B* sabodhir [9] *A, C* te ca palla-; *B* te palla- [10] *A* suvastrā-

bsten pa de las gaṅ byuṅ ba || slob maḥi khar ni btuṅ bar bya || (7)
ro mñam slob maḥi spyod yul ñid || de ñid la yaṅ bya bar [322*b*] bya ||
raṅ rig ye śes ñid du ḥgyur || raṅ gźan yaṅ dag rig pa spaṅs || (8)
mkhaḥ mñam rdul bral stoṅ pa ñid || dṅos daṅ dṅos med bdag ñid mchog ||
thabs daṅ śes rab śin tu ḥdres || chags daṅ chags bral rnam par ḥdres || (9)
de ñid srog chags rnams kyi srog || de ñid yi ge dam pa ñid ||
(de ñid ḥgro baḥi bdag ñid de || (11))
de ñid thams cad khyab pa po || thams cad lus la rnam par gnas || (10)
dṅos daṅ dṅos med de las byuṅ || gźan daṅ gaṅ rnams de rnams daṅ || (11)
rnam par śes pa kun gyi tshul || skyes bu sṅon rabs dbaṅ phyug daṅ ||
bdag daṅ gso ba sems can daṅ || dus daṅ gaṅ zag ñid daṅ ni ||
dṅos po kun gyi raṅ bźin hdi || sgyu maḥi gzugs kyi yaṅ dag gnas || (12)
daṅ po dgaḥ ba tsam ñid de || gñis paḥi graṅs las mchog dgaḥ ñid ||
gsum pa las ni dgaḥ bral bśad || bźi pa lhan cig skyes par brjod || (13)
de bźin gśegs pa rnams daṅ ni ||
rdo rje sñiṅ po la sogs kun || mkhas pas de skad ṅes thos nas ||
mchog tu ṅo mtshar gyur nas ni || brgyal źiṅ sa la dgyel bar ḥgyur || (14)
daṅ po dgaḥ ba ḥgro baḥi gzugs || de bźin mchog dgaḥ ḥgro ba ñid ||
dgaḥ bral dgaḥ baḥaṅ ḥgro ba ñid || gsum la lhan cig skyes pa med || (15)
bcom ldan bkaḥ stsal kyeḥi rdo rje || saṅs rgyas kun gyi sku gcig pa ||
rdo rje sñiṅ pos rtogs byaḥi phyir || [323*a*] the tsom legs par sel ba ni || (16)
ḥdod chags med ciṅ chags bral med || dbu mar dmigs par mi ḥgyur ro ||
gsum po spaṅs pa ñid kyi phyir || lhan cig skyes pa byaṅ chub brjod || (17)
yaṅ na de ñid thams cad bdag || yaṅ na kun gyis rnam par spaṅs ||
de yaṅ dgaḥ bral daṅ por mtshon || dgaḥ ba gsum po rnam par spaṅs || (18)
daṅ po sprin daṅ ḥdra ba yin || grub pa sgyu ma lta bur ḥgyur ||
gñid log sad par mi byed par ||
ñal daṅ log paḥi khyad par las || rtag tu rmi lam ḥdra bar ḥgyur || (19)
dṅos grub mtshan ñid mi phyed paḥi || phyag rgya rnal ḥbyor pa yis ḥgrub ||
ston pas dkyil ḥkhor ḥdi skad gsuṅs || gru bźi yaṅ dag ḥbar ba ñid || (20)
sgo bźi gzi brjid chen po ste || do śel do śel phyed pas rgyan ||
phreṅ ba sna tshogs rṅa yab ldan || ka ba brgyad kyis ñe bar rgyan || (21)
rdo rje srad bu mñam par ldan || me tog sna tshogs ñe bar rgyan ||
bdug pa mar me de bźin dri || bum pa brgyad la sogs pas rgyan || (22)
de yaṅ yal ga la sogs ldan || mgrin pa gos kyis dgab pa daṅ ||

pañcaratnaparikṣiptaṃ[1] dadyād vijayaṃ pūrvataḥ || (23)
navena suniyuktena supramāṇena cāruṇā ||
sūtreṇa sūtrayet prājñaḥ sveṣṭa[28*b*]devatārūpataḥ || (24)
cakreśasya japel lakṣaṃ māṇḍaleyasya cāyutaṃ ||
pūrvoktenaiva mantreṇa śodhayed dharaṇīṃ budhaḥ || (25)
baliṃ ca dāpayet tatra prāg A-kārādimantrataḥ ||
rakṣāṃ caiva yathādiṣṭāṃ yathā dhyāne tathātra ca || (26)
prakāśitās tu ye sekā vidhivad dadyāt svamaṇḍale ||
pūjā cābhyarcanā caiva yathākhyātā tathātra ca || (27)
śuddhaṃ dvipuṭam ālikhya[2] cakraṃ Gauryādīnāṃ tathā ||
pūrveṇa likhet kartṛkāṃ dakṣiṇe paścime tathā || (28)
uttare[3] cāgnikoṇe ca nairṛtye vāyave tathā ||
aiśāne ca yathā[4]khyātam[5] adhaś cordhvaṃ[6] tathā tathā || (29)
Vajrasattvakṛtāṭopaḥ kṛtālīḍhaś ca pādayoḥ ||
praviśen maṇḍalā[29*a*]cāryo dvibhujaḥevajrayogataḥ || (30)
snātaḥ śuciḥ sugandhāṅgo citrābharaṇabhūṣitaḥ ||
HŪṂ-HŪṂ-kārakṛtāṭopo HĪ-HĪ-kārabhayānakaḥ || (31)
paścāt tattvaṃ samākhyātaṃ viśuddhaṃ jñānarūpiṇaṃ ||
saṃsāravyavadānena nāsti bhedo manāg api || (32)

paramaratau na ca bhāva[7] na bhāvaka ||
na ca vigraha na ca grāhya na grāhaka ||
māṃsa na śoṇita viṣṭa na mūtraṃ ||
na charda[8] na moha na śaucapavitraṃ || (33)
rāga na dveṣa na moha na īrṣyā ||
na ca paiśunya na ca māna na dṛśyaṃ ||
bhāva na bhāvaka mitra na śatru ||
nistaraṅga sahajākhyavicitraṃ || (34)

ity āha Vajragarbhākhyaḥ [he bhagavan] kasmād
bhūtātma[29*b*]kaṃ bhavet ||
dehaṃ svabhāvataḥ śuddham ādāv evāsvabhāvakaṃ || (35)
tatrāha bhagavān Vajrī ḍākinīnāṃ sukhaṃdadaḥ ||
nistaraṅgaḥ svarūpātmā sarve dehe vyavasthitaḥ || (36)

Vajragarbha āha / he bhagavan kasmān mahābhautikaskandhaḥ / bhagavān āha / (37)

bolakakkolayogena kunduruṃ kurute vratī[9] ||
sparśāt kāṭhinyadharmeṇa pṛthivī tatra jāyate || (38)
bodhicittadravākārād abdhātoś caiva saṃbhavaḥ ||

[1] *All MSS.* parikṣiptā [2] *A, B* likhet; *C* vilikhyā [3] *A, B* uttare 'gni-; *C* uttare agni- [4] *A, C* tathā [5] *B, C* -kathitaṃ [6] *A* adha ūrddhva; *B* adha corddhvo; *C* adhorddhe ca tathā khalu [7] *A, K* bhāva; *B, C* bhāvya [8] *A* na ca ghṛṇa mona śauca-; *B* na capu na laṅga-; *C* na ca ghṛṇa moha-; *amended reading based on T.* [9] *A, B, and T omit this half-line.*

rin chen lṅa ni yoṅs su gźug || rnam par rgyal ba śar du sbyin || (23)
raṅ ḥdod lha yi gźugs kyis ni || sar pa legs par bkal ba daṅ ||
śin tu tshaṅ mar mdzes pa yi || srad bus śes rab can gyis gdab || (24)
ḥkhor [323*b*] loḥi bdag poḥi zlas pa ḥbum || dkyil ḥkhor can gyi de bźin khri ||
goṅ du gsuṅs paḥi sṅags ñid kyis || mkhas pas nor ḥdzin rnam par sbyaṅ || (25)
goṅ gi ā sogs sṅags kyis ni || de la gtor ma rnam par sbyin ||
ji ltar bsam gtan de bźin ḥdir || sruṅ ba ji ltar gsuṅs pa ñid || (26)
gaṅ źig dbaṅ ni rab phye ba || raṅ gi dkyil ḥkhor cho gas sbyin ||
mchod daṅ gsol ba gdab pa ñid || ji ltar bśad pa de bźin ḥdir || (27)
ḥphar ma gñis bzaṅ rnam bris nas || myur du dkar mo la sogs bri ||
śar du gri gug rnam par bri || lho daṅ nub tuḥaṅ de bźin no || (28)
byaṅ daṅ me yi mtshams daṅ ni || bden bral rluṅ duḥaṅ de bźin no ||
dbaṅ ldan du ni ci gsuṅs pa || de lta de ltar hog daṅ steṅ || (29)
rdo rje sems dpaḥi snems byas nas || rkan pa g'yas pa brkyan byas te ||
phyag gñis kye ḥi rdo rjer sbyor || slob dpon dkyil ḥkhor ḥjug pa ñid || (30)
khrus daṅ gtsaṅ spra dri źim lus || sna tshogs rgyan gyis rnam par brgyan ||
hūṃ hūṃ sñems pa byas nas ni || hi hi rnam par ḥjig byed dag || (31)
phyi nas de ñid yaṅ dag bśad || rnam dag ye śes gzugs can daṅ ||
ḥkhor ba daṅ ni mya ṅan ḥdas || khyad par cuṅ zad yod ma yin || (32)

mchog dgar sgom pa med ciṅ sgom pa po ḥaṅ med ||
lus kyaṅ med ciṅ gzuṅ ba med daṅ ḥdzin paḥaṅ med ||
śa daṅ khrag kyaṅ med ciṅ [324*a*] gśaṅ daṅ gci baḥaṅ med ||
skyug bro rmoṅs med gtsaṅ spra mchod phyir thogs med daṅ || (33)
chags med sdaṅ ba med daṅ rmoṅs med phrag dog med ||
ser sna med daṅ ṅa rgyal med ciṅ mthoṅ bya med ||
sgom daṅ sgom pa po med bśes daṅ dgra med ciṅ ||
rlom sems med paḥi lhan cig skyes ba sna tshogs ñid || (34)

rdo rje sñiṅ pos ḥdi skad gsol || gzod nas raṅ bźin med pa yi ||
lus kyi raṅ bźin dag pa ni || ci slad ḥbyuṅ baḥi bdag ñid lags || (35)
de nas bcom ldan rdo rje can || mkhaḥ ḥgro bde ba sbyin pas gsuṅs ||
rlom sems med paḥi raṅ bźin bdag || thams cad lus la rnam par gnas || (36)

kye bcom ldan ḥdas ciḥi slad du ḥbyuṅ ba chen po las gyur paḥi phuṅ po lags / bcom ldan ḥdas kyis bkaḥ stsal pa / (37)

bo la kakko la sbyor bas ||
reg pa sra baḥi chos kyis ni || sa ni de las skye bar ḥgyur || (38)
byaṅ sems khu baḥi rnam pa las || chu yi khams ni ḥbyuṅ bar ḥgyur ||

gharṣaṇād jāyate tejo gamanād vāyuḥ prakīrtitaḥ || (39)
saukhyam ākāśadhātus ca pañcabhiḥ pariveṣṭitaḥ ||
tasmāt saukhyaṃ na tattvākhyaṃ mahābhūtaṃ yataḥ sukhaṃ || (40)
sahajātyāṃ yad utpannaṃ sahajaṃ tat prakīrtitaṃ ||
svabhāvaṃ [30*a*] sahajaṃ proktaṃ sarvākāraikasaṃvaraṃ || (41)
kṛpopāyo bhaved yogī mudrā hetuviyogataḥ ||
śūnyatākaruṇābhinnaṃ bodhicittam iti smṛtaṃ || (42)

na mantrajāpo na tapo na homo
na maṇḍaleyaṃ na ca maṇḍalañ ca ||
sa mantrajāpaḥ sa tapaḥ sa homas
tan maṇḍaleyaṃ tan maṇḍalañ ca ||
samāsataś cittasamājarūpī || (43)

abhiṣekapaṭalo daśamaḥ ||

PART I. CHAPTER xi

samākrūrā lalāṭī ca pātanā kathitā sadā ||
vaśyā vāmāśritā dṛṣṭiḥ puttalī dvau ca vāmataḥ || (1)
ākṛṣṭir dakṣiṇe bhāge puttalī dvau ⟨hi⟩ cordhvataḥ[1] ||
madhyamā stambhanādṛṣṭir dvau ca nāsājaḍāntare || (2)
pātanā recakenaiva kuṃbhakena vaśīkaret[2] ||
pū[30*b*]rakeṇaiva tv ākṛṣṭiḥ praśāntakena stambhanā || (3)
pātanā snigdhavṛkṣeṣu vaśyā puṣpaprakīrtitā ||
ākṛṣṭir vajravṛkṣeṣu staṃbhanā sacare tṛṇe || (4)
ṣaṇmāsābhyāsayogena siddhyati nātra saṃśayaḥ ||
bhrāntir atra na kartavyā · ācintyā ⟨hi⟩ buddharddhayaḥ[3] || (5)
sādhayitvā caturdṛṣṭiṃ sattvāni[4] tārayed budhaḥ ||
māraṇaṃ[5] nātra kāryaṃ syāt samayabhedaḥ paraṃ bhavet || (6)
sarvākāryaṃ tu kartavyaṃ hitvā sattvasya vañcanāṃ ||
sattvāpakāramātreṇa mudrāsiddhir na labhyate || (7)
samayaṃ bhakṣayet tatra pradīpyantaṃ samāhitaḥ[6] ||
nādiṃ gādiṃ tathā hādim antaśvam ādiśvaṃ ca vā || (8)
pañcāmṛtaṃ tathā bhakṣyaṃ Hevajre siddhihetunā ||
[31*a*] saptāvartan tato lakṣet Hevajroktais[7] tu lakṣaṇaiḥ || (9)
saptāvarte bhavet siddhir viramānandadūṣakī ||

[1] *A* puttalī dvau ca ūrddhve niyojayet; *B* dvo codhiddhve niyogayet; *C* puttalī dvau dverdhvataḥ [2] *A* -kuret [3] *All MSS.* buddharḍdhayaḥ [4] *A inserts* vā; *B* satvān avatāra- [5] *A* -ṇai; *C* -ṇair [6] *B, T omit this half-line*; *A* hevajre siddhihetuna; *C* pradīpānyaṃ samāhitaḥ [7] *A* hevajrākṣais

bskyod pa las ni drod skye ste || ḥgro bas rluṅ du rab tu grags || (39)
bde ba nam mkhaḥ ñid kyi khams || lṅa po rnams kyi yoṅs su bskor ||
gaṅ phyir ḥbyuṅ ba che bde ba || de phyir bde ba de ñid min || (40)
lhan cig skyes pas gaṅ skyes pa || lhan cig skyes par de brjod bya ||
raṅ bźin lhan cig skyes źes brjod || rnam pa thams [324*b*] cad sdom pa gcig || (41)
phyag rgya rgyu daṅ bral ba las || yo gi sñiṅ rje thabs su ḥgyur ||
stoṅ ñid sñiṅ rje dbyer med pa || byaṅ chub sems źes rab tu brjod || (42)

sṅags kyi bzlas med dkaḥ thub med daṅ sbyin sreg med ||
dkyil ḥkhor can yaṅ med ciṅ dkyil ḥkhor yaṅ ni med ||
de ni sṅags bzlas de dkaḥ thub daṅ de sbyin sreg ||
de ni dkyil ḥkhor can daṅ de ni dkyil ḥkhor ñid ||
mdor bsdus nas ni sems ni ḥdus paḥi gzugs can no || (43)

dbaṅ gi leḥu źes bya ba ste bcu paḥo ||

PART I. CHAPTER xi

mnam pa ma ruṅs dpral ba can || rtag tu ltuṅ bar byed par brjod ||
dbaṅ gi lta staṅs g'yon na gnas || g'yon pa nas ni gzugs brñan gñis || (1)
g'yas paḥi cha la dgug pa ñid || steṅ nas kyaṅ ni gzugs brñan gñis ||
dbu ma reṅs paḥi lta staṅs ñid || sna yi rtse moḥi dbus su gñis || (2)
ḥbyuṅ ba ñid kyis ltuṅ bar byed || rṅub pa yis ni dbaṅ du byed ||
dgaṅ ba yis ni dgug pa ñid || źi ba yis ni reṅs par byed || (3)
rlom paḥi śiṅ la ltuṅ byed ñid || dbaṅ ni me tog rab tu grags ||
rdo rjeḥi śiṅ la dgug pa ñid || g'yo bcas rtsva la reṅs byed ñid || (4)
zla drug goms paḥi sbyor ba yis || ḥgrub ḥgyur ḥdi la the tsom med ||
ḥdi la ḥkhrul bar mi bya ste || saṅs rgyas rdzu ḥphrul bsam mi khyab || (5)
lta staṅs bźi po bsgrubs nas ni || mkhas pas sems [325*a*] can gźug par bya ||
bsad par ḥdi la bya ma yin || dam tshig ṅes par ñams par ḥgyur || (6)
sems can slu ba spaṅs nas ni || bya ba ma yin thams cad bya ||
sems can gnod pa tsam gyis ni || phyag rgyaḥi dṅos grub rñed mi ḥgyur || (7)
de la dam tshig bzaḥ bya ba ||
na daṅ ga ha daṅ po daṅ || mthaḥ yi śva daṅ daṅ poḥi śva || (8)
kye yi rdo rjeḥi dṅos grub phyir || bdud rtsi lṅa yaṅ de bźin bzaḥ ||
kye ḥi rdo rje gsuṅs mtshan ñid || skye ba bdun paḥaṅ de nas mtshon || (9)
dgaḥ bral dgaḥ ba la smod pa || lan bdun pas ni ḥgrub par ḥgyur ||

susvarañ cakṣuṣmac[1] caiva gandhakāyaṃ mahāvapuḥ || (10)
saptacchāyā bhavet tasya dṛṣṭvā yogī tu lakṣayet ||
tasya prāśitamātreṇa khecaratvaṃ bhavet kṣaṇāt || (11)

atha Kurukullāyāḥ sādhanaṃ vakṣye yena sarvasattvāni vaśaṃ yānti /

saṃkṣiptaṃ pūrvam uddiṣṭaṃ vistareṇa kalpadvādaśaiḥ || (12)
HRĪḤ-kārasambhavā devī raktavarṇā caturbhujā ||
iṣukārmukahastā ca · utpalāṅkuṣadharaṇā || (13)
asyā bhāvanāmātreṇa trailokyaṃ vaśam ānayet ||
lakṣeṇaikena rājānaḥ[2] prajāloko 'yutena ca || (14)
paśuyakṣādayaḥ koṭyā saptala[31*b*]kṣeṇa cāsurāḥ ||
lakṣadvayena devāś ca[3] śatenaikena mantriṇaḥ || (15)

Śrīhevajraḍākinījālasamvara-Vajragarbhābhisaṃbodhi-nāma
prathamaḥ kalparājā samāptaḥ ||

PART II. CHAPTER i

atha Vajragarbha āha /

deśayantu yathānyāyaṃ pratiṣṭhālakṣaṇaṃ śubhaṃ ||
bhagavān vajrasārātmā sarvabuddhaikasaṃgrahaḥ || (1)

bhagavān āha /

homaṃ kṛtvā yathāproktaṃ vartayitvā tu maṇḍalaṃ ||
pradoṣe saṃskaret pratimāṃ kṛtvādhivāsanādikaṃ || (2)
gaganasthān sarvabuddhān pratimāhṛdi[4] veṣayet ||
sveṣṭadevatāsaṃyogī[5] pratyakṣamantrapāragaḥ || (3)

OṂ vajrapuṣpe ĀḤ HŪṂ SVĀHĀ /
OṂ vajradhūpe ĀḤ HŪṂ SVĀHĀ /
OṂ vajradīpe [32*a*] ĀḤ HŪṂ SVĀHĀ /
OṂ vajragandhe ĀḤ HŪṂ SVĀHĀ /
OṂ vajranaivedye ĀḤ HŪṂ SVĀHĀ / (4)

nāna-HŪṂ-kārанniṣpannān puṣpādyāṃs tu praḍhaukayet ||
arghapādyādikaṃ prāgvat pūrvatantra[6]vidhikramaiḥ || (5)
śāntike vartulaṃ kuṇḍaṃ caturasvaṃ tu pauṣṭike ||
trikoṇaṃ māraṇe proktaṃ śeṣān atraiva sādhayet || (6)
ekahastārdhahastaṃ vā 'dhordhve tu śāntikaṃ bhavet ||
dvihastam ekahastañ ca · adhordhve pauṣṭikaṃ mataṃ || (7)
viṃśatyaṅgulam ardhaṃ ca[7] · adhordhve[8] māraṇaṃ bhavet ||

[1] *A* saṃvarañ cakṣumāṇaṃ; *B* sukhara cakṣumāṇaṃ; *C* sasvaraṃ cakṣumāṇaṃ
[2] *All MSS.* rājānaṃ [3] *A*, *C* devānāṃ; *B* devāṃś ca [4] *A*, *B* hṛdaye praveṣ-
[5] *A* samāyogī; *B* samo yogī [6] *A* pūrvvamantra- [7] *All MSS.* vā [8] *A* *inserts* ca

skad sñan mig daṅ ldan pa daṅ || dri lus gzi brjid chen po daṅ || (10)
de yi grib ma bdun du ḥgyur || mthoṅ nas rnal ḥbyor pa yis mtshon ||
de ni zos pa tsam gyis ni || skad cig la ni mkhaḥ spyod ḥgyur || (11)

ku ru kulleḥi sgrub thabs bśad par bya ste ||

goṅ du brtag pa bcu gñis par || rgyas par gsuṅs pa mdo ru bsdu || (12)
hrīḥ las byuṅ baḥi lha mo ni || kha dog dmar źiṅ phyag bźi ma ||
mdaḥ daṅ gźu yi lag pa ma || utpa la daṅ lcags kyu ḥdzin || (13)
ḥdi ni bsgoms pa tsam gyis ni || ḥjig rten gsum po dbaṅ du byed ||
ḥbum phrag cig gis rgyal po rnams || khri yis ḥjig rten phal pa ñid || (14)
bye bas phyugs daṅ gnod sbyin sogs || ḥbum phrag bdun [325*b*] gyis lha ma yin ||
ḥbum phrag gñis kyis lha rnams ñid || brgya phrag gcig gis sṅags pa ñid || (15)

kyeḥi rdo rje mkhaḥ ḥgro ma dra baḥi sdom pa las rdo rje sñiṅ po mṅon par byaṅ chub pa źes bya ba brtag paḥi rgyal po rdzogs so ||

PART II. CHAPTER i

rdo rje sñiṅ pos gsol pa ||
bcom ldan rdo rje sñiṅ po bdag || saṅs rgyas thams cad gcig bsdus pa ||
rab gnas mtshan ñid bzaṅ po ñid || rim pa ji bźin bśad du gsol || (1)
bcom ldan ḥdas kyis bkaḥ stsal pa ||
ci gsuṅs sbyin sreg byas nas ni || dkyil ḥkhor dam pa bźeṅs pa daṅ ||
sṅa bar sku gzugs sbyaṅ ba daṅ || sta gon la sogs byas nas ni || (2)
nam mkhar bźugs paḥi saṅs rgyas kun || sku gzugs sñiṅ khar rab tu gźug ||
raṅ ḥdod lha mñam rnal ḥbyor pa || rab mthoṅ sṅags kyi pha rol son || (3)

oṃ badzra puṣpe āḥ hūṃ svāhā /
oṃ badzra dhūpe āḥ hūṃ svāhā /
oṃ badzra dīpe āḥ hūṃ svāhā /
oṃ badzra gandhe āḥ hūṃ svāhā /
oṃ badzra naivedye āḥ hūṃ svāhā / (4)

sna tshogs hūṃ ni rdzogs pa daṅ || me tog la sogs dbul ba ñid ||
goṅ maḥi rgyud kyi chog rim pas || mchod yon źabs bsil goṅ ma bźin || (5)
źi baḥi thab khuṅ zlum po ñid || rgyas pa ñid kyi gru bźi pa ||
bsad pa la ni gru gsum brjod || ḥdi ñid la ni lhag ma sgrub || (6)
khru gaṅ daṅ ni khru phyed ñid || źi baḥi steṅ daṅ ḥog tu [326*a*] yin ||
khru do daṅ ni khru gaṅ ñid || rgyas paḥi steṅ daṅ ḥog tu brjod || (7)
sor mo ñi śuḥam de yi phyed || bsad paḥi steṅ daṅ ḥog tu yaṅ ||

śukravarṇaṃ bhavec chāntau pītan tu pauṣṭike tathā || (8)
māraṇe kṛṣṇavarṇañ ca vaśye[1] raktaṃ prakīrtitaṃ ||
yathā vaśye tathākṛṣṭau dveṣādau [32*b*] yathā māraṇe || (9)
tīlaṃ śāntau dadhi puṣṭau māraṇe kaṇṭhakaṃ tathā ||
dveṣādau kaṇṭhakaṃ[2] proktaṃ vaśya[3] ākṛṣṭau cot[4]palaṃ || (10)
OṂ agnaye mahātejaḥ[5] sarvakāmaprasādhaka[6] ||
kāruṇyakṛtasatvārtha[7] · asmin sannihito bhava ||

agnyāvāhanamantraḥ / (11)

tvaṃ devi[8] sākṣībhūtāsi[9] hevajrakrodhapūjite[10] ||
nānāratnadhari[11] dhātry[12] amuko 'haṃ maṇḍalaṃ likhe[13] || (12)
svārthañ caiva parārthañ ca sādhituṃ gaccha havyabhuk ||
āgamiṣyasi[14] yathākāle sarvasiddhiṃ kuruṣva me ||

agnisantoṣaṇamantraḥ / (13)

OṂ JAḤ HŪṂ VAṂ HĀḤ KHAṂ RAṂ / arghamantraḥ /
OṂ NĪ RĪ HŪṂ KHAḤ / pādyamantraḥ /
OṂ DHVAṂ DHVAṂ DHVAṂ / naivedyamantraḥ / (14)
homanirṇayapratiṣṭhāpaṭalaḥ [33*a*] prathamaḥ ||

PART II. CHAPTER ii

Vajragarbha āha /

gaganavatsarvadharmeṣu sāgare tuṁbikā yathā ||
sattvāḥ kathaṃ prasidhyanti[15] sveṣṭadevatārūpataḥ || (1)

bhagavān āha /

nairātmyāyogayuktātmā 'thavā herukayogataḥ ||
kṣaṇam apy anyacittaḥ san na tiṣṭhet siddhikāṅkṣakaḥ || (2)
prathamābhyāsakālasya sthānaṃ vai kalpitaṃ śubhaṃ ||
yatrasthaḥ siddhyate mantrī ekacittaḥ samāhitaḥ || (3)
svagṛheṣu niśākāle siddho 'ham iti cetasā ||
bhāvayed yoginīṃ prājño 'thavā śrīherukākṛtiṃ || (4)
aṅghriṃ prakṣālayan[16] bhuñjan ācama[17]pūgaṃ bhakṣayan[18] ||
candanair hastaṃ mardayan kaupinaiś chādayan kaṭiṃ || (5)
niḥsaraṃ bhāṣayan [33*b*] bhāṣāṃ gacchan tiṣṭhan ruṣan hasan ||

[1] *A, B* vaśyaṃ [2] *A* kaṇṭhakaiḥ [3] *All MSS.* vaśyākṛṣṭau [4] *A, C* ca ut- [5] *C* tejāḥ [6] *All MSS.* -kaḥ [7] *C* -ārthaṃ [8] *All MSS.* devī [9] *All MSS.* sāksi-; *A* -bhuto 'si [10] *A* -taḥ; *B, C* -te [11] *A, C* -rī; *B* -ri [12] *All MSS.* -trī [13] *A* likhet; *B* likhimi [14] *B* āgamiṣyāmi [15] *A, B* sidhyanti; *C* prasidhyati [16] *All MSS.* prakṣālayed [17] *A, C* ācamana; *B* ācamanaṃ [18] *A, C* bhakṣayet; *B* bhakṣayan

źi bar kha dog dkar po ḥgyur || rgyas par ser po de bźin no || (8)
bsad pa la ni kha dog gnag || dbaṅ la dmar por rab tu grags ||
dbaṅ la ji bźin de ltar dgug || bsad la ji ltar źe sdaṅ sogs || (9)
źi la til daṅ rgyas la źo || bsad la tsher ma de bźin no ||
sdaṅ la sogs paḥaṅ tsher ma brjod || dbaṅ daṅ dgug la utpa la || (10)

oṃ agna ye ma hā te dza sarba kā ma pra sā dha kaḥ /
ku ru ṇi kṛ ta sa tvārtha asmin sannihito bha ba
me dgug paḥo || (11)

ma ma rin chen sna tshogs ḥdzin || kyeḥi rdo rje khros mchod paḥi ||
lha mo khyod ni dpaṅ du ḥgyur || che ge bdag ni dkyil ḥkhor ḥdri || (12)

svārthañ tsai ba parārthañ tsa sādhitaṃ gatstsha habya bhuk ||
ā ga mi ṣya si ya thā kā le sarba siddhi ku ru ṣva me ||
me dgaḥ baḥi sṅags so || (13)

oṃ dzaḥ huṃ baṃ hoḥ khaṃ raṃ / mchod yon gyi sṅags so ||
oṃ ni ri ti hūṃ khaṃ / źabs bsil gyi sṅags so ||
oṃ dhvaṃ dhvaṃ / lha bśos kyi sṅags so || (14)

kyeḥi rdo rje mkhaḥ ḥgro ma dra baḥi sdom pa las brtag pa gñis rab gnas kyi leḥu ste daṅ poḥo ||

PART II. CHAPTER ii

rdo rje sñiṅ pos gsol pa /
nam mkhaḥ lta buḥi chos kun la || rgya mtshor ku ba ji lta bar ||
raṅ ḥdod lha yi gzugs las ni || sems [326b] can ji ltar ḥgrub par ḥgyur || (1)

bcom ldan ḥdas kyis bkaḥ stsal pa /

bdag med rnal ḥbyor ldan paḥam || yaṅ na he ru ka dpal brtson ||
gźan paḥi sems kyis skad cig kyaṅ || dṅos grub ḥdod pas mi gnas so || (2)
daṅ po goms par byed dus kyi || gnas ni gaṅ du sṅags paḥi sems ||
gcig tu mñam gźag ḥgrub ḥgyur baḥi || gnas ni bzaṅ por ṅes par brtag || (3)
raṅ gi khyim du mtshan dus su || bdag ñid ḥgrub paḥi sems kyis ni ||
rnal ḥbyor ma sgom śes rab can || yaṅ na he ru ka dpal gzugs || (4)
rkaṅ pa ḥkhrud daṅ za ba daṅ || ḥthor ḥthuṅ so rtsi za ba daṅ ||
tsan dan gyis ni lag ñed daṅ || smad g'yogs kyis ni rked ḥgebs daṅ || (5)
ḥgyur daṅ smra daṅ ḥgro ba daṅ || ḥdug daṅ khro daṅ rgod pa daṅ ||

bhagavatīṃ sevayet[1] prājño yoginīṃ bhāvayed vratī || (6)
kṣaṇam apy anyarūpeṇa · avidyāduṣṭacetasā ||
na sthātavyaṃ buddhair yatnāt siddhyarthaṃ siddhi-
kāṅkṣibhiḥ || (7)
Vajragarbha mayākhyātaṃ dhyānaṃ kilbiṣanāśanaṃ ||
siddhyarthaṃ kautukenāpi pakṣam ekaṃ parikṣethāḥ[2] || (8)
sarvacintāṃ parityajya devatāmurticetasā ||
dinam ekam avicchinnaṃ bhāvayitvā parikṣethāḥ[3] || (9)
nānyopāyo 'sti saṃsāre svaparārthaprasiddhaye ||
sakṛd abhyāsitā vidyā sadyaḥ pratyayakāriṇī || (10)
bhayonmādais tathā duḥkhaiḥ śokapīḍādyupadravaiḥ ||
rāgadveṣamahāmohaiḥ sādhako naiva kliśyate || (11)
e[34*a*]vaṃ vimṛṣyamāṇā vai hitāhitaphalodayaṃ ||
kathaṃ te kṣaṇam apy ekaṃ yoginaḥ santi raurave || (12)
pañcānantaryakāriṇaḥ[4] prāṇivadharatāś ca ye ||
api tu ye janmahīnā ye mūrkhāḥ krūrakarmiṇaḥ || (13)
kurūpā vikalagātrāś ca siddhyante te 'pi cintayā ||
daśakuśalābhyāsī ca gurubhakto jitendriyaḥ || (14)
mānakrodhavinirmuktaḥ · sa tāvat siddhyate dhruvaṃ ||
sātatyābhyāsayogena siddhilabdhaḥ[5] samāhitaḥ || (15)
māsam ekaṃ cared guptaṃ yāvat mudrā na labhyate ||
ādeśaṃ labhate mantrī yoginībhir ādiśyate || (16)
gṛhītvā amukīṃ mudrāṃ sattvārthaṃ kuru vajradhṛk ||
tāñ ca prāpya viśālākṣīṃ rūpa[34*b*]yauvanamaṇḍitāṃ || (17)
sihlakarpūrasaṃyuktāṃ bodhicittena saṃskaret ||
daśakuśalād ārabhya tasyām dharmaṃ prakāśayet || (18)
devatārūpacittañ ca samayañ caikacittatāṃ ||
māsam ekena bhavyā sā bhaven naivātra saṃśayaḥ || (19)
varalabdhā yato nārī sarvasaṃkalpavarjitā ||
athavā cātmanaḥ śaktyā kṛṣṭvā mudrāṃ prakalpayet || (20)
devāsuramanuṣyebhyo yakṣebhyaḥ kinnarād api ||
tāñ ca gṛhya carec caryām ātmano dhairyapratyayāt || (21)
na caryā bhogataḥ proktā yā khyātā bhīmarūpiṇī ||
svacittapratyavekṣāya sthiraṃ kiṃ vācalaṃ manaḥ || (22)
[satataṃ devatāmūrtyā sthātavyaṃ yoginā yataḥ][6]

Vajragarbha āha ||

Nairā[35*a*]tmyāyogayuktena mudrārthaṃ viśiṣyate kathaṃ[7] ||

[1] *A* sevayan [2] *A* -kṣathā; *B* -kṣanī; *C* -kṣāṇāṃ [3] *A*, *C* kṣatha; *B* -kṣaṣva [4] *A*, *C* -kārī ca; *B* kārāṃ ca [5] *C* siddhiṃ labdhvā [6] *This half śloka* appears *in* C and the *RAS MS*. *See* II. iii. 44. [7] *A* kathaṃ viśiṣyate

bcom ldan ḥdas ma bsten pa daṅ ||
rnal ḥbyor ma ni rnam par sgom ||
ḥdug paḥi sems ni ma rigs pas ||
mkhas pas ḥbad pas mi gnas so || (7)
bsam gtan ñon moṅs ḥjigs byed pa ||
brtse bas dṅos grub don du yaṅ ||
bsam pa thams cad yoṅs spaṅs nas ||
ñi ma [327*a*] gcig tu ma chad par ||

raṅ gźan don ni rab sgrub phyir ||
rig ma lhan cig goms byas pas ||
ḥjigs myo de bźin sdug bsṅal daṅ ||
ḥdod chags źe sdaṅ gti mug che ||
phan daṅ gnod paḥi ḥbras ḥbyuṅ bar ||
ji ltar de ni skad cig kyaṅ ||

mtshams med lṅa ni byed pa daṅ ||
gźan yaṅ skye ba dman gaṅ daṅ ||
gzugs ṅan yan lag ma tshaṅ bas ||

dge ba bcu la goms pa daṅ ||
ṅa rgyal khro las rnam par grol ||
rtag tu goms paḥi rnal ḥbyor gyis ||

zla ba gcig tu gsaṅ la spyad ||
gnaṅ ba rñed ḥgyur sṅags pa la ||
phyag rgya che ge mo khyer la ||
rñed pa de yaṅ mig yaṅ ma ||

si [327*b*] hla ga pur yaṅ dag ldan ||
dge ba bcu las brtsams nas ni ||
lha yi gzugs kyi sems daṅ ni ||
zla ba gcig gis skal ldan par ||
mchog thob pa yi bud med gaṅ ||
yaṅ na bdag gis nus pa yis ||
gnod sbyin miḥam ci las kyaṅ ||
de yaṅ khyer la spyod pa spyad ||
gaṅ bśad ḥjigs paḥi gzugs can gyi ||
yid ni brtan nam g'yo ḥam ci ||
rdo rje sñiṅ pos gsol pa /
bdag med rnal ḥbyor ldan pa yis ||

śes rab brtul źugs can ñid kyis || (6)
gźan gyi tshul gyis skad cig kyaṅ ||
dṅos grub ḥdod pas dṅos grub phyir ||

rdo rje sñiṅ po ṅa yis bśad ||
zla ba phyed du yoṅs su rtags || (8)
lha yi gzugs su sems pa yis ||
sgom pas yoṅs su brtags par bgyis || (9)
ḥkhor ba thabs gźan yod ma yin ||
ḥphral du mṅon du byed pa ñid || (10)
mya ṅan gduṅ ba ḥtshe ba daṅ ||
sgrubs pa po ni ñon mi moṅs || (11)
de ltar ṅes par śes nas ni ||

rnal ḥbyor pa rnams ṅu ḥbod gnas || (12)
srog chags gsod la dgaḥ ba daṅ ||
rmoṅs daṅ ma ruṅs las byed daṅ || (13)
bsams pas de rnams ḥgrub par ḥgyur ||
bla ma la gus dbaṅ po dul || (14)
des ni re śig ṅes ḥgrub ḥgyur ||
mñam par gźag pas dṅos grub thob || (15)
ji srid phyag rgya ma rñed par ||
rnal ḥbyor ma yis bstan par bya || (16)
sems can don kyis rdo rje ḥdzin ||
gzugs daṅ laṅ tshos rnam par rgyan || (17)
byaṅ chub sems kyis rnam par sbyaṅ ||
de la chos ni rab tu dbye || (18)
dam tshig sems daṅ gcig pa ñid ||
ḥgyur ba ḥdi la the tsom med || (19)
rtog pa thams cad yaṅ dag spaṅs ||
lha daṅ lha min mi rnams daṅ || (20)
phyag rgya bkug la rab tu brtag ||
bdag gi dal ba mṅon duḥi phyir || (21)
spyod pa loṅs spyod phyir ma gsuṅs ||
raṅ gi sems ni so sor brtag || (22)

phyag rgya ñid ces ji ltar brjod ||

mudrayā mudrayā dhvābhyāṃ mudrāsiddhiḥ kathaṃ bhavet || (23)

bhagavān āha ||

strīrūpaṃ vihāyānyad rūpaṃ kuryād bhagavataḥ ||
stanaṃ hitvā bhaved bolaṃ kakkolamadhyasaṃsthitaṃ || (24)
tīradvayaṃ bhavet ghaṇṭhā kiñjalkaṃ bolakaṃ bhavet ||
śeṣaṃ rūpaṃ mahātmano[1] Herukasya mahārateḥ || (25)
Herukayogasya punsaḥ puṃstvam āyāty ayatnataḥ ||
mudrāsiddhir bhaved yasmād[2] vyaktaśaktasya yoginaḥ || (26)
utpattipralayābhyāṃ ca prajñopāyo[3] na bādhyate ||
upāyaḥ saṃbhavo yasmāl layaṃ prajñā bhavāntakī || (27)
tena pralayan nāsyāsti[4] · utpādo naiva tatvataḥ ||
pralayāntīyate kaścil [35*b*] layābhāvān na ca kṣayaḥ || (28)
utpattikramayogena prapañcaṃ bhāvayed vratī ||
prapañcaṃ svapnavat kṛtvā prapañcair niḥprapañcayet || (29)
yathā māyā yathā[5] svapnaṃ yathā syād antarābhavaṃ[6] ||
tathaiva maṇḍalaṃ bhāti sātatyābhyāsayogataḥ || (30)
mahāmudrābhiṣekeṣu yathājñātaṃ[7] mahat sukhaṃ ||
tasyaiva tatprabhāvaḥ syān maṇḍalaṃ nānyasaṃbhavaṃ || (31)
sukhaṃ kṛṣṇaṃ sukhaṃ pītaṃ sukhaṃ raktaṃ sukhaṃ sitaṃ ||
sukhaṃ śyāmaṃ sukhaṃ nīlaṃ sukhaṃ kṛtsnaṃ carācaraṃ || (32)
sukhaṃ prajñā sukhopāyaḥ sukhaṃ kundurujaṃ[8] tathā ||
sukhaṃ bhāvaḥ sukhābhāvo Vajrasattvaḥ sukhasmṛtaḥ || (33)

Vajragarbha āha ||

utpannakramayogo 'yaṃ [sat][9]sukhaṃ mahāsu[36*a*]khaṃ mataṃ ||
utpanna[10]bhāvanāhīno[11] utpattyā kiṃ prayojanaṃ || (34)

bhagavān āha / aho

śraddhāvegena naṣṭo 'yaṃ mahābodhisatva iti ||
dehābhāve kutaḥ saukhyaṃ saukhyaṃ vaktum na śakyate ||
vyāpyavyāpakarūpeṇa sukhena vyāpitaṃ jagat || (35)
yathā puṣpā[12]śritaṃ gandhaṃ puṣpābhāvān na gamyate ||
tathā rūpādyabhāvena saukhyaṃ naivopalabhyate || (36)
bhāvo 'haṃ naiva bhāvo 'ham buddho 'haṃ vastubodhanāt ||
māṃ na jānanti ye mugdhāḥ kausīdyopahatāś ca ye || (37)
vihare 'haṃ sukhāvatyāṃ sadvajrayoṣito bhage ||
E-kārākṛtirūpe tu buddharatnakaraṇḍake || (38)
vyākhyātāham ahaṃ dharmaḥ śrotāhaṃ sugaṇair yutaḥ ||

[1] *A*, *C* mahātmāno [2] *C* tasmāt [3] *C* prajñopāyaṃ [4] *A* nātasyāsti; *C* na tasyāsti [5] *C* tathā [6] *A* attasaṃbhavaṃ; *C* astathābhavaṃ [7] *B* -jñānaṃ [8] *A* karpūrajaṃ [9] *T* de-yi bde-ba = tatsukhaṃ; *all MSS.* satsukhaṃ [10] *A*, *C* utpannā; *B* utpanno [11] *C* -hinā [12] *C* puṣpe

phyag rgya phyag rgya gñis dag gis ||
phyag rgyaḥi dṅos grub ji ltar ḥgrub || (23)

bcom ldan ḥdas kyis bkaḥ stsal pa /
bud med gzugs ni spaṅs nas ni ||
bcom ldan ḥdas kyi gzugs su bya ||
nu ma spaṅs pa bo las ḥgyur ||
kakko la dbus su yaṅ dag gnas || (24)
ḥgram gñis dril bu ñid du ḥgyur ||
ze ḥbru bo la can du ḥgyur ||
lhag ma bdag ñid chen po ñid ||
dgaḥ chen he ru ka yi gzugs || (25)
he ru ka sbyor skyes bu ñid ||
ḥbad pa med par skyes bu ḥgyur ||
gsal [328*a*] bar nus paḥi rnal ḥbyor pas ||
de phyir phyag rgyaḥi dṅos grub ḥgyur || (26)
ḥchags daṅ ḥjig pa dag gis kyaṅ ||
thabs daṅ śes rab gnod mi ḥgyur ||
gaṅ phyir thabs ni ḥbyuṅ ba ñid ||
ḥjig pa śes rab srid mthar byed || (27)
des na rab ḥjig yod ma yin ||
de ñid la ni chags pa med ||
la la ḥjig pas ḥjig par ḥgyur ||
ḥjig paḥi dṅos med zad pa med || (28)
bskyed paḥi rim paḥi rnal ḥbyor gyis ||
brtul źugs can gyis spros pa sgom ||

spros pa rmi lam ltar byas nas ||
spros pa ñid ni spros med byed || (29)
ji ltar sgyu ma rmi lam daṅ ||
ji ltar bar maḥi srid yin pa ||
rtag tu goms paḥi sbyor ba las ||
dkyil ḥkhor ñid ni de bźin ḥdod || (30)
phyag rgya chen por dbaṅ bskur bar ||
ji ltar śes paḥi bde chen po ||
ḥdi ni de yi byin rlabs yin ||
gźan las dkyil ḥkhor ḥbyuṅ ba med || (31)

bde ba gnag ciṅ bde ba ser ||
bde ba dmar po bde ba dkar ||
bde ba ljaṅ khu bde ba sṅo ||
bde ba rgyu daṅ mi rgyu kun || (32)
bde ba śes rab bde ba thabs ||
de bźin kun du ru skyes bde ||
bde ba dṅos po dṅos med bde ||
rdo rje sems dpaḥ bde bar brjod || (33)
rdo rje sñiṅ pos gsol pa /
rdzogs paḥi rim paḥi rnal ḥbyor ḥdi ||
de yi bde ba bde chen brjod ||
rdzogs pa sgom pa med pa ste ||
[328*b*] bskyed pa yis ni ci źig ḥtshal || (34)

bcom ldan ḥdas kyis bkaḥ stsal pa /
e maḥo byaṅ chub sems dpaḥ che ||
dad paḥi śugs kyis rab tu ñams ||
lus kyi dṅos med gaṅ las bde ||
bde ba smra bar mi nus so ||
khyab daṅ khyab byed tshul gyis ni ||
bde bas ḥgro ba khyab pa ñid || (35)
ji ltar me tog la gnas dri ||
me tog dṅos med śes mi ḥgyur ||
de bźin gzugs sogs dṅos med pas ||
bde ba ñid kyaṅ dṅos med ḥgyur || (36)

dṅos ṅa dṅos po med pa ṅa ||
dṅos po rtogs phyir saṅs rgyas ṅa ||
gaṅ źig le los bsnun pa daṅ ||
rmoṅs pa gaṅ gis ṅa mi śes || (37)
rdo rje btsun moḥi bha ga ni ||
e yi rnam paḥi cha byad gzugs ||
saṅs rgyas rin chen za ma tog ||
bde ba can du rtag tu bźugs || (38)
ḥchad pa po ṅa chos kyaṅ ṅa ||
raṅ gi tshogs ldan ñan pa ṅa ||

sādhyo[1] 'haṃ jagataḥ śāstā lo[36*b*]ko 'haṃ laukiko 'py ahaṃ || (39)
sahajānandasvabhāvo 'haṃ paramāntaṃ[2] viramādikaṃ ||
tathā ca pratyayaṃ putra · andhakāre pradīpavat || (40)
dvātriṃśallakṣaṇī śāstā · aśītivyañjanī[3] prabhuḥ ||
yoṣidbhage sukhāvatyāṃ śukranāmna vyavasthitaḥ || (41)
vinā tena na saukhyaṃ syāt sukhaṃ hitvā bhaven na saḥ ||
sāpekṣam[4] asamarthatvād devatāyogataḥ sukhaṃ || (42)
tasmād buddho na bhāvaḥ syād abhāva[5]rūpo 'pi naiva saḥ ||
bhujamukhākārarūpī cārūpī paramasaukhyataḥ || (43)
tasmāt sahajaṃ jagat sarvaṃ sahajaṃ svarūpam ucyate ||
svarūpam eva nirvāṇaṃ viśuddhyākāracetasā || (44)
devatāyogarūpaṃ[6] tu jātamātre vyavasthitaḥ ||
bhujamukha[7]varṇa[37*a*]sthānāt kiṃ tu prākṛtavāsanā || (45)
yenaiva viṣakhaṇḍena mriyante sarvajantavaḥ ||
tenaiva viṣatattvajño viṣeṇa sphoṭayed[8] viṣaṃ || (46)
yathā vātagṛhītasya māṣabhakṣyaṃ pradīyate ||
vātena hanyate vātaṃ viparītauṣadhikalpanāt ||
bhavaḥ[9] śuddho bhavenaiva vikalpa[10]pratikalpataḥ || (47)
karṇe toyaṃ yathā viṣṭaṃ prati toyena kṛṣyate ||
tathā bhava[11]vikalpo 'pi ākāraiḥ śodhyate khalu || (48)
yathā pāvakadagdhāś ca svidyante vahninā punaḥ ||
tathā rāgāgnidagdhāś ca svidyante rāgavahninā || (49)
yena yena hi badhyante jantavo raudrakarmaṇā ||
sopāyena tu tenaiva mucyante bhavabandhanāt || (50)
rāgena badhyate loko rāgenaiva [37*b*] vimucyate ||
viparītabhāvanā hy eṣā na jñātā buddhatīrthikaiḥ || (51)
kundureṣu bhavet pañca pañcabhūtasvarūpataḥ ||
eka eva mahānandaḥ pañcatāṃ yānti bhedanaiḥ || (52)
bolakakkolayogena sparśāt kāṭhinyavāsanā[12] ||
kaṭhinasya mohadharmatvān moho Vairocano mataḥ || (53)
bodhicittaṃ dravaṃ yasmād dravaṃ abdhātukaṃ mataṃ ||
apām[13] Akṣobhyarūpatvād dveṣo ⟨hy⟩ Akṣobhyanāyakaḥ || (54)
dvayor gharṣaṇasaṃyogāt tejo ⟨hi⟩[14] jāyate sadā ||
rāgo 'mitavajraḥ syād rāgas tejasi saṃbhavet || (55)
kakkolakeṣu yac cittaṃ tat samīraṇarūpakaṃ ||
īrṣyā ⟨hy⟩ Amoghasiddhiḥ syād Amogho[15] vāyusaṃbhavaḥ || (56)
sukhaṃ rāgaṃ bhaved [38*a*] raktaṃ raktir ākāśalakṣaṇaṃ ||

[1] *C* sādhyāhaṃ; *B* sādhyād aham [2] *A* paramānandaṃ; *B* paramānantaṃ; *C* paramā [3] *All MSS.* asītyanuvyañjanī [4] *A* sālpokṣaṃ [5] *C* bhāva- [6] *B* devatārūpayogaṃ; *T* devatākārarūpaṃ [7] *A*, *C* -mukhaṃ [8] *A* phoṭayed; *B* sthoṭayed [9] *A*, *B* bhava- [10] *C* vikalpaṃ [11] *A*, *C* bhāva- [12] *A* kāṭhinyadharmmenā; *B* *missing* [13] *A* āpām; *B*, *C* āpaṃ [14] *C* tejaso [15] *A* amogha; *C* amoghād

ḥjig rten ston pa bsgrub bya ṅa ||
ḥjig rten ḥjig rten ḥdas pa ṅa || (39)
lhan cig skyes dgaḥi raṅ bźin ṅa ||
mchog dgaḥ dgaḥ bral daṅ por ni ||
mun pa la ni mar me ltar ||
de bźin bus kyaṅ yid ches gyis || (40)
btsun moḥi bha ga bde chen du ||
ston pa sum cu tsa gñis mtshan ||
gtso bo dpe byad brgyad cur ldan ||
khu ba źes byaḥi rnam par gnas || (41)
de med pas na bde med ḥgyur ||
bde ba med na de med ḥgyur ||
nus pa med phyir ltos daṅ bcas ||
lha yi rnal ḥbyor las bde ba || (42)
[329*a*] de phyir saṅs rgyas dṅos po min ||
de ñid dṅos med tshul yaṅ med ||
źal phyag rnam paḥi gzugs can ñid ||
mchog tu bde ba gzugs med pa || (43)
de phyir ḥgro kun lhan cig skyes ||
raṅ bźin lhan cig skyes par brjod ||
rnam dag rnam paḥi sems kyis ni ||
raṅ bźin mya ṅan ḥdas pa ñid || (44)
lha yi rnam paḥi gzugs kyi ni ||
bźin lag kha dog gnas pa ni ||
skyes pa tsam gyis rnam par gnas ||
ḥon kyaṅ bag chags phal pas so || (45)
dug gi dum bu gaṅ ñid kyis ||
skye bo thams cad ḥchi bar ḥgyur ||
dug gi de ñid śes pa des ||
dug gis dug ni ḥbigs par byed || (46)
ji ltar rluṅ gis zin pa la ||
mon sran sñeu bzaḥ ba sbyin ||
bzlog paḥi sman ni brtags pa yis ||
rluṅ gis rluṅ la gnun par byed ||
rnam rtog las ni rnam rtog dag ||
srid pa ñid kyis srid pa dag || (47)
ji ltar rna bar chu źugs pa ||
chu gźan dag gis ḥgugs par byed ||
de bźin dṅos poḥi rnam rtog kyaṅ ||
rnam par ṅes par sbyaṅ bar bya || (48)
ji ltar ḥtshed pas tshig pa yaṅ ||
me yis kyaṅ ni gduṅ bar bya ||
de bźin ḥdod chags mes tshig pa ||
ḥdod chags me yis gduṅ bar bya || (49)
skye bo mi bzad pa yi las ||
gaṅ daṅ gaṅ gis ḥchiṅ ḥgyur ba ||
thabs daṅ bcas na de ñid kyis ||
srid paḥi ḥchiṅ ba las grol ḥgyur || (50)
chags pas [329*b*] ḥjig rten ḥchiṅ ḥgyur ba ||
ḥdod chags ñid kyis rnam grol ḥgyur ||
bzlog paḥi sgom pa ḥdi ñid ni ||
saṅs rgyas mu stegs kyis mi śes || (51)
ḥbyuṅ ba lṅa yi raṅ bźin las ||
kun du ru las lṅa ru ḥgyur ||
dgaḥ ba chen po gcig ñid las ||
dbye bas lṅa ru ḥgro bar ḥgyur || (52)
bo la kakko la sbyor bas ||
reg pa sra baḥi bag chags ñid ||
sra ba gti mug chos kyi phyir ||
gti mug rnam par snaṅ mdzad brjod || (53)
gaṅ phyir byaṅ sems gśer ba ñid ||
gśer ba chu yi khams su brjod ||
chu ni mi bskyod gzugs kyi phyir ||
źe sdaṅ ḥdren pa mi bskyod pa || (54)
gñis kyis bskyod paḥi sbyor ba las ||
drod ni rtag tu skye bar ḥgyur ||
ḥdod chags dpag med rdo rje yin ||
ḥdod chags drod las ḥbyuṅ bar ḥgyur || (55)
ka kko lar ni gaṅ źig sems ||
de ni rluṅ gi raṅ bźin can ||
phrag dog doṇ yod grub pa yin ||
don yod rluṅ las ḥbyuṅ ba ñid || (56)
bde ba ḥdod chags khrag tu ḥgyur ||
dgaḥ ba nam mkhaḥi mtshan ñid de ||

akāśaḥ[1] Piśunavajraḥ[2] piśunam ākāśasaṃbhavaṃ || (57)
ekam[3] eva mahac cittaṃ pañcarūpeṇa saṃsthitaṃ[4] ||
pañca[5]kuleṣu saṃbhavās tatrānekasahasraśaḥ || (58)
tasmād ekasvabhāvo 'sau mahāsukhaṃ[6] śaśvatparaṃ[7] ||
pañcatāṃ yāti bhedena rāgādipañcacetasā || (59)

daśagaṅgānadīvālukātulyā
ekakuleṣu tathāgathasaṅghāḥ ||
saṅghakuleṣu ⟨hy⟩ anekakulāni
teṣu kuleṣu kulāni śatāni || (60)
tāni ca lakṣakulāni mahānti
koṭikulāni bahūni bhavanti ||[8]
tatra kuleṣu[9] cāsaṅkhyakulāni
paramānandakulodbhavāni || (61)

Hevajre ḍākinījālāsaṃ[38*b*]vare siddhinirṇayo nāma dvitīyaḥ paṭalaḥ /

PART II. CHAPTER iii

atha vajrī sarvatantranidānaṃ nāmopayaṃ yoginīnāṃ kathayām āsa /

saṃvaraṃ cābhiṣekañ ca saṃdhyābhāṣaṃ tathaiva ca ||
ānandakṣaṇabhedañ ca tathānyaṃ[10] bhojanādikaṃ || (1)

tatra saṃvaram āha /

saṃvaraṃ sarvabuddhānām EVAṂ-kāre pratiṣṭhitaṃ ||
abhiṣekāj[11] jñāyate samyag EVAṂ-kāraṃ mahat sukhaṃ || (2)

atha bhagavantaṃ Vajrasattvaṃ yoginya evam āhuḥ /

EVAṂ-kāraṃ kim ucyate[12] ḍākinīnān tu saṃvaraṃ ||
deśayantu yathānyāyaṃ bh[aga]vān śāstā[13] jagadguruḥ || (3)

bhagavān āha /

E-kārākṛti[14] yad divyaṃ madhye VAṂ-kārabhūṣitaṃ ||
ālayaḥ sarvasaukhyā[39*a*]nāṃ buddharatnakaraṇḍakaṃ || (4)
ānandās tatra jāyante kṣaṇabhedena bheditāḥ ||
kṣaṇajñānāt sukha[15]jñānam EVAṂ-kāre pratiṣṭhitaṃ || (5)
vicitraṃ ca vipākaṃ ca vimardo vilakṣaṇaṃ[16] tathā ||
catuḥkṣaṇasamāgamyam EVAṂ jānanti yoginaḥ || (6)
vicitraṃ vividhaṃ khyātam āliṅgacuṃbanādikaṃ ||

[1] *A, B* ākāśaṃ [2] *C* -vajraṃ; *A inserts* syāt [3] *All MSS.* eka eva [4] *C* -lakṣitaṃ [5] *A, C* pañcasu [6] *A* -sukhaḥ; *B, C* -sukha [7] *A, B* paraṃ śāśvataḥ; *C* paramā eta [8] *A inserts here* koṭikuleṣu saṃkhyā bhavanti; *C* asaṃkhya [9] *A* kuleṣu saṃkhya-; *B* -eṣu asaṃ- [10] *A* ca anyañ ca; *B* cānyañ ca [11] *All MSS.* -ṣekā [12] *C* ucyeta [13] *A* cchāstā [14] *All MSS. thus.* [15] *All MSS.* sukhaṃ [16] *A, C* vilakṣanas

nam mkhaḥ ser sna rdo rjer ḥgyur || ser sna nam mkhaḥ las byuṅ ñid || (57)
sems ni chen po gcig ñid la || lṅa yi gzugs kyis rnam par mtshon ||
rigs ni lṅa po de ñid las || stoṅ phrag du ma skyes pa ñid || (58)
de phyir ḥdi dag raṅ bźin gcig || bde chen mchog tu rtag pa ñid ||
ḥdod chags la sogs sems lṅa yi || dbye bas lṅa ru ḥgro bar ḥgyur || (59)

gaṅ ga kluṅ bcuḥi bye [330*a*] sñed ñid ||
rigs gcig la ni de bźin gśegs paḥi tshogs ||
rigs kyi tshogs la rigs ni du ma rnams ||
de rnams rigs la rigs ni rnam pa brgya || (60)
de rnams la yaṅ ḥbum phrag rigs chen rnams ||
bye baḥi rigs la graṅs ni med par ḥgyur ||
de la rigs la graṅs med rigs rnams ñid ||
mchog tu dgaḥ baḥi rigs las byuṅ ba rnams || (61)

kyeḥi rdo rje mkhah ḥgro ma dra baḥi sdom pa las dṅos grub gtan la dbab pa źes bya baḥi leḥu ste gñis paḥo ||

PART II. CHAPTER iii

de nas rdo rje can gyis rnal ḥbyor ma rnams la rgyud thams cad kyi gleṅ gźi źes bya baḥi thabs bkaḥ stsal pa /

sdom pa daṅ ni dbaṅ daṅ yaṅ || de bźin dgoṅs paḥi skad ñid daṅ ||
dgaḥ daṅ skad cig dbye ba daṅ || gźan yaṅ bzaḥ ba la sogs pa || (1)
de la sdom pa bkaḥ stsal pa /
saṅs rgyas kun gyi sdom pa ni || e baṃ rnam par rab tu gnas ||
e baṃ rnam paḥi bde chen po || dbaṅ las yaṅ dag śes par ḥgyur || (2)

de nas rnal ḥbyor ma rnams kyis bcom ldan ḥdas rdo rje sems dpaḥ la ḥdi skad ces gsol to /

bcom ldan ston pa ḥgro baḥi bla || mkhaḥ ḥgro ma yi sdom pa ñid ||
e baṃ rnam pa ci źes brjod || rim pa ji bźin bśad du gsol || (3)

bcom ldan ḥdas kyis bkaḥ stsal pa /

e yi cha byad bzaṅ po gaṅ || dbus su baṃ gyis rnam par rgyan ||
[330*b*] bde ba thams cad kyi ni gnas || saṅs rgyas rin chen za ma tog || (4)
skad cig dbye bas phye ba ñid || dgaḥ ba de las skye bar ḥgyur ||
skad cig śes nas bde śes pa || e baṃ rnam par rab tu gnas || (5)
sna tshogs daṅ ni rnam smin daṅ || rnam ñed de bźin mtshan ñid bral ||

skad cig bźi ni rab śes pas de ltar rnal ḥbyor pas śes ḥgyur || (6)

ḥkhyud daṅ ḥo byed la sogs pa || sna tshogs rnam pa sna tshogs bśad ||

vipākaṃ tadviparyāsaṃ sukhajñānasya bhuñjanaṃ || (7)
vimardam ālocanaṃ proktaṃ sukhaṃ bhuktaṃ[1] mayeti ca ||
vilakṣaṇaṃ tribhyo 'nyatra[2] rāgārāgavivarjitaṃ || (8)
vicitre prathamānandaḥ paramānando vipākake ||
viramānando vimarde ca sahajānando vilakṣaṇe || (9)
ācarya guhya prajñā ca caturthan tat punas tathā ||
ā[39*b*]nandāḥ[3] kramaśo jñeyāś catuḥsecana[4]saṃkhyayā || (10)
hasitaśuddhyā tv ācārya · īkṣaṇe guhyakas tathā ||
prajñā[5] ⟨hi⟩ pāṇyāvāptau[6] ca tat punar dvandvatantrake || (11)
sekaṃ caturvidhaṃ khyātaṃ sattvānāṃ siddhihetave ||
sicyate snāpyate 'neneti sekas tenābhidhīyate || (12)
pāṇibhyāṃ tu samāliṅgya prajñāṃ vai ṣoḍaśābdikāṃ ||
ghaṇṭhāvajrasamāyogād ācāryasecanaṃ mataṃ || (13)
cāruvaktrā viśālākṣī rūpayauvanamaṇḍitā ||
jyeṣṭhānāmikābhyañ ca śiṣyavaktre nipātayet || (14)
kāritavyan tu tatraiva samarasaṃ śiṣyagocaraṃ ||
prajñāṃ pūjayec chāstā arcayitvā samarpayet || (15)
śāstā brūyāt mahāsattva gṛhna mu[40*a*]drāṃ sukhāvahāṃ ||
jñātvā śiṣyaṃ mahadbhūtaṃ nirīrṣyaṃ krodhavarjitaṃ || (16)
śāstā tam ājñāpayati kunduraṃ kuru vajradhṛk ||
śiṣyakṛtyaṃ pravakṣyāmy abhiṣekam anunāyayed[7] || (17)
mudrāyuktaṃ guruṃ dṛṣṭvā stutipūjāṃ karet[8] yathā ||
he bhagavan mahāśānta vajra[9]yogaikatatpara || (18)
mudrāprasādhakābhedyavajrayogasamudbhava[10] ||
yathā yūyaṃ mahātmano[11] mamāpi kuru tad vibho || (19)
saṃsārapaṅkasaṃghāṭe magno 'haṃ trāhy aśaraṇaṃ ||
miṣṭānnapānakhādyañ ca madanaṃ balaṃ mahattaraṃ || (20)
dhūpan naivedyaṃ mālyañ ca ghaṇṭhādhvajavilepanaiḥ ||
ābhiḥ pūjādibhiḥ[12] śiṣyaḥ pūjayed vajradhāriṇaṃ || (21)
paramānande tu saṃprāpte nānātvava[40*b*]rjite kṣaṇe ||
śāstā brūyāt mahāsattva dhāraṇīyaṃ mahat sukhaṃ || (22)
yāvad ā bodhiparyantaṃ sattvārthaṃ kuru vajradhṛk ||
ity evaṃ vadate vajrī śiṣyaṃ vīkṣyā[13] kṛpācayaṃ[14] || (23)
etad eva mahājñānaṃ sarvadehe vyavasthitaṃ ||
advayaṃ dvayarūpañ ca bhāvābhāvātmakaṃ prabhuṃ || (24)
sthiracalaṃ vyāpya saṃtiṣṭhet māyārūpi ca bhāti ca ||

[1] *A* bhuñja [2] *A* 'nyad; *B* neta [3] *All MSS.* ānandādyāḥ [4] *C* sevana- [5] *A* prajño [6] *A* -āvāpto; *B* pānevāptau [7] *A adds* yathā; *B passage missing* [8] *All MSS.* kārayed. *This line and the next four occur in the* Hevajrasekaprakriyā, *ed. Louis Finot,* Journal Asiatique, *July–Sept.* 1934, p. 28. [9] *A* sarva- [10] *A* bhavaṃ [11] *A* mahāyāno; *B, C* mahātmāno [12] *A* ābhiḥ pūjābhiḥ; *B* pujānaḥ [13] *A* dīkṣā; *B* dikṣe; *C, K* dīkṣyā; *T* mthoṅ *suggesting* vīkṣya [14] *K* kriyācayaiḥ

rnam pa smin pa de las bzlog ||
bdag gi bde ba zos pa yi ||
mtshan ñid bral ba gsum las gźan ||

sna tshogs daṅ poḥi dgaḥ ba ñid ||
rnam ñed dgaḥ ba dgaḥ bral ñid ||

slob dpon gsaṅ ba śes rab daṅ ||
dbaṅ ni bźi yi graṅs kyis ni ||
dgod pa dag pa slob dpon ñid ||
lag bcaṅs las ni śes rab ñid ||
sems can rnams kyi dṅos grub phyir ||
gtor daṅ blugs pa źes bya ḥdis ||
śes rab bcu drug lon pa la ||

rdo rje dril bu mñam sbyor bas ||
śin tu bźin bzaṅ mig yaṅs ma ||
mthe boṅ srin lag dag gis ni ||
de ñid du ni mñam paḥi ro ||
ston pas śes rab rab tu mchod ||
ston pas smras pa sems dpaḥ che ||
phrag dog khro ba rnam spaṅs paḥi ||
ston pas de la gnaṅ ba sbyin ||
ji ltar dbaṅ bskur gsol btab paḥi ||
bla ma phyag rgya ldan mthoṅ nas ||
bcom ldan źi ba chen po kye ||
mi phyed phyag rgya sgrub pa po ||
ji ltar khyod ni bdag ñid che ||

hkhor ba ḥdam gyi tshogs dag tu ||
źim paḥi bzaḥ ba btuṅ ba daṅ ||
bdug pa lha bśos phreṅ ba daṅ ||
ḥdi rnams mchod pa rnams kyis ni ||
[331*b*] mchog tu dgaḥ ba yaṅ dag thob ||
ston pas smras pa sems dpaḥ che ||
ji srid byaṅ chub bar du ni ||
slob ma sñiṅ rje can mthoṅ nas ||
ḥdi ni ye śes chen po ñid ||
gñis daṅ gñis su med paḥi tshul ||

brtan daṅ g'yo ba khyab nas gnas ||

bde baḥi ye śes za ba ñid || (7)
gros ni rnam par ñed par brjod ||
chags daṅ chags bral rnam par spaṅs || (8)
rnam smin la ni mchog dgaḥ ñid ||
mtshan bral lhan cig skyes dgaḥ ñid || (9)
bźi ba de yaṅ de bźin no ||
dgaḥ ba la sogs rim śes byas || (10)
lta ba gsaṅ ba de bźin no ||
gñis gñis ḥkhyud la de yaṅ ñid || (11)
dbaṅ ni rnam pa bźi ru bśad ||
des na dbaṅ źes brjod par bya || (12)
lag pa dag gis yaṅ dag [331*a*] ḥkhyud ||
slob dpon dbaṅ du rab tu brjod || (13)
gzugs daṅ laṅ tshos rnam par brgyan ||
slob maḥi kha ru ltuṅ bar bya || (14)
slob maḥi spyod yul dag tu bya ||
rjed par byas nas gtad par bya || (15)
phyag rgya bde ba ldan pa khyer ||
slob ma cher gyur śes nas ni || (16)
kun du ru gyis rdo rje ḥdzin ||
slob maḥi bya ba bśad par bya || (17)
bstod daṅ mchod pa ji bźin bya ||
rdo rje rnal ḥbyor gcig bźed pa || (18)
rdo rje rnal ḥbyor las byuṅ ba ||
mṅaḥ bdag bdag laḥaṅ de ltar mdzod || (19)
byiṅ ba skyabs med bdag la skyobs ||
ba la che mchog ma da na || (20)
dril bu rgyal mtshan byug pa yis ||
slob mas rdo rje ḥdzin pa mchod || (21)
sna tshogs spaṅs paḥi skad cig la ||

bde ba chen po rnam par zuṅ || (22)
sems can don gyis rdo rje ḥdzin ||
rdo rje can gyis ḥdi skad smras || (23)
thams cad yul la rnam par gnas ||
dṅos daṅ dṅos med bdag ñid gtso || (24)
sgyu maḥi gzugs can ñid du ḥdod ||

maṇḍalacakrādyupāyena sātatyaṃ yāti niścayaṃ || (25)

atha sarvayoginīnāṃ bhaginīnāṃ mṛṣitvā Vajragarbo bhagavantaṃ evaṃ āha ||

maṇḍalacakraṃ kim ucyeta sarvabuddhātmakaṃ puraṃ ||
deśayantu yathānyāyaṃ bhagavanto bhrāntir me 'bhūt || (26)

bhagavān āha ||

maṇḍalaṃ sāram ity uktaṃ bodhi[41*a*]cittaṃ mahat sukhaṃ ||
ādānan tat karotīti maṇḍalaṃ malanaṃ[1] mataṃ || (27)
cakraṃ nivahaṃ khadhātvākhyaṃ viṣayādīnāṃ viśodhaṇaṃ ||
bolakakkolayogena tasya saukhyaṃ pratīyate || (28)

Vajragarbha āha ||

kena samayena sthātavyaṃ kena saṃvareṇeti ||

bhagavān āha ||

prāṇinaś ca tvayā ghātyā vaktavyaṃ ca mṛṣāvacaḥ ||
adattañ ca tvayā grāhyaṃ sevanaṃ parayoṣitaḥ || (29)
ekacittaṃ prāṇivadhaṃ [proktaṃ][2] prāṇa cittaṃ yato mataṃ ||
lokān uttārayiṣyāmi mṛṣāvādañ ca śabditaṃ ||
yoṣicchrukram adattañ ca paradārāḥ svābhasundarī || (30)

atha sarvayoginyo bhagavantaṃ evam āhuḥ ||

ke punas te viṣayāḥ [41*b*] kānīndriyāṇi kim āyatanaṃ kathame skandhāḥ ||
ke punas te dhātavaḥ || eṣāṃ kiṃ svabhāvaṃ || (31)

bhagavān āha || ṣaḍ viṣayāḥ /

rūpa śabdas tathā gandho rasa sparśas tathaiva ca ||
dharmadhātusvabhāvaś ca ṣaḍ ete viṣayā matāḥ || (32)

indriyāṇi ca ṣaṭ ||

cakṣuḥ śrotraṃ ca ghrāṇañ ca jihvā kāyo manas tathā ||
mohavajrādibhir yuktāḥ ṣaḍ etānīndriyāṇi ca || (33)
viṣayavaiṣayikābhyāṃ[3] ca dvādaśāyatanaṃ bhavet ||
pañcaskandhāś ca rūpādyā vijñānāntā[4] mahākṛpa || (34)
indriyaṃ viṣayaṃ caiva indriyavijñānam eva ca ||
dhātavo 'ṣṭādaśākhyātā yoginīnāṃ tu bodhaye || (35)
svabhāvam ādyanutpannaṃ na satyaṃ na mṛṣā tathā ||
udakacandropamaṃ sarvaṃ yogi[42*a*]nyo jānatecchayā || (36)

tad yathā kāṇḍañ ca mathanīyaṃ ca puruṣahastavyāyāmañ ca pratītyakasmād agnir upajāyate || asāv agnir na kāṇḍe tiṣṭhati || na mathanīye na puruṣahastavyāyāme || sarvākārataḥ parigaveṣyamānaḥ || ekasminn api

[1] *All MSS.* mīlanaṃ; *T* ḥdus-pa = milanaṃ; *see transl. note* [2] *Absent from T* [3] *A* viṣayaviṣayilakā-; *B* -viṣayillikā- [4] *A* saṃskārānta

dkyil ḥkhor ḥkhor loḥi thabs kyis ni || rtag tu ṅes par ḥgro bar ḥgyur || (25)

de nas rdo rje sñiṅ pos rnal ḥbyor ma rnams la bzod par gsol nas / bcom ldan ḥdas la ḥdi skad ces gsol to /

dkyil ḥkhor ḥkhor lo ci źes brjod || saṅs rgyas kun bdag groṅ khyer la ||
bcom ldan bdag ni ḥkhrul gyur pas || rim pa ji ltar bśad du gsol || (26)

bcom ldan ḥdas kyis bkaḥ stsal pa /

dkyil ni sñiṅ por źes brjod de || byaṅ chub sems ni bde chen po ||
daṅ po mthar byed źes bya ba || ḥdus pa dkyil ḥkhor ñid du brjod || (27)

ḥkhor lo źes bya nam mkhaḥi khams || yul la sogs pa rnam par sbyaṅ ||
bo la kakko la sbyor bas || de yi bde ba śes par ḥgyur || (28)

rdo rje sñiṅ pos gsol pa /

sdom pa źes bya gaṅ [332*a*] gis daṅ || dam tshig gaṅ gis gnas par bgyi ||

bcom ldan ḥdas kyis bkaḥ stsal pa /

khyod kyis srog chags bśad pa daṅ || brdzun gyi tshig kyaṅ smra ba daṅ ||
khyod kyis ma byin par yaṅ loṅ || pha rol bud med bsten par byis || (29)
sems gcig srog chags gsod pa ñid || gaṅ phyir srog ni sems su brjod ||
ḥjig rten bsgral ba źes bya ba || brdzun gyi tshig tu rab tu bsgrags ||
btsun moḥi khu ba ma byin par || gźan gyi bud med raṅ mtshuṅs mdzes || (30)

de nas rnal ḥbyor thams cad kyis / bcom ldan ḥdas la ḥdi skad ces gsol to / yul de rnams kyaṅ ci lags / dbaṅ po ni gaṅ lags / skye mched ni ci lags / phuṅ po rnams ni gaṅ lags / khams rnams de yaṅ ci lags / ḥdi rnams kyi raṅ bźin ni ci lags / (31)

bcom ldan ḥdas kyis bkaḥ stsal pa / yul drug ni /

gzugs sgra de bźin dri daṅ ni || ro daṅ de bźin reg bya ñid ||
chos kyi khams kyi raṅ bźin ñid || ḥdi rnams yul ni drug tu brjod || (32)

dbaṅ po rnams ni drug ste /

mig daṅ rna ba sna daṅ ni || lce daṅ lus daṅ de bźin yid ||
ḥdi rnams dbaṅ po drug po ni || gti mug rdo rje la sogs ldan || (33)
yul daṅ yul can dag gis ni || skye mched bcu gñis dag tu ḥgyur ||
phuṅ po [332*b*] lṅa ni gzugs la sogs || mthar ni rnam śes sñiṅ rje che || (34)
dbaṅ po daṅ ni yul ñid daṅ || dbaṅ poḥi rnam par śes pa ñid ||
rnal ḥbyor ma rnams go byaḥi phyir || khams ni bco brgyad rnams su bśad || (35)
raṅ bźin gdod nas ma skyes pa || brdzun min bden min de bźin du ||
thams cad chu yi zla ba ltar || ḥdod pas rnal ḥbyor mas śes kyis || (36)

ḥdi lta ste / gtsub śiṅ daṅ gtsub stan daṅ skyes buḥi lag paḥi rtsol ba las glo bur du me skye bar ḥgyur ro / me ḥdi ni gtsub śiṅ la yaṅ mi gnas /

nāsti · sa cāgnir na satyaṃ na mṛṣā || evaṃ sarvadharmān yoginyo manasikuruta[1] || (37) atha Nairātmyayoginīpramukhāḥ sarvavajraḍākinyaḥ pañcāmṛtaṃ gṛhītvā samayadravyañ ca bhagavantaṃ Vajrasattvaṃ pūjayanti || kunduruyogenānurāgayanti · pibayanti ca vajrāmṛtarasaṃ || (38) tataḥ paścād bhagavāṃs tuṣṭe sati adhiṣṭhānaṃ darśayanti ||

bho bho vajraḍākinyo
mayā [42*b*] guptīkṛtaṃ tattvaṃ sarvair buddhair namaskṛtaṃ ||
vajrapūjā[2]prabhāvena kathayāmi śṛṇutecchayā || (39)

atha utsāhaprāptāḥ sarvā devyo[3] dakṣiṇaṃ jānumaṇḍalaṃ pṛthivyām pratiṣṭhāpya yena bhagavāṃs tenāñjaliṃ praṇamya bhagavato bhāṣitaṃ śṛṇvanti / (40) bhagavān āha /

khānaṃ pāṇaṃ yathāprāptaṃ gamyāgamyaṃ na varjayet ||
snānaṃ śaucaṃ na kurvīta grāmyadharmaṃ na varjayet || (41)
mantran naiva japed dhīmān dhyānaṃ naivāvalambayet ||
nidrātyāgaṃ na kurvīta nendriyāṇāṃ nivāraṇaṃ || (42)
bhakṣaṇīyaṃ balaṃ sarvaṃ pañcavarṇaṃ samācaret ||
ramate sarvayoṣitā nirviśaṅkena cetasā || (43)
mitrasnehaṃ na kurvīta dviṣṭe dveṣaṃ tathā na ca ||
na vandayed [43*a*] imān devān kāṣṭhapāṣāṇamṛnmayān ||
satataṃ devatāmūrtyā sthātavyaṃ yoginā yataḥ || (44)
ḍombacaṇḍālacarmārahaḍḍikādyān tu duḥspṛśān ||
brahmakṣatrivaisyaśūdrādyān ātmadeham iva spṛśet || (45)
pañcāmṛtaṃ guḍaṃ madyaṃ viṣaṃ nimbaṃ prasūtajaṃ ||
amlamadhurakaṣāyādi tiktalavaṇakaṭukas tathā || (46)
pūtisurabhi jalāsṛg[4] bodhicittena bhakṣayet ||
nābhaktaṃ vidyate kiñcid advayajñānacetasā || (47)
svayaṃbhūkusumaṃ prāpya padmabhāṇḍe niveśayet ||
śleṣmasiṅghāṇakānān[5] tu miśrīkṛtya pibed vratī || (48)
kaupinaṃ viśvavarṇañ ca mṛcchārair bhūṣaṇan tathā ||
puṣpaṃ pretālaye prāpya bandhayen mūrddhajaṃ varaṃ || (49)

atha Vajra[43*b*]garbha āha /

indriyāṇy aviśuddhāni ṣaṭsaṃkhyayā[6]kṛtāni vai ||
śuddhiḥ sarvaviṣayasya bhagavatā kathitā purā || (50)

[1] *A*, *C* kuruta; *B* kurute [2] *All MSS.* pūjāvajra- [3] *A* devebhyo; *B* devībhyo [4] *A*, *C* -sṛkhā; *B* -sṛka [5] *A* siṃhānakānān; *B* siṃhānakātyan; *C* siṃhānakātyāt [6] *All MSS.* saṃkhyā

gtsub stan la yaṅ ma yin / skyes buḥi lag pa dag la yaṅ ma yin te / rnam pa thams cad du yoṅs su btsal na gcig na yaṅ yod pa ma yin pas me de yaṅ bden pa yaṅ ma yin źiṅ brdzun pa yaṅ ma yin no / de ltar chos thams cad rnal ḥbyor mas yid la gyis śig / (37) de nas rnal ḥbyor ma bdag med ma la sogs pa rdo rje mkhaḥ ḥgro ma thams cad bdud rtsi lṅa thogs śiṅ dam tshig gis rdzas thogs pas bcom ldan ḥdas rdo rje sems dpaḥ la mchod par byed / kun du ruḥi sbyor bas rjes su chags par byed / bdud rtsi lṅaḥi ro yaṅ ḥthuṅ bar byed do / (38) de nas bcom ldan ḥdas dgyes nas raṅ byin gyis brlabs pa bstan pa /

kye kye rdo rje mkhaḥ ḥgro ma ||

saṅs rgyas kun gyis phyag mdzad pa || de ñid bdag gis gsaṅ mdzad pa ||
rdo rje mchod paḥi byin rlabs kyis || bśad kyis [333*a*] ḥdod pas rab tu ñon || (39)

lha mo thams cad dgaḥ bar ḥgyur / raṅs par gyur te / dpus mo g'yas paḥi lha ṅa sa la btsugs nas / bcom ldan ḥdas ga la ba der thal mo sbyar ba btud nas / bcom ldan hdas kyi gsuṅ ñan no / (40) bcom ldan ḥdas kyis bkaḥ stsal pa /

bzaḥ btuṅ ji ltar rñed pa daṅ || bgrod daṅ bgrod min mi spaṅ źiṅ ||
khrus daṅ gtsaṅ spra mi bya ste || groṅ gi chos ni rab tu spaṅs || (41)
blo ldan sṅags ñid mi bzla źiṅ || bsam gtan ñid ni dmigs mi bya ||
gñid ni spaṅ bar mi bya ste || dbaṅ po rnams ni mi dgag go || (42)
ba la thams cad bzaḥ bar bya || kha dog lṅa la mñam par spyad ||
dogs pa med paḥi sems kyis ni || btsun mo thams cad dgaḥ bar bya || (43)

mdzaḥ bo sdug par mi bya źiṅ || de bźin gdug la źe sdaṅ ñid ||
rdo śin ḥjim paḥi bdag ñid kyi || lha ḥdi rnams la phyag mi bya || (44)
g'yuṅ mo gdol pa ko lpags mkhan || phyag dar mkhan sogs reg riṅ daṅ ||
bram ze rgyal rigs rjeḥu rmaṅs rnams || bdag gi lus ltar reg pa ñid || (45)
bdud rtsi lṅa daṅ bu ram chaṅ || dug daṅ nim pa bu bcas skyes ||
skyur daṅ mṅar daṅ ska la sogs || kha ba lan tshva tsha ba daṅ || (46)
dri ṅa dri źim mchil rnag daṅ || [333*b*] byaṅ chub sems kyis rab tu bzaḥ ||

gñis med ye śes sems kyis ni || mi bzaḥ cuṅ zad yod ma yin || (47)
raṅ byuṅ me tog rñed nas ni || padmaḥi snod du bźag pa daṅ ||
lud pa daṅ ni snabs dag gis || bsres nas brtul źugs can gyis btuṅ || (48)

smad g'yogs kha dog sna tshogs daṅ || ro bsregs thal bas de bźin rgyan ||
me tog rab soṅ gnas rñed pas || mgo skyes legs par bciṅ bar bya || (49)
de nas rdo rje sñiṅ pos gsol pa /
thams cad yul gyi rnam dag pa || bcom ldan ḥdas kyis lṅar gsuṅs pa ||
ṅes par dbaṅ po drug gi graṅs || rnam par dag par ma mdzad pa || (50)

bhagavān āha /

cakṣuṣo mohavajrā[1] tu śrotrayor dveṣavajrikā ||
ghrāṇer mātsaryakī khyātā vaktre ca rāgavajrikā || (51)
sparśe īrṣyāvajrā[1] ca mano Nairātmyayoginī ||
kavacam ebhir mahāsatva indriyāṇāṃ viśuddhaye[2] || (52)

Vajragarbha uvāca

sandhyābhāṣaṃ kim ucyeta bhagavān bobrūta niścitaṃ ||
yoginīnāṃ mahāsamayaṃ śrāvakādyair na chidritaṃ || (53)
hasitaṃ cekṣaṇābhyān tu āliṅgaṃ[3] dvandakais tathā ||
tantreṇāpi caturṇāṃ ca saṃdhyābhāṣaṃ na śabditaṃ || (54)

bhagavān āha ||

vaksyāmy ahaṃ[4] Va[44*a*]jragarbha śṛṇu tvam ekacetasā ||
saṃdhyābhāṣaṃ mahābhāṣaṃ samayasaṃketavistaraṃ || (55)
madanaṃ madyaṃ balaṃ māṃsaṃ malayajaṃ milanaṃ[5] mataṃ ||
gatiḥ kheṭaḥ śavaḥ śrāyo asthyābharaṇaṃ niraṃśukaṃ || (56)
āgatiḥ preṅkhaṇaṃ[6] proktaṃ kṛpītaṃ ḍamarukaṃ mataṃ ||
abhavyaṃ dunduraṃ khyātaṃ bhavyaṃ kāliñjaram mataṃ || (57)
asparśaṃ diṇḍimaṃ proktaṃ kapālaṃ padmabhājanaṃ[7] ||
bhakṣaṃ tṛptikaraṃ jñeyaṃ vyañjanaṃ mālatīndhanaṃ || (58)
gūthaṃ catuḥsamaṃ proktaṃ mūtraṃ kasturikā smṛtā ||
svayaṃbhu sihlakaṃ jñeyaṃ śukraṃ karpūrakaṃ mataṃ || (59)
mahāmāṃsaṃ sālijaṃ proktaṃ dvīndriyayogaṃ kunduruṃ ||
vajraṃ bolakaṃ khyātaṃ padma kakkolakaṃ mataṃ || (60)
kulaṃ [44*b*] pañcavidhaṃ khyātaṃ varṇabhedena bheditaṃ ||
saṃdhyābhāṣata[8] evaṃ syur buddhāś ⟨ca⟩[9] pañcakaulikāḥ || (61)
Ḍombī vajrakulī khyātā Naṭī padmakulī tathā ||
Caṇḍālī ratnakulī caiva Dvijā tāthāgatī matā || (62)
Rajakī karmakulī caiva etā mudrāḥ susiddhidā ||
āsāṃ śukraṃ bhaved vajraṃ pūjayitvā pibed vratī || (63)
Vajragarbha mahāsattva yan mayā kathitaṃ tvayi ||
tat sarvaṃ sādaraṃ grāhyaṃ sandhyābhāṣaṃ mahādbhutaṃ || (64)
yo 'bhiṣikto 'tra Hevajre na vadet saṃdhyābhāṣayā ||
samayavidrohanaṃ tasya jāyate nātra saṃśayaḥ || (65)
ity upadravacauraiś ca grahajvaraviṣādibhiḥ ||

[1] *All MSS.* -vajrī [2] *A* viśuddhaya; *B* viśuddhiyaṃ; *C* viśuddhaya; *T* dag byaḥi phyir = viśuddhaye [3] *A*, *C* āliṃgyaṃ; *B omits this passage* [4] *A* vakṣyahaṃ; *C* vakṣye 'ham; *B omits* [5] *All MSS.* milanāṃ; *T* ḥdu-ba = milanaṃ [6] *A*, *C* prekhyanaṃ; *B* prekṣanaṃ; *T* preṃkhanaṃ [7] *A* -bhāñjanaṃ [8] *A* -bhāta; *B* -bhāsa [9] *All MSS.* buddhāḥ

bcom ldan ḥdas kyis bkaḥ stsal pa /

mig la gti mug rdo rje ma ||
rna bar źe sdaṅ rdo rje ma ||
sna la ser sna ma źes bśad ||
kha la ḥdod chags rdo rje ma || (51)
lus la phrag dog rdo rje ma ||
yid la bdag med rnal ḥbyor ma ||
dbaṅ po rnams ni dag byaḥi phyir ||
ḥdis ni go cha sems dpaḥ che || (52)

rdo rje sñiṅ pos gsol pa /

dgoṅs paḥi skad ni ci źes bgyi ||
bcom ldan ḥdas kyis ṅes gsuṅ gsol ||
rnal ḥbyor ma yi dam tshig che ||
ñan thos la sogs mi śes pa || (53)
dgod daṅ lta ba dag gis daṅ ||
ḥkhyud daṅ de bźin gñis gñis kyi ||
rgyud kyaṅ rnam pa bźi rnams kyis ||
dgoṅs paḥi skad ni ma bsgrags pa || (54)

bcom ldan [334*a*] ḥdas kyis bkaḥ stsal pa /

dgoṅs pa skad ni skad chen po ||
dam tshig brda ni rgyas pa ru ||
rdo rje sñiṅ po ṅas bśad kyis ||
khyod ni rtse gcig sems kyis ñon || (55)
ma da na chaṅ ba la śa ||
ḥdu ba ma la ya dzaṃ brjod ||
ḥgro ba khe ṭa ro ni śrā ya ||
rus paḥi rgyan ni ni raṃ ću || (56)
ḥon ba preṅ kha ṇa ru brjod ||
caṅ teḥu kṛ pi ta ru brjod ||
bskal med dun du ra źes brjod ||
skal ldan ka liñdza raṃ brjod || (57)
reg min ḍiṇḍi maṃ źes brjod ||
thod pa padma bha dza naṃ ||
bzaḥ ba tṛ pi ta źes bya ||
tshod ma ma la tindha naṃ || (58)
bśaṅ ba tsa tu sa maṃ brjod ||
gci ba ka stu ri źes brjod ||
raṅ byuṅ si hlar śes par bya ||
khu ba ka pu ra źes brjod || (59)
śa chen śā le dzaṃ źes brjod ||
dbaṅ po gñis sbyor kun du ruṃ ||
rdo rje bo la źes bśad de ||
padma kakko la źes zer || (60)
kha dog dbye bas phye ba las ||
rigs ni rnam pa lṅa ru brjod ||
ḥdi ni gsaṅ baḥi skad yin no ||
phyag rgya lṅa ni bsdus pa ñid || (61)
g'yuṅ mo rdo rjeḥi rigs su bśad ||
gar ma de bźin padmaḥi rigs ||
raṅ ḥtshed ma ni rin chen rigs ||
skyes gñis de bźin gśegs par brjod || (62)
tshod ma las kyi rigs ñid de ||
phyag rgya ḥdi rnams dṅos grub sbyin ||
ḥdi rnams khu ba rdo rjer ḥgyur ||
brtul źugs can gyis mchod nas btuṅ || (63)
rdo rje sñiṅ po sems [334*b*] dpaḥ che ||
gsaṅ baḥi skad ni mtshar che ba ||
ṅa yis khyod la gaṅ bśad pa ||
de rnams thams cad gus pas zuṅ || (64)
kye rdo rje ḥdir dbaṅ bskur gaṅ ||
gsaṅ baḥi skad kyi mi smra ba ||
de yi dam tshig ñams par ni ||
ḥgyur ba ḥdi la the tsom med || (65)
ḥtshe ba daṅ ni rkun ma daṅ ||
gdon daṅ rims daṅ dug gis kyaṅ ||

mṛyate 'sau yadi buddho 'pi saṃdhyābhā[45*a*]ṣān na bhāṣayet || (66)
svasamayavidāṃ prāpya yadi na bhāṣed idaṃ vacaḥ ||
tadā kṣobhaṃ prakurvanti yoginyaś catuḥpīṭhajāḥ || (67)

Hevajrasarvatantranidānasandhyābhāṣo nāma tṛtīyaḥ paṭalaḥ ||

PART II. CHAPTER iv

atha Vajragarbhapramukhāḥ sarvaḍākinyaḥ saṃśayaprāptā daurmanasprāptā bhagavantaṃ Vajrasattvam evam āhuḥ / bhagavān saṃśayam apanayatu / (1)

caryāpaṭale yad ākhyātaṃ gītaṃ nāṭyañ ca siddhidaṃ ||
tatra saṃdeho me vartate kiṃ gītaṃ nāṭyañ ca kiṃ || (2)
devatābhiṣekato yac ca kathitaṃ dveṣādimudraṇaṃ ||
tatra saṃdeho me vartate kiṃ mudryaṃ[1] kasya mudraṇaṃ || (3)
mantrapaṭale yat [45*b*] proktaṃ Nairātmyādeś ca bījakaṃ ||
tatra me bhrāntiḥ saṃjātā kiṃ bījaṃ kasya bījakaṃ || (4)
kulapaṭale yāḥ khyātā nāḍyo dviṣoḍaśātmikāḥ ||
viśuddhiṃ tāsāṃ kathayantu bhagavanto bhrāntir me 'bhūt || (5)

bhagavān āha ||

Kollaire[2] ṭṭhia bolā Mummuṇire kakkolā
ghaṇa kibiḍa[3] ho vājjai karuṇe kiai[4] na rolā (6)
tahi[5] baru khājjai[6] gāḍe[7] maanā pijjai[8]
hale kāliñjara paṇiai dunduru tahi vajjiai
causama kacchuri[9] sihlā kappura lāiai
mālaindhana śāliñja tahi bharu khāiai (7)
preṃkhaṇa[10] kheṭa karante śuddhāśuddha na muṇiai
ni[46*a*]raṃsua aṃga caḍābī[11] tahiṃ ja sarāba paṇiai
malayaje kunduru bāṭai[12] ḍiṇḍima[13] tahiṇ ṇa vajjiai (8)

nāṭyaṃ śrīherukarūpeṇa amuṣitasmṛtiyogataḥ ||
bhāvanā raktacittenāviratābhyāsacetasā || (9)
vajradharmais tathā buddhair yoginībhiś ca mātṛbhiḥ ||
ābhyāṃ gītanāṭyābhyāṃ gīyate nṛtyate paraṃ || (10)
gaṇarakṣā tv anenaivātmarakṣā tathaiva ca ||
anenaiva vaśaṃ loke mantrajāpaṃ tv anena tu || (11)
sādaraṃ gīyate yatra sādaraṃ yatra nṛtyate ||

[1] *So A*; *B* mudraṃ; *C* mudrāṃ [2] *C*, *T* kollayire [3] *C* kibitra; *T* kibiṭa [4] *C*, *T* kia [5] *T* tahiṃ [6] *T* khajjai [7] *C* gāḍeḥ; *T* gāḍeṃ [8] *T* pijjaiai [9] *A*, *C* kasturi; *T* kācchuri [10] *A*, *C* pekhana; *T* pheṃkhaṇe; *B* phreṃkhana [11] *A* caḍābiai [12] *A*, *C* bāṭṭei [13] *A* ḍiḍima; *C* ḍiḍīma

gal te saṅs rgyas gsaṅ baḥi skad || mi gsuṅ na yaṅ ḥgroṅs par ḥgyur || (66)
raṅ gi dam tshig rigs rñed na || gal te tshig ḥdi mi smra ma ||
gnas bźi las skyes rnal ḥbyor ma || de yi tshe na khro bar byed || (67)

kyeḥi rdo rje mkhaḥ ḥgro ma dra baḥi sdom pa las rgyud thams cad kyi gleṅ gźi daṅ gsaṅ baḥi skad ces bya baḥi leḥu ste gsum paḥo ||

PART II. CHAPTER iv

de nas rdo rje sñiṅ po la sogs paḥi rdo rje mkaḥ ḥgro ma thams cad the tsom du gyur / yid gñis su gyur te bcom ldan ḥdas rdo rje sems dpaḥ ḥdi skad ces gsol to / bcom ldan ḥdas the tsom gsal du gsol / (1)

spyod paḥi leḥu las gaṅ bśad pa || glu daṅ gar ni dṅos grub sbyin ||
de la bdag ni the tsom mchis || glu ni ci lags gar kyaṅ ci || (2)
lhaḥi leḥu las gaṅ gsuṅs pa || źes sdaṅ la sogs phyag rgya rnams ||
de la bdag ni the tsom mchis || gaṅ gi phyag rgya phyag rgya mchis || (3)
sṅags btu ba las gaṅ gsuṅs pa || bdag med la sogs sa bon ñid ||
[335*a*] de la bdag ni ḥkhrul bar ḥgyur || gaṅ gi sa bon sa bon gaṅ || (4)
rigs kyi leḥu las gaṅ bśad pa || bcu drug gñis kyi bdag ñid rtsa ||
bcom ldan bdag ni ḥkhrul gyur pas || de rnams rnam dag bśad du gsol || (5)

bcom ldan ḥdas kyis bkaḥ stsol pa /

kolla i re ṭṭhi a bo lā mummu ṇi re kakko lā /
gha ṇa ki bi ṭa ho bā dzdza i ka ru ṇe ki a i na ro lā / (6)
ta hiṃ ba la khadzdza i ga ḍeṃ ma a ṇā pidzdza i a i /
ha liṃ ka liñdza ra pa ṇi a i du ddu ra vadzdzi a i /
tsa u sa ma kā tstshu ri sihla kappu ra lā i a i /
mā la i indha ṇa śā liñdza ta hiṃ bha ru khā i a i / (7)
pheṃ kha ne khe ṭa karante śuddhā śuddha na mu ṇi a i /
ni raṃ śu aṃ ga tsa ḍā vī ta hiṃ dza sa rā ba pa ṇi a i /
ma la ya dze kundu ru bā ṭa i ḍiṇḍi ma ta hi na bā dzdzi a i / (8)

dran pa mi ḥphrogs rnal ḥbyor pas || he ru kaḥi gzugs kyis gar ||
chags bral min goms sems kyis ni || ḥdod chags sems kyis sgom pa ñid || (9)
rdo rje chos daṅ saṅs rgyas daṅ || rnal ḥbyor ma daṅ ma mo yis ||
glu daṅ gar ni ḥdi dag gis || legs par glu blaṅ gar kyaṅ bya || (10)
ḥdi ñid kyis ni tshogs sruṅ źiṅ || de bźin bdag kyaṅ sruṅ ba ñid ||
ḥdis ni ḥjig rten dbaṅ du byed || ḥdis ni sṅags kyis bzlas pa ñid || (11)
gaṅ du gus pas [335*b*] glu len daṅ || gaṅ du gus bcas gar byed pa ||

gaṇādhyakṣaṃ puraskṛtyaṃ tatra ghrāṇan tu lakṣayet || (12)
laśunaṃ prathamaṃ gandhaṃ gṛdhragandhaṃ tataḥ punaḥ ||
karpūraṃ [46*b*] mālayajaṃ tadanu gītādhiṣṭhānaṃ lakṣayet[1] || (13)
rutaṃ haṃsasya bhṛṃgasya śrūyate gītaśeṣataḥ ||
gomāyor api śabdañ[2] ca bāhyodyāne tu lakṣayet || (14)
mudraṇaṃ liṅgaṇāṅkaṃ ca · aṅkena lakṣate kulaṃ ||
vyasta[3] kulaṃ bhāvanāyogān na siddhi nāpi sādhakaḥ || (15)
Nairātmyāṃ dveṣamudreṇa Vajrāṃ ca mohamudrayā ||
Gaurīṃ piśunamudreṇa Vārīṃ rāgeṇa mudrayet || (16)
īrṣyāmudrayā Ḍākinīñ ca Pukkasīṃ dveṣamudrataḥ ||
Śavarīṃ mohamudreṇa Caṇḍālīṃ piśunamudrayā || (17)
Ḍombīṃ rāgamudreṇa punar Gaurīñ ca dveṣataḥ ||
Caurīṃ mohamudreṇa Vetālīṃ piśunamudrayā || (18)
Ghasmarīṃ rāgamudreṇa Bhūcarīṃ [47*a*] mohamudrataḥ ||
Khecarīṃ rāgamudreṇa mudraṇaṃ jānatecchayā || (19)
aler ādī Nairātmyā Vajrāler dvitīyakaṃ ||
āles tṛtīyakaṃ Gaurī caturthaṃ Vāriyoginī || (20)
pañcamaṃ Vajraḍākī ca ṣaṣṭamaṃ Pukkasī matā ||
Śavarī saptamaṃ caiva Caṇḍālī aṣṭamaṃ smṛtā || (21)
navamaṃ Ḍombinī caiva punar Gaurī dvipañcakaṃ ||
Caurī ekādaśaṃ khyātaṃ Vetālī dvādaśaṃ mataṃ || (22)
Ghasmarī trayodaśakaṃ caturdaśakaṃ Bhūcarī ||
pañcadaśamaṃ Khecarī yoginīnāṃ svabījakaṃ || (23)
kulapaṭale yā nāḍyaḥ kathitā dviṣoḍaśātmikāḥ ||
nāḍidvayadvayaikekā yoginyaḥ kramaśo matāḥ || (24)
[47*b*] lalanā rasanā avadhūtī Nairātmyayoginī matāḥ ||
sarvaśeṣāṃ tyajed yatnāt ṣoḍaśī na kalā yataḥ || (25)

kasmād dhetoḥ || arthakriyā[4]karaṇatvāt ||

bodhicittaṃ bhavec candraṃ pañcadaśakalātmakaṃ ||
ĀLI-rūpaṃ mahāsaukhyaṃ yoginyas tasyāṃśakāḥ || (26)

Vajragarbha āha ||

karpūraṃ kin na vai tyājyaṃ sarvayoginīsaṃbhavaṃ ||

All MSS. so; *T places this half-line two lines lower down.* [2] *All MSS.* śabdaś
A vyaka-; *C* vyakta- [4] *A*, *C* -kriyā akaraṇa-

tshogs kyi bdag pos snar byas nas || de la dri ni mtshon par bya || (12)
sgog paḥi dri ni daṅ po ñid || de nas yaṅ ni bya rgod dri ||
ga pur ma la ya dzaṃ ñid || ṅaṅ pa daṅ ni buṅ baḥi sgra || (13)
glu yi mthaḥ nas mñam par bya || ba laṅ tshe yi sgra yaṅ ni ||
phyi rol tshal du mtshon bya ba || glu yi byin rlabs mtshan ñid do || (14)
phyag rgya rtags daṅ mtshan ma ste || ḥdis ni rigs ni mtshon par bya ||
rigs ḥchol sgom paḥi sbyor ba las || dṅos grub med ciṅ sgrub paḥaṅ med || (15)
źe sdaṅ phyag rgyas bdag med ma || gti mug phyag rgyas rdo rje ma ||
ser snaḥi phyag rgyas dkar mo ñid || chags pas chu ma phyag rgya gdab || (16)
phrag dog phyag rgyas mkhaḥ ḥgro ma || źe sdaṅ phyag rgya pu kka sī ||
gti mug phyag rgyas ri khrod ma || ser snaḥi phyag rgyas gdol pa mo || (17)
ḥdod chags phyag rgyas g'yuṅ mo ñid || yaṅ ni dkar mo źe sdaṅ las ||
gti mug phyag rgyas chom rkun ma || ser snaḥi phyag rgyas ro laṅs ma || (18)
ḥdod chags phyag rgyas ghasma rī || gti mug phyag rgyas sa spyod ma ||
ḥdod chags phyag rgyas mkhaḥ spyod ma || ḥdod pas phyag rgyas śes par bya || (19)
ā li daṅ po bdag med ma || ā li gñis pa rdo rje ma ||
ā li gsum pa dkar mo ñid || bźi ba chu yi rnal ḥbyor ma || (20)
lṅa pa rdo rje mkhaḥ ḥgro ma || drug pa pukka sī źes brjod ||
bdun pa ñid [336*a*] ni ri khrod ma || brgyad pa smre śa can du brjod || (21)
dgu pa yaṅ ni g'yuṅ mo ñid || yaṅ ni lṅa gñis dkar mo ñid ||
bcu gcig chom rkun ma źes bśad || bcu gñis ro laṅs ma źes brjod || (22)
bcu gsum pa ni ghasma rī || bcu bźi pa ni sa spyod ma ||
bco lṅa pa ni mkhaḥ spyod ma || rnal ḥbyor ma yi sa bon ñid || (23)
rigs kyi leḥu las rtsa rnams gaṅ || bcu drug gñis kyi bdag gñis gsuṅs ||
rtsa ni gñis gñis rnal ḥbyor ma || re re rnam pa gsum du[1] brjod || (24)
brkyaṅ ma ro ma kun ḥdar ma || bdag med rnal ḥbyor ma źes brjod ||
gaṅ phyir bcu drug cha med pas || ḥbad pas kun gyi lhag ma spaṅs || (25)

ciḥi slad du źe na / don gyi bya ba mi phyed phyir ||

bco lṅaḥi cha yi bdag ñid kyi || zla ba byaṅ chub sems su ḥgyur ||
bde ba chen po ā liḥi gzugs || rnal ḥbyor ma rnams de yi cha || (26)
rdo rje sñiṅ pos gsol pa /
rnal ḥbyor ma kun las byuṅ ba || lhan cig skyes dgaḥi raṅ bźin ñid ||

[1] rnam pa gsum du *is the reading of both the Narthang and Peking Kanjurs; it must be an early scribal error for* rim pa bźin du.

sahajānandasvabhāvan cāvyayaṃ pīvaraṃ khagaṃ || (27)

bhagavān āha || evam etad yathā vadasi ||

Vajragarbha āha || kenopāyenotpādanīyaṃ bodhicittaṃ || (28)

bhagavān āha ||

maṇḍalacakrādyupāyena svādhiṣṭhānakrameṇa ca ||
bodhicittam utpā[48*a*]dayed vaivṛtisaṃvṛtirūpakaṃ || (29)
saṃvṛtaṃ kundasaṃkāśaṃ vivṛtaṃ sukharūpiṇaṃ ||
strīkakkolasukhāvatyām EVAṂ-kārasvarūpake || (30)
sukhasya rakṣaṇād eva sukhāvatīti śabditaṃ ||
buddhānāṃ bodhisattvānām ādhāraṃ vajradhāriṇāṃ || (31)
evam eva tu saṃsāraṃ nirvāṇam evam eva tu ||
saṃsārād ṛte[1] nānyan nirvāṇam iti kathyate || (32)
saṃsāraṃ rūpaśabdādyāḥ[2] saṃsāraṃ vedanādayaḥ ||
saṃsāram indriyāṇy eva saṃsāraṃ dveṣakādayaḥ || (33)
amī dharmās tu nirvāṇaṃ mohāt saṃsārarūpiṇaḥ ||
amūḍhaḥ saṃsaran[3] śuddhyā saṃsāro nirvṛtāyate || (34)
nirvṛti bodhicittaṃ tu vivṛti[48*b*]saṃvṛtirūpakaṃ[4] ||
cāruvaktrāṃ viśālākṣīṃ rūpayauvanamaṇḍitāṃ || (35)
śyāmāṃ dhīrāṃ kulīnān tu sihlakarpūrasaṃbhavāṃ ||
svābhiṣiktāṃ tu Hevajre sukeśāṃ sādhakapriyāṃ || (36)
madanaṃ pāyayet tasyāṃ[5] svayañ caiva pibet tataḥ ||
paścād anurāgayen mudrāṃ svaparārthaprasiddhaye || (37)
kakkole bolakaṃ kṣiptvā kunduruṃ kurute vratī[6] ||
tasmin yoge samudbhūtaṃ karpūraṃ na tyajed budhaḥ || (38)
na kareṇa tato gṛhyet śuktikayā na śaṅkhakaiḥ ||
amṛtaṃ jihvayā grāhyam edhanāya balasya vai || (39)
karpūram eva Nairātmyā sukhaṃ Nairātmyarūpiṇaṃ ||
tasya saukhyaṃ mahāmudrā saṃsthi[49*a*]tā nābhimaṇḍale || (40)
ādisvarasvabhāvā sā dhīti buddhaiḥ prakalpitā ||
saiva bhagavatī Prajñā utpannakramayogataḥ || (41)
na sā dīrghā na sā hrasvā na caturasrā na vartulā ||

[1] *A* saṃsārādṛśyate; *C* samsāro dṛśyate; [2] *A* -śabdādyo; *C* -śabdādyoḥ [3] *B* amṛta san saraṇaṃ [4] *A*, *C* nirvṛtisaṃvṛti-; *B* vivṛtirūpakaṃ; *T* kun-rdzob don-dam = saṃvṛtivivṛti; *K* vivṛtisaṃvṛti- [5] *All MSS.* -tāsāṃ [6] *C* vrataṃ

ḥgrib med btuṅ mchog nam mkhaḥ ñid || ga pur ṅes par cis mi spaṅ || (27)

bcom ldan ḥdas kyis bkaḥ stsal pa / ji skad smras pa de bźin no / rdo rje sñiṅ pos gsol pa / thabs gaṅ gis byaṅ chub kyi sems bskyed pa lags / (28)

bcom ldan ḥdas kyis bkaḥ stsal pa /

dkyil ḥkhor ḥkhor [336*b*] loḥi thabs daṅ ni || raṅ byin rlab paḥi rim pas kyaṅ ||
kun rdzob don dam gzugs can gyi || byaṅ chub sems ni rab tu bskyed || (29)

kun rdzob kun da lta bu ñid || dam don bde baḥi gzugs can no ||
bud med ka kko la bde ba can || e baṃ rnam paḥi raṅ bźin du || (30)
bde ba sruṅ ba ñid kyi phyir || bde ba can źes rab tu bsgrags ||
saṅs rgyas byaṅ chub sems dpaḥ daṅ || rdo rje ḥdzin pa rnams kyi gnas || (31)
ḥdi ñid ḥkhor ba źes bya ste || ḥdi ñid mya ṅan ḥdas pa ñid ||
ḥkhor ba spaṅs nas gźan du ni || mya ṅan ḥdas pa rtogs mi ḥgyur || (32)
ḥkhor ba gzugs daṅ sgra la sogs || ḥkhor ba tshor ba la sogs pa ||
ḥkhor ba dbaṅ po rnams ñid do || ḥkhor ba źe sdaṅ la sogs pa || (33)
ḥdi rnams chos ni mya ṅan ḥdas || rmoṅs phyir ḥkhor baḥi gzugs can ñid ||
rmoṅs med ḥkhor ba dag pas ni || ḥkhor ba mya ṅan ḥdas par ḥgyur || (34)
byaṅ chub sems ni mya ṅan ḥdas || kun rdzob don dam tshul can no ||
śin tu bźin bzaṅ mig yaṅs ma || gzugs daṅ laṅ tshos rnam par rgyan || (35)
sṅo bsaṅs dal la rigs bzaṅ ma || si hla ga pur ḥbyuṅ baḥi gnas ||
raṅ gis dbaṅ bskur kyeḥi rdo rje || skra bzaṅ sgrub pa po la dgaḥ || (36)
de yi chaṅ yaṅ btuṅ bar bya || de nas raṅ yaṅ btuṅ ba ñid ||
raṅ gźan [337*a*] don ni rab sgrub phyir || phyi nas phyag rgya rjes chags bya || (37)
bo la kakko lar bcug nas || kun du ru byed brtul źugs can ||
der ni sbyor ba las byuṅ baḥi || ga pur mkhas pas mi spaṅs ste || (38)
de ni lag tu mi blaṅ źiṅ || ña phyis duṅ chos ñid du min ||
ṅes par blo daṅ stobs kyi phyir || mi ḥchi lce yis blaṅ ba ñid || (39)
ga pur ñid ni bdag med ma || bde ba bdag med tshul can ñid ||
de yi bde ba phyag rgya che || lte baḥi dkyil ḥkhor ñid du gnas || (40)
daṅ poḥi dbyaṅs yig raṅ bźin te || blo źes saṅs rgyas rnams kyis brtags ||
rdzogs paḥi rim paḥi rnal ḥbyor las || de ñid bcom ldan śes rab ma || (41)
de ni riṅ min thuṅ ba min || gru bźi ma yin zlum po min ||

svādagandharasātītā sahajānandakāriṇī || (42)
tasyām utpadyate yogī tasyāḥ saukhyaṃ bhunakti ca ||
tayā sārddhaṃ bhavet siddhir mahāmudrāsukhaṃdadā || (43)
rūpaṃ śabdas tathā gandho rasaḥ sparśas tathaiva ca ||
dharmadhātusvabhāvaś ca prajñayaivopabhujyate || (44)
saiva sahajarūpā tu mahāsukhā divyayoginī ||
saiva maṇḍalacakraṃ tu pañcajñānasvarūpiṇī || (45)
ādarśajñānarūpā sā samatājñānabhāvi[49*b*]nī ||
sadbhūtapratyavekṣā ca kṛtyānuṣṭhāna saiva tu || (46)
suviśuddhadharmadhātu sā saivāhaṃ maṇḍalādhipaḥ ||
saiva Nairātmyayoginī svarūpaṃ dharmadhātukaṃ || (47)

Vajragarbha āha ||

cakrabhāvanāmārgeṇa[1] devatānāṃ yathodayaṃ ||
bhagavatā kathitaṃ pūrvaṃ saṃvaraṃ kathayasva me || (48)

bhagavān āha ||

yoginyā dehamadhyasthaṃ A-kārasaṃvarasthitaṃ ||
yathā bāhyaṃ tathādhyātmaṃ saṃvaraṃ tat prakāśitaṃ || (49)
bolasaukhyaṃ mahāmudrā vajrāyatanam upāyakaṃ ||
anayā guhyasamāpatyā bāhyadvandvaṃ nirdarśitaṃ[2] || (50)
trikāyaṃ dehamadhye tu cakrarūpeṇa kathyate ||
trikāyasya [50*a*] pañcajñānaṃ[3] cakramahāsukhaṃ mataṃ || (51)
dharmasaṃbhoganirmāṇaṃ mahāsukhaṃ tathaiva ca ||
yoni[4]hṛtkaṇṭhamasteṣu trayaḥ kāyā vyavasthitāḥ || (52)
aśeṣāṇān tu sattvānāṃ yatrotpattiḥ pragīyate[5] ||
tatra nirmāṇakāyaḥ syān nirmāṇaṃ sthāvaraṃ mataṃ || (53)
utpadyate nirmīyate · anena nirmāṇikaṃ mataṃ ||
dharmaś cittasvarūpan tu dharmakāyo hṛdi[6] bhavet || (54)
sambhogaṃ bhuñjanaṃ proktaṃ ṣaṇṇāṃ vai rasarūpiṇaṃ[7] ||
kaṇṭhe saṃbhogacakraṃ ⟨ca⟩ mahāsukhaṃ śirasi sthitaṃ || (55)
EVAṂ-kāre ca niṣyandaṃ vipākaṃ dharmacakrataḥ ||
puruṣakāraṃ[8] saṃbhoge vaimālyaṃ sukhacakrake || (56)
phalaṃ caturvidhaṃ proktaṃ niṣya[50*b*]ndādyair vibheditaṃ ||
karmabhug bhagavatī prajñā karmamārutacoditā || (57)
yathā kṛtaṃ tathā bhuktaṃ niṣyanda iti śabditam ||
vipākaṃ tadviparyāsaṃ karmaṇy alpe[9] mahat phalaṃ ||
puruṣakāram upārjanaṃ vaimalyaṃ yogaśuddhitaḥ[10] || (58)
sthāvarī nirmāṇacakre tu nirmāṇaṃ sthāvaraṃ yataḥ ||

[1] *A*, *C* mārga; *B* bhāvanāmadeva- [2] *A*, *C* nidarśitam; *B* nidasitaṃ [3] *All MSS. so*; *T* = parijñānaṃ [4] *A*, *C* yoginyo [5] *So T and K*; *A* nimīyate; *C* pramīyate; *B* utpadyate [6] *A* kṛd; *B* catat; *C* kṛtan [7] *So C*; *A* -ṇā; *B* -ṇāṃ [8] *A*, *C* puruṣaṃ ca; *B* puruṣakārañ ca [9] *A*, *C* alpa [10] *A*, *C* yogaśuddhiphalaṃ; *B missing*

dri daṅ ro daṅ mya ṅan ḥdas || lhan cig skyes dgaḥ byed pa can || (42)
de las skyes paḥi rnal ḥbyor pas || de yi bde ba myoṅ ba ñid ||
de daṅ lhan cig phyag rgya che || bde ba sbyin paḥi dṅos grub ḥgyur || (43)

gzugs sgra de bźin dri daṅ ni || ro daṅ de bźin reg bya ñid ||
chos kyi dbyiṅs kyi raṅ bźin yaṅ || śes rab ñid kyis spyad par bya || (44)
de ñid lhan cig skyes paḥi gzugs || bde chen bzaṅ poḥi rnal ḥbyor ma ||
de ñid dkyil ḥkhor ḥkhor lo daṅ || ye śes lṅa yi raṅ bźin can || (45)
de ni me loṅ ye śes gzugs || [337*b*] mñam ñid ye śes dṅos po can ||
yaṅ dag gyur pa so sor rtog || de ñid bya ba nan tan te || (46)
chos dbyiṅs śin tu rnam dag ma || de ñid dkyil ḥkhor bdag po ṅa ||
de ñid rnal ḥbyor bdag med ma || chos kyi dbyiṅs kyi raṅ bźin can || (47)

rdo rje sñiṅ pos gsol pa /
ḥkhor lo bsgom paḥi lam daṅ ni || lha rnams ji ltar ḥbyuṅ ba ñid ||
thams cad bcom ldan ḥdas gsuṅs na || sdom pa yaṅ dag bśad du gsol || (48)

bcom ldan ḥdas kyis bkaḥ stsal pa /
rnal ḥbyor ma yi lus dbus su || a yi rnam paḥi sdom pa gnas ||
ji ltar phyi rol de bźin naṅ || sdom pa de ñid rab tu phye || (49)
bo laḥi bde ba phyag rgya che || rdo rje skye mched thabs chen ñid ||
ḥdis ni gsaṅ baḥi sñoms ḥjug pas || phyi rol gñis ni bstan tu med || (50)
sku gsum lus kyi naṅ du ni || ḥkhor loḥi gzugs kyis brjod par bya ||
sku gsum yoṅs su śes pa ni || bde ba chen poḥi ḥkhor lor brjod || (51)

chos daṅ loṅs spyod sprul pa daṅ || de bźin du yaṅ bde chen ñid ||
skye gnas sñiṅ mgrin mgo bar yaṅ || sku gsum po ni rnam par gnas || (52)
ma lus pa yi sems can gyi || skye ba gaṅ la brjod par bya ||
gaṅ phyir sprul pa gnas brtan phyir || lte ba sprul pa gnas brtan phyir || (53)
gaṅ gis bskyed daṅ sprul byed paḥi || sku ni sprul pa can źes brjod ||
sems ni chos kyi raṅ [338*a*] bźin te || chos kyi sku yaṅ sñiṅ khar ḥgyur || (54)

ro rnams drug gi gzugs can gyi || bzaḥ ba ṅes par loṅs spyod brjod ||
mgrin par loṅs spyod ḥkhor lo ḥo || spyi bor bde ba chen po gnas || (55)
e baṃ rnam par rgyu ḥthun ñid || rnam smin chos kyi ḥkhor lo las ||
loṅs spyod skyes buḥi byed pa ñid || bde baḥi ḥkhor lo dri med ñid || (56)
rgyu ḥthun sogs par rab phye baḥi || ḥbras bu rnam par bźi źes brjod ||
las kyi rluṅ gis bskul ba yis || las la bcom ldan śes rab spyod || (57)
ji ltar byas pa de bźin spyod || rgyu ḥthun źes ni rab tu bsgrags ||
las chuṅ ḥbras bu che baḥi phyir || rnam par smin pa de las bzlog ||
rnal ḥbyor dag phyir dri med ñid || bskyed pa skyes bu byed pa ñid || (58)
gaṅ phyir sprul pa gnas brtan phyir || sprul paḥi ḥkhor lor gnas brtan ñid ||

sarvāstivāda dharmacakre ca dharmavādasamudbhavaḥ || (59)
saṃvidī saṃbhogacakre ca kaṇṭhe saṃvedanaṃ yataḥ ||
mahāsaṅghī mahāsukhacakre ca mahāsukhaṃ ke sthitaṃ yataḥ || (60)
nikāya kāyam ity uktam udāraṃ vihāram ucyate ||
vītarāgād[1] bhavet yonau[2] jarāyu jvalacīvaraṃ || (61)
upādhyāyī tathā jana[51*a*]nī vandanaṃ mastakāñjaliḥ ||
śikṣāpadaṃ jagatkṛtyaṃ mantrajāpam ahan tathā || (62)
A-kāraṃ yoni[3]cakrasya HA-kāraṃ mahāsukhasya ca ||
jāto bhikṣur dhvananamantro[4] nagnaḥ[5] śirastuṇḍamuṇḍitaḥ[5] || (63)
ābhiḥ sāmāgribhiḥ sattvā buddhā eva na saṃśayaḥ ||
bhūmayo[6] daśamāsāś ca sattvā daśabhūmīśvarāḥ || (64)

atha sarvā devyo[7] Nairātmyayoginīpramukhāḥ || tadyathā || Locanā Māmakī ca Pāṇḍurā ca Tārā ca Bhṛkuṭī ca Cundā ca Parṇaśavarī ca Ahomukhā ca || evaṃ pramukhāḥ sumeruparamāṇurajaḥsamā yoginyaḥ paramavismayam āpannā || (65) etāṃ bhāratīṃ śru[51*b*]tvā mūrcchitāḥ santrastā avanau patitā || dhūnaprāptāḥ tāḥ[8] sarvadevīr[9] dṛṣṭvā saṃstauti Vajrī punar utthāpanāya ca || (66)

khiti jala pavaṇa hūtāsānaha tumhe bhāīṇi devī
sunaha pavañcami tatum ahu jo ṇa jānaī kovi[10] || (67)

svapnavad bhagavato vacanaṃ śrutvā sarvās tā jīvaprāptā abhuvan || (68)

bhagavān āha ||

sattvā buddhā eva kiṃ tu āgantukamalāvṛtāḥ ||
tasyāpakarṣaṇāt sattvā buddhā eva na saṃśayaḥ || (69)

devya āhuḥ[11] || evam etad bhagavan satyaṃ na mṛṣā ||

bhagavān āha || (70)

ghasmai garalaha bhakkhāṇahi jo niccedya[12] ṇa loa ||
mohavaivarjitā tatumaṇa[13] tatva para [52*a*] tuṭua soa[14] || (71)
tathā nivṛtyupāyajñā Hevajreṣu kṛtaśramāḥ ||
avidyādyair na gṛhyante[15] na ca mohādibandanaiḥ || (72)
abuddho nāsti sattvaikaḥ saṃbodhāt svasya svasya ca ||

[1] *A, B* -rāgā [2] *A* yonyau; *B* yauno; *C* yonyo [3] *A, C* yoginī [4] *All MSS.* -mantraṃ [5] *C* -ṃ [6] *A* bhūmayor [7] *A, C* devatyā [8] *All MSS.* tā [9] *A* devatī; *B* devati; *C* devatīṃ [10] *A is supported by T* ahu = ṅa (aham); *B* panañcami tatu kahami jo ṇa vijānai ko. *Some similar reading may have been available to K*: tattvakathāṃ (p. 149, l. 34). [11] *A and B omit* devya āhuḥ [12] *B* jo niccea; *K* yo na cetano [13] *A* tatumaṇḍala; *B* tantumaṇa; *C* tatumaṇḍa [14] soa *is interpreted by K as* śoka; *T translates as the 3rd pers. pron. This is confirmed by V* (XV. 116*a* 1) *and B* (id. 294*b* 3). [15] *A, C* na gṛhyasta; *B* va guhyante

chos kyi smra ba ḥbyuṅ baḥi phyir || chos kyi ḥkhor lo thams cad yod || (59)
gaṅ phyir mgrin par kun bkur phyir || loṅs spyod ḥkhor lor kun bkur ñid ||
gaṅ phyir bde chen mgor gnas pas || bde baḥi ḥkhor lor dge ḥdun che || (60)
sde pa źes bya sku ru brjod || lto ba gnas su brjod par bya ||
skye gnas ḥdod chags bral bar ḥgyur || mṅal gyi khru ma chos gos ñid || (61)
de bźin ma ni mkhan po ñid || mgo [338*b*] bar thal mo sbyar ba phyag ||
ḥgro baḥi bya ba khrims kyi gnas || sṅags kyi bzlas pa a daṅ haṃ || (62)
skyes gnas ḥkhor loḥi rnam pa a || bde chen gyi yaṅ rnam pa haṃ ||
gcer bu skra daṅ kha spu bregs || sṅags ḥdon skyes pa dge sloṅ ñid || (63)
ḥdi dag rkyen gyis sems can rnams || saṅs rgyas ñid du the tsom med ||
zla ba bcu yaṅ sa rnams yin || sems can sa bcu dbaṅ phyug go || (64)

de nas rnal ḥbyor ma bdag med ma la sogs paḥi lha mo thams cad la / ḥdi lta ste spyan daṅ / mā ma kī daṅ / gos dkar mo daṅ / sgrol ma daṅ / khro gñer can daṅ / tsun dā daṅ / parṇṇa ri khrod ma daṅ / ḥog źal ma daṅ / de dag la sogs pa ri rab kyi rdul phra rab daṅ mñam paḥi rnal ḥbyor ma rnams tshig ḥdi dag thos nas mchog tu ṅo mtshar du gyur ciṅ (65) brgyal ba daṅ / skrag pa daṅ / sa la ḥgyel ba daṅ / ḥdar bar gyur to yaṅ rdo rje can gyis lha mo de rnams thams cad la gzigs nas bslaṅ baḥi phyir yaṅ dag par bstod pa / (66)

sa daṅ chu rluṅ byin za yi || lha mo snod can khyed ñid la ||
gaṅ źig sus kyaṅ mi śes pa || de ñid ṅa yis spro yis ñon || (67)

bcom ldan ḥdas kyi gsuṅ rmi lam lta bu ñe bar thos nas de rnams thams cad srog rñed par gyur to || (68)

bcom ldan ḥdas kyis bkaḥ stsal pa /

sems can rnams ni saṅs rgyas ñid || ḥon kyaṅ glo bur dri mas [339*a*] bsgribs ||
de ñid bsal na saṅs rgyas ñid || (69)

lha mos gsol pa / bcom ldan ḥdas de de bźin te bden pa yaṅ ma mchis śiṅ brdzun pa yaṅ ma mchis so / bcom ldan ḥdas kyis bkaḥ stsal pa / (70)

gaṅ źig mi śes ḥjig rten pa || btsan dug zos pas brgyal bar ḥgyur ||
rmoṅs spaṅs de ñid yid kyis ni || de yis de ñid yoṅs su gcod || (71)
de bźin źi baḥi thabs śes źiṅ || kyeḥi rdo rjer ṅal bsos nas ||
ma rig sogs pas mi ḥdzin ciṅ || gti mug la sogs ḥchiṅ bas min || (72)
raṅ daṅ raṅ gis rtogs pa las || saṅs rgyas ma yin sems can ni ||
gcig kyaṅ yod pa ma yin no ||

narakapretatiryañ ca devāsuramanuṣyakāḥ || (73)
amedhyakīṭakādyān tu nityaṃ sukhinaḥ svabhāvataḥ ||
na jānanti yataḥ saukhyaṃ devasyāpy asurasya ca || (74)
na buddho labhate 'nyatra[1] lokadhātuṣu kutracit ||
cittam eva hi saṃbuddho na buddho 'nyatra darśitaḥ || (75)
caṇḍālaceṇḍakārādyā māraṇārthārthacittakāḥ ||
te 'pi Hevajram āgamya[2] sidhyante nātra saṃśayaḥ || (76)
ajñānenāvṛtā bālā imāṃ gatīm [52*b*] ajānakāḥ ||
saṃsaranti ca te mūḍhāḥ ṣaḍgatau bhavacārake || (77)
upāyaṃ prāpya Hevajram Vajragarbha mahākṛpa[3] ||
viśodhayanti[4] viṣayān lapsyante te[5] hy anuttaraṃ || (78)

Vajragarbha āha ||

pṛthivī Pukkasī khyātā katham Akṣobhyamudraṇaṃ ||
mohaṃ yasmāt kakkhāṭatvaṃ kāyo Vairocano mataḥ ||
Pukkasī mohamudraṇaṃ mudraṇaṃ yujyate[6] prabho[7] || (79)

bhagavān āha ||

kāyaṃ vihāya cittasya nānyatra lalitaṃ bhavet ||
tasmād Vairocanaḥ cittaṃ kāyaṃ cittena mudrayet || (80)

Vajragarbha āha ||

abdhātuḥ Śavarī khyātā Akṣobhyo dravarūpakaḥ ||
Śavarī Akṣobhyamudreṇa mudraṇaṃ yujya[53*a*]te[8] prabho || (81)

bhagavān āha ||

cittaṃ vihāya kāyasya sthitir anyā na dṛśyate ||
tasmāc cittaṃ bhavet mohaṃ cittaṃ mohena mudrayet || (82)

Vajragarbha āha ||

tejaś Caṇḍālinī khyātā kathaṃ ratnena mudraṇaṃ ||
yujyate rāgamudreṇa Caṇḍālyā[9] nānyamudraṇaṃ || (83)

bhagavān āha ||

rāgo raktaṃ yataḥ khyātaṃ raktaṃ ca ratnasaṃbhavaḥ ||
tejo raktasvabhāvatvād rāgaṃ piśunena mudrayet || (84)

[1] *A, C* netra; *B* nānu [2] *C* ākramya [3] *A, C* mahāmaha; *B* mahāmahī; *T* = mahākṛpa [4] *A and B insert* ye; *C* ya [5] *A and C omit* [6] *A* pūjyate; *B* pūjyanta; *C* pūjyan me; *T* = yujyate [7] *A, C* prabhoḥ; *B omits this line* [8] *A, C* pūjyate; *B* pūjyanta [9] *A, C* caṇḍālyo

dmyal ba yi dvags byol soṅ daṅ ||
bśaṅ baḥi srin bu la sogs pa ||
bde ba gaṅ phyir mi śes pa ||
ḥjig rten khams ni gaṅ du yaṅ ||
sems ni rdzogs paḥi saṅs rgyas ñid ||
lha daṅ lha min mi rnams daṅ || (73)
lha daṅ lha ma yin gyi yaṅ ||
rtag tu raṅ bźin bde ba can || (74)
saṅs rgyas bźan du rñed mi ḥgyur ||
saṅs rgyas gźan du bstan du med ||(75)

gdol pa smin mkhan la sogs pa ||
de rnams kye rdo rjer śes na ||
bsod don don du sems pa po ||
ḥgrub ḥgyur ḥdi la the tsom med || (76)

byis pa mi śes pas bsgribs pa ||
ḥgro ba drug gi srid paḥi [339*b*] mthar ||
rdo rje sñiṅ po sñiṅ rje che ||
gaṅ źig yul rnams rnam sbyoṅ ba ||
ḥdi yi bgrod pa mi śes pa ||
gaṅ źig rmoṅs pa ḥkhor bar ḥgyur || (77)
kyeḥi rdo rje thabs rñed pas ||
de ni bla med rñed par ḥgyur || (78)

rdo rje sñiṅ pos gsol pa /

sa ni pukka sīr bśad pa ||
sku ni rnam snaṅ ñid gsuṅs pa ||
gaṅ phyir gti mug sra ba ñid ||
ji ltar mi bskyod phyag rgya lags || (79)

bcom ldan ḥdas kyis bkaḥ stsal pa /

sems spaṅs nas ni lus kyis ni ||
de phyir rnam par snaṅ mdzad sems ||
mdzes pa gźan du mi ḥgyur ro ||
sku la thugs kyi phyag rgyas gdab || (80)

rdo rje sñiṅ pos gsol pa /

chu khams ri khrod mar bśad pa ||
gtso bo mi bskyod phyag rgyas ni ||
mi bskyod khu baḥi gzugs can ñid ||
ri khrod ma la phyag rgya rigs || (81)

bcom ldan ḥdas kyis bkaḥ stsal pa /

lus spaṅs nas ni sems kyis ni ||
de phyir sems ni gti mug ḥgyur ||
gnas pa gźan du mthoṅ mi ḥgyur ||
thugs la gti mug phyag rgyas gdab || (82)

rdo rje sñiṅ pos gsol pa /

me ni gdol pa mor bśad pa ||
rigs te phyag rgya gźan min na ||
ḥdod phyag phyag rgyas gdol pa mo ||
ji ltar rin chen phyag rgya lags || (83)

bcom ldan ḥdas kyis bkaḥ stsal pa /

gaṅ phyir ḥdod chags khrag bśad pa ||
drod ni khrag gi raṅ bźin phyir ||
khag ni rin chen ḥbyuṅ gnas ni ||
ḥdod chags ser sna phyag rgyas gdab || (84)

Vajragarbha āha ||

yasmād Ḍombinī vāyur Amogho vāyurūpakaḥ ||
Ḍombiny Amoghamudreṇa mudraṇaṃ yujyate prabho || (85)

bhagavān āha ||

rāgaṃ hitvā īrṣyāyā na syād anyatra saṃbhavaḥ ||
tasmād rāga[53*b*]sya mudreṇa Ḍombinīṃ mudrayed budhaḥ || (86)
rūpaṃ yasmāt kakkhāṭatvaṃ Gauryā Vairocano mataḥ ||

pūrvoktenaiva nyāyena [Gaurī] citteśenaiva mudrayet || (87)
Caurīn tenaiva nyāyena Vetālīñ ca tathaiva ca ||
Ghasmarīñ ca tayā yuktyā mudraṇam aviparītataḥ || (88)
samāpattau sthite deve Hevajre vajradhāriṇi[1] ||
tatra pṛcchati Nairātmyā sattvārthāya mahābalim || (89)
EVAṂ-kāre samāsīno Vajrasattvo[2] diśed balim ||
sattvānāṃ prāṇarakṣāya vighnād vināyakād api || (90)

Inda Jama Jala Jakkha
Bhuta Vahni Vāyu Rakkha
Canda Sujja Māda Bappa
talapātāle aṭṭhasappa[3] SVĀ[54*a*]HĀ (91)

idaṃ[4] balim bhuñja jighra
phulla-dhūpa-mānsa-viṅgha[5]
aṃbha kajja[6] savva[7] sādha
khanti kuṇi pheḍa gāda || (92)

OṂ A-kāri mukhaṃ sarvadharmāṇām ādyanutpannatvāt /
OṂ ĀḤ HŪṂ PHAṬ SVĀHĀ || (93)

anena balinā yadi sarvabhūtān pūjāṃ prakurvanti śubhāya yoginaḥ / bhavet tadā teṣu sukham anāvilaṃ devāś ca tuṣyanti jagatsubhūtayaḥ[8] / (94) vaśyābhicāraripusainyanāśanam uccāṭanamāraṇākarṣaṇaṃ ca śānti[9]sukhaṃ pauṣṭikaṃ bhavet ca / dadyāt balim yadīha bhūtagaṇāya śāśvataḥ[10] || (95)

Vajragarbha āha ||

khecarī kena mudreṇa bhūcarī kasya mudrataḥ ||
[54*b*]kartavyaṃ mudraṇaṃ[11] kathaṃ prāg na jñātaṃ mayā prabho (96)

[1] *A* -dhāriṇī; *C* -dhārina [2] *A* -satvādiśet; *B* -satva diśet [3] *This verse represents T's transliteration*; *the MSS. have sanskritized some of the forms*: Indra, Yama, Yakṣa, Bhūta, Rakṣa, Candra, Sūrya, -sarppa [4] *A*, *B* evaṃ; *C* iyam [5] *B* viṃha; *C* naividya [6] *A*, *B* kājja; *C* kāryya [7] *All MSS.* sarva [8] *A* jagadsabhūtayaḥ; *B* jadadvināyakāḥ [9] *A* śāntiṃ; *C* śāntau [10] *A* śaśvata; *B* sasvata; *C* śaśvat [11] *All MSS. insert* bhagavan; *C also omits* kathaṃ

[340*a*] rdo rje sñiṅ pos gsol pa /

gaṅ phyir g'yuṅ mo rluṅ ñid de || don yod rluṅ gi gzugs can ñid ||
don yod phyag rgyas g'yuṅ mo la || gtso bo phyag rgya rigs par ḥgyur || (85)

bcom ldan ḥdas kyis bkaḥ stsal pa /

ḥdod chags ma gtogs phrag dog ni || gźan du ḥbyuṅ ba ma yin te ||
de phyir ḥdod chags phyag rgya yis || mkhas pas g'yuṅ mo phyag rgyas gdab || (86)
gaṅ phyir gzugs ni sra ba ñid || dkar mo snaṅ mdzad gsuṅs pa ñid ||
sṅar gsuṅs ñid kyi rim pa yis || sems kyi bdag po phyag rgyas gdab || (87)

de ñid rim pas chom rkun ma || de bźin ro laṅs ma ñid daṅ ||
de yi rigs pas ghasma rī || ma log pa las phyag rgyaḥo || (88)
kye ḥi rdo rje rdo rje ḥdzin || sṅoms ḥjug gnas paḥi lha ñid la ||
sems can don phyir gtor ma che || de la bdag med mas źus pas || (89)
e baṃ rnam par bźugs nas ni || bgegs daṅ log par ḥdren pa las ||
sems can rnams kyi srog sruṅ phyir || rdo rje sems dpas gtor ma bstan || (90)

oṃ inda dza ma dza la dzakkha
bhu da ba hni bā yu rakkha /
tsanda sudzdza mā da pā ppa
pā tā le attha sappa svāhā || (91)

i daṃ ba liṃ bhudza dzi gha
phulla dhupa māṃ sa biṃ gha /
aṃ bha kadzdza sabba sā da
khanti khu ṇi phe ḍa gā da || (92)

oṃ a kā ro mu khaṃ sarba dharmmāṇāṃ ādya nutpanntvāt
oṃ aḥ hūṃ phaṭ [340*b*] svāhā || (93)

gaṅ gi tshe ḥdiḥi gtor mas ḥbyuṅ po thams cad mchod par byed na rnal ḥbyor pa rnams legs par ḥgyur te / de rnams la bde ba dri ma med pa daṅ / lha mo rnams daṅ / ḥgro ba rab tu ḥbyor ba rnams dgaḥ bar ḥgyur ro / (94) gal te ḥdir ḥbyuṅ poḥi tshogs kyi phyir rtag tu gtor ma byin na dbaṅ daṅ / mṅon spyod daṅ / dgraḥi sde ḥjig pa daṅ / bskrad pa daṅ / bsad pa daṅ / dgug pa daṅ / źi ba daṅ / rgyas par yaṅ ḥgyur ro / rdo rje sñiṅ pos gsol pa (95)

phyag rgya gaṅ gis mkhaḥ spyod ma || gaṅ gis phyag rgyas sa spyod ma ||
gtso bo dag gis sṅar ma ḥtshal || bcom ldan ji ltar phyag rgya bgyi || (96)

bhagavān āha ||

triguhyaṃ cakramadhye tu kāyavākcittabhedataḥ ||
adhorddhvamadhyamaṃ sthānaṃ cakramadhye vyavasthitaṃ || (97)
Bhūcarī kāyamudrī syād adhomukhī kāyavajriṇī ||
Khecarī rāgamudrī ca ūrddhvamukhī vāgvajriṇī || (98)
cittavajrī ca Nairātmyā cittan Nairātmyarūpakaṃ ||
cittaṃ madhyamakaṃ sthānaṃ Nairātmyā tena madhyajā || (99)
kulāni ṣaḍvidhāny āhur vistareṇa prakāśayet ||
trividhaṃ pañcavidhaṃ caiva kathyate śṛṇu yoginī || (100)

Akṣobhya Vairocana Ratnasambhava Amitaprabha Amoghasiddhi Vajrasattvaḥ || dveṣa moha [55*a*] piśuna rāga īrṣyā saukhyaṃ || (101) śuddhyā nayānukramato hi bhāvyāḥ ||

vihāya Vajrasattvākhyaṃ paścāt pañcavidhaṃ kulaṃ ||
tad anuyāti traividhyaṃ moharāgadveṣakaiḥ || (102)
kulam ekan tu citteśam Akṣobhyadveṣarūpiṇaṃ ||
dveṣavajraprabhāvo 'yam kulaṃ ṣaṭ pañcakaṃ mataṃ || (103)

Hevajrasarvatantramudraṇapiṇḍārtho nāma caturthaḥ paṭalaḥ ||

PART II. CHAPTER V

atha vajrī mahārājā Hevajraḥ sarvadaḥ prabhuḥ ||
sarvākārasvabhāvātmā maṇḍalaṃ samprakāśayet || (1)
sukhāvatyāṃ samāsīnaḥ sarvākārasvarūpataḥ ||
cittavajrasya bījena niṣpanno maṇḍaleśvaraḥ || (2)
ṣoḍaśabhujam aṣṭā[55*b*]syaṃ catuścaraṇaṃ bhayānakaṃ ||
kapālamālinaṃ vīraṃ Nairātmyāśliṣṭakandharaṃ ||
pañcamudrādharaṃ devaṃ Nairātmyā pṛcchati svayaṃ || (3)
asmaccakraṃ tvayā kathitaṃ pañcadaśaparivāritaṃ ||
tvadīyaṃ maṇḍalaṃ kīdṛk prāg na jñātaṃ mayā prabho || (4)
cumbayitvā tu Nairātmyāṃ kṣiptvā vajraṃ kapālake ||
mardayitvā stanau devo maṇḍalaṃ samprakāśayet || (5)
cakraṃ pūrvaṃ yathā kathitaṃ hārārdhahāraśobhitaṃ ||

bcom ldan ḥdas kyis bkaḥ stsal pa /

gsaṅ gsum ḥkhor loḥi dbus su ni || sku gsuṅ thugs su phye ba las ||
steṅ daṅ ḥog daṅ dbus gnas paḥi || ḥkhor loḥi dbus su rnam par gnas || (97)
sa spyod sku yi phyag rgya can || steṅ źal sku yi rdo rje ma ||
mkhaḥ spyod ḥdod chags phyag rgya can || ḥog źal gsuṅ gi rdo rje ma || (98)
thugs kyi rdo rje bdag med ma || sems ni bdag med tshul can ñid ||
sems ni dbus kyi gnas su ste || des na bdag med ma dbus skye || (99)
rgyas par rab tu phye ba las || rigs ni rnam pa drug tu brjod ||
rnam gsum rnam pa lṅa ñid kyaṅ || bśad kyis rnal ḥbyor ma ñid ñon || (100)
mi bskyod rnam snaṅ rin chen [341*a*] ḥbyuṅ || dpaḥ med don yod[1] rdo rje sems ||
źe sdaṅ gti mug ser sna daṅ || ḥdod chags phrag dog bde ba dag || (101)
ḥdis ni rim pas sgom pa ñid ||
rdo rje sems dpaḥ spaṅs nas ni || phyi nas rigs ni rnam pa lṅa ||
ḥdod chags źe sdaṅ gti mug gis || de rjes rnam pa gsum du ḥgyur || (102)
mi bskyod źe sdaṅ gzugs can gyi || thugs kyi bdag po rigs gcig ñid ||
źe sdaṅ rdo rjeḥi byin rlabs ḥdi || rigs ni drug daṅ lṅa ru brjod || (103)

kyeḥi rdo rje las rgyud thams cad kyi phyag rgya bsdus paḥi don źes bya baḥi leḥu ste bźi paḥo ||

PART II. CHAPTER V

de nas rgyal po rdo rje ḥdzin || gtso bo kye rdor kun sbyin pas ||
rnam kun raṅ bźin bdag ñid kyi || dkyil ḥkhor dag ni yaṅ dag gsuṅs || (1)
rnam pa thams cad raṅ bźin gyis || bde ba can na yaṅ dag bźugs ||
thugs kyi rdo rje sa bon gyis || raṅ gi dkyil ḥkhor bskyed pa ste || (2)[2]
phyag ni bcu drug źal brgyad pa || źabs bźi pa daṅ ḥjigs pa po ||
dpaḥ bo thod paḥi phreṅ ba can || bdag med mas ni mgul nas ḥkhyud ||
phyag rgya lṅa ni ḥdzin lha la || bdag med ma ni ñid kyis źus || (3)
bco lṅas yoṅs su bskor ba yi || bdag gis ḥkhor lo khyod bśad na ||
khyod kyi dkyil ḥkhor ji ltar lags || gtso bo bdag gis sṅar ma tshal || (4)
bdag med tsum bha ni mdzad nas || rdo rje thod par stsal nas ni ||
lha yi nu mo mñes mdzad de || dkyil ḥkhor yaṅ dag rab tu dbye || (5)
ḥkhor lo ji ltar sṅar gsuṅs pa || do śal do śal phyed pas rgyan ||

[1] *Both the Narthang and Peking Kanjurs read* phrag-dog *in place of* don-yod.
[2] These two ślokas are omitted in the Narthang edition.

catuṣkoṇaṃ caturdvāraṃ vajrasūtrair alaṃkṛtaṃ || (6)
tatra madhe 'haṃ[1] vidyate[2] tvayā sārdhaṃ varāṇane ||
mahārāgānurāgena sahajānandasvarūpataḥ || (7)
aṣṭāsyaṃ catuṣcaraṇaṃ bhujaṣoḍaśabhūṣitaṃ ||
ca[56*a*]turmārasamākrāntaṃ bhayasyāpi bhayānakaṃ || (8)
muṇḍamālākṛtahāraṃ sūryasthaṃ tāṇḍavānvitaṃ ||
viśvavajradharaṃ mūrdhni kṛṣṇavarṇabhayānakaṃ || (9)
HŪṂ-kāraṃ sphārayen mukhād[3] bhasmoddhūlitavigrahaṃ ||
ratidvandvasamāpannaṃ Nairātmyā saha saṃyutaṃ[4] || (10)
nistaraṅgasukhāvāptaṃ nistaraṅgasvarūpiṇaṃ ||
mūlamukhaṃ mahākṛṣṇaṃ dakṣiṇaṃ[5] kundasannibhaṃ || (11)
vāmaṃ[6] raktaṃ mahābhīmaṃ mūrdhāsyaṃ vikarālinaṃ ||
caturviṃśatinetrādyaṃ śeṣāsyā bhṛṃgasannibhāḥ || (12)
tvayā mayā pure ramye[7] krīḍatā[8] ratinirbharaiḥ ||
niḥsṛtā indradig Gaurī pūrvadvāre su[9]saṃsthitā || (13)
manthamanthānayogena Caurikā niḥ[56*b*]sṛtā punaḥ ||
niḥsritya dakṣiṇe dvāre Caurī sā dvārapālikā || (14)
bolakakkolayogena Vetālī niḥsṛtā punaḥ ||
niḥsṛtya paścime dvāre niṣaṇṇā mārabhañjanī || (15)
mahādvandvasamāpattau niḥsṛtā Ghasmarī punaḥ ||
niḥsṛtya uttare dvāre niṣaṇṇā ghaurarūpiṇī || (16)
dvayor gharṣaṇasaṃyogān niḥsṛtā Pukkasī punaḥ ||
niḥsṛtyaiśānakoṇe ca niṣaṇṇā raudrarūpiṇī || (17)
punar manthānayogena Śavarī pāvakakoṇake ||
Caṇḍālī rakṣasāśāyāṃ Ḍombī mārutakoṇake || (18)
tato vajrī mahārāgād druta[10]bhūtaṃ savidyayā ||
codayanti tato devyo nānāgītopahārataḥ || (19)
[57*a*] uṭṭha bharāḍo karuṇamaṇḍa Pukkasī mahu paritāhiṃ ||
mahāsuajoe kāma mahuṃ chaḍḍahiṃ[11] suṇṇasamāhi || (20)
tohyā vihuṇṇe[12] marami hahuṃ uṭṭehiṃ tuhuṃ Hevajja ||
chaḍḍahi[13] sunnasabhāvaḍā Śavaria sihyāu[14] kajja || (21)
loa nimantia suraapahu suṇṇe acchasi kīsa ||

[1] *C* ahaṃ [2] *All MSS.* vidyāt; *T* ṅa yod-de = 'haṃ vidyeya (?) [3] *A* svamukhād; *B* sumukhād [4] *All MSS.* saṃpuṭam [5] *A* dakṣiṇe [6] *A* vame; *B* vamaṃ; *C* vama [7] *A* ramya; *B* ramyai [8] *A*, *C* krīḍitā; *B* knīḍate; *K* krīḍatā [9] *C* tu saṃ- [10] *All MSS.* drutaṃ [11] *A* chattahiṃ; *C* chāttahi [12] *C* vihunn- [13] *A* chaḍḍahi; *C* chāḍḍahi [14] *A* sihyāḍa

mtshams bźi pa la sgo bźi ba || rdo rje srad bus yaṅ dag rgyan || (6)
ḥdod chags chen [341*b*] poḥi rjes chags pas || lhan cig skyes dgaḥi raṅ bźin las ||
khyod daṅ lhan cig bźin bzaṅ ma || de la dbus su ṅa yod de || (7)
źal brgyad pa la źabs bźi pa || phyag ni bcu drug dag gis rgyan ||
bdud bźi mñam par mnan pa ñid || ḥjigs pa yaṅ ni ḥjigs pa po || (8)
mgo boḥi phreṅ baḥi do śal mdzad || ñi mar bźugs śiṅ rol mor bcas ||
kha dog nag po ḥjigs pa po || sna tshogs rdo rje spyi bor ḥdzin || (9)
ñid kyi źal nas hūṃ spro źiṅ || thal bas lus la byugs pa ñid ||
bdag med lhan cig mñam sbyor źiṅ || dgaḥ ba gñis gñis sñoms ḥjug pas || (10)
dbaḥ rlabs med paḥi bde ba thob || rlom sems med paḥi raṅ bźin can ||
rtsa baḥi źal ni nag po che || g'yas pa la ni kun da mtshuṅs || (11)
g'yon pa dmar źiṅ cher ḥjigs pa || spyi boḥi źal ni gtsigs pa can ||
spyan ni ñi śu rtsa bźi che || lhag maḥi źal ni buṅ ba bźin || (12)
groṅ khyer ñams dgar khyod daṅ ṅa || dgaḥ bas śin tu rol ba las ||
dkar mo dbaṅ gi phyogs phyuṅ nas || śar gyi sgo ru yaṅ dag gnas || (13)
srub daṅ srub paḥi sbyor ba las || chom rkun ma yaṅ phyuṅ nas ni ||
phyuṅ nas lho yi sgo ru ni || chom rkun ma ni sgo sruṅ ma || (14)
bo la kakko la sbyor bas || ro laṅs ma yaṅ phyuṅ nas ni ||
phyuṅ nas nub kyi sgo ru ni || bdud ḥjoms ma ni rnam par gnas || (15)
dgaḥ ba chen [342*a*] poḥi sñoms ḥjug las || ghasma rī yaṅ phyuṅ nas ni ||
phyuṅ nas byaṅ gi sgo la ni || ḥjigs paḥi gzugs can ma ñid gnas || (16)
gñis kyis bskyod paḥi sbyor ba las || pukka sī yaṅ phyuṅ nas ni ||
phyuṅ nas dbaṅ ldan mtshams su ni || drag poḥi gzugs can ma ñid gnas || (17)
yaṅ ni srub paḥi sbyor ba yis || ḥtshed paḥi mtshams su ri khrod ma ||
srin paḥi mtshams su gdol pa mo || rluṅ gi mtshams su g'yuṅ mo ñid || (18)
de nas rdo rje chags chen las || rig mar bcas la khu bar ḥgyur ||
sna tshogs glu yi mchod pa las || de nas lha mo rnams kyis bskul || (19)
rje btsun sñiṅ rjeḥi yid bźeṅs śig || pukka sī ni bdag la skyobs ||
stoṅ paḥi raṅ bźin ñid spoṅs la || bdag la bde chen sbyor bźed mdzod || (20)
khyod med na ni bdag ḥgum pas || kyeḥi rdo rje khyod bźeṅs śig ||
stoṅ paḥi raṅ bźin ñid spoṅs la || ri khrod ma ḥbras grub par mdzod || (21)
dgaḥ gtso ḥjig rten ḥgron gñer ba || stoṅ pa ñid la bźugs sam ci ||

haum Caṇḍāli viṇṇanami tai viṇṇa[1] ḍahami[2] na dīsa || (22)
indīālī uṭṭha tuhuṃ hauṃ jānāmi ttuha cittaḥ ||
ambhe Ḍombī cheamaṇḍa mā kara karuṇavicchittaḥ || (23)
hastyaśvakharagāvuṣṭramanujasarabhautukas tathā ||
dakṣiṇāṣṭakapāleṣu kramair jñeyā dvipādayaḥ || (24)
pṛthivī varuṇa vāyuś ca tejaś candrārka eva ca ||
Anta[57*b*]ko Dhanadaś caiva vām[ak]āṣṭakapālake || (25)
śṛṅgāravīrabībhatsaraudrahāsyabhayānakaiḥ ||
karuṇādbhūtaśāntaiś ca ravanādyarasair yutaṃ || (26)
AṂ-HŪṂ-bhyāṃ ⟨ca⟩ mahāvajrī[3] utthito dravamūrtitaḥ ||
caraṇān sphārayan bhūmau tarjayañ ca[4] surāsurān || (27)
GAṂ CAṂ VAṂ GHAṂ PAṂ ŚAṂ LAṂ[5] ḌAṂ bījais tu sṛjed āsāṃ ||
adhipatiratibījābhyāṃ HŪṂ-AṂ-bhyāṃ jvālākarālanīlābhyāṃ || (28)
mātṛcakre pure ramye bhāvayed īdṛśaṃ prabhuṃ ||
kṛṣṇavarṇamahāghoraṃ nairātmyasukhadāyakaṃ || (29)
Gauryā ⟨hi⟩ dakṣiṇe kartry[6] avasavye rohitas tathā ||
kṛpītaṃ dakṣiṇe Cauryā vāme pāṇau varāhakaṃ || (30)
Vetālyā[7] dakṣiṇe kūrmaṃ vāme padma[58*a*]bhājanaṃ[8] ||
Ghasmaryā dakṣiṇe sarpaḥ vāmena yogapātrikā || (31)
Pukkasyā dakṣiṇe siṃhaṃ vāme paraśus tathā ||
Śavaryā dakṣiṇe bhikṣur vāme khiṅkhirikā tathā || (32)
Caṇḍālyā dakṣiṇe cakraṃ vāmena lāṅgalaṃ tathā ||
Ḍombhyā dakṣiṇe vajraṃ vame savyatarjanī tathā || (33)
ardhaparyaṅkanāṭyasthā Gauryādyā dvibhujā matāḥ ||
trinetrā ūrdhvakeśaś ca pañcamudrāvibhūṣitāḥ || (34)
kṛṣṇavarṇā bhaved Gaurī Caurī mārtaṇḍasannibhā ||
Vetālī taptahemābhā Ghasmarī marakatopamā || (35)
Pukkasī indranīlābhā Śavarī candramaṇiprabhā ||
Caṇḍālī ca nabhaḥśyāmā Ḍombī karcūrā matā || (36)
Brahme[58*b*]ndropendrarudrāś ca Vaivasvata Vināyakaḥ[9] ||
Nairṛtir Vemacitrī ca Gauryādīnāṃ tu viṣṭaraṃ || (37)
bolakaṃ bhūṣayitvā tu bhagavantaṃ pūjya bhaktitaḥ ||

[1] *A* viṇḍa; *B* viṇḍā [2] *A* uhami; *B* dehami [3] *C* tato vajnī [4] *A, C* tarjjayantaṃ; *B* vajayantaṃ [5] *A, C* caṃ; *B* raṃ; *T* laṃ [6] *All MSS.* karttir [7] *A* vetālyo [8] *A* bhāñjanaṃ [9] *B* vibhunāyaḥ; *T* nor-bdag = dhanapatiḥ; *K* vittanāyahaḥ

khyod med phyogs ni mi ḥtshal bas ||
dbag gis khyod kyi thugs ḥtshal gyis ||
g'yuṅ mo bdag ni dran ñams pas ||

glaṅ po rta boṅ glaṅ rṅa mo ||
g'yas paḥi thod pa brgyad rnams la ||
sa daṅ chu daṅ rluṅ daṅ ni ||
mthar byed daṅ ni nor sbyin ñid ||
sgeg ciṅ dpaḥ bo mi sdug pa ||
sñiṅ rje rṅam daṅ źi ba yis ||
oṃ daṅ hūṃ gis rdo rje che ||
źabs rnams sa la rdebs pa daṅ ||

gaṃ tsaṃ baṃ ghaṃ paṃ śaṃ laṃ ḍaṃ ||
bdag poḥi sa bon dag gis ni ||
ma moḥi ḥkhor lo groṅ ñams dgar ||
bdag med bde ba sbyin pa po ||
dkar mo g'yas na gri gug ste ||
chom rkun ma g'yas caṅ teḥu ste ||
ro laṅs ma g'yas ru sbal te ||
ghasma rī yi g'yas na sbrul ||

pukka sī g'yas seṅ ge ste ||
ri khrod ma g'yas dge sloṅ ste ||
gdol pa mo g'yas ḥkhor lo ste ||
g'yuṅ mo g'yas na rdo rje ñid ||

skyil kruṅ phyed paḥi gar gyis gnas ||
spyan gsum skra ni gyan du ste ||

gau rī kha dog nag por ḥgyur ||

ro laṅs ma ni gser btsos bźin ||
pukka sī ni dbaṅ sṅon mtshuṅs ||
gtum mo nam mkhaḥi sṅo bsaṅs ma ||
tshaṅs pa dbaṅ po ñe dbaṅ drag ||
bden bral daṅ ni thags bzaṅ ris ||
bo la gźib par mdzad nas ni ||

gdol pa mo bdag źu bar bgyid || (22)
mig ḥphrul mṅaḥ ba khyod bźeṅs śig ||
sñiṅ rje rgyun chad ma mdzad cig || (23)

[342*b*] mi daṅ śa ra bha byi la ||
gñis ḥthuṅ la sogs rim śes bya || (24)
me daṅ zla ba ñi ma ñid ||
g'yon paḥi thod pa brgyad naḥo || (25)
dgod ciṅ drag śul ḥjigs ruṅ ba ||
gar dguḥi ro daṅ ldan pa ñid || (26)
khu baḥi gzugs las bźeṅs nas ni ||
lha daṅ lha min bsdig par mdzad || (27)

ḥdi yi sa bon phyuṅ ba daṅ ||

oṃ hūṃ sṅon po ḥbar ḥjigs pas || (28)
kha dog nag po ḥjigs chen po ||
gtso bo ḥdi ltar sgom pa ñid || (29)
de bźin g'yon na ro hi ta ||
g'yon paḥi phyag na phag pa ñid || (30)
g'yon pa yis ni padmaḥi snod ||
g'yon pas rnal ḥbyor lhuṅ bzed ñid || (31)

g'yon pas dgra sta de bźin no ||
g'yon pas gsil byed de bźin no || (32)
[343*a*] g'yon pas thod pa de bźin no ||
g'yon na bsdigs mdzub de bźin no || (33)

dkar mo la sogs phyag gñis brjod ||
phyag rgya lṅa yis rnam par rgyan || (34)

chom rkun ma ni btsod daṅ mtshuṅs ||

ghasma rī ni mar gad mtshuṅs || (35)
ri khrod ma ni zla nor ḥod ||
g'yuṅ mo sna tshogs pa źes brjod || (36)
gśin rje daṅ ni nor bdag daṅ ||
gau rī la sogs paḥi gdan || (37)
dam du ḥkhyud ciṅ ḥo mdzad pas ||

Nairātmyā pṛcchate mantraṃ gāḍhāliṅganacumbanaiḥ || (38)
strīṇāṃ vaśyakaraṃ mantraṃ duṣṭānāṃ tarjanan tathā[1] ||
nāgākṣepakaraṃ mantraṃ devāsuravimardanaṃ || (39)
tad ahaṃ kathayāmy eṣa śṛṇu devi sukhaṃdade ||
buddheṣu bodhisattveṣu mayā nānyatra deśitaṃ || (40)
asya mantrasya yad bhūtaṃ Vajrasattvena yat kṛtaṃ ||
bibhemi sutaraṃ devi · uparodhāt[2] tvayi kathyate || (41)
maṇḍalaṃ vartayitvā tu jvālāmālākarālinaṃ ||
abhiṣekaṃ Vajragarbhasya dātuṃ[3] kṛṣyaṃ tilotta[59*a*]maṃ[4] || (42)
āyutajāpa[5]spaṣṭena dīrghanādena cāruṇā ||
Hevajrayogayuktena kṛṣyante sarvayoṣitaḥ || (43)
lakṣajāpena[6] yogātmā sarvakarma karoty asau ||
HE-kāravajrayogena[7] nirviśaṃkena cetasā || (44)
vedānām ādimaṃ caivārdhendubindubhūṣitaṃ ||
paścād aṣṭānanāyeti piṅgo[8]rdhvakeśavartmane || (45)
caturviṃśatinetrāya tadanu ṣoḍaśabhujāya
kṛṣṇajīmūtavapuṣe kapālamālā[neka]dhāriṇe
adhyāntakrūracittāya · ardhendudaṃṣṭriṇe / (46)

MĀRAYA MĀRAYA KĀRAYA KĀRAYA GARJAYA GARJAYA TARJAYA TARJAYA ŚOṢAYA ŚOṢAYA SAPTASĀGARĀN BANDHA BANDHA NĀGĀṢṬAKĀN GṚHNA GṚHNA ŚATRŪN HA HĀ HI HĪ HU HŪ HE HAI HO HAU HAṂ HAḤ PHAṬ SVĀHĀ || (47)

tatas tuṣṭā tu sā devī mantha[59*b*]manthānayogataḥ ||
pṛcchate maṇḍalaṃ ramyaṃ gāḍhāliṅganacumbanaiḥ || (48)
śāstā tatra mahājñānī · maṇḍalam likhati[9] svayaṃ ||
vajrapadmasamāyogāt · hṛṣṭacittaḥ samāhitaḥ || (49)
puṭam ekaṃ caturdvāraṃ nānāraśmisamākulaṃ ||
catustoraṇasamāyuktaṃ vajrasūtrair vibhūṣitaṃ || (50)
pañcarekhāsamāyuktam astau ⟨ca⟩ kalaśā[s tato] likhet ||
pañcaratnamayair cūrṇair athavā taṇḍulakādibhiḥ ||
śmaśāneṣṭakenāpi[10] · śmaśānāṅgārakais tathā || (51)
tanmadhye tu likhet padman aṣṭapatraṃ sakeśaraṃ ||
puṣkare ca likhen narakaṃ · śuklavarṇatrikhaṇḍinaṃ || (52)
aiśāne 'pi likhet śarabhaṃ bhikṣum āgneyakoṇake ||
cakraṃ likhec ca nairṛtyāṃ vā[60*a*]yavyāṃ kuliśaṃ likhet || (53)
pūrvadvāre tathā kartrīṃ[11] kṛpīṭaṃ dakṣiṇe likhet ||

[1] *C* yathā [2] *A* uparodhā; *B* uparodhī; *C* upabodhāt; *T* ṅo mi tshogs-pas [3] *C* dātuṃ; *A* dāntaṃ; *B* ? dāptuṃ [4] *C* ākṛṣṇā tilottamāṃ; *A*, *B* kṛṣṇa tilottamā; *T* = *text as amended* [5] *A* -jāpyana-; *B* -japana-; *C* -jāpyatastena [6] *A* -jāpyana [7] *A* -yogayuktena; *B* -yośana [8] *A* piṃglo-; *B* piṅgalorddhva-; *C* piṃgo- [9] *A*, *C* likhite; *B* likhete [10] *C* śmaśāna aṣṭakenāpi [11] *A* kartti; *B* katr; *C* karttiḥ

bcom ldan gus pas mchod nas ni || bdag med ma yis sṅags źus so || (38)
bud med rnams kyi dbaṅ byed sṅags || de bźin gdug pa bsdigs pa daṅ ||
klu rnams bsdigs par byed pa ñid || lha daṅ lha min rnam ñed pa || (39)
de ni ṅa yis bśad bya yis || lha mo bde ba sbyin ma ñon ||
saṅs rgyas byaṅ chub sems dpaḥ la || bdag gis gźan du ma bstan no || (40)
ḥdi yi sṅags kyis gaṅ byuṅ daṅ || rdo rje sems dpas gaṅ mdzad pa ||
lha mo [343*b*] śin tu ḥjigs pa ste || ṅo mi tshogs pas khyod la bśad || (41)
ḥbar baḥi phreṅ ba ḥkhrug pa yis || dkyil ḥkhor rab tu bźeṅs nas ni ||
rdo rje sñiṅ po dbaṅ sbyin phyir || thig le mchog ni bkug pa ñid || (42)
bzlas pa khri yis gsal ba daṅ || sgra riṅ ba daṅ bzaṅ ba yis ||
kyeḥi rdo rje sbyor ldan pas || btsun mo thams cad dgug par bya || (43)
bzlas pa ḥbum gyis rnal ḥbyor bdag || kyeḥi rdo rjeḥi rnal ḥbyor gyis ||
dogs pa med paḥi sems kyis ni || ḥdi yis las rnams thams cad byed || (44)
rig byed rnams kyi daṅ po sbyin || zla phyed thig les rnam par rgyan ||

de nas / oṃ aṣṭā na nā ya piṃ ga urdha ke śa bartma ne / (45)
tsa tu rbiṃ śa ti ne trā ya / deḥi rjes ṣo ḍa ṣa bhu jā ya /
kṛṣṇa dzī mū ta va pu ṣe ka pā la mā lā ne kaṃ dhā ri ṇe /
ā dyān ta krū ra tsittā ya ardhen du daṃ ṣṭri ṇe / (46)

oṃ mā ra ya mā ra ya / kā ra ya kā ra ya gardzdza ya gardzdza ya / tardzdza ya tardzdza ya / śo ṣa ya śo ṣa ya / sapta sā ga rān / bandha bandha nā gāṣṭa kaṃ gṛhṇa gṛhṇa śatrūn / ha hā hi hī / hu hū / he hai ho hau / haṃ haḥ phaṭ svāhā || (47)

de nas lha mo de dgyes nas || srub daṅ srub paḥi sbyor ba las ||
dam du ḥkhyud daṅ ḥo byed pas || dkyil ḥkhor yid du ḥoṅ ba źus || (48)
de la ston pa ye śes che || rdo rje padma mñam sbyar nas ||
dgyes paḥi thugs kyis mñam gźag pas || ñid [344*a*] kyi dkyil ḥkhor bri bar mdzad || (49)
ḥphar ma gcig daṅ sgo bźi pa || sna tshogs ḥod kyis yaṅ dag ḥkhrugs ||
rta babs bźi daṅ yaṅ dag ldan || rdo rje srad bus mñam par rgyan || (50)
re khā lṅa daṅ yaṅ dag ldan || de nas bum pa brgyad po bri ||
rin chen lṅa yi phye ma ḥam || yaṅ na ḥbras la sogs pa yis ||
dur khrod kyi ni so phag gam || de bźin dur khrod sol ba yis || (51)
de dbus padma mdab ma ni || brgyad pa ze bar bcas pa bri ||
sñiṅ por skyes paḥi thod pa ñid || mdog dkar cha ni gsum pa bri || (52)
dbaṅ ldan du ni śa ra bha || me yi mtshams su dge sloṅ bri ||
bden bral du ni ḥkhor lo bri || rluṅ du rigs kyi bdag po bri || (53)
śar sgor de bźin gri gug ñid || lho ru caṅ teḥu bri ba ñid ||

paścime saṃlikhet kūrmam uragaṃ cottare tathā || (54)
devīnāṃ varṇabhedena · aṣṭacihnaṃ prakīrtitaṃ ||
madhye śuklakaroṭañ ca viśvavajrāṅkitaṃ likhet || (55)
vijayakalaśaṃ [tato] dadyāt pallavāgraṃ suvastriṇaṃ ||
pañcaratnodaraṃ divyaṃ śālijaiḥ paripūritaṃ || (56)
kiṃ bahunā pralāpena
yathā Tattvasaṃgrahe maṇḍalavidhis tathā kartavyaṃ || (57)
maṇḍale ca praveṣṭavyā · vidyā cāṣṭau mahāsukhāḥ ||
dvādaśābdā dvir aṣṭā ca · hāranūpurabhūṣitāḥ || (58)
Jananī Bhaginī caiva · Duhitā Bhāgineyikā ||
mātulasya tathā bhāryā · [60*b*] mātṛbhaginī ca śvasṛkā ||
pitur bhaginī tathā caiva · aṣṭau vidhāḥ prakīrtitaḥ || (59)
āsāṃ pūjayed yogī · gāḍhāliṅganacumbanaiḥ ||
karpūraṃ ca pibet tatra tena maṇḍalaṃ prokṣaṇaṃ || (60)
tāsāṃ pāyayed yogī laghu siddhim avāpnuyāt ||
madanaṃ tatra pātavyaṃ bhakṣayed balaśālijaṃ || (61)
tāñ ca vivastrakāṃ kṛtvā bhagaṃ cumbayen muhurmuhuḥ ||
tābhiś ca vṛṣyate bolaṃ · gīyate nṛtyate paraṃ || (62)
krīḍā ca kriyate tatra · bolakakkolayogataḥ ||
paścād dvitīyaprahare śiṣyaṃ tatra praveśayet || (63)
akṣiṃ pracchādya vastreṇa paścān maṇḍaladarśanaṃ ||
abhiṣekaṃ dīyate tatra · niśīthe vijane [61*a*] gṛhe || (64)
yathā kathitās tv abhiṣekā · ācāryādiprabhedataḥ ||
stutipūjā yathākhyātā · prāg unneyā[1] suśiṣyakaiḥ || (65)
tattvañ ca deśayet tatra · viramādiparamāntakaṃ ||
gopitaṃ sarvatantreṣv antam antaṃ prakāśitaṃ || (66)
pṛcchate tatra sā devī · vajrapūjāprayogataḥ ||
tat kṣaṇaṃ kīdṛśaṃ deva · kathayasva mahāprabho || (67)

bhagavān āha ||

āi na anta na mahyu tahiṃ
natra bhava natra nirvāṇa ||
ehu so paramamahāsuha
nau para nau appāṇa || (68)

svasavyetarapāṇes[2] tu vṛddhā vānāmikā ca yā ||
tābhyāṃ prapīḍayed yogī saṃbhoge laharīdvayaṃ || (69)
paścād utpadyate jñānaṃ kumarīsurataṃ[3] yathā ||
kim [61*b*] apy utpadyate tatra mūrkhasya ⟨hi⟩ svapnaṃ yathā ||

[1] *All MSS.* unneyaṃ [2] *A* -pāṇais tu; *B* -panis tu [3] *A* subharaṃ

nub tu ru sbal bri ba ñid ||
lto ḥphye byaṅ du de bźin no || (54)
lha mo kha dog dbye ba yis ||
phyag mtshan brgyad du rab tu grags ||

dbus su thod pa dkar po yaṅ ||
sna tshogs rdo rje mtshan pa bri || (55)
de nas rnam rgyal bum pa ñid ||
yal gaḥi rtse mo gos bzaṅ can ||
lto ba rin chen lṅas gaṅ ba ||
sa lu skyes pas yoṅs bkaṅ bźag || (56)
maṅ du rab tu brjod pas ci ||
ji ltar de ñid bsdus pa yi ||
dkyil ḥkhor cho ga de bźin bya || (57)

bcu gñis brgyad gñis lon pa yi ||
rig ma bde chen brgyad po ñid ||
do śad rkaṅ [344*b*] gdub kyis rgyan nas ||
dkyil ḥkhor du ni rab tu gźug || (58)

ma daṅ sriṅ mo ñid daṅ yaṅ ||
bu mo sriṅ moḥi bu mo daṅ ||
de bźin źaṅ poḥi chuṅ ma daṅ ||
ma yi spun daṅ sgyug mo daṅ ||
de bźin pha yi sriṅ mo ñid ||
rig ma brgyad du rab tu grags || (59)
dam du ḥkhyud daṅ ḥo byed bas ||
ḥdi rnams rnal ḥbyor pa yis mchod ||
de las ga pur btuṅ ba ñid ||
des ni dkyil ḥkhor btaṅ[1] gtor bya || (60)
de rnams rnal ḥbyor pas btuṅ bya ||
dṅos grub myur du thob par ḥgyur ||
de la chaṅ yaṅ btuṅ ba daṅ ||
śa daṅ sa lu skyes pa bzaḥ || (61)
de yaṅ gos daṅ bral byas nas ||
bha gar ḥo ni yaṅ yaṅ byed ||
des kyaṅ bo la gźib par bya ||
gar bya glu yaṅ blaṅ bar bya || (62)
bo la kakko la sbyar nas ||
de la rtsed mo rtse bar bya ||
de nas thun tshod gñis pa la ||
gos kyis mig ni bkab nas su || (63)
der ni slob ma gźug pa ñid ||
phyi nas dkyil ḥkhor rab tu bstan ||
mtshan mo skye bo med khyim du ||
slob dpon la sogs rab phye nas || (64)
dbaṅ ni ji ltar gsuṅs pa ñid ||
de la dbaṅ ni sbyin par bya ||
ji ltar mchod daṅ bstod pa ni ||
slob ma bzaṅ po sṅar śes bya || (65)
de la de ñid bstan pa ni ||
dgaḥ bral daṅ po mchog mthaḥ can ||
thams cad rgyud du sbas pa ste ||
mthaḥ yi mthaḥ yis phye ba ñid || (66)
rdo rje mchod pa rab sbyar nas ||
de la lha mo des źus pa ||
[345*a*] lha ni skad cig ji ltar lags ||
gtso bo chen po bśad du gsol || (67)

bcom ldan ḥdas kyis bkaḥ stsal pa /

der ni thog ma dbus mthaḥ med ||
srid med mya ṅan ḥdas pa med ||
ḥdi ni mchog tu bde chen ñid ||
bdag med gźan yaṅ med pa ñid || (68)

loṅs spyod kyi ni rlabs gñis la ||
raṅ gi g'yas daṅ lag gźan kyi ||
mthe boṅ daṅ ni srin lag gis ||
de ni rnal ḥbyor pa yis btsir || (69)
de nas ye śes skye bar ḥgyur ||
de las ci źin skye źe na ||
gźon nuḥi dgaḥ ba ji lta ḥam ||
lkug paḥi rmi lam ji lta baḥo ||

[1] P: bsaṅ

paramāntaṃ viramādhyaṃ[1] śūnyāśūnyaṃ tu herukaṃ || (70)
Hevajrābhyudayaḥ pañcamaḥ paṭalaḥ ||

PART II. CHAPTER vi

devīṃ[2] vai gāḍham āliṅgya[3] · kṣiptvā bolaṃ kapālake ||
gāḍhaṃ kucagrahaṃ kṛtvā saṃvṛṣya naranāsikāṃ || (1)
daśanenausṭham āpīḍya kakṣaṃ[4] kṛtvā nakhakṣataṃ ||
saṃpuṭaṃ saukhyam āsādya pañcamudrāṃ prakāśate || (2)
gurvācāryeṣṭadevasya · namanārthaṃ cakrikā dhṛtā ||
durbhāṣasyāśravaṇāya guror vajradharasya ca || (3)
śravaṇayoḥ kuṇḍalaṃ dhāryaṃ · mantraṃ japtuṃ[5] ca kaṇṭhikā ||
rucakaṃ prāṇivandhaṃ tyaktuṃ[6] mudrām bhajituṃ[7] ca mekhalaṃ ||
pañcabuddhasya mudreṇa · śarīraṃ [62*a*] mudritaṃ sadā || (4)
prahasanan tataḥ kṛtvā dantaiḥ saṃpīḍya cādharaṃ ||
pṛcchatẹ tatra sā devī Hevajraṃ sahajarūpiṇaṃ || (5)
katareṇa vidhānena · kayā kriyayā[8] tathā prabho ||
Hevajrasya paṭaṃ kāryaṃ kathayasva mahāsukha || (6)

bhagavān āha ||

samayi[9]citrakareneha · sādhakenāpi samayinā [10] ||
likhitavyaṃ paṭaṃ ghoraṃ · narakasthaiḥ pañcavarṇakaiḥ ||
śavakeśasya kuccā ca · likhanīyaṃ paṭaṃ guru[11] || (7)
sūtraṃ ca yayā kāryaṃ · kartavyañ ca paṭaṃ yayā ||
tayāpi samayinyā[12] vai · samayādhiṣṭhānayogataḥ || (8)
māsimāsicaturdaśyāṃ kṛṣṇāyāṃ vijane gṛhe ||
madhyāhne krūracittena kiñcin madanapā[62*b*]nataḥ || (9)
ange niraṃśukaṃ bhūtvā nagnibhūyas tathā punaḥ ||
utsṛṣṭenāpavitreṇa bhakṣayet samayan tataḥ || (10)
nijamudrāṃ sthāpya vāmena cāruvaktrāṃ kṛpāvatīṃ ||
rūpayauvanasaubhāgyāṃ supuṣpāṃ sādhakapriyāṃ || (11)
Hevajrapaṭavidhānapaṭalaḥ ṣaṣṭaḥ ||

[1] *All MSS.* paramāntaṃ mādhyaṃ viramasya (*see transl. notes*). [2] *All MSS.* devī [3] *A* āliṅgyaṃ [4] *A* varṇno; *B* valo; *C* varṇṇaṃ; *T* mchan-khuṅ = kakṣa [5] *All MSS.* japtaṃ [6] *C* tyaktaṃ [7] *B* bhañjintu; *C* bhañjituñ [8] *A* kriyā [9] *A, C* samayī- [10] *A* samayīnā [11] *A, C* guruṃ; *B* guru paṭaṃ [12] *A* samayīnya; *B* samayinyā; *C* samayīnyā

mchog gi mthaḥ daṅ dgaḥ bral dbus || stoṅ daṅ stoṅ min he ru ka || (70)

kyeḥi rdo rje las kyeḥi rdo rje mṅon par ḥbyuṅ ba źes bya baḥi leḥu ste lṅa paḥo ||

PART II. CHAPTER vi

lha mo la ni dam ḥkhyud ciṅ || bo la thod par bcug bas ni ||
dam du nu ma gzuṅ mdzad nas || skyes paḥi sna ni gźibs nas kyaṅ || (1)
tshems kyis ma mchu btsir nas ni || mchan khuṅ sen mos rma mdzad de ||
mñam sbyor bde ba myoṅ mdzad nas || phyag rgya lṅa ni rab phye ba || (2)
bla ma slob dpon ḥdod lha la || phyag ḥtshal don du ḥkhor lo ḥdzin ||
bla ma rdo rje ḥdzin pa la || smod tshig mi ñan pa yi phyir || (3)
rna ba dag tu rna cha ḥdzin || sṅags kyis bzlas paḥaṅ mgul rgyan ñid ||
gdub bu srog chags gsod pa spaṅs || [345*b*] phyag rgya sten pa ske rags ñid ||
saṅs rgyas lṅa yi phyag rgyas ni || rtag tu lus la phyag rgyas gdab || (4)
de nas rab tu bźad mdzad nas || tshems kyis ma mchu btsir nas ni ||
kyeḥi rdo rje źes bya ba || lhan cig skyes paḥi gzugs can ñid ||
de la lha mo des źus pa || (5)
gtso bo cho ga gaṅ gis daṅ || de bźin bya ba gaṅ gis ni ||
kyeḥi rdo rjeḥi bris sku yi || byed pa bde ba chen pos gsuṅs || (6)

bcom ldan ḥdas kyis bkaḥ stsal pa /

ḥdir ni ḥdri mkhan dam tshig can || sgrub poḥaṅ dam tshig can gyis ni ||
bris sku ḥjigs pa bri ba ñid || skyes paḥi thod gnas kha dog lṅa ||
ro yi skra yi pir ñid kyis || bris sku bla ma bri ba ñid || (7)
gaṅ gaṅ skud pa mkhal ba daṅ || gaṅ gaṅ ras yug ḥthag pa yaṅ ||
de yaṅ dam tshig can ṅes pas || dam tshig byin rlabs rnal ḥbyor las || (8)
zla ba zla baḥi mar ṅo yi || bcu bźi pa la khyim dben par ||
phyed na ma ruṅs sems kyis ni || chaṅ gi btuṅ ba cuṅ zas las || (9)
lus la ni raṃ śu bsams nas || de bźin gcer bur gyur pas kyaṅ ||
ḥphags pa daṅ ni ma dag pas || de nas dam tshig rab tu bzaḥ || (10)
bźin bzaṅ sñiṅ rje ldan pa daṅ || gzugs daṅ laṅ tsho skal bzaṅ ma ||
me tog bcas śiṅ sgrub por dgaḥ || raṅ gi phyag rgya g'yon du bźag || (11)

kyeḥi rdo rje las bris sku cho gaḥi leḥu ste drug paḥo ||

PART II. CHAPTER vii

athāha tatra sā devī · bolakakkolayogataḥ ||
oṣṭhaṃ dantena saṃpīḍya · kathaṃ[1] bhavati pustakaṃ ||
vajrapadmasamāyogāt · tuṣṭo devaḥ prakāśate || (1)

bhagavān āha ||

śṛṇu devi mahābhāge · pustakaṃ kathayāmy ahaṃ ||
bhūrjapatre likhet samayī · dvādaśāṅgulapustakaṃ ||
mahāmadhu[63*a*]masiṃ kṛtvā lekhanyāṃ mānuṣāsthibhiḥ || (2)
pustakañ ca paṭañ caiva · yadi vā dunduraḥ paśyati ||
iha janmani na siddhiḥ syān na vā paralokagocare || (3)
saṃpradāyaprayuktasya · darśanañ ca kadācana[2] ||
gopitavyam kace kakṣe · pustakam adhvagocare || (4)
bhage liṅgaṃ pratiṣṭhāpya · cumbayitvā muhurmuhuḥ ||
mahāsukhaṃ samāsādhya · vajrī bhojanam ādiśet || (5)
sṛṇu devi[3] viśālākṣi[3] · bhojanaṃ gaṇamaṇḍale ||
yatrabhukte[4] bhavet siddhiḥ sarvakāmārthasādhakī || (6)
śmaśāne girikuñje vāmānuṣa[sya][5]pure tathā ||
athavā vijane prānte[6] · idaṃ bhojanam ārabhet[7] || (7)
kalpayed [63*b*] āsanaṃ tatra · navākhyaṃ śavarūpiṇaṃ ||
athavā vyāghracarmañ ca · śmaśānakarpaṭaṃ tathā[8] || (8)
madhye Hevajrarūpātmā · yoginīnāṃ tato nyaset ||
sthānaṃ jñātvā yathāpūrvaṃ · diśāsu vidiśāsu ca || (9)
vyāghracarmopari bhuñjīta[9] samayasya mālatīndhanaṃ ||
bhakṣañ ca bhakṣayet tatra rājaśāliṃ prayatnataḥ ||
bhuktvā bhuktvā punas tatra · pūjyante tatra mātaraḥ || (10)
yadi vā mātā bhaginī[10] bhāgineyī ca śvasṛkā ||
pūjayen nirbharaṃ tāsāṃ · sidhyante gaṇamaṇḍale || (11)
ekakhaṇḍaṃ mahānarakaṃ · divyaṃ madanapūritaṃ ||
gurave dadyān mahābhāgī[11] vandayitvā svayaṃ pibet || (12)
gṛhnīyāt padmaha[64*a*]stena dadyāt tenaiva pāṇinā ||
muhurmuhuḥ praṇāmañ ca kurvanti tatra sādhakāḥ || (13)

bhojanapaṭalaḥ saptamaḥ ||

PART II. CHAPTER viii

tatra pṛcchanti yoginyo mahāmudrā tu kīdṛśī ||
saṃvṛtyākārarūpeṇa[12] · kathayasva sukhaṃdada || (1)

[1] *All MSS.* katamaṃ; *T* ji-ltar = kathaṃ [2] *All MSS.* kadācit [3] *A* -ī [4] *A* cakrabhukte [5] *C only* [6] *A*, *B* samudānte [7] *C* ācaret [8] *C* aṣṭaśmaśāna-karppaṭaṃ [9] *So B*, *C*, *T*; *A* -carmopabhujaṃjīta (? *for* -carmy upabhuñjīta) [10] *A inserts* syāt; *B* yadi mātā bhaganī puvavat syāt [11] *A* -bhagi; *B* -bhāsa; *C* bhāge [12] *A*, *C* saṃvṛtyacāra-

PART II. CHAPTER vii

[346*a*] de nas de la lha mos źus || bo la kakko la sbyar nas ||
tshems kyis ma mchu btsir nas ni || glegs bam yaṅ ni ji ltar ḥgyur ||
rdo rje padma mñam sbyar nas || dgyes pas lha yis rab phye ba || (1)
glegs bam ṅa yis bśad bya yis || lha mo skal ba chen po ñon ||
sbraṅ chen snag tsha byas nas ni || mi yi rus paḥi smyug gus ni ||
glegs bam sor ni bcu gñis pa || gro gar dam tshig can gyis bri || (2)
glegs bam daṅ ni bris sku ñid || gal te skal med mthoṅ na ni ||
skye ba ḥdir ni dṅos grub med || ḥjig rten pha rol spyod yul med || (3)
yaṅ dag rab sbyin ldan pa la || res ḥgaḥ tsam źig bstan pa ñid ||
glegs bam lam gyi spyod yul du || skra daṅ mchan khuṅ ñid du sba || (4)
bha gar liṅ ga rab bźag nas || yaṅ daṅ yaṅ du ḥo mdzad nas ||
bde chen mñam par myoṅ mdzad de || rdo rje can gyis bzaḥ ba bstan || (5)
tshogs kyi dkyil ḥkhor bzaḥ ba ni || ñon cig lha mo mig yaṅs ma ||
gaṅ du zos pas ḥdod don kun || sgrub pa chen gyis dṅos grub ḥgyur || (6)

dur khrod ri yi bya skyibs daṅ || de bźin mi med groṅ khyer daṅ ||
yaṅ na dben paḥam rgya mtshoḥi mthaḥ || bzaḥ ba ḥdi ni rab tu bzaḥ || (7)

de la gdan du brtag pa ni || ro yi gzugs can dgu daṅ ni ||
yaṅ na [346*b*] stag gi lpags pa daṅ || dur khrod ras ni de bźin no || (8)
dbus su kyeḥi rdo rjeḥi gzugs || ji ltar snar bźin gnas śes nas ||
phyogs daṅ phyogs bral dag tu yaṅ || de nas rnal ḥbyor ma rnams dgod || (9)
dam tshig mā la tindha naṃ || stag gi lpags paḥi steṅ du bzaḥ ||
ḥbad nas rgyal poḥi sa lu yi || bzaḥ ba der ni bzaḥ ba ñid ||
der ni bzaḥ ba zos nas yaṅ || der ni ma mo mchod par bya || (10)
sriṅ mo bu mo sgyug mo daṅ || gal te ma sriṅ yin na yaṅ ||
de rnams rtag tu legs mchod na || tshogs kyi dkyil ḥkhor ḥgrub par ḥgyur || (11)

skyes paḥi thod chen cha gcig par || chaṅ ni bzaṅ pos yoṅs bkaṅ ste ||
bla ma la dbul skal chen ma || phyag mtshan nas ni raṅ yaṅ btuṅ || (12)

padmaḥi lag pas blaṅ ba daṅ || de ñid kyi ni lag pas dbul ||
yaṅ na yaṅ du rab ḥdud pa || de ltar bsgrub pa po yis bya || (13)

kyeḥi rdo rje las bzaḥ baḥi leḥu ste bdun paḥo ||

PART II. CHAPTER viii

da nas rnal ḥbyor mas źus pa || phyag rgya chen po ji lta bu ||
kun rdzob rnam paḥi gzugs kyi ni || bde ba sbyin pa bśad du gsol || (1)

bhagavān āha ||

nātidīrghā nātihrasvā na kṛṣṇā na ca gaurikā ||
padmapatranibhākārā śvāsaḥ tasyāḥ sugandhakaḥ[1] || (2)
prasvedaṃ ca sugandhi syān[2] mṛganābhisamaprabhaṃ ||
padmaṃ cendīvaraṃ gandhaṃ kṣaṇāt padmam ivācaret || (3)
karpūrasihlayos tasyāḥ sugandhaṃ lakṣayed budhaḥ ||
utpalasya bhaved gandhaṃ · vāyasāgurusannibhaṃ || (4)
dhīrā acañca[64*b*]lā caiva · priyavādī[3] manoramā ||
sukeśā trivalīmadhyā · prākṛtaiḥ padminī matā ||
tāṃ ca prāpya bhavet siddhiḥ sahajānandarūpiṇī || (5)

athāha Nairātmyāyoginī bhagavan praṇidhānaṃ kīdṛśaṃ kartavyaṃ ||
bhagavān āha ||

kulajanmā[4] anunmādī · samayī hevajradeśakaḥ ||
kṛpavān gurubhaktaś ca bhaveyaṃ janmajanmani || (6)
vajragaṇṭhāraṇatpāṇir gambhīradharmapāṭhakaḥ ||
yoṣicchrukrasamāhārī · bhaveyaṃ janmajanmani || (7)
tatra tuṣṭā tu sā devī idaṃ vacanam abravīt ||
durdāntā dundurāḥ sattvā vineyaṃ yānti kena hi || (8)

bhagavān āha ||

poṣadhaṃ dīyate prathamaṃ · tadanu śi[65*a*]kṣāpadaṃ daśaṃ ||
vaibhāṣyaṃ tatra deśeta · sūtrāntaṃ vai punas tathā || (9)
yogācāraṃ tataḥ paścāt · tadanu madhyamakaṃ diśet ||
sarvamantranayaṃ jñātvā · tadanu Hevajram ārabhet ||
gṛhṇīyāt sādaraṃ śiṣyaḥ sidhyate nātra saṃśayaḥ || (10)

vineyapaṭalo nāmāṣṭamaḥ ||

PART II. CHAPTER ix

athātaḥ saṃpravakṣyāmi saṃpuṭodghātalakṣaṇaṃ ||
yena vijñātamātreṇa sādhakaḥ siddhim āpnuyāt ||
sādhyasya nābhimūle tu hastenotpāṭayed vratī || (1)
herukapratirūpeṇādhyātmakakrūracetasā[5]
bhāvanāmātrakenaiva buddho 'pi naśyate dhruvaṃ || (2)
māraṇaṃ kriyate kṛpayā śrāvayitvā [65*b*] gurau munau ||
śāsanāyāpacārī ca gurubuddhasya nāśakaḥ[6] || (3)
yatra[7] dṛṣṭvā yathārūpam adhomukhaṃ tu bhāvayet ||

[1] *B*, *C* -aṃ [2] *A*, *B* prasvedaṃ bhavet sugandhi [3] *A* vādinī; *B* vādīnī [4] *A* kulajanmānunmādī; *B* kulajanma anumādī; *C* kulejanmānujanmādī [5] *A* -ādhyātakrūra-; *B* ādhyātamakrūra-; *C* -ādhyātākrūra- [6] *A* gurubuddhanāśas tathā; *B* -nāśakas tathā [7] *So A*, *B*; *C* yat tu; *T* ji-ltar phyugs-kyi gzugs mthoṅ-nas = yathā paśu rūpaṃ dṛṣṭvā

bcom ldan ḥdas kyis bkaḥ stsal pa ||

śin tu riṅ min thuṅ ba min || gnag pa ma yin dkar ba min ||
padmaḥi mdab maḥi rnam pa ḥdra || de yaṅ dbugs ni dri źim ldan || (2)
rdul kyaṅ dri źim ldan ḥgyur te || [347*a*] ri dvags lte baḥi dri daṅ mtshuṅs ||
padma la yaṅ dbaṅ mchog dri || skad cig padma lta bur ḥbyuṅ || (3)
de yi ga pur si hla dag || mkhas pas dri bzaṅ mtshon par bya ||
utpa la yi drir ḥgyur źiṅ || a ga ru ni nag po mtshuṅs || (4)
dal źiṅ mi g'yo ba ñid daṅ || sñan par smra źiṅ yid ḥoṅ ma ||
skra bzaṅ dbus su gñer ma gsum || phal bas padma can du brjod ||
lhan cig skyes paḥi gzugs can ma || de rñed nas ni dṅos grub ḥgyur || (5)

de nas rnal ḥbyor ma bdag med mas gsol pa / bcom ldan ḥdas smon lam ji ltar gdab par bgyi / bcom ldan ḥdas kyis bkaḥ stsal pa /

rigs su skye daṅ dam tshig can || smyo med kyehi rdo rje ston ||
bla ma la gus sñiṅ rjer ldan || skye źiṅ skye bar ḥgyur bar śog || (6)
lag pas rdo rje dril bu ḥkhrol || zab moḥi chos ni klog pa daṅ ||
btsun moḥi khu ba mñam zas can || skye źiṅ skye bar ḥgyur bar śog || (7)
de nas lha mo de dgyes nas || tshig ni ḥdi ñid yaṅ źus pa ||
skal med sems can gdul dkaḥ ba || gaṅ gis ḥdul bar ḥgyur ba lags || (8)

bcom ldan ḥdas kyis bkaḥ stsal pa /

daṅ por gso sbyoṅ sbyin par bya || de rjes bslab paḥi gnas bcu ñid ||
de la bye brag smra ba bstan || mdo sde pa yaṅ de bźin no || (9)
de nas [347*b*] rnal ḥbyor spyod pa ñid || de yi rjes su dbu ma bstan ||
sṅags kyi rim pa kun śes nas || de rjes kyeḥi rdo rje brtsam ||
slob mas gus pas blaṅs nas ni || ḥgrub ḥgyur ḥdi la the tsom med || (10)

kyeḥi rdo rje las ḥdul baḥi lcḥu ste brgyad paḥo ||

PART II. CHAPTER ix

de nas kha sbyar ḥbyed pa yi || mtshan ñid yaṅ dag rab tu bśad ||
gaṅ gis rnam par śes tsam gyis || sgrub pos dṅos grub thob ḥgyur ba ||
bsgrub byaḥi lte baḥi rtsa ba la || brtul źugs can gyis lag pas gdon || (1)
he ru ka mñam rnal ḥbyor gyis || naṅ gi ma ruṅs sems kyis ni ||
ḥdi ni bsgoms pa tsam gyis ni || saṅs rgyas kyaṅ ni ṅes par ḥjig || (2)
bstan la gnod pa byed pa daṅ || bla ma saṅs rgyas ḥjig pa ni ||
bla ma thub pa la źus nas || sñiṅ rjes bsad par bya ba ñid || (3)
ji ltar phyugs kyi gzugs mthoṅ nas || khrag ni skyug pa ñid daṅ yaṅ ||

raktam udvamantañ caiva · kampayantaṃ samūrddhajaṃ || (4)
tasya mārge sūcīṃ dhyāyāt praviśantīṃ vahnirūpiṇīṃ ||
hṛdaye hutāśanabījaṃ · dṛṣṭvā mārayet[1] tatkṣaṇāt || (5)
asmin tantre na hotavyaṃ · mudrābandhakriyā na ca ||
paṭhitasiddhaṃ mahātantraṃ · dhyānamātreṇa sidhyati || (6)
rahasyaṃ paramaṃ vakṣye · śṛṇu devī varānane ||
bhavasya śodhanaṃ ramyam avikalpasiddhidāyakaṃ[2] || (7)
paśya devī mahāratnaṃ jvālāmālākulaṃ vapuḥ ||
ayogyaḥ[3] syād aviddhena[4] viddhaḥ[5] san rucidā[6][66*a*]yakaḥ || (8)
tadvat saṃsārakaṃ ratnaṃ · pañcakāmaguṇaiḥ yutaṃ ||
aviśuddhaṃ[7] viṣatāṃ yāti · viśuddhaṃ[8] pīyūṣavad bhavet || (9)
saṃsāraṃ herukākāraṃ · jagaduttāraṇam prabhuṃ ||
yena rūpeṇa saṃbhūtaṃ tad ahaṃ vacmi śṛṇvatāṃ || (10)
kṛpayā locane rakte kṛṣṇāṅgo[9] maitricittataḥ ||
saṃgrahavastucatuṣkena catvāraś caraṇāḥ smṛtāḥ || (11)
aṣṭāsyāṃ vimokṣā[10] aṣṭau śūnyatā ṣoḍaśa bhujāḥ[11] ||
mudreṇa pañcabuddhāḥ syuḥ kruddho duṣṭavineyataḥ || (12)
māṃsena Pukkasī khyātā Śavarī raktena kalpitā ||
Caṇḍālī śukram ity uktaṃ Ḍombī ca medamajjayoḥ ||
carma bodhyaṅgasaptan tu · asthi satyaca[66*b*]tuṣṭayaṃ || (13)

devy uvāca /

mantroddhāraṃ[12] bhavet kīdṛk kathayasva mahāsukha ||
yena mantreṇa jantūnāṃ karmāṇi yānti siddhitāṃ || (14)
bha[ga]vān āha mahāvajrī vajrasāravapur mahān ||
śṛṇu devi mahābhāge[13] mantraṃ te kathayāmy ahaṃ || (15)
ādau vairocanaṃ dattva · uṣmāṇāñ ca caturthakaṃ ||
pukkasīśobhanaṃ divyaṃ śūnyākrāntaṃ śuklavarṇaṃ ||

svāhāntaṃ niyojayet ||

anena lakṣajāpena stambhayej jagat sarvadā[14] || (16)
ādau varṇādhipaṃ dattva tadanu khecariṃ tataḥ ||
svāhāntaṃ yojitaṃ kṛtvā buddhān api vaśīkaret || (17)
vedānām ādimaṃ dattvā prathamasya dvitīyakaṃ ||
[67*a*] śūnyaṃ[15] svāhāntaṃ yojayed[16] buddhānām apy uccāṭayet || (18)
ādau[17] vairocanaṃ dattva dvitīyasya tṛtīyakaṃ ||
ra-yuktaṃ vāribhūṣitaṃ śūnyaṃ svāhāntasaṃyuktaṃ ||

[1] *A* mārayatu; *B* mārayati [2] *A, B* vikalpa-; *C, T, K* avikalpa- [3] *So C*; *A, B* ayogaḥ [4] *So B*; *A* avīddhenaḥ; *C* avīddhena [5] *So B and T*; *A, C* viśuddhaḥ [6] *C* ratidā [7] *A, C* aviśuddho; *B very corrupt* -a [8] *A, C* -o; *B corrupt* [9] *A* -au; *B* -a [10] *All MSS.* vimokṣāṣṭau [11] *A, B add* smṛtāḥ [12] *A, B* uddhāraṇaṃ [13] *T* = mahāprajñe [14] *A, B* sadā [15] *A* na śūnyaṃ; *B* saśūnyaṃ [16] *A, T insert* prājña [17] *All MSS.* prathamaṃ

ḥdar źiṅ mgo skyes grol ba daṅ || kha ni ḥog tu rnam par sgom || (4)
de yi lam du khab ni meḥi || gzugs can ḥjug par bsam pa ste ||
sñiṅ khar byin zaḥi sa bon ñid || dmigs nas skad cig gsod par byed ||(5)
rgyud ḥdi la ni sreg blugs med || phyag rgya bciṅ daṅ bya baḥaṅ med ||
rgyud chen bklags pas ḥgrub pa ñid || bsam gtan tsam gyis ḥgrub [348a] par ḥgyur || (6)
rtog med dṅos grub sbyin pa po || srid pa sbyoṅ ba ñams dgaḥ bar ||
gsaṅ ba mchog ni bśad bya yis || ñon cig lha mo bźin bzaṅ ma || (7)
rin chen gzi brjid ḥbar ba yi || phreṅ ba khrugs pa lha mo ltos ||
ma phug pas ni sbyor bral ḥgyur || phug pas dgaḥ ba sbyin pa po || (8)
de ltar ḥkhor bar ḥdod pa yi || yon tan lṅa ldan rin chen ñid ||
ma dag pas ni dug du ḥgro || dag pas bdud rtsi lta bur ḥgyur || (9)
ḥkhor baḥi rnam pa he ru ka || ḥgro ba sgrol baḥi gtso bo ñid ||
gaṅ gis gzugs kyis ḥgyur ba ñid || de ni ṅa yis smra yis ñon || (10)
sñiṅ rjeḥi spyan ni dmar po la || byams paḥi thugs las yan lag gnag ||
bsdu baḥi dṅos po bźi yis ni || źabs ni rnam pa bźi źes brjod || (11)
źal brgyad rnam par thar pa brgyad || phyag ni stoṅ pa bcu drug ñid ||
gug skyes kyis ni saṅs rgyas lṅa || gdug pa ḥdul phyir khro bo ñid ||(12)
śa ni pukka sī ru brjod || de bźin khrag ni ri khrod ma ||
gdol pa mo ni khu bar brjod || g'yuṅ mo rkaṅ daṅ tshil bu dag ||
lpags pa byaṅ chub yan lag bdun || rus pa bden pa bźi po ñid || (13)

bdag med mas gsol pa /

sṅags btu ba ni ji ltar ḥgyur || gaṅ gi sṅags kyis skye ba yi ||
[348b] las kyi dṅos ḥgrub ḥgyur ba ñid || bde ba chen pos bśad du gsol || (14)

bcom ldan ḥdas rdo rje can chen po rdo rje sñiṅ po gźi brjid chen pos bkaḥ stsal pa /

sṅags ni khyod la ṅas bśad kyis || lha mo śes rab chen mo ñon || (15)
daṅ po rnam par snaṅ mdzad sbyin || uṣma rnams kyi bźi pa las ||
pukka sīs rgyan stoṅ pas mnan || mdog dkar mthar ni svāhā sbyar ||
ḥdis ni bzlas pa ḥbum gyis ni || ḥgro ba rtag tu reṅs par byed || (16)
daṅ por yi geḥi bdag po bźag || de rjes mkhaḥ spyod ma de nas ||
mthar ni svāhā sbyar byas na || saṅs rgyas rnams kyaṅ dbaṅ du byed || (17)

rig byed rnams kyis daṅ po sbyin || daṅ po yi ni gñis pa la ||
stoṅ bcas mthaḥ ni svāhā sbyar || saṅs rgyas kyaṅ skrod śes rab can || (18)

daṅ po rnam par snaṅ mdzad sbyin || gñis pa yi ni gsum pa la ||
ra daṅ ldan źiṅ chu mas rgyan || stoṅ bcas svāhā yaṅ dag ldan ||

dveṣayet sarvamānuṣān || (19)
ādau varṇeśvaraṃ dattvā pañcamasya tṛtīyakaṃ ||
saśūnyaṃ ḍākinīyuktaṃ svāhāntam abhicārukaṃ || (20)
varṇajyeṣṭaṃ punar dattvā HŪṂ-kāraraktasaṃnibhaṃ ||
svāhāntaṃ kārṣayet sadya[1] rambhādīnān tilottamāṃ || (21)
ādau mohakulaṃ dattva GHU-kāraṃ saṃprayojayet ||
svāhāntaṃ ca punaḥ kṛtvā mārayet suramānuṣān || (22)
prathamasya prathaman tu vajraḍākinīyogitaṃ ||
ādau vairocanaṃ dattvā · [67*b*] antasthānāṃ dvitīyakaṃ || (23)
vajraḍākinīsaṃyuktaṃ punaḥ prathamasyāgrakaṃ ||
vajraḍākinīsaṃyuktaṃ antasthānāṃ tṛtīyakaṃ || (24)
punas tenaiva saṃyuktam upari caurībhūṣitaṃ[2] ||
HRĪḤ-kāraṃ yojayet tatra[3] svāhāntaṃ punar ācaret ||
kurukullāmantraḥ / (25)
OṂ-kārādicaturthasya tṛtīyaṃ caurībhūṣitaṃ[4] ||
antasthānāṃ caturthakaṃ picuvajraprayojitaṃ || (26)
uṣmānāñ ca caturthakaṃ pukkāsyāś[5] ca vibhūṣitaṃ ||
śūnyakrāntaṃ triguṇitaṃ pañcamasya dvitīyakaṃ ||
tṛtīyasya prathamaṃ svāhāntaṃ
hevajrasya hṛdayaṃ / (27)
vairocanādijvalajvalayojitaṃ /
pañcamasya caturthaṃ tu
antasthānāṃ prathamena [68*a*] yuktaṃ ghasmarībhūṣitaṃ || (28)
uṣmānāñ ca caturthakaṃ vajraḍākinībhūṣitaṃ ||
śūnyākrāntaṃ triguṇitaṃ pañcamasya dvitīyakaṃ ||
tṛtīyasya prathamaṃ svāhāntaṃ
caturbhujasya mantraḥ / (29)
vairocanādi
prathamasya ⟨ca⟩ prathamam abhyantaragaurīśobhitaṃ ||
tṛtīyasya ⟨ca⟩ prathamam abhyantaragaurībhūṣitaṃ || (30)

dviguṇīkṛtya pañcamasya tṛtīyaṃ dvitīyasya tṛtīyaṃ vahnibhūṣitaṃ HŪṂ-kāratrayayojitaṃ / pañcamasya dvitīyaṃ tṛtīyasya prathamaṃ svāhāntaṃ
ṣaḍbhujasya mantraḥ / (31)

vairocanādicaturthasya prathamaṃ hutāśanasaṃyuktaṃ vetālīvibhūṣitaṃ / antasthānāṃ tṛtīyakaṃ ghasmarībhūṣitaṃ / prathamasya pra[68*b*]thamam antasthānāṃ prathamena yuktaṃ vajrābhūṣitaṃ / (32) KṢA-kāraṃ caurībhūṣitaṃ / pañcamasya prathamaṃ / uṣmāṇāṃ caturthakaṃ vajraḍākinībhūṣitaṃ / śūnyākrāntaṃ triguṇitaṃ phaṭ svāhāntaṃ

[1] *A* satyaṃ [2] *A*, *B* -vibhūṣitaṃ [3] *C* tu; *A* tadanu [4] *A*, *B* -vibhūṣitaṃ [5] *A*, *B* Pukkasīvi-; *C* Pukkasī sā vi-

dań por yi geḥi dbań phyug bźag ||
stoń pa mkhaḥ ḥgro ma dań ldan ||
yań ni yi geḥi thu bo sbyin ||
mthar ni svāhā thig le mchog ||

gti mug rigs ni dań por sbyin ||
mthar ni [349*a*] svāhā yań byas na ||
dań por rnam par snań mdzad bźag ||
rdo rje mkhaḥ ḥgro ma dań sbyar ||
rdo rje mkhaḥ ḥgro ma dań ldan ||
rdo rje mkhaḥ ḥgro ma dań ldan ||
yań ni de ñid yań dag ldan ||
de rjes hrīḥ yis rnam par sbyar ||

oṃ ni dań po bźi pa yi ||
mthar gnas pa yi bźi pa la ||
uṣma rnams kyi bźi pa la ||
stoń pas mnan ciń sum ḥgyur ñid ||
gsum paḥi dań po mthar svāhā ||
snań mdzad dań por dzva la gñis ||
mthar gnas rnams kyi dań po ldan ||
uṣma rnams kyi bźi pa la ||
stoń pas mnan ciń sum ḥgyur ñid ||
gsum paḥi dań po mthar svāhā ||

dań por rnam snań dań po yi ||

gsum pa ñid kyi dań po la ||
ñis ḥgyur lńa paḥi gsum pa dań ||
hūṃ gi rnam par gsum sbyar nas ||
gsum paḥi dań po mthar svāhā ||

dań po rnam snań bźi pa yi ||
ro lańs ma yis rnam par rgyan ||
ghasma rī yis rnam par rgyan ||
mthar gnas pa yi dań po dań ||
kṣa ni chom rkun ma yis rgyan ||
uṣma rnams kyi bźi pa la ||
stoń pas mnan eiń sum ḥgyur te ||

mi rnams thams cad sdań bar byed || (19)
lńa pa ñid kyi gsum pa la ||
mthar ni svāhā mńon spyod che || (20)
hūṃ ni khrag dań ḥdra ba la ||
dgaḥ bzań ma sogs rtag tu ḥgugs || (21)
ghu ni yań dag rab tu sbyar ||
lha dań mi rnams gsod par byed || (22)
dań po ñid kyi dań po la ||
mthar gnas pa yi gñis pa la || (23)
yań ni dań poḥi rtse mo la ||
mthar gnas pa yi gsum pa la || (24)
steń du chom rkun ma yis rgyan ||
mthar yań svāhā spyod pa ñid ||
ku ru kulle yi sńags so || (25)
gsum pa chom rkun ma yis rgyan ||
pi tsu badzra sbyor ba dań || (26)
pukka sī yis rnam par rgyan ||
lńa pa yi ni gñis pa dań ||
kyeḥi rdo rje sñiń poḥo || (27)
sbyar nas lńa paḥi bźi pa la ||
ghasma rīs ni rnam par rgyan || (28)
rdo rje mkhaḥ ḥgro ma yis rgyan ||
lńa pa yi ni gñis pa dań ||

phyag bźi paḥi sńags so || (29)
dań po nań [349*b*] gi dkar mos rgyan ||
nań gi dkar mos rnam par rgyan || (30)
gñis paḥi gsum pa me yis rgyan ||
lńa pa ñid kyi gñis pa dań ||

phyag drug paḥi sńags so || (31)
dań po byin za yań dag ldan ||
mthar gnas pa yi gsum pa la ||
dań po yi ni dań po la ||
rdo rje ma yis rnam par rgyan || (32)
lńa pa ñid kyi dań po dań ||
rdo rje mkha ḥgro ma yis rgyan ||
phaṭ dań mthar ni svāhā ñid ||

dvibhujasya / (33)

nairātmyā prathamasya prathamaṃ dvitīyasya prathamaṃ tṛtīyasya prathamaṃ caturthasya prathamaṃ pañcamasya prathamam antasthānāṃ prathamam uṣmāṇāṃ prathamaṃ vairocanādisvāhāntaṃ /

purakṣobhanamantro lakṣajāpaḥ / (34)

antasthānāṃ dvitīyan tu KṢA-kāradvayaṃ / madhye punar antasthānāṃ dvitīyakaṃ / HŪṂ-kāratrayaṃ vairocanādi PHAṬ-kāravidarbhitaṃ svāhāntaṃ /

bhūmiśodhanamantraḥ / (35)

vairocanādi tadanu vajrā HŪṂ-kā[69*a*]rāntaṃ

khānapānādhiṣṭhānamantraḥ / (36)

vairocanādi tadanu A-kāro mukhaṃ / uṣmāṇān tritīyakaṃ /

antasthānāñ caturthakam upari vahnibhūṣitaṃ ||

dharmāṇāṃ / tadanu vajrā cādyanutpannatvāt · OṂ ĀḤ HŪṂ PHAṬ SVĀHĀ

sarvabhautikabalimantraḥ / (37)

mantroddhārapaṭalo navamaḥ ||

PART II. CHAPTER X

athāto[1] Vajrasattvākhyaḥ sarvadharmaikasamvaraḥ ||
Nairātmyāṃ cumbayitvā tu jāpaviṣayaṃ prakāśate || (1)
sphaṭikena stambhanaṃ jāpyaṃ · vaśye ca[2] raktacandanaṃ ||
riṣṭikayābhicārukaṃ · vidveṣaṃ niraṃśukais tathā || (2)
uccāṭanam aśvahaḍḍenākarṣaṇaṃ brahmā[69*b*]sthinā ||
varṣārpaṇaṃ gajāsthikaiḥ māraṇaṃ mahiṣasya ca || (3)
stambhane kṣīrapānaṃ tu vaśye svacchandam ācaret ||
māraṇe sihlakaṃ caiva · ākṛṣṭau ca catuḥsamaṃ || (4)
vidveṣe śālijaṃ proktaṃ uccāṭane kasturikā[3] ||
athavā antaśvam ādiśvaṃ nādiṃ gādiṃ hādiṃ tathaiva ca || (5)

jāpapaṭalo nāma daśamaḥ ||

PART II. CHAPTER XI

gāḍheṇāliṃgya Hevajraṃ saṃpīḍyādharaṃ dantakaiḥ ||
Nairātmyā pṛcchate tatra dehināṃ kularūpakaṃ || (1)
bhage liṅgaṃ pratiṣṭhāpya · ityāha cakranāyakaḥ ||

[1] *B* athāha [2] *A* vaśyova; *B* casyena; *C* vaśyāñ ca [3] *A and B add* smṛtā

phyag gñis paḥi sṅags so || (33)
bdag med daṅ poḥi daṅ po daṅ ||
gñis pa ñid kyi daṅ po daṅ ||
gsum pa ñid kyi daṅ po daṅ ||
bźi pa yi ni daṅ po daṅ ||
lṅa pa yi ni daṅ po daṅ ||
mthar gnas rnams kyi daṅ po daṅ ||
uṣma rnams kyi daṅ po ñid ||
daṅ por rnam snaṅ mthar svāhā ||
groṅ khyer dkrug paḥi sṅags kyi bzlas pa ni ḥbum mo || (34)
mthar gnas rnams kyi gñis pa daṅ ||
kṣa yi rkaṅ pa gñis ḥgyur ñid ||
hūṃ gi rnam pa gsum daṅ ldan ||
daṅ po rnam snaṅ phaṭ ñid kyi ||
rnam [350*a*] pa naṅ bcug mthar svāhā ||
sa sbyoṅ baḥi sṅags so || (35)
daṅ po rnam snaṅ de rjes su ||
rdo rje ma yi mthaḥ ru hūṃ ||
bzaḥ ba daṅ btuṅ ba byin gyis brlab paḥo || (36)
daṅ po rnam par snaṅ mdzad ñid ||
de rjes a kā ro mu khaṃ ||
uṣma rnams kyi gsum pa daṅ ||
mthar gnas pa yi bźi pa ni ||
steṅ du me yis rnam par rgyan ||
dharmāṇāṃ de rjes rdo rje ma ||
byin la dya nutpanna tvāt ||
oṃ ā hūṃ phaṭ svā hā ||
ḥbyuṅ po thams cad kyi gtor maḥi sṅags so || (37)
kyeḥi rdo rje las sṅags btu baḥi leḥu ste dgu paḥo ||

PART II. CHAPTER X

de nas chos kun sdom cig paḥi ||
rdo rje sems dpaḥ źes byas gsuṅs ||
bdag med ma la ḥo mdzad nas ||
bzlas paḥi yul ni rab tu dbye || (1)
śel gyis reṅs paḥi bzlas pa ñid ||
dbaṅ la tsan dan dmar po ñid ||
luṅ btaṅ gis ni mṅon spyod ñid ||
ni raṃ śus ni sdaṅ ba la || (2)
rta yi rus pas skrod pa ñid ||
bram zeḥi rus pas dgug pa ñid ||
glaṅ poḥi rus pas char pa la ||
ma he yis kyaṅ bśad pa la || (3)
reṅs pa ḥo maḥi btuṅ ba ñid ||
dbaṅ la raṅ gi ḥdun pas spyad ||
bśad pa la ni sihla ñid ||
dgug pa la ni bźi mñam ñid || (4)
sdaṅ la sa lu skyes pa brjod ||
bskrad pa ñid la gla rtsir brjod ||
yaṅ na mthaḥi śva daṅ / [350*b*] daṅ poḥi śva daṅ / na daṅ po daṅ / ga daṅ po daṅ / ha daṅ po ñid kyaṅ de bźin no / (5)
kyeḥi rdo rje las blzas paḥi leḥu źes bya ba ste bcu paḥo ||

PART II. CHAPTER xi

kyeḥi rdo rje la dam ḥkhyud cin ||
tshems kyis ma mchu btsir nas ni ||
lus can rnams kyi rigs kyi gzugs ||
de la bdag med mas źus pa || (1)
bha gar liṅ ga bźug nas ni ||
ḥkhor loḥi ḥdren pas ḥdi skad gsuṅs ||

dehināṃ svakulaṃ vakṣye · prajñāpāramite[1] śṛṇu || (2)
anāmikāmūle yasya striyo vā puruṣasya vā ||
navaśū[70*a*]kaṃ bhaved vajram Akṣobhyakulam uttamaṃ || (3)
Vairocanasya bhavec cakraṃ · Amitābhasya paṅkajaṃ ||
Ratnasaṃbhavo mahāratnaṃ · khaḍgaṃ karmakulasya ca || (4)
yo hi yogī bhavet kṛṣṇo · Akṣobhyas tasya devatā ||
yo hi yogī mahāgauro · Vairocanaḥ kuladevatā || (5)
yo hi yogī mahāśyāmo · Amoghas tasya devatā ||
yo hi yogī mahāpiṅgo Ratneśaḥ kuladevatā || (6)
raktagauro hi yo yogī Amitābhaḥ kuladevatā ||
śvetagauro hi yo yogī tasya [Vajra]sattvakulaṃ bhavet || (7)
jantavo nābhimantavyā[2] · na viheṭhyā[3] yogapāragaiḥ ||
tathāgatānāṃ kulās te syū rūpam āśritya sāṃvṛtaṃ || (8)
strīṇāṃ lakṣaṇaṃ [70*b*] caiva[4] · yathā puṃsi tathaiva ca ||
tāsām api kulās te syuḥ saṃvṛtyācārarūpataḥ || (9)
tatra tuṣṭo mahāvajrī bhagaliṅgasya cumbanāt ||
Nairātmyāṃ bodhayām āsa śṛṇu devi prapūjanaṃ || (10)
udyāne vijane deśe · ātmāgārāntareṣu ca ||
nagnīkṛtya mahāmudrāṃ · pūjayed yogāvit sadā || (11)
cumbanāliṅganaṃ kṛtvā bhagasparśan tathaiva ca ||
vṛṣaṇaṃ naranāsāyāḥ pānam adharamadhusya ca || (12)
madanāṅgakaraiḥ karma bolavān kurute sadā ||
dolāṅgakurpareṇāpi[5] · suprasāritakais tathā || (13)
muhurmuhuḥ kāmayed vajrī · adha ūrdhvaṃ nirīkṣayet ||
prāpnoti vipulāṃ siddhiṃ · sarvabuddhasamo [71*a*] bhavet || (14)
karpūraṃ pīyate tatra · madanaṃ caiva viśeṣataḥ ||
balasya bhakṣaṇan tatra · kuryāt karpūrahetunā || (15)

PART II. CHAPTER xii

sahajārthapaṭalo nāmaikādaśaḥ ||

athāto[5] vajrī caturo[6] 'bhiṣekān kathayām āsa ||
mahāvajraṃ mahāghaṇṭāṃ · gṛhna vajra[7]pratiṣṭhitaḥ ||
vajrācāryasya adyaiva kuru śiṣyasya saṃgrahaṃ || (1)
yathā buddhair atītais tu · sicyante bodhiputrakāḥ ||

[1] *A* -ā [2] *A* nāma mantavyā; *C* nāvamantavyā; *B uselessly corrupt* [3] *All MSS.* vitreṭhā [4] *C* cāpi [5] *A* dolāyaṅgarppareṇāpi; *C* dolayākarppareṇāpi; *B uselessly corrupt* [5] *All MSS.* athāha [6] *A* cataso; *B* catulo; *C* catasro [7] *A, C* vajnī; *B, K* vajra-

lus can raṅ gi rigs bśad kyis || śes rab pha rol phyin ma ñon || (2)
bud med dam ni skyes pa yis || gaṅ gi srin lag rtsa ba la ||
rdo rje rtse dgu par gyur pa || mi bskyod pa yi rigs mchog ñid || (3)
rnam snaṅ mdzad kyi ḥkhor lor ḥgyur || dpaḥ med mgon gyi ḥdam skyes ñid ||
rin chen ḥbyuṅ gi rin chen ñid || las kyi rigs kyi ral gri ñid || (4)
rnal ḥbyor pa gaṅ nag po ñid || de yi lha ni mi bskyod pa ||
rnal ḥbyor pa gaṅ dkar po che || de yi lha ni rnam snaṅ mdzad || (5)
rnal ḥbyor pa gaṅ sṅo bsaṅs che || de yi lha ni don yod ñid ||
rnal ḥbyor pa gaṅ ser po che || rin chen bdag po rigs kyi lha || (6)
rnal ḥbyor pa gaṅ dkar dmar ñid || ḥo dpaḥ med pa rigs kyi lha ||
rnal ḥbyor pa gaṅ dkar daṅ ser || de ni sems dpaḥi rigs su ḥgyur || (7)
skye bo rnal ḥbyor mthar phyin pas || ṅa rgyal mi gcag tho mi brtsams ||
kun rdzob [351*a*] gzugs su gnas nas ni || de rnams bde gśegs rigs su ḥgyur || (8)
bud med rnams kyi mtshan ñid ḥdi || ji ltar skyes pa de bźin no ||
kun rdzob tha sñad tshul las ni || de yi rigs suḥan de ḥgyur ro || (9)
bha gar liṅ gaḥi ḥo mdzad nas || de la rdo rje che mñas nes ||
bdag med ma yis go mdzad pa || lha mo rab tu mchod pa ñon || (10)
tshal daṅ skye bo med gnas daṅ || bdag gi khyim gyi naṅ du yaṅ ||
gcer bur phyag rgya che byas nas || rnal ḥbyor rigs pas rtag tu mchod || (11)

ḥo daṅ ḥkhyud pa byas nas ni || de bźin bha gar reg par ñid ||
skyes paḥi sna ni gźib pa ñid || ma mchuḥi sbraṅ rtsi btuṅ ba ñid || (12)
rtag tu myos paḥi mtshan ma las || bo la ldan pas lag pas bya ||
khyogs daṅ brla źes bya ba duṅ || de bźin śiṅ tu bskal pa yis || (13)
yaṅ yaṅ rdo rjes ḥdod pa bya || steṅ daṅ ḥog tu blta ba ñid ||
dṅos grub rgyas pa thob pa ste || saṅs rgyas kun daṅ mñam par ḥgyur || (14)

de la ga pur btuṅ bar bya || de la ga pur rgyu baḥi phyir ||
śa ni bzaḥ ba ñid du ḥgyur || khyad par du ni chaṅ ñid do || (15)

kyeḥi rdo rje las lhan cig skyes paḥi sbyor ba don gyi leḥu źes bya ba ste bcu gcig paḥo ||

PART II. CHAPTER xii

de nas rdo rje can gyis dbaṅ || bźi paḥi don [351*b*] ni[1] bkaḥ stsal pa ||
rdo rje rab gnas rdo rje ñid || che daṅ dril bu chen po zuṅ ||
de riṅ rdo rje slob dpon gyur || slob ma bsdu ba ñid du gyis || (1)
ji ltar ḥdas paḥi saṅs rgyas kyis || byaṅ chub sras rnams dbaṅ bskur ba ||

[1] P tshig-bcad *instead of* don ni

mayā guhyābhiṣekeṇa sikto 'si cittadhārayā || (2)
ratidāṃ siddhidāṃ[1] devīṃ viśvarūpāṃ manoramāṃ ||
gṛhṇa gṛhṇa mahāsattva gṛhītvā pūjanaṃ kuru || (3)
idaṃ jñānaṃ mahāsūkṣmaṃ vajramaṇḍaṃ nabhopamaṃ ||
virajaṃ[2] [71*b*] mokṣadaṃ śāntaṃ · pitā te tvam asi svayaṃ || (4)

vajrapadmādhiṣṭhānamantraḥ ||

OṂ padma[3] sukhādhāra mahārāgasukhaṃdada ||
caturānandasvabhāga viśva HŪṂ HŪṂ HŪṂ kāryaṃ kuruṣva me || (5)
OṂ vajra mahādveṣa caturānandadāyaka ||
khaga mukhaikaraso nātha HŪṂ HŪṂ HŪṂ kāryaṃ kuruṣva me ||

śirasi OṂ-kāraṃ • hṛdi HŪṂ-kāraṃ • kiñjalke Ā-kāraṃ || (6)

mahātantrarājamāyākalpo dvitīyaḥ ||

[1] *T*, *K* sthānadāṃ [2] *A*, *C K* virajaskaṃ; *B* virajaṃ svamokṣadaṃ [3] *C* parama-

bdag gis gsaṅ baḥi dbaṅ gis ni || sems kyi rgyun gyis dbaṅ bskur to || (2)
lha mo dgaḥ sbyin gnas sbyin ma || sna tshogs gzugs can yid ḥoṅ ma ||
khyer cig khyer cig sems dpaḥ che || khyer la mchod pa dag tu gyis || (3)
ye śes ḥdi ni ches phra źiṅ || rdo rje nam mkhaḥi dkyil lta bu ||
rdul bral thar pa źi ba ñid || khyod raṅ yaṅ ni de yi pha || (4)

rdo rje daṅ padma byin gyis brlab paḥi sṅags ni ||

oṃ padma su khā dhā ra ma hā rā ga su khaṃ da da
tsa tu rā nanda sva bhā ga bi śva hūṃ hūṃ hūṃ kāryaṃ ku ru śva me /
oṃ badzra ma hā dve śa tsa tu rā nanda dā ya kaḥ

kha ga mu khe ka ra so nā tha hūṃ hūṃ hūṃ kāryaṃ ku ru śva me / (5)

oṃ āḥ hūṃ || spyi bor ni oṃ gyi rnam pa / sñiṅ khar hūṃ gi rnam pa / ze ḥbru la ni āḥi rnam paḥo || (6)

rgyud kyi rgyal po chen po sgyu maḥi brtag pa źes bya ba brtag pa sum cu tsa gñis las byuṅ ba brtag pa gñis kyi bdag ñid / kyeḥi rdo rje mkhaḥ ḥgro ma dra baḥi sdom pa rgyud kyi rgyal po chen po rdzogs so ||

YOGARATNAMĀLĀ

PART I. CHAPTER 1

[1b/1b] namo HEVAJRĀYA ||

Śrīhevajraṃ namaskṛtya paramānandarūpiṇaṃ ||
pūrvācāryakramāmnāyo Hevajre likhyate mayā ||

evam mayety ādi

nidānavākyam evedaṃ sūtre tantre prakāśitaṃ /
iha tantrasya sārārthaṃ anye tv ācakṣate 'nyathā /

tathā coktaṃ Bhagavatā · evaṃ mayeti bhikṣavo mama dharmaḥ saṅgītavyaḥ / ity ata āha · evaṃ mayā śrutam iti saṅgītikāraḥ / tad atra kecit *śrutam* ity anena saṅgītiṃ sūcayanti / anyathā śrutiparamparayā śrute saṃgītir apramāṇikī syāt · ity anayor vyudāsārthaṃ · evaṃ mayeti · mayeti mayaiva śrutan na paramparayā śrutam / evam iti yathā saṅgāsyāmi · *ekasmin samaye* iti · ekadā kāle · na sarvadā ṣarvatreti yāvat · *Bhagavān* iti Hevajramūrtir Vajradharaḥ / bhagā aiśvaryādayo guṇā vidyante yasya sa Bhagavān / tathā coktaṃ ·

aiśvaryasya samagrasya jñānasya yaśasaḥ śriyaḥ ||
rūpasyārthaprayatnasya ṣaṇṇāṃ bhagam iti śrutaṃ ||

ity āha / *vijahāra* iti · buddhavihārair vihṛtavān · kva vijahāra · *sarvatathāgatakāyavākcittayoṣidbhageṣu* [2a/3a 2] sarve ca te tathāgatāś ca sarvatathāgatās teṣāṃ kāyavākcittaṃ triguhyasaṃhāraḥ / tat punar Bhagavato Vajradharasya rūpaṃ dharmodayākhyaṃ · tad eva vajrayoṣitāṃ Locanādīnāṃ bhagāḥ / anāśravānantadharmadharmatāśarīratvāt tāsāṃ · ata eva sarvatathāgatakāyavākcittāni ca tadvajrayoṣidbhagāni ceti viśeṣanasamāsaḥ / teṣv iti tatra kūṭāgāre guhyātiguhyatare sthāne Bhagavato vihāram upalabhya etadrūpaparṣatsannipātas tu sāmanyād āyāsyatīti · pūrvatantra evoddiṣṭo neha pratanyate · iti neyārthavyākhyā / *evaṃ mayety* ādi /

E-kāraṃ bhagam ity uktaṃ VAṂ-kāraṃ kuliśaṃ smṛtaṃ ||
MAYeti cālanaṃ proktaṃ ŚRUTAṂ yaduta[1] dvidhā mataṃ ||

tathā ca vakṣyati ·

śukrākāro bhaved Bhagavān tatsukhaṃ Kāminī smṛtaṃ[2] ||
dharmasambhogarūpatvaṃ Vajradharasya lakṣaṇaṃ ||

tathā ca

sāṃvṛtaṃ kundasaṃkāśaṃ vivṛtaṃ sukharūpiṇaṃ ·[3] ity anenādivākyena śūnyatākaruṇāsvabhāvaṃ prajñopāyasvabhāvaṃ dharmasambhoga-

[1] *yaduta* doubtful reading. MS. appears to read *yat tat*. Tibetan reads: *thos pa gaṅ phyir gñis su ḥdod* = *śrutaṃ yasmād dvidhā mataṃ* which I take to be the sense, viz. 'since *śrutam* indicates their two-fold nature'. This two-fold nature is *vivṛti* and *saṃvṛti*. See I. viii. 28.

[2] Quoted from I. viii. 50.

[3] Quoted from II. iv. 30.

kāyasvabhāvaṃ / saṃvṛtiparamārthasvabhāvam · utpattyutpannakramarūpaṃ tantrārtham uddeśayati / tathā ca va[2*b*/3*b* 5]kṣyati

HE-kāreṇa mahākaruṇā VAJRAṂ prajña ca bhaṇyate ||
prajñopāyātmakaṃ tantraṃ tan me nigaditaṃ sṛṇu[2] ||

tad itthaṃ bhūtam ekasmin samaya ityādi sugamaṃ / iti sampradāyavyākhyānam iti kecit || athavāyam arthaḥ /

E-kāraḥ pṛthavī jñeyā karmamudrā tu Locanā ||
catuḥṣaṣṭidale nābhau sthitā nirmāṇacakrake ||
VAṂ-kāras tu jalaṃ jñeyaṃ dharmamudrā tu Māmakī ||
saṃsthitā dharmacakre tu hṛdi vāṣṭadalāmbuje ||
MA-kāraṃ vahnir uddiṣṭaṃ mahāmudrā ca Pāṇḍarā ||
sthitā sambhogacakre tu kaṇṭhe dvāṣṭadalāmbuje ||
YĀ-kāro mārutaḥ prokto mudrāsamaya-Tāriṇī ||
sthitā mahāsukhacakre dvātriṃśaddalapaṅkaje ||
ŚRUTAṂ sahajam ity uktaṃ dvidhābhedena bheditam ||
sāṃvṛtaṃ devatākāram utpattikramapakṣataḥ ||
vivṛtisukharūpan tu niṣpannakramapakṣataḥ ||
satyadvayaṃ samāśritya buddhānāṃ dharmadeśanā ||

tathā cānyatra /

utpattikramapakṣaṃ ca utpannakramam eva ca ||
kramadvayam upādāya deśaṇā vajradhāriṇāṃ ||

ittham evaṃ mayā śrutaṃ / *ekasmin samaya* ityādi · pūrvokta [3*a*/4*a* 6] vyākhyā / tatra sthitvā parṣanmadhye · *Bhagavān āha* / kiṃ viśiṣṭaṃ tat *sarvatathāgatakāyavākcittahṛdayaṃ* sāraṃ vajradhara*bhaṭṭārakaṃ* paramadaivatam ata eva sarvatathāgatānāṃ *guhyaṃ* Vajradharaḥ / *tasyātiguhyataraṃ* · śrāvakādīnām aprakāśyatvād *dHevajraṃ* · tasya durlabhatarāḥ śraddhātāra iti matvā · utkaṇṭhitān pārṣadyān · protsāhayan · Bhagavān āha / *aho Vajragarbhety ādi* · *śṛṇv* iti śrute niyojayati · *Vajragarbha uvāca* / kim uvāca · praśnat⟨r⟩ayārtham uvāca · Bhagavān āha / *abhedyam* ityādi / na bhedyata ity abhedyaṃ / parivādibhir ajapyaṃ / kin tat śūnyatā sarvadharmāṇāṃ · tathā cāryadevapādāḥ

vigrahe yaḥ parīhāraṃ kṛte śūnyatayā vadet ||
sarvaṃ tasyāpa⟨ri⟩hṛtaṃ samaṃ sādhyena jāyate[3] ||

tathā coktaṃ Bhagavatā vajraśekhare ·

dṛḍhaṃ sāram asauśīrṣyam acchedyābhedyalakṣaṇaṃ ||

[1] Bracketed *śloka*-numbers are those of the *Hevajra-tantra*, to which the commentary refers.

[2] Quoted from I. i. 7.

[3] *stoṅ pa ñid du smra ba yis / rtsod pa zlog pa byas pa ni /*
des ni thams cad bzlog par ḥgyur / bsgrub bya daṅ mtshuṅs gyur paḥi phyir /
'By talking in terms of the void the argument is overthrown, since by this everything is overthrown including the point at issue.' The quotation does not in fact originate with Āryadeva. See MMV p. 127.

adāhi avināśi ca · śūnyatā vajram ucyate ||
sattvaṃ tribhavasyaikateti ·
sato bhāvaḥ sattvam arthakriyākāritvam idaṃ pratyayala[3*b*/4*b* 5]kṣanaṃ / pañcaskandhātmakaṃ / tathā coktaṃ Bhagavatā · sattvaṃ sattvam iti Vipra yaduta pañcaskandhāḥ · te ca trayobhavāḥ · tāni kāyavākcittāni · teṣām ekatā 'dvaidhībhāvaḥ prabhā svaraniṣṭhāgamanāt · *anayā prajñayā yuktyeti* / anena prajñāpāramitāmadhyamakavicāreṇa *Vajrasattva* ity evam kathito dharmakāyo / *mahājñānarasair* ityādi · mahājñānāni mahāyānapraṇītā dharmāḥ / teṣāṃ rasanāsvādaḥ / taiḥ pūrṇaḥ / etad uktaṃ bhavati / paramo⟨j⟩jvalavicitraratnaviracitakūṭāgārodare suviśuddhalakṣaṇānuvyañjanavirājitena dehenānantayoginīgaṇaiḥ saṃharaṇasphuraṇarūpatayā mahāsukhasambhogarasais tuṣṭaḥ / yāvad ā saṃsāram [ā] saṃsaran aśramad[1] nityatayā *nitya* ity arthaḥ / sa eva *mahāsattvo* buddhānāṃ saṃbhogakāyaḥ / *nityam* itādi · sphuraṇayogena samantākramanaṃ samayaḥ / yathārthavineyopāyair nānākārais tridhātugamanaṃ *samayaḥ* / tatra satata*pravṛttatvāt* [4*a*/5*a* 5], *samayasattvaḥ* / buddhānām anantaprabhodo[2] nirmāṇakāyaḥ samayasattvaśabdenābhidhīyate || Vajragarbha uvāceti kim uvāca / Hevajrasya vajradharatvakāraṇaṃ nāmnā yat sūcitam / tadartham uvāca / *Hevajram* tv iti / Hevajra *itīdṛśaṃ nāmakena* kāraṇena saṃgṛhītaṃ prajñopāyātmakam ityādi / *tantram* iti prabandhaḥ / tac ca tridhā · hetutantraṃ phalatantraṃ · upāyatantrañ ca[3] / tad atra hetur vajrakulīnāḥ sattvāḥ · pariniṣpannā hevajramūrtiḥ · phalaṃ / upāyo vakṣyamāṇaḥ saparikaro mārgaḥ · tan me Vajradharasya *nigaditam* evaṃ mayetyādinā · nidānavākyena sāmprataṃ nirdiśyamānaṃ *śṛṇu* iti śrute niyojayati · tat kim uddiṣṭamātrañ cetyāha / *dṛṣṭyākṛṣṭītyādi* · yathānyāyaṃ devatāpaṭaloktena mṛdumadhyādhimātrakrameṇa · *utpattiḥ* · varṇasaṃsthānādiḥ / *sthitir* ādhāraḥ / *kāraṇaṃ* candrasūryabījacihnāni *sāmarthyaṃ* japabhāvanotkarṣajaḥ prabhāvaḥ · *jñānaṃ* jyautiṣikādi · *vijñānaṃ* ācāryaparikarma ca devatānāṃ Hevajrādīnām · *yathodayaṃ* yathāyogam utpattiḥ || *prathamam* ityādi · kasmāt *prathamaṃ* · [4*b*/5*b* 5] iha guhyamantramahāyāne[4] · ādikarmikāṇāṃ · sattvānāṃ prathamam avatārāya devatāmūrtibhāvenaiva kathyate · yadāha ·

ādikarmikasattvānāṃ devatāmūrtibhāvanā ||
nirdiṣṭā prathamaṃ tantre sarvakarmaprasiddhaye ||

dvitīyaniṣpannakramavakṣyamāṇasūcanāpekṣay*aikaṃ kāraṇaṃ* mahopāyaḥ || *bhāvenaivetyādi* · bhavaty utpadyate · gater gatyantaram iti bhāvaḥ / pañcaskandhalakṣaṇaṃ śarīraṃ tenaiva *mucyante* · Vajragarbha mahākṛpeti

[1] MS. *aśraṃmad.* Tib. *ḥkhor ba ji srid kyi bar du ḥpho ba med paḥi rtag par gyur pas rtag pa źes bya baḥi don to* / 'for the whole duration of the *saṃsāra* changelessly eternal, that is the meaning of eternal'. Sanskrit: 'tirelessly eternal.'

[2] Tib. *rigs dpag tu med pa = anantaprabhedo.*

[3] MS. *ce.*

[4] MS. *iha himantamahāyāne.* Tib. *theg pa chen po gsaṅ sṅags ḥdir* 'in this secret Maaāyāna mantra', viz. in this text.

sambodhayati nirupadhiśeṣanirvāṇadhātau skandhābhāvalakṣaṇaṃ mokṣaṃ kecid varṇayante · tam āśaṅkyāha / yadi bhāvenaiva mokṣaḥ kena tarhi bandhaḥ / tad āha *badhyante bhāvabandheneti* · tasmin bhāve bandho graho vastvabhiniveśaḥ · satyatābhimānaḥ · tenetyarthaḥ / kathaṃ tarhi mucyante *tatparijñayeti* · tasya parijñā · prajñāvakṣyamāṇalakṣaṇas tattvapaṭaloktavicāraḥ / svarūpeṇa nāsti rūpaṃ na dṛṣṭetyādikaṃ[1] / pañcaskandhānutpādalakṣaṇatayā parijñayā mucyante / ataḥ kāraṇāt / bhāvaṃ [5*a*/6*a* 3] *bhāvyaṃ bhavet* / *prajñeti* sambodhayati candrasūryabījacihnaparināmajaṃ devatārūpaṃ sāmānyena bhāvyaṃ bhavet · yujyata ity arthaḥ / *abhāvañ ceti* · abhāvaḥ / punar avaśyaṃ parijñātavyaḥ / na bhavatīty abhāvo 'nutpādaḥ / tathā coktaṃ Bhagavatā Lankāvatāre ·

bhāvān abhāvān[2] iti yaḥ prajānate
sa sarvabhāveṣu na jātu sañjate ||
yaḥ sarvabhāveṣu na jātu sañjate
so 'nimittaṃ spṛsate samādhim iti

tadvad dHerukaṃ bhāvyaṃ tathaivoktalakṣaṇaṃ ||

abhāvañ ceti / tasyāpy abhāvaḥ parijñātavyaḥ dvitīyakramaṃ sūcayan āha / *dehastham* ityādi / dehe tiṣṭhatīti dehasthaṃ / mahac ca jñānam ceti *mahājñānaṃ* · yadi dehe tiṣṭhati kathaṃ tan mahājñānaṃ · āha · *vyāpakaṃ sarvavastūnām* anāvasravamahāsukhasahajalakṣaṇadharmatayā · abhinirvṛtteḥ sarvadharmāṇāṃ / ata eva dehastho 'pi na dehajaḥ / na dehas tasya kāraṇaṃ · mṛṣāmoṣadharmikatvāt · dehasya || tathā ca vakṣyati · tasmāt

gandha [5*b*/6*b* 2] na rūpa na śabdaṃ naiva rasaṃ na ca cittaviśuddhiḥ /
sparśa na dharma na sarvaviśuddhyā śuddhasahāva jagau jagu manye[3]

tad atrādivākye śrutaśabdasūcitotpattyutpannakramadvayaṃ nirdiśya niṣpannakramākhyasya Hevajrasya deha evādhāramaṇḍalam ādheyaṃ / pañcadaśayoginīsvabhāvā nāḍyaḥ · idan tu na jñāyate katitāḥ · kathaṃ vyavasthitāḥ kīdṛśaś cābhisamaya iti pṛcchati / *he Bhagavan* ityādi · *bodhicittāvahā* iti sahajavāhinyaḥ / *trīṇi nāḍyaḥ pradhānā* iti · ayam abhiprāyaḥ / nāḍītrayayogaparijñānamātreṇaiva paryāptaṃ tatraiva sahajalakṣaṇasya Hevajrasyātiśayenopalakṣaṇāt / tāsāṃ tisṛṇāṃ svabhāvam āha · *Lalanety* ādi · sugamaṃ *Bhagavan* ityādi pṛcchati · ayam abhiprāyaḥ · kiṃ nāḍīrūpeṇaiva bhāvyamānā etāḥ / śrīvajradharapadaṃ sampadayanti · ahośvi[6*a*/6*b* 6]d anyatheti tatrāha / *tribhavapariṇatā* iti / trayobhavāḥ sarvadharmāḥ / teṣāṃ kāyavākcittasaṃgṛhītatvāt / tatpariṇatās tatsvabhāvāḥ / ata eva *grāhyagrāhakavarjitāḥ* / *athaveti* pakṣāntaraṃ / *sarvopāyeneti* / sarvā etā vajradharapadaprāptyupāyatvena hetunā nāḍīsvabhāvatvenāsmin cakre · evaṃrūpā Lalanā evaṃ Rasanā · evam Avadhūtī · śiṣyāṇām anugrahārthaṃ bhāvalakṣaṇena kalpitāḥ · *samvarabheda* ityādi · bāhyānām

[1] Quoted from I. v. 1.
[2] MS. *bhāven 'bhāvān iti.*
[3] Quoted from I. ix. 20. Tib. commentary version is corrupt, but the correct translation is given in the main text: *raṅ bźin dag paḥi ḥgro la ḥgro bar śes* / 'I know the world as a world that is essentially pure.'

audārikāṇām adhyātmagataṃ yo yogī niścinuyāt · tat teṣāṃ *saṃvaraṃ* saṃvṛtatvāt[1] / saṃkṣepavaratvāt · tasya *bhedyo* 'nekaprakāraḥ / ĀLI KĀLI*r* ityādi · Ā-kārādiṣoḍaśasvarā āliḥ / KA-kārādicatustriṃśadvyañjanāni kāliḥ / ta eva lalanarasane *candrasūryau prajñopāyau* · *dharmasaṃbhoganirvāṇa* iti || dharmacakraṃ saṃbhogacakraṃ nirmāṇacakram / hṛtkaṇṭhayoniṣu yathākramaṃ / *kāyavākcitta* iti · tad eva cakratrayaṃ / kāyacakraṃ yonau / vākcakraṃ kanthe citta ca [6*b*/7*a* 7] cakraṃ hṛdi || trayāṇāṃ parijñānasvabhāvaṃ mahāsukhacakraṃ / mūrdhv⟨a⟩ni vijñātavyam || eṣv eva cakracatuṣṭayeṣu · pṛthavyapatejovāyudhātusvabhāvāś catasro mudrā *evaṃmayākhyāḥ* / idānīṃ nirmāṇādicakreṣu padmadalānāṃ saṃkhyākathanaṃ / *nirmāṇacakrety ādi* / catuṣṣaṣṭidalapadmamadhyāṣṭadaleṣu / vāmāvartena · A KA CA ṬA TA PA YA ŚAḥ / varaṭake · AṂ-kāraṃ || hṛdi · adhomukhāṣṭadalapadmaṃ · koṇadaleṣu caturṣu · YA RA LA VĀḥ / digdaleṣu · Ā Ī Ū Ṝ catvāraḥ / varaṭake HŪṂ-kāram adhomukhaṃ / kaṇṭhe ṣoḍaśadalaṃ kamalam [ūrdhvam] ūrdhvamukhaṃ madhyasthitadigdaleṣu · caturṣu vāmāvartena · A I U E · varaṭake OṂ-kāraṃ · mūrdhani dvātriṃśaddalakamalaṃ varaṭake 'dhomukhaṃ HAṂ-kāraṃ / eṣu cakreṣu caturṣu vakṣyamāṇakāyadharmā · utpattikrame · adhimokta[7*a*/7*b* 4]vyāḥ[2] / saṃkṣepavaratvena · *catvāraḥ kṣaṇā* nirmāṇādicakreṣv adhimoktavyāḥ / evaṃ *caturāryasatyāni* · adhimoktavyāni · cakrabhāvanāpariṇiṣpattau caturāryasatyabhāvanāpariṇiṣpattiḥ syād iti kṛtvā *catvāro nikāyāḥ*[3] / catuścakrabhāvanayā sarvadharmasaṃgrahāt / utpattikrame ekā vyākhyā / *saṃvarabheda* ityādi / saṃvaraḥ sekas tasya bhedaḥ sa ca vakṣyamāṇaḥ / tatha ca vakṣyati ·

> sekaṃ caturvidhaṃ khyātaṃ sattvānāṃ hitahetave ||
> sicyate snāpyate ta ete catvāraḥ sekāḥ prabhedataḥ[4] ||

tathā ca vakṣyati

> ācārya guhya prajñā ca caturthaṃ tatpunas tathā[5] ||

ityādinā · iha hi yoginītantre araddūraṃ pāpakebhyo dharmebhyaś caratīty ācaryaḥ / tad eva tasya saṃvaraṃ · ācāryābhiṣekasvabhāvaṃ yat karmamudrayā catuḥkṣaṇacaturānandasvarūpaṃ pratipādanaṃ nāma · kriyātantrādisādhāraṇāvaivartikābhiṣekalābhamātreṇācaryābhiṣekeṇābhiṣikta ity

[1] Tib. *phyi rol gyi rgya che baḥi chos rnams naṅ du rtogs par rnal ḥbyor pa gaṅ gis ṅes par byas pa de ni deḥi sdom pas te lus su bsdus paḥi phyir daṅ / bsdus paḥi mchog ñid yin paḥi phyir ro* / 'When a yogin finally perceives as internal the whole riot of external things, that is their "bond" (*samvara*), because they are concentrated in his own body and because it is the best (*vara*) of concentrations (*saṃ*[*kṣepa*])'. Sanskrit omits *dharmāṇām* and *dehe*.

[2] *ḥkhor lo bźi po ḥdi dag ni ḥchad par ḥgyur baḥi chos can du bskyed paḥi rim pas mos par bya ste* / 'In the process of emanation (*utpattikrama*) one must painstakingly conceive of these four circles as possessing these parts which one is enumerating'. Sanskrit: *kāyadharmā* is a clear reading and may be rendered as 'the elements in which they consist'.

[3] After *catvāro nikāyāḥ* Tib. reads *źes bya ba la / ḥdi dag kyaṅ ḥdi ñid du mos par bya ba ñid yin te* = *ity ete 'pi teṣv evādhimoktavyāḥ*.

[4] Tib. *ḥdi yis bkrus śiṅ dbaṅ bskur bas / de phyir dbaṅ bskur źes byar brjod* / which is an independent version of II. iii. 12. The sense is identical. A translation of the whole following passage will be found in vol. I, pp. 131–3.

[5] End of line missing in MS. See II. iii.'10.

ucyate || tasya ca sarvatra yogayoginītantrādau vyā[7b/8a 3]khyāne śravaṇe bhavyatā syād iti yat kiñcid etat / prathamaṃ tāvad dHevajrādau yoginītantra śruticintābhāvanābhavyatākaraṇārthaṃ ācāryābhiṣekeṇābhiṣicyate / tat punar yathābhisamayam ācārya · guhya · prajñā · caturthakṣaṇopalakṣitaṃ viditaṃ / etad ācāryābhisekalabdhamṛdvindriyāṇām adhimokṣam avadhārya karmamudrayā bhāvanopadeśaḥ kriyate / evaṃ niṣpannakramapakṣe 'pi · guhyasthitamaṇinā yad gurūpadeśataḥ kṣaṇacatuṣṭayātmakānandacatuṣṭayasya · vedanaṃ tad guhyābhiṣeka ity ucyate / prapañcabhāvanābhir yogināṃ aprakāśyatvāt / atrābhiṣeke · madhyendriyāṇāṃ samayamudrābhāvanopadeśaḥ kathyate / tathaiva prajñā · prakṛṣṭaṃ jñānaṃ prajñā · sarvadharmo svacittamātratā jñānaṃ tatpratipādanārtham abhiṣekaḥ prajñājñānābhiṣekaḥ / tat punaḥ kalpitaparatantrapariniṣpannavijñānatrayasvabhāvanāḍītrayasamājarūpaṃ tanmaṇinā[1] yadgurūpadeśataḥ kṣaṇānām upalakṣaṇaṃ / [8a/8b 3] bāhyamudrayā · tat prajñājñānaṃ veditavyaṃ / tasmin abhiṣeke 'bhiṣikte 'dhimātrendriyāṇām māyopamasamādhir dharmamudropadeśaḥ kathyate / tathaiva caturthaṃ tat punas tatheti · tathatā · bhūtakoṭiḥ · dharmadhātur ity anarthāntaraṃ · tatsvabhāvaṃ yenābhiṣekeṇa paśyati pratipādyate vā · tathātvaṃ tathāśabdavācyaṃ punar iti prajñājñānānantaraṃ punar dadyād ity arthaḥ / tat punar bāhyamudrayā yad gurūpadeśataḥ pratiniyatadeśāparicchedalakṣaṇasampadam[2] anālambanayogenālambanīkaroti tac caturthābhiṣeka ity ucyate na punar gurūpadeśakathanamātrāc caturthābhiṣeka iti syāt / anyathā sicyate snāpyate · ityādinā Bhagavataḥ ṣekeṣv atra malakṣālanam abhipretaṃ · tat katham upadeśamātreṇa bhavet · tattvasya caturthātmakasya kathanāt kathan na bhaved iti ced / satyam uktaṃ paran tu vāggocarātītatvāt tattvasya kathitun na [8b/9a 2] pāryate nāpi śrotā pratipadyate · tathā coktaṃ

vaktur antaḥ sphurat tattvaṃ śrotā sākṣān na paśyati ||
kin tu śabdād udety asya vikalpapratibimbakaṃ ||
svavikalpaśatais tais taiḥ kalpayan tattvabhāvanāṃ ||
vikalpākulasantānaḥ kas tattvam avabhotsyata iti ||

nanu yadi seka eva tattvasya sākṣātpratītiḥ sakalamalāpakarṣaṇībhavet / kathaṃ tata kṣaṇād eva mahāmudrāsiddhir na syāt · syād evādhimātrendriyāṇām uttaptavīryāṇāṃ kiṃ kenāpy akāmakena na dṛṣṭam etāvataiva na syāt / tathā coktaṃ Samayavajrapādaiḥ

yas tu vajranayopāya⟨ḥ⟩ vicitrīkṛtamānasaḥ ||
sphuṭīkṛtasvasaṃvedyadharmakāyamahāsukhaḥ ||
(three lines missing that are preserved in Tibetan)[3]
tasya Vajradharasyeha siddhiḥ karatale sthitetyādi ||

[1] Tib. reads *sñiṅ gi nor bur* = *hṛdayamaṇau.*
[2] Tib. reads *mtshan ñid can skad cig maḥi phun sum tshog pa* = *-lakṣaṇakṣaṇasampadam.*
[3] don gyi stobs kyis thos pa yis / rdo rje gsum po rnam ṅes pas /
bdag med pa ni ṅes rig nas / srid paḥi ḥkhrul pa kun nas gcod /
de ñid raṅ sṅags gyur pa ni / phun sum tshog thabs rñed par sla /

tasmād uta kiñcid etat / atas tasmiṃś caturthābhiṣekasamaya evādhimātratarasattvānāṃ mahāmudrāsiddhir bhavati / tadanyeṣāṃ punar mahāmudropadeśaḥ kriyata iti sthitaṃ || (Tibetan continues[1]) *caturāryasatyetyādi* / caturṣv abhiṣekeṣu yathākramamaṃ duḥkhasya parijñānaṃ / samudayasya prahāṇaṃ nirodhasākṣātkriyā margabhāvanāviśuddhiś ceti / tathaiva *catvāras ta*[9*a*/9*b* 6]*ttvāḥ* / *ātmatattvaṃ* /

pañcaskandhāḥ samāsena · pañcabuddhāḥ prakīrtitāḥ
vajrāyatanāny eva · vajraḍākinīmaṇḍalaṃ /

devatānāṃ hevajrādīnāṃ svabhāvas tattvaṃ tad uktaṃ / ḍākinīvajrapañjare ||

jima jala sajjhecāndramahi
ṇai so sācca na miccha
tima so maṇḍalacākkatā
taṇu sahāvem sacca[2] ||

mantra eva tattvaṃ / mananā⟨t⟩trāṇanāc ca mantraḥ / śūnyatākaruṇādvayasvabhāvaṃ bodhicittaṃ / upacārabhedābhidyotako 'kārādiḥ || jñānam eva tattvaṃ niḥprapañcam anuttaramahāsukhajñānañ ceti · tathaivānandānāṃ kramād bhedanaṃ veditavyaṃ / etad uktaṃ bhavati / catvāraḥ kṣaṇāḥ catuḥsekaprabhedataḥ · pratisvaṃ catuḥ · catur iti kṛtvā bhidyante[3] · tad eṣāṃ sekatrayeṣu · sarvā vyavasthā kartuṃ śakyata eva · caturthābhiṣekakathanasamaye sarvadharmāṇām anālambanayogān na śakyata iti manyante / *nikāyam* ityādi / nikāyo bhikṣusaṃghaḥ / tad vakṣyati / dvitīyakalpe caturthapaṭale · sthāvarī nirmāṇacakretyādinā[4] || idānīñ cittasthirī [9*b*/10*a* 5] karaṇārthaṃ sarvāvaraṇakṣayārthañ ca sūkṣmayogaṃ darśayati / ĀLI KĀLItyādi · ĀLIr vāmanāsāpuṭaprabhavo vāyuḥ / tadaparaḥ KĀLIḥ / te · eva praveśasthitivyutthānakrameṇa · OṂ ĀḤ HŪṂ kārarūpeṇādhimucya paśyato yoginaḥ / cetasaḥ sthairyalābhāt samādhayaḥ sukhataram āśutaraṃ cotpadyante · tatra cāhorātreṇa vayoḥ saṃkramaṇe ṣoḍaśasaṃkrāntayaḥ · utpadyante · evaṃ sarve catvāra iti bhinnayogaḥ

[1] da ni śes rab raṅ bźin lalanā źes bya ba la sogs pas yaṅ dbaṅ gi don du rab tu bsgrub par bya baḥi phyir rtsa gsum gyi dbye ba bstan par bya ste / lalanā ni g'yon paḥi rtsa ste āliḥi raṅ bźin śes rab kyi ṅo bo ñid do || rasanā ni g'yas paḥi rtsa ste kāliḥi raṅ bźin thabs kyi ṅo bo ñid do || de dag gcig paḥi ṅo bo ñid dbus kyi yul na gnas pa ni avadhūtiḥo || lalanā ni chos kyi sku / rasanā ni loṅs spyod rdzogs paḥi sku / avadhūti ni sprul paḥi skuḥo || de dag ñid ji ltar rigs par lus daṅ ṅag daṅ yid do || ḥkhor lo gsum rtsa gsum daṅ gñis su med par sbyor ba las bde ba chen po ḥbyuṅ bar ḥgyur ro || bde ba chen po rtogs par gyur na ni bdaṅ bskur ba bźi daṅ skad cig ma daṅ dgaḥ baḥi rab tu dbye ba yaṅ rig pa ñid du ḥgyur ro || ji ltar bskyed paḥi rim paḥi phyogs kyi ḥkhor loḥi graṅs kyi rim pa rnam par bźag pa de bźin du dbaṅ bskur baḥi phyogs la yaṅ rtogs par byaḥo ||

[2] Tib.
grogs dag chu naṅ zla ba las /
brdzun min bden paḥam min pa ltar /
de bźin dkyil ḥkhor ḥkhor loḥi lus /
daṅ źiṅ gsal baḥi raṅ bźin no /

'O friend, just as the effect of the moon in the water is neither false nor true, so the form of the maṇḍala-circle is pure and lucid by nature.'

[3] Tib. *bźi bźir dbye ba byas nas rnam pa bcu drug tu ḥgyur ro* / *ṣoḍaśakalā* missing in Sanskrit.

[4] See II. iv. 59.

kartavyaḥ / *Mahāsāṃghī* cety asyānantaraṃ draṣṭavyaṃ · *Caṇḍālītyādi* · caṇḍā prajñā kleśopakleśaniṣkṛntane caṇḍasvabhāvatvāt / ĀLIr Vajrasattvaḥ Caṇḍāliśabdenocyate / *jvalitā nābhāv* iti viśvadalakamalavaraṭake mahārāgānalena jvalitā satī kiṃ karotīty āha / *dahati pañcatathāgatān* pañcaskandhān dahatīty abhāvaṃ karotīty arthaḥ Locanādīn iti pṛthivyādīn daghde sati /

uṭṭha bharāḍo karunamanv ityādicodanā gītikānantaraṃ[1] /

śravate [10*a*/10*b* 4] *śaśīti* / HAṂ-kārasvabhāvaḥ śaśī · Vajrasattvaḥ śravate praśravati · hevajrātmakaṃ śarīraṃ jagadarthakāraṇāya labhate / ity utpattikramavyākhyā || *caṇḍālītyādi* caṇḍā prajñā AṂ-kāraḥ / ālir Vajrasattvo HŪṂ-kāraḥ · AṂ-kāra-HŪṂ-kārau caṇḍālī tau dvau ekarasībhūya bindurūpeṇa vajramaṇiśikharaśuṣire nābhau mahāsukhamayarāgānalena *jvalitā* · *dahati pañcatathāgatān* · pañcaskandhān · *Locanādīn* pṛthavyādīn · *dagdhe* sati HAṂ *śravate* mahāsukhacakrāt · *śaśī* bodhicittaṃ || akṣarārthavyākhyā ||

Caṇḍā dharmodayā raktā · āliś cādyakṣaraḥ smṛtaḥ ||
jvalantan taṃ samākucya vāyunābhrāmya yatnataḥ ||
jñānāni cakṣurādīni pañcabuddhās samāsataḥ ||
pañcabhūtān yathātmānaṃ dagdhvā sattvārthakṛc chaśī ||

saṃpradāyavyākhyā /

Caṇḍā prajñā vāmanāḍī · *āli*-rūpā · upāyo dakṣiṇanāḍī /
te dve gurūpadeśataḥ / saṃyogaṃ gate *caṇḍālīty* uçyate /

jvalitā nābhāv iti nābhiśabdo madhyavācī · tayor madhye 'vadhūtyāṃ *dahatīti* / mahārāgāgninā pañcaskandhān *Locanādīnīti* pṛthivyādīni · dagdhe HAM iti / *a*[10*b*/11*a* 4]*haṅ*-kāramamakārau *dagdhvā-śravate* mahāsukhajñānam utpadyate tad vakṣati /

nānyena kathyate sahajaṃ na kasmin api labhyate ||
ātmanā jñāyate puṇyād guruparvopasevayā ||[2]

saṃpradāyavyākhyā · *caṇḍā* prajñā · utpattyutpannakramasamādhīnāṃ vicāraḥ / *ālir* mahākāruṇāmayacittaṃ / ataḥ śūnyatākaruṇe *caṇḍāli*-śabdenocyate · *nābhau* tayor madhye mahāmudrāyāṃ prabhāsvaramayalakṣaṇāyāṃ tatra *jvalitā caṇḍālī* niruttaraprajñā kiṃ karotīty āha / *pañcatathāgatān* · Akṣobhyādimaṇḍaleśamāṇḍaleyān *Locanādīṃś* ca · dahati bhasmaśād api na vijahyāt[3] || paścād *dagdhe* HAM iti / ahaṃkāramamakārāspadānyatamābhāve[4] cittamātraṃ · ahaṃ dagdhvā kiṃ karotīty āha / *śravate śaśī* · tasmāt · prabhāsvaramayasamādher vyuttiṣṭhate · śaśī Vajradharaḥ /

[1] See II. v. 20.

[2] See I. viii. 36.

[3] Tib. *bsreg pa ni thal ba tsam yaṅ ma lus par ro* / 'it consumes them so that not even ashes are left'.

[4] Tib. *bdag daṅ bdag gi spros pa las gźan yod pa ma yin pas sems tsam ñid ni bdag go źes paḥo* / 'As *I* and *mine* are nothing but diffused manifestation, I am mind only'. Sanskrit should perhaps read: *ahaṃkāramamakārasphuṭānyatamābhāve*.

anāgatam atītañ ca vartamānaṃ jagattrayaṃ /
tatkṣaṇān nisvalaṃ paśyeta prabhāsvaraviśuddhitaḥ ||

Vajrakulapaṭala iti · vajraśabdenātra Hevajraḥ tasya kulaṃ śarī[11*a*/11*b* 3]raṃ · athavā tasyotpattiḥ kulaṃ tadabhidyotakaḥ paṭalo vajrakulapaṭalaḥ / iti Yogaratnamālāyāṃ Kṛṣṇācāryapādakṛtau Hevajrapañjikāyāṃ prathamaḥ paṭalaḥ.

PART I. CHAPTER ii

sāmarthyaṃ bahuvidhaṃ mataṃ ||
stambhanocchāṭanaṃ caiva sainyastambhābhicārikaṃ[1] ||

ity uktaṃ dvitīyapaṭalam adhikṛtyāha / *mantrapaṭalam* iti paramārthamananāt · jagattrāṇanāc ca mantraḥ pāramārthikabodhicittaṃ mantraḥ · mantraniṣyandatvāt · OṂ-kārādis tathoktaḥ / tat dyotakapaṭalas tathoktaḥ / indrādayaḥ saparivārāḥ · sarvabhūtāḥ · te devatā 'syeti[2] *sārvabhautikaḥ* · baliḥ pūjopahāraḥ · tadarthaṃ mantras tathoktaḥ / *sarvety* ādi · Hevajrāṇāṃ jāpyamantrapadāḥ · OṂ-kārādi HŪṂ HŪṂ HŪṂ PHAṬ kāravidarbhitāḥ SVĀHĀntāveditavyāḥ / anyatra gurūpadeśād yathāyogaṃ vidarbhaṇaṃ veditavyaṃ / ĀḤ-PHUḤ-*kāram* ityādi nāgādhiṣṭhitahradāt · kṛṣṇamṛttikām *āniyānantanāgakṛtiṃ* caturangulapramāṇāṃ *kṛtvā* saptaphaṇārthitām *pañcāmṛteneti* / dadhi · dugdha · ghṛta · gomūtra [11*b*/12*a* 2] gomayaiḥ / *kṛṣṇagokṣīreṇeti* · śarāvaṃ veṣṭayitvā sampuṭaṃ sthāpayet · *puṣkariṇīmadhye* · *adhyāt⟨m⟩a* iti[3] sadarpakrūracetasā · *urjukasyeva* mañjarı pannaśasyeva · para-*sainyety* ādi || pañcāmṛtenetyādhyātmikena / *brāhmabījam* iti palāśabījaṃ / *vikālavelāyām* iti · aṣṭamyāṃ caturdaśyām va · *vajrāgaurītyādi* · ayaṃ mantrayogaḥ · ĀṂ-kāraniṣpannāṃ śukrāṃ śavārūḍhāṃ kartṛkapālakhaṭvāṅgadharāṃ Vajrāṃ vibhāvya OṂ HŪṂ SVĀHeti pūrvasevārthaṃ lakṣaṃ japeta / paścād apakvaśarāve MAṂ-kāraṃ khaṭikayā 'bhilikhya tanmadhye OṂ HŪṂ DEVADATTAṂ STAMBHAYA HŪṂ SVĀHeti · abhilikhya śmaśānabhasmanā pūrayitvā · aparāpakvaśarāvena saṃpuṭīkṛtya tadupari Māhendramaṇḍalam vagalaṃ[4] digvajrair upaśobhitaṃ vilikhya bhūmitale saṃsthāpya pādenākramya pūrvavat samādhisthānamantraṃ japeta · OṂ HŪṂ VAJRE[5] DEVADATTAṂ STAMBHAYA HŪṂ SVĀHeti · aṣṭottaraśataṃ sahasraṃ vā japeta / stambhito bhavati · evaṃ IṂ-kārākṣaraniṣpannāṃ kuṅkumāru[12*a*/12*b* 1]ṇāṃ Gaurīṃ vibhāvya pāśāṅkuśadharāṃ AṂ-kāraṃ bandhūkabhaṃ [svam āruṇaṃ] svahṛdi dhyātvā[6] OṂ AṂ SVĀHĀ iti

[1] Quotation from I. i. 8.
[2] Presumably should read: *tā devatā āsām iti.* Tib. *ḥdi yaṅ lha de dag gis.*
[3] Tib. *bdag ñid kyis śes bya ba.*
[4] Tib. *zur bźi pa* 'square'.
[5] Tib. VAJRA.
[6] MS. *bandhūkabhāsvam āruṇaṃ svahṛdi dhyātvā.* Tib. *me tog bandukaḥi mdog lta bu raṅ gi sñiṅ khar bsgoms la* 'meditating upon the syllable AṂ of colour like unto the bandhūka-flower (as situated) in one's own heart'. Sanskrit may contain a gloss.

pūrvasevārthaṃ lakṣaṃ japeta · sādhyāṃ raktavarṇāṃ nagnāṃ muktakeśām agrato dhyātvā tasya bhage AṂ-kāraṃ · 'gnivarṇaṃ dhyātvā · athavā puruṣasya hṛdaye · AṂ-kāravahninā pratāpyamānaṃ vihvalaṃ dhyātvā · OṂ AṂ GAURI AMUKĪṂ ME VAŚAM ĀNAYA AṂ SVĀHĀ · pāśena galake baddhvā · aṅkuśena hṛdi viddhvā samākṛṣya pādatale nipatitāṃ dhyātvā japaṃ kuryāt · niyataṃ vaśyā bhavati tathaiva I-kāraniṣpannāṃ Vāriyoginīṃ nīlavarṇāṃ mukuratarjanīhastām[1] dhyātvā hṛtsūrye nīla-KHAṂ-kāraṃ dṛṣṭvā pūrvasevārthaṃ lakṣam japeta / OṂ KHAṂ SVĀHeti sādhyan nagnaṃ muktakeśaṃ nīlavarṇaṃ daṃṣṭrārūḍhaṃ[2] dhyātvā dakṣiṇābhimukhaṃ krūrair laguḍahastair nirhanyamānaṃ palāyamānaṃ dhyātvā mantram āvartayet / OṂ KHAṂ VĀRIYOGINI · AMUKAM UCCĀṬAYA KHAṂ HŪṂ HŪṂ HŪṂ PHAṬ saptarātreṇa niyatam uccāṭayati[3] / tathaiva vajrayoginīyogam U-kāreṇa dhyātvā hṛtsūrye JRĪṂ-kāraṃ nīlavarṇaṃ dhyātvā OṂ JRĪṂ SVĀHĀ iti lakṣam ja[12*b*/12*b* 6]pyeta pūrvasevārthaṃ sādhyau 'śvamahiṣārūḍhau dhyātvā 'nyonyaṃ vadhyamānau japaṃ kūryāt tathaiva · OṂ JRĪṂ VAJRA-ḌĀKINĪ DEVADA⟨TTA⟩YAJÑADATTAYOR[4] VIDVEṢAṂ KURU JRĪṂ HŪṂ HŪṂ HŪṂ PHAṬ niyataṃ vidveṣayati / tathaiva AṂ-kāraniṣpannāṃ Nairātmyāṃ vikṛtarūpāṃ kapālakhaṭvāṅgakartṛdharāṃ vicintya hṛtsūrye nīla-BUṂ-kāraṃ dṛṣṭvā pūrvasevāṃ kṛtvā brahmakapāle viṣarājikāravaṇarudhireṇa[5] ṣaṭkoṇaṃ cakram abhilikhya koneṣu HŪṂ-kāraṃ vilikhya madhye OṂ BUM AMUKAṂ JVARAYA HŪṂ · anyatamopadraveṣu nāmavidarbhya tuṣāgnau tau tāpayet[6] / sarvaṃ kuryāt krūrakarmaṇi mantraśeṣe sarvatra HŪṂ HŪṂ

[1] Tib. *mthe bo daṅ sdig mdzub kyis phyag mtshan pa* 'with a hand-gesture made with the thumb and first finger'.

[2] Tib. *rṅa mo sṅon po la źon pa* 'mounted on a blue she-camel'.

[3] MS. *uccāchayati*.

[4] Tib. DEVADDAT YAJIKADDATAYO.

[5] MS. *rājikārṇavaṇarudhireṇa*. Tib. *ske tshe daṅ tsha daṅ khrag rnams kyi*.

[6] T. *gnod pa gźan dag gis sbyor bar ḥdod na yaṅ deḥi miṅ gis brgyan źiṅ bsnun paḥi * me la gduṅs pa las thams cad byaḥo* 'if one wishes to afflict (him) with other harms, then by burning in fire·a — * which has been adorned with his name and pierced, all will be done'. [Some word is required where marked *.] In the Sanskrit version *tau* may refer to the two things, one inscribed, one pierced, or the idea of a pair may be taken erroneously from the previous hate-causing ritual. Some confusion is likely for the commentators are not in agreement. According to V (XV. 38*b* 7–39*a* 2) the functions of these goddesses are:

Vajrā—*stambhana*	Nairātmyā—*vidveṣaṇa*
Gaurī—*vaśya*	Bhūcarī—*ākarṣaṇa*
Variyoginī—*śānti*	Khecarī—*māraṇa*
Vajraḍākinī—*uccāṭana*	

But his list is suspect, for *śānti* is out of place amidst a set of harmful rites and a comparison with the main text, I. ii. 12–18, will show that *abhicāruka* is missing. This is the one rite that K leaves unnamed and where we have the difficulty of establishing a sure reading. Taking the mystic syllables as the basis of identification, we find the rest of K's list correct as against that of the main text:

Vajrā	HŪṂ	*stambhana*
Gaurī	AṂ	*vaśya*
Variyoginī	KHAṂ	*uccāṭana*
Vajraḍākinī	JRĪṂ	*vidveṣaṇa*
Nairātmyā	BUṂ	*abhicāruka*
Khecarī	HŪṂ	*ākarṣaṇa*
Bhūcarī	GHUḤ	*māraṇa*

HŪṂ PHAṬ kuryāt / tathaiva svabījena pariniṣpannāṃ śavārūḍhāṃ[1] Khecarīm vibhāvya pūrvasevāṃ kṛtvā vāyvagnimaṇḍalopari sādhyām vihvalaṃ dhyātvā hṛdbījād raktavarṇaraśmijvālāṃ niścārya sādhyāyā dakṣiṇanāsāpuṭena praveśya hṛdayaṃ viddhvā vāmanāsāpuṭena niṣkāśya hṛdbīje ānāya śvāsavāyunā ākarṣayan mantraṃ japet · niyatam ākarṣayati || tathaiva [13*a*/13*a* 5] svabījaniryātabhūcarīyogaṃ nīlanibhaṃ dhyātvā pūrvasevāṃ kṛtvā GHUḤ kārākṣaraniṣpannaṃ jvaladvajraṃ sādhyasyādhomukhaṃ kaṭideśe nikhanyamānaṃ dhyātvā mantraṃ japet / OṂ GHUḤ BHŪCARI AMUKAṂ MĀRAYA HŪṂ HŪṂ HŪṂ PHAṬ niyataṃ mārayati || iti Yogaratnamālāyāṃ Kṛṣṇācāryapādakṛtau Hevajrapañjikāyāṃ mantrapaṭalo dvitīyaḥ.

PART I, CHAPTER iii

devatāpaṭalam iti · devatānāṃ Hevajrāṇāṃ vajrayoginīnāṃ paṭalam Hevajrādīnām utpattiyogān yathoktavistīrṇān · ihaiva viśeṣeṇākhyāsyāmaḥ / *prathamam* ityādi karuṇādyapekṣayā prathamam ity ucyate / sarvaprathaman tu manorame sthāne sthitvā sukhāsane nipadya sthānātmayogarakṣārthaṃ OM RAKṢA RAKṢA HŪṂ HŪṂ HŪṂ PHAṬ SVĀHeti trir uc⟨c⟩ārya paṭādigatamūrtim Bhagavantaṃ · abhyarcya svamantreṇārgham parijapya pāpadeśanāpuṇyāmoda · triśaraṇaṃ kṛtvā bodhicittam upasthāpya tataḥ *prathamaṃ bhāven maitrīṃ* sarvasattveṣu niruttarasukhopanayanākārāṃ [13*b*/13*b* 4] *dvitīye* kṣaṇe teṣv eva sarvaduḥkhāpanayanākārāṃ *karuṇāṃ tṛtīye* teṣv eva divyasukhāvicchedaniyamākārāṃ[2] *muditāṃ* · *upekṣāṃ sarvaśeṣataḥ* / teṣv eva sakalakleśopakleśapratipakṣamargopasaṃhārākārāṃ bhāvayed iti vartate / ayam ādyasya yogasya parikaraḥ sakalayogasādhāraṇamāyopamasya śarīram āha[3] / *tat punar apīti* / tato 'pi paścād bhāvayed iti vartate / kim tac *chūnyatābodhim* ity āha / sarvabhāvān manasāvalabhya cittamātram evedam asati bāhye viṣayākāraṃ bhrāntyā pratibhāsate / tad yathā svapna iti / tad api pratibhāsasvarūpaṃ cittam ekānekasvabhāvarahitaṃ / nirābhāsaṃ prabhāsvaramayaṃ paśyeta / *dvitīyabījasaṃgraham* iti / tasmin eva prabhāsvare yathāyogam sūryādimaṇḍalopari kiraṇamālidevatābījaṃ dṛṣṭvā tasmād bījād yoginīkulānantanirmāṇena[4] jagad-

[1] Tib. *me tog gi steṅ na gnas paḥi* = *puṣpārūḍhāṃ.*

[2] Tib. *lhaḥi bde ba rgyun mi ḥched par sbyin par ḥdod paḥi rnam pa can* 'of the kind that wishes to give uninterruptedly divine happiness'.

[3] Read: *sakalayogasādhāraṇaḥ yogasya śarīram āha* in accordance with Tib. *ḥdi dag ni rnal ḥbyor thams cad kyi mthun moṅ gi daṅ poḥi rnal ḥbyor gyi byed par ḥgyur ba yin no / rnal ḥbyor gyi lus bstan pa ni* 'These in common with all yoga are the preparation for primary yoga; they are called the *body of yoga*'.

[4] Tib. *lhaḥi ḥbyor paḥi rigs dpag tu med pa sprul nas* 'by its creation of endless families with their divine riches (*divyavibhava*)'. Preferable is the reading *yoginī*. See translation of this passage (vol. I, p. 57 fn.). As for the 'endless families' see II. ii. 60–61.

arthaṃ kṛtvā tasmin eva bīje samupasaṃhāro [14*a*/14*a* 3] bījasaṃgrahas tam bhāvayet / *tṛtīye bimbaniṣpattim* iti / tena bījena devatādehasya viśvadalakamalakarṇikārasthitasūryādimaṇḍalopari śavāruḍhasyārdhaparyaṅkatāṇḍavakāriṇo niṣpattir bimbaniṣpattiḥ / tāṃ bhāvayet / *caturthaṃ nyāsam akṣaram* iti / tataḥ svahṛdi maṇḍalasthaṃ bījākṣaraṃ vibhāv⟨ay⟩et / iti mṛduyogasamādhiḥ || idānīṃ dvitīyayogasamādhim adhikṛtyāha / REPHEN*ety* ādi / atrāpi śūnyatābodhiparyantaṃ parikaraḥ / pūrvavat · draṣṭavyaḥ / tad adhikaṃ REPHENetyādinā gāthādvayena rakṣārtham āha / REPHENĀgnivarṇena sūryamaṇḍalaṃ dṛṣṭvā · tadupari nīla-HŪṂ-*bhavaviśvavajraṃ* / tābhyāṃ tiryag[1] *vajraprākāraṃ* / upariṣṭād vajra*pañjaraṃ* / adho vajramayīṃ ⟨bhūmiṃ[2]⟩ bahir vajrāgnijvālām *bhāvayed* iti ślokārthaḥ / tatas taṃ mantreṇādhiṣṭhepet / OṂ RAKṢA RAKṢA[3] HŪṂ HŪṂ HŪṂ PHAṬ SVĀHĀ || *prathamam* iti yogasya śarīrāt [14*b*/14*b* 1] prathamam ity arthaḥ / vajraprākāram antar[4] viśvadalakamalasūryādimaṇḍalopari *mṛtakaṃ bhāvayet* / kasmād asau devatānām āsanaṃ / āha / *dharmadhātvātmakaṃ vidur* iti / mṛtako hi nirātmakaḥ · nairātm⟨y⟩añ ca dharmadhātuḥ / dharmadhātuniṣṭhāś ca ḍākaḍākinyaḥ / *yogī* bhāvakaḥ / *tasyopari sthitam* ātmānam adhimucya *Herukatvam* ātmanaḥ prasādhayet / madhyayogasya parikaraḥ / *svahṛdītyādi* / *dveṣātmānaṃ vibhāvayed* iti / Herukarūpam ātmānaṃ bhāvayed ity arthaḥ / atra tantre nāyakaṃ Hevajram adhikṛtya sarvāsāṃ devatānāṃ yogaṃ prastūyate / anyāsāṃ svacihnabījapariṇāmena yathāyogaṃ boddhavyaṃ / *nīlapaṅkaja* iti · nīlotpalanibhaṃ *śraddhayeti* · ātmanaḥ pratibhāsena varṇānāṃ yādṛśaṃ rocate tādṛśaṃ bhāvayet · tṛtīyayogam adhikṛtyāha · *vyomīty* ādi / yathā dvitīye parikaraḥ · tathā tṛtīye 'pi / adhikas tv ārambhe tam āha[5] / hṛdbī[15*a*/14*b* 6]jakiraṇākṛṣṭaṃ Bhagavantaṃ vyomni dṛṣṭvā · manasā vicitrapūjabhiḥ saṃpūjya · *aṣṭadevatābhir* Gauryādibhiḥ pūjayet || *mṛgalāñchanaṃ* karpūraṃ *mārtaṇḍam* iti sihlakaṃ / *bhājanam* iti sarvatra sambandhanīyaṃ · *vāri* · akṣobhyaṃ · *bhaiṣajyaṃ* catuḥsamaṃ *vajraṃ* śālijaṃ / *raso* madhu · *ḍamarukaṃ* kṛpīṭaṃ / *ḍombyā* iti · *āliṅgitakandharaṃ* · yathā bhavati tathā pūjayati[6] / evaṃ Bhagavataḥ pūjāṃ kṛtvā dvitīyaparikaravanmṛtakāsanādhimokṣaparyantaṃ kuryāt / tṛtīyayogasya parikaraḥ / yogaśarīraṃ punar atra pañcākārā-

[1] MS. *tiryaka*. Tib. *thad kar* 'in a horizontal plane'.

[2] MS. omits *bhūmiṃ*. Tib. *ḥog tu rdo rjeḥi raṅ bźin gyi sa gźi daṅ phyi rol tu rdo rje me ḥbar ba bsgom par byaḥo* 'one should imagine below a floor made of adamantine stone and outside (the wall) a blazing fire'.

[3] Both here and p. 113, l. 16. MS. omits one *RA*, reading *rakṣa kṣa*. Tib. gives it in full as at I, ii. 11 of the main text.

[4] MS. *prākām adho*. Tib. *ra baḥi naṅ gi* 'inside the fence', which is the required meaning. Perhaps the original reading *antar* was misread as *adhar* and so presumed to be an error for *adho*.

[5] Tib. *daṅ poḥi rtsom pas lhag par bstan pa yin no* = *prathamasyārambhenādhikaṃ deśitaṃ*.

[6] *ji ltar ḥos par gyur nas ḥkhyud nas de ltar mchod par byed paḥo* 'just as she embraces him becomingly, so she worships him'.

bhisambodhiḥ / tām āha / *candrālīty* ādi · A-kārādipañcadaśasvarā *āliḥ* / KA-kārādi catustriṃśadvyañjanāni · *kāliḥ* / sacahṛdi ĀLI-pariṇatacandraḥ / candrāliḥ / KĀLI-pariṇatasūryaḥ / KĀLI*ḥ mārtaṇḍaḥ* / *bījamadhyagataṃ* bhaved iti / candrasūryasyopari bījaṃ cihnaṃ / tadvaraṭake bījaṃ *bhavet* · bhāvayed ityarthaḥ *sa eva sattvam* ityāhuḥ / tad eva bījaṃ / [15*b*/15*a* 5] hetuvajradharam[1] āha / kiṃ viśiṣṭaṃ tat / *paramānandasvabhāvakaṃ* / visphurantīti / viśvam abhivyāpya *sphuranti* · Hevajradehanibhā *ābhāḥ* / tata eva bījāt · *saṃhāryānaye hṛdayam*[2] iti / tān eva saṃhṛtya tasmin eva bīje praveśayet || tataḥ *sa yogī dveṣātmako bhavet* / candrasūryabījacihnapariṇāmena Herukarūpo bhavati || iyatā pañcākārābhisambodhiḥ / tathā ca vakṣyati / aṣṭame paṭale

adarśajñānavāṃś candraḥ samatā saptasaptikaḥ ||
bījaiś cihnaṃ svadevasya pratyavekṣaṇam ucyate ||
sarvair ekam anuṣṭhānaṃ bimbaniṣpattiḥ suviśuddhadharmateti[3] /

nīlāruṇābhavarṇenety ādi[4] / ete trayaḥ / ekavīrayogāḥ sarvāsāṃ devatānāṃ sādhāraṇabhṛtāḥ / idānīṃ caturṇāṃ Hevajrāṇāṃ Nairātmyāyāś ca[16*a*/15*b* 2]turthasya yogasya maṇḍalacakrātmakasya sūcanā kriyate / *śmaśānety* ādi / yathā tṛtīye yogaparikaraḥ / tathā caturthe 'pi || vajraprākārāsv antare ghorāṣṭaśmaśānāni tanmadhye kūṭāgārodare viharati · *nātho* Hevajraḥ / Gauryādibhir *aṣṭayoginībhiḥ parivṛt⟨taḥ⟩* / *śvasatīty* ādi / śavānāṃ vasatir iti / nairukto varṇalopaḥ / śavānām āvāsa ity arthaḥ / utpannakramasyāpi aṣṭame paṭale · vakṣyamāṇasyānena śmaśānaśabdena sūcanā kṛyate / śmaśāne nirātmake dehe nāthaḥ / paramānandamayo viharati / katham dehaḥ śmaśānaṃ · śvasatīty anayā yuktyā śmaśānety abhidhīyate || idānīṃ caturbhujahevajrasya viśeṣaṃ vaktum āha / *caturbhujaś caturmāraniriitety* ādi / *bhagavadrūpiṇīti* / varṇasaṃsthānābhyāṃ dvibhujā kartṛkapāladhariṇī bhāvyā || tathaiva *Vajraśṛṅkhalā* prajñā ṣaḍbhujasya / dvibhujasya · atra tantre · Nairātmaiva prajñā Hevajrasya · utsargasiddhatvāt / [16*b*/16*a* 1] pūjādevy eva sarveṣāṃ Ḍombī na tu mudrety āmnāyaḥ / iti Yogaratnamālāyāṃ Kṛṣṇācaryapādakṛtau Hevajrapañjikāyāṃ tṛtīyaḥ paṭalaḥ ||

PART I. CHAPTER iv

abhiṣeko hi bhāvanāyāḥ pariniṣpattiḥ sakalayogasādhāraṇaḥ / tam āha · *devatābhiṣekapaṭalam* iti / abhiṣeko jñānāmbubhiḥ[5] śavāsanasarvāvaraṇakṣālanārthaṃ || *mūrdhni* ityādi / devatānāṃ yathāyogaṃ tad vakṣyati / *devatāmūrtyā sthātavyaṃ* / sveṣṭadevatā saiva mūrtiḥ / tayā sthātavyaṃ /

[1] Tib. omits *hetu*, viz. *sa bon de ñid rdo rje ḥchan yin no* /.
[2] *K* follows MS. *A* in reading: *-ānaye hṛdayam.*
[3] See I. viii. 6–7.
[4] MS. *nīlāruṇābhavarṇṇerṇṇanetyādi.*
[5] Tib. omits: *jñānāmbubhiḥ* but its reliability is confirmed by S who uses the same expression (XV. 149*b* 7).

iti Yogaratnamālāyāṃ Kṛṣṇācāryapādakṛtau Hevajrapañjikāyāṃ caturthaḥ paṭalaḥ ||

PART I. CHAPTER V

ukto devatāyogaḥ / tatra ca tattvādhimokṣyaṃ vinā nāsti śīghratarā bodhir iti · tam āha · *tattvapaṭalam* ityādi / tattvadyotakaḥ paṭalas tathoktaḥ / *rūpaṃ* nīlapītadi / tan nāsti kathan nāsti yāvatā dṛśyata[1] eva svarūpeṇa nāsti · yad asyākṛtrimaṃ param anirapekṣyaṃ nijarūpaṃ svabhāvas tenākāreṇa nāsti pratītyasamutpatteḥ / yaś ca pratītyasamutpādaḥ · sa eva bhāvānām anutpādaḥ yadi hy utpādāt pūrvaṃ bhāvānām[2] svabhāvo bhavet tadātmasattālābhārthaṃ hetvantaram anapekṣyaṃ bhavet / apekṣate ca hetvantaraṃ · ataḥ siddham bhāvānāṃ niḥsvabhāvatvam || tathā coktaṃ Nāgārjunapādaiḥ /

akṛtrimaḥ [17*a*/16*b* 1] svabhāvo hi nirapekṣaḥ paratra ca ||
yadi niḥsvabhāvā bhāvāḥ svabhāvato na vidyante ||

kathaṃ tarhi vicitrākārāḥ pratibhāsante · pratibhāsanta[3] eva bālānāṃ na hi pratibhāsamātreṇa svarūpasiddhiḥ / keśadvicandraśikhicandramakṣikādayaḥ kin na pratibhāsante / teṣāṃ timirasabhāvā[4] pratītiḥ cet / anyo 'pi · avidyā[5]timiropahatamatinayanāḥ sarvabhāvān svarūpeṇāvidyamānān taimirikopalabdhakeśān iva purato vivartamānān paśyanti · na punar āryā apetavidyāmaladhīcakṣavo 'pi · tathā ca Sarvavivaraṇaniṣkambhī bodhisattvaḥ saṃstauti Bhagavantaṃ /

ādiśāntādyanutpannāḥ prakṛtyaiva tu nirvṛtāḥ ||
dharmās te vivṛtā Nātha dharmacakrapravartane ||

tasmāt svarūpeṇa rūpādayo na santy eveti sthitaṃ / [17*b*/16*b* 6] *na dṛṣṭety* ādi · yo hi rūpasya draṣṭā cakṣurvijñānādiko dharmaḥ / so 'pi nāsti sarvadharmāṇām anutpatteḥ / evaṃ śabdādayo vācyāḥ / *na cittam* ityādi · cittaṃ pariniṣpannaṃ vijñānaṃ caittikaṃ paratantraṃ kalpitaṃ / etat trayaṃ paramārthato nāsty eva kathaṃ nāsti uktañ ca Bhagavatā 'Cittamātraṃ Bho Jinaputrā yaduta traidhātukam' iti tat kathaṃ satyam uktaṃ vineyānāṃ rūpādyabhiniveśaprahāṇārthaṃ / atrārthe Nāgārjunapādair uktaṃ ·

cittamātram idaṃ sarvam iti yā deśanā muneḥ /
uttrāsaparihārārthaṃ bālānāṃ sā na tattvataḥ ||

tasmāt paramārthato nāsty etac cittaṃ / iyatā sarvabhāvānāṃ tattvam uktaṃ / idānīm ādhyātmikayogam āha / *Jananīty*ādi / Jananī hitaiṣinī *Bha-*

[1] MS. *kathaṃ nāsti kathaṃ nāsti yāvatā dṛśyata eva*? Tib. *de ni med do / ji ltar mthoṅ ba ñid ma yin nam de ji ltar med*?
[2] MS. *bhāvanām.*
[3] Insert *timiropahatānāṃ*. Tib. *rab rib can rnams la.*
[4] Tib. *rab rib kyi stobs kyis* = *timirabalena*; MS. *timirasabhāvā.*
[5] MS. *anye 'pi 'vidyā.*

ginī vatsalā · *Naṭī* paṭupracārā · *Rajakī* śuklakarmaratā · *Vajrī* [18*a*/17*a* 5] dhyānapreyā · *Caṇḍālī* nihatamānatvāt · kṣamā śīlā · *Brāhmaṇī* anavadya-karmaratā · *prajñetyādi* · Nairātmyā prajñā · upāyo Hevajraḥ / anayor ekarūpeṇa vakṣyamāṇanītyā *pūjayet* / *tattvavatsalas* tattvapriyaḥ / *prayat-neneti* guptau yatnaḥ prayatnaḥ / *yathā bhedo na jāyate* / bhede dṛṣṭā-dṛṣṭadoṣah / tam āha / *kriyate duḥkham* ityādi / akṣarārthavyākhyā / *Jananīty-ādi* / *Jananī* · avadhūtī · *Bhaginī* · lalanā · *ca* kārāt · rasanā · tāḥ pūjayet · *yogaḥ* saṃyogaḥ / · tāsām eva prajñopāyādvayasvabhāvānāṃ tisṛṇāṃ nāḍīnāṃ yogāt · mahāsukham utpadyate · atas tāsāṃ *yogavit* · yogī · *sadeti* sarvakālaṃ mahāsukhamayīṃ pūjāṃ kuryāt / *Naṭīty* ādi · rasanā rasas tadvijñānaṃ naṭī sparśasparśendriyaṃ tadvijñānam · *Rajakī* · śravanendri-yaṃ · śabdas tadvijñānaṃ *Vajrī* / ghrāṇaṃ gandhas tadvijñānaṃ *Caṇḍālī* || cakṣur rūpaṃ tadvijñānaṃ *Brāhmaṇī* · *prajñety* ā[18*b*/17*b* 4]di / sarva-dharmaśūnyatā · prajñā · upāyo mahākaruṇā · tayor vidhānaṃ mahā-sukhamayaḥ / samādhiḥ · tat punar gurūpadeśato boddhavyaṃ / tenety arthaḥ kim ete śabdarūparasādayaḥ parihartavyā · yoginā na veti · *sevitavyāḥ* prayatnenety atiśayena *yathā bheda* iti · yathā śabdādiṣu trayopalambho na syāt / yadi tathopalambhaḥ syāt tadā ko doṣaḥ / āha · *aguptety* ādi · *vyāḍā-dibhiḥ* sāṃsārikair duḥkhair abhibhūyate / *vyāḍa* sarpavyāghrādayaḥ / *bhūcarāḥ* piśācādayaḥ / katham ete cakṣurādayo *mudrā*-śabdenābhidhī-yante / ete rūpādaya eva *pañcakulānīti* kṛtvā · tathāpi na jñāyante · tad artham āha / *vajreṇety* ādi / vajram abhedyaṃ jñānaṃ · tenānena *mudryate* · mudaṃ harṣam mahāsukhaṃ janyate · tena hetunā mudrety ucyate · *vajrapadmety* ādi / uktam arthaṃ spaṣṭayati / *kulañ caitad* iti · vajrapad-mādikaṃ tathatāyāṃ gata iti prabhāsvarapraviṣaḥ / *śrī*[19*a*/18*a* 3]*mān* iti puṇyajñānasambhārasambhṛtaḥ / *āgataś* ceti prabhāsvarād dhy utthito jagadarthakaraṇāya / *kulānīty* ādi · cittaśāśvataratneśavāgīśāmoghasātvikāḥ ṣaṭkulāni · vajrasattvasaṃkṣeparūpāḥ pañcatathāgatāḥ / teṣāṃ saṃkṣepāḥ śāśvatākṣobhyavāgīśāḥ / etad uktaṃ bhavati · cakṣu śrotraghrāṇajihvākāya-manāṃsi · ṣaṭkulāni saṃkṣepāt · rūpavedanāsaṃjñāsaṃskāravijñānāni · pañcatathāgatāḥ / kāyavākcittaṃ yoginaḥ kulatrayaṃ *nāsti bhāvakety* ādi sarvadharmānāṃ tathāgatasvabhāvatvāt · bhāvyabhāvakabhāvanāḥ para-mārtha⟨ta⟩s tritayaṃ nopalabhyate · kathaṃ tarhi loke dṛśyata ity āha / *niḥprapañcasvabhāvata* · iti prapañco nānātvalakṣaṇaḥ / tasya caikāneka-svabhāvavirahāt / yas teṣām anutpādalakṣaṇas tathatā tenaivākāreṇāstīti bhāvaḥ / *Vairocanety* ādi / sa eva Vairocanaḥ prabhāsvaramayatvāt / sa *evākṣobhyaḥ* kleśair na kṣubhyata iti kṛtvā · sa *e*[19*b*/18*b* 2]*vāmoghyaḥ* sarvākārajagadarthakaraṇāt · sa eva *Ratneśaḥ* sarvabuddharatnānām āśrayatvāt[1] / sa *evārolikaḥ* · teṣām eva sarvākāratayā paricchedāt · sa eva *Sātvikaḥ* pañcajñānamayatvāt · *Brahmety* ādi · sa eva Brahmādir ucyate ·

[1] Tib. *saṅs rgyas kyi chos rin po che thams cad kyi rten du gyur paḥi phyir ro* 'because the doctrine of the Buddha is the receptacle of all gems'.

katham ityāha / *nirvṛtitaḥ* niḥśeṣakleśānāṃ nirvṛtir mokṣajñānaṃ · tadrūpatvāt / buddhatattvo buddhaḥ / ataḥ sa eva *buddhaḥ* / *viśanād* iti / tasmin eva tādātmyena praveśāt / sadā sukalyāṇād iti paramakalyānamayatvāt / sa eva *Śivaḥ* / *sarva* ityādi / kathaṃ sa eva sarvaḥ · yasmād asau sacarācaram abhivyāpya sthitaḥ / tasmāt sarvaḥ *satsukheneti* · anāsravasukharūpatvāt · sa eva *tattvaṃ vibuddha* iti · tasyaiva niruttaraprītiḥ sukhasya vedanāt · brahmādikaṃ yaduktaṃ tan nirdiṣṭaṃ || yadi sarvasvabhāvo 'sau vyāpakaḥ · tarhi kenopāyenābhyasanīyaḥ kutra vābhyasanīya ity āśaṅkyāha / *dehe sambhavatīty* ādi / deha eva sambhavati tato dehe tasyābhyāsaḥ kartavyaḥ / *yasmāt*[1] kāraṇāt *devateti nigadyate* · Hevajro vajrayoginyaś ca devatāḥ / ata eva mahāsukhamayatvenādvayajñānaṃ tac ca deha eva vasati / paramā-[20*a*/19*a* 2]rthataḥ sa eva buddho bhagavān / *Bhagavān* ityādi[2] / idānīṃ jananyādiśabdair niruttaraprajñaivābhihitā na ca bāhyādhyātmikaviśeṣā iti deśayati / *Jananīty* ādi / mahāsukhākāreṇa viśvasya jananāj jananī / saṃvṛti · paramārthayor vibhāgakathanāt · *Bhaginī* · *Rajakīty*ādi · niruttarasukhena rañjanāt · *Rajakī* · niruttarabuddhaguṇānāṃ paripūraṇād *Duhitā* · ādikarmikasattvaiḥ sthirīkartum aśakyatvāt · *Nartakī* · indriyāṇām agocaratvena *Ḍombī*śabdenocyate / yadi sarvaṃ · niṣpannakramasamādhyantargataṃ tarhi japadhyānamudrāmaṇḍalādikaṃ · yaduktaṃ / tat kiṃ sarvathaiva nāsti ath⟨av⟩āsty eva · tad vineyānām ādikarmikāṇāṃ tad asti tattvopadeśenānugrahāt / tathā coktaṃ /

trịṣv etau mantradevau ca[3] niḥprapañcasvabhāvataḥ

yady eva niḥprapañcakramapakṣe japadhyānādīni kathaṃ kartavyāni · tad āha · *jalpanam* ityādi · jalpanam adhigamanaṃ vidhāraṇañ ca kasyāḥ · ĀLI-KĀL*yor* vāmadakṣiṇapuṭanāḍīvayo[20*b*/19*b* 2]rgatāgatanirīkṣaṇaṃ tayor iva gurūpadeśato vidhāraṇañ ca jāpaḥ sa eva vajrajāpaśabdenocyate · *maṇḍalam* ityādi · maṇḍaṃ sāram ity uktaṃ · mahāsukhaṃ jñānaṃ lāti gṛhnātīti · maṇḍalaṃ kin tat *pādalekhaḥ* / pādāṅguṣṭhayor dṛḍhākuñcanaṃ · *malanān* maṇḍalam ucyate · mala malla dhāraṇe[4] · dhātuḥ · mahāsukhasya dhāraṇān maṇḍalam ucyate · mahāsukhavidhāraṇopāyaś cāyam upadeśaḥ / *karasphāṭa* iti · jyeṣṭāṅgulyā anāmikākramaṇaṃ karasphātaḥ sa eva *mudrā bhavet* / *aṅgulyāmoṭanan* tatheti / angulīti · jihvā liṅgañ ca tayor moṭanam ūrdhvaniyojanaṃ *tad dheyam* ityādi / *tad* iti yac *cintitaṃ* sakalena tattvapaṭalenānutpādalakṣaṇaṃ tad dhyātavyaṃ yasmāt kāraṇāt paramasārataraṃ tad *vicintanaṃ* · yasya prabhāsvaralakṣaṇasya vicintanam atas tad eva dhyātavyam *pitā* Vajradharaḥ / tṛtīyārthe saptamī · Vajradhareṇa *yad* āptaṃ *sukhaṃ tat sukham* upabhujyate / *svayam* iti bāhyamudrayā saha

[1] MS. *kasmāt.*

[2] Tib. *saṅs rgyas bcom ldan ḥdas źes byaḥo / ji ltar na bcom ldan ḥdas źes brjod par bya źes na / bcom pa źes bya ba sogs pa gsuṅs so* = *buddho bhagavān iti kathaṃ bhagavān iti bhaga ity āha / idānīm*, &c.

[3] MS. *triṣv etau mantradevau ca.* Tib. *sṅags daṅ lha ni yaṅ dag gnas* = *saṃsthitau mantradevau ca.* See main text I. v. 11.

[4] *mala malla dhāraṇe.* See Pāṇini, *Dhātupāṭha*, I. 523.

tāvad upabhujyate · yogamāhātmyāt svayam iti bāhya[21*a*/20*a* 1]mudrānirapekṣam evopabhujyate / tad *dheyaṃ cintitam* ityādinā prabhāsvaradhyānam uktaṃ / tatra dhyātā dhyānaṃ dheyaṃ iti tritayābhāvāt kathaṃ dhyātavyaṃ / *maraṇam* ityādi · maraṇaṃ mokṣaḥ · tatraiva citta-cetasikāvidyālakṣaṇānām astaṅgamāt tad eva maraṇaṃ · *yena sukheneti* sakalakleśopakleśakṣayalakṣaṇena mahāsukheneti || iti Yogaratnamālāyāṃ Hevajrapañjikāyāṃ tattvapaṭalaḥ pañcamaḥ

PART I. CHAPTER vi

idānīṃ satattvasaṃniratasya[1] yoginaḥ · caryayā vinā nāsti śīghratarā bodhir iti tām āha / *ataḥ param* ityādi · gurubuddhānāṃ ājñayā duḥkaravratacaraṇam *caryā* tām pravakṣyāmi / *pāraṅgatām* iti · lokātikrāntām *varām* iti śreṣṭhām *gamyate* pratīyate · *yeneti* · yayā kintu pratīyate · *siddhānta* iti niścayaḥ / *siddhihetuneti* · siddhyarthaṃ · ihaiva janmani siddhir na veti nimittalābhān niścayaḥ syāt / *bhāvakeneti* · caryāyoginā · *divyaṃ* niraṅgakamayatvāt[2] / *duśārddhāmṛtaṃ* / pañcamṛtaṃ / *Herukayogasyety* ā[21*b*/20*b* 1]di *viharaṇam* bhikṣādikramaṇaṃ *pañcavarṇā* nīcatarāḥ pañcavarṇa iti vā nairvikalpitaṃ / idaṃ satyābhiniveśāt / jāḍyādibhiḥ · doṣais samāyuktam iti kṛtvā[3] · svarūpatas tv eka eva varṇaḥ kuta ity āha /

anekenaikavarṇena yasmāt bhedo na lakṣyate ·

bhinnajātīyāḥ prāṇino bhinnākṛtayaḥ · tad yathā karituraṅgavihaṅgāḥ[4] / sajātīyās te samānākṛtaya eva / yathā gāvo gavāṃ kariṇaḥ kariṇāṃ tebhyo 'bhinnā varṇā na parasparavijātīyāḥ / ākārasāmyāt / tad evaṃ lokavyavahārato 'pi varṇānām ekavarṇatā siddhā · kim punar yogisaṃvṛtyā · anādimati saṃsāre sarveṣāṃ sarvavarṇatvāt / caryānurūpaṃ sthānam āha / *ekavṛkṣa* ityādi / yasya chāyā nānyena vṛkṣenākramyate · yaś ca nānyasyākrāmati sa ekavṛkṣaḥ / avicchinnayogapradhāneyaṃ caryā · ekavṛkṣādi [22*a*/20*b* 6]ṣv eva *vijane* yujyata iti bhāvaḥ / na ceyam auddhatyāt sahasaiva kartavyeti[5] / śikṣayati / *kiñcid* ityādi · *ūṣmā* samādhimantrajaḥ prabhāvaḥ · tatprāptau satyāṃ *kartavyeti* bhāvaḥ / sarpavyāḍamanuṣyāmanuṣyādayo na prabhavanti rakṣanti ca na tebhyo 'pi vibheti · kṣutpipāsādibhir nopapīḍyate / iha janmani mahāmudrāsiddhiṃ prāptum icchā

[1] Tib. *rtag tu bsgom pa la dgaḥ ba yin du zin kyaṅ* = *satatabhāvanāsaṃniratasyāpi.*

[2] Tib. *rus paḥi raṅ bźin ñid do* = *niraṃsukamayatvāt.*

[3] *rigs lṅa ni śin tu dman par ḥgyur ba ḥam / rigs lṅa źes bya ba ḥdi bden pa la mṅon par źen paḥi byis pas rnam par brtags pa ste / sdig pa la sogs paḥi skyon daṅ mtshuṅs par ldan paḥi phyir źes byas nas si /* = *pañcavarṇā nīcatarāḥ pañcavarṇa iti vā nairvikalpitam idaṃ satyābhiniveśāj jaḍādibhiḥ pāpādidoṣais samāyuktam iti kṛtvā.*

[4] For *vihaṅga* Tib. reads *phag* = *vārāha.*

[5] Tib. *ḥdi ni ma rtags pa daṅ yid gñis kyis bya ba ni ma yin ni* = *na ceyaṃ sahasā dvicetasā ca kartavyā.*

ced bhavati · tadā *anayā caryayā cared* iti bhāvaḥ / *vajrakanyām* ityādi / vajrakulakanyāṃ · *budhyate* yujyate · tasyāḥ kulātiśayatvāt / parair akāryatvād[1] iti · *bodhibījanikṣepo* 'bhiṣekādis tena *saṃskṛtāṃ vajrānvitaṃ* vajramahāsukhajñānaṃ / tad abhidhāyakaṃ · *vajrapadair* iti / vajro Hevajraḥ / tasya padair ālīḍapratyālīḍamaṇḍalasamapādārddhaparyaṅkādibhiḥ / *dveṣaviśuddhir* iti Hevajraviśuddhiḥ / *sadā* sadeti · nityaṃ nityaṃ *bhaiṣajyaṃ* catuḥsamaṃ / *vāri* Akṣobhyaḥ / *nityateti* nityaṃ[2] / *rakṣābhūta* iti · piśācādīnām adhṛṣyaḥ / *cau*[22*b*/21*a* 6]*ryakeśaḥ* / udbaddhakeśaḥ / HŪṂ-bhavo Hevajramūrtiḥ / Akṣobhyādipañcabuddhasvabhāvāni *kapālāni* · pañcayogaḥ[3] prajñopāyayogaḥ samāpattiḥ · tatra līlā bāhyādhyātmikapūjā tadarthaṃ / *pañcāṅgulakapālakhaṇḍaṃ dhriyata* iti bhāvaḥ · *kacaḍorī* keśarajjuḥ · *bhasmeti* bhasmoddhūlanaṃ / *keśapavitra* iti keśayajño paritaḥ / *vrīḍā* lajjā · *nidrā* mahān yogavighnaḥ / kāyajīvitāpekṣāpi tathaiveti sāpi tyājyā na saṃśayaḥ niḥsaṃdeho bhūtvety arthaḥ / *śarīram* ityādi · ādita eva sarvabuddhebhyaḥ sarvasattvebhyo dattvā yathāśayaṃ śarīraṃ niryātya *bhāgyābhāgyeti* yogyāyogyavicāram apahāya nirapekṣadānāt / *abhivandayatīti* · vandet avaṃdyamāno 'vīcau pacet[4] || *tyājyahetuneti* · parihārārthaṃ · kālabhojanādi *śikṣā* śiromuṇḍanādi vrata*dīkṣā sarvabhāvasvabhāveneti* || sarvāsv avasthāsu Hevajrāhaṃkāreṇa · *homety* ādi / Hevajrādimokṣa evāsya *suyogaḥ* / tathaiva dṛḍhīkaroti · [23*a*/21*b* 5] bāhyahomādiḥ sarvathā parihartavyaḥ / kutaḥ yato 'sya Hevajrātmano yat kiñcid bhakṣaṇaṃ homaḥ prajñāsevanañ ca yogaḥ / sarvaṃ kāyakarma tapaḥ · ḍamarukasvanikhaṭvāṅgadhāraṇe · api mantradhyāne vajranṛtyagīte · api · mantradhyāne tathā yad eva karoti · tad evāsya samayaḥ / yad eva na karoti sa evāsya samvaraḥ / atra tantre mṛdumadhyādhimātrādhimātratarasattvabhedena catasro mudrāḥ prāg uddiṣṭāḥ / tatrādhimātratarasattvasya kasyacic caturthābhiṣekalābhasamakāla eva mahāmudrāyāḥ sākṣātkriyeti tam pratipṛthaccaryā[5] noktaiva · ato mṛdumadhyādhimātrendriyāṇāṃ śiṣyāṇāṃ caryayā vinā nāsti śīghratarā bodhir iti caryāpi tridhā kathitaiva · saprapañcatā niḥprapañcatā · atiniḥprapañcatā ceti / iyaṃ niḥprapañcatācaryā madhyendriyāṇām uktā · adhimātrendriyāṇām punar vakṣyati · caturdaśame paṭale 'Bho bho yoginya' ity ādinā[6] · atyantaniḥprapañcacaryā · mṛdvindriyā[23*b*/22*a* 4]yāṇāṃ prapañcatācaryāyāḥ / sūcanāmātraṃ kathayiṣyati · dvitīyakalpasya saptame paṭale · *karuṇety* ādi · sālambanabhāvanā karuṇā · ta⟨s⟩yā[7] mahāsukharasāsvādaḥ pānaṃ · tad eva *pīyate* nityam aharniśaṃ jagadarthakaraṇāya · tad evāha / yogaḥ samādhiḥ sa eva pānaṃ

[1] Tib. *gźan gyis mi ḥphrogs pa ñid yin paḥi phyir ro = parair ahāryatvāt.*

[2] After *nityaṃ* Tib. adds *rgas pa ni gñer ma daṅ skra dkar ḥbyuṅ baḥo* 'old-age means the development of wrinkles and white hair'.

[3] MS. *pañcayogaḥ*. Read *yogaḥ* as in main text and *KT*.

[4] Tib. *lhuṅ baḥo = patet*; MS. *pacet*.

[5] MS. *tam pratipṛthaccaryā*; read *tatprati-*, &c.—its detailed practice is not related. Tib. omits this pronoun. 'Stated before' of the previous line refers to pp. 107–8 above.

[6] '*Bho bho*, &c.' See II. iii. 39.

[7] MS. *tayā*; read *tasyā*.

tatraiva *ratiḥ* prītiḥ / ato *nānya*-madirādi-*pānena* caryāyogen*āmajjanaṃ*[1] kartavyaṃ / mohapradhānyān mahān yogavighnaḥ syād iti śikṣayati || iti Yogaratnamālāyāṃ Hevajrapañjikāyāṃ caryāpaṭalaḥ ṣaṣṭaḥ ||

PART I. CHAPTER vii

chomā milicchā yoginīnāṃ saṃketenābhisamayajalpanaṃ / sāpi paramopāyatvena vijñeyā · ata āha / atha chometyādi · chomājyotakapaṭalaḥ / tathoktaḥ · *bhrāteti* yogī · bhaginīti yoginī · *ekāṅgulīs* tarjanī · svāgatārthaṃ[2] *yas tv* iti ye⟨ne⟩ty api[3] draṣṭavyaṃ / *dvābhyām* iti · tarjanīmadhy⟨am⟩ābhyām *paṭṭi saṃdarśayet* / tābhyām eva lalāṭopari paṭṭabandhābhinayahastaṃ / darśayet / *triśūlam* iti / kaniṣṭhāṅguṣṭhe[24*a*/22*b* 3]nākramya śeṣābhis triśūlābhinayāt/ *sīmāntam* iti · sīmāntam *cakram* cakrābhinayaṃ / *bhṛkuṭīṃ* bhrūvoḥ kuṭilatāṃ · *śikṣāmokṣety* ādi[4] / neyārthavyākhya / *ekangulīṃ darśayed* ity ādi · yas tu · ekāṅgulyā tarjanyā *dvābhyāṃ* madhyamātarjanībhyām vāravindaṃ darśayet · saṃcodayet tasmād idam *śusvagato* bhavet / śu iti śukraṃ· aṅgulīprayogāt · ākṛṣṭaṃ bhaved ityarthaḥ / *kṣemamudrety* ādi · kṣemasya mudrā · kuśalasya niṣṭhā · dharmadhātupratipattiḥ · tāṃ *vijānīyāt* || katham ityāha / *vāmāṅguṣṭhanipīḍanāt* / vāmā prajñā tasyāḥ kamalodare ’ṅguṣṭho vajraṃ / tena kṣaradavasthāpariprāpte nipīḍanāt · *anāmikety* ādi · anāmikā prajñājñānābhiṣekaṃ · *ya* iti yasmai · ’nena krameṇa *dadyāt* / *dadyāt tasmai kaniṣṭhikāṃ* / kaniṣṭho ’ntikase[24*b*/23*a* 2]kaḥ / caturtha iti yāvat || kathaṃ dadyād ity āha / *madhyamāṃ* Avadhūtīṃ *darśayed yas tu* yo guruḥ / śiṣye caturthopadeśākhyam avadhūtīṃ darśayati sapradeśikāṃ anāmikāṃ lalanārasane *dadyāt* kathayet / kathaṃ kathayed ityāha / *yas tu grīvāṃ pradarśayet* pādapatanādinā yo guruṃ samyak paritoṣayati / · / tasmai śiṣyāya kathayed ity abhiprāyaḥ / *paṭṭīśam*[5] ityādi / aṅgurīdvayena paṭṭabandhābhinayaḥ paṭṭīśaḥ / prajñopāyasūcakaḥ / tam atraiva darśayaty evaṃ pṛcchati / *triśūlaṃ tasya darśayet* / triśūlaṃ prajñopāyādvayasūcakaṃ [lala] lalanārasanā ’vadhūtī tasmai vibhajya darśayet / *stanam* ityādi / yas tu śiṣyaḥ stanaṃ prajñopāyasūcakaṃ tayor anubhavaṃ darśayati kathayati *sīmāntaṃ* mahāsukhaṃ cakraṃ *tasmai pradarśayet* / *medinī* nirmāṇacakraṃ darśayati / *yas tv* iti paścāt / *cakraṃ* dharmacakraṃ tasmai pradarśayet / *bhṛkuṭīṃ* saṃbhogacakraṃ tasya darśayet / yas tv iti punaḥ [25*a*/23*b* 1] *śikṣāmokṣo ’bhidhīyata* iti / mokṣārthaṃ śikṣā prāṇinaś ca tvayā ghātyety

[1] MS. *majjanaṃ*. Tib. *bzi ba* ‘drunkenness’.

[2] Tib. *ḥoṅs sam źes bya baḥi don to* ‘ “Have you come?” such is the meaning’.

[3] MS. *yety api*. Tib. *gaṅ źig ces bya ba ni gaṅ źig gis blta bar byaḥo* = *ya iti yena draṣṭavyaṃ*.

[4] Tib. *gtsug phuṅ dgrol* = *śikhāmokṣa* as in main text.

[5] MS. *paṭṭīśam iti* whereas on ll. 7–8 above: *paṭṭi saṃdarśayet*. Tib. translates as *gos* (cloth) or *dar dpyaṅs* (silk-hanging). *Paṭa* would seem to be the normal Indian form. For the preparation of this cloth see II. vi.

ādy abhidhīyate[1] · *lalāṭaṃ darśayed* iti punar vandanāyaḥ kurvīta / *pṛṣṭhaṃ* pāṇinā *darśayet* · ity abhiprāyaḥ / na kevalaṃ pāṇinā spṛśet · *pādatalaṃ* bhūmaṇḍalaṃ *darśayet* / anena yogena yukto bhūmyāṃ yathāsukhaṃ vihara ity evaṃ brūyāt / *yas tu* · evaṃ guruṇā kṛtānujñāto viharati *krīḍaty* asau yogī bhagavān buddhaḥ / tena sārddhaṃ kramāt tathāvidhaguṇālaṅkṛta iti nītārthavyākhyā / *pratimudreṇeti* · dvyaṅgulidarśanādinā udghaṭayati / keśagarbhān mālākarṣaṇaṃ *mālāhastaḥ* · tasyābhimukhe preṣaṇaṃ · ubhayam idaṃ sākṣāt · abhinayena boddhavyaṃ sarvān caitad vāmahaste darśayet / *mālābhiḥ preṣitārtham* āha / *samayety* ādi / *tiṣṭheti* sevām kuru di[25*b*/23*b* 7]vyā yoginyaḥ / *He Bhagavann* ity ādi / *etā dvādaśeti* pīṭhādayaḥ / bhavanty āsv iti kṛtvā bhūmayaḥ / kramāt / muditā · vimalā · arciṣmatī · prabhākarī · sudurjayā · abhimukhī · dūraṅgamā · acalā · sādhumatī · dharmameghā · samantabhadrā nirupamā · jñānavatī ceti · trayodaśī bhūmis tu[2] · apratiṣṭhitanirvāṇadhāturūpā teneha nocyate / daśabhūmīśvaraṃ bodhisattvaṃ / nāthaṃ buddhaṃ kathyata iti sambandhaḥ / katamābhir bhūmibhiḥ / ebhir iti pīṭhādibhir ity arthaḥ / *He Bhagavann* ity ādi / pollagiriṃ / pullīramalayaṃ || *nagaraṃ* · Pāṭaliputraṃ / *lavaṇasāgaramadhyam* iti / harikelasya viśeṣaṇaṃ *cāmīkarānvitaṃ* suvarṇadvīpaṃ tatsanniveśaṃ ⟨upapīlavam⟩ *vāpikā* dīrghikā · *divasaṃ* caivety ādi / *pretapakṣaḥ* kṛṣṇapakṣaḥ / iyatā bāhyam uktaṃ / idānīṃ duṣṭāvatāraṇārthaṃ bāhyam ādhyātmikañ ca śiṣyāṇāṃ [26*a*/24*a* 6] yogam ekarutena vaktum āha / *dhvaja* iti tadvadhaḥ[3] / *śastrahataḥ* / saṃgrāmādiṣu · āghatitaḥ / *saptāvartaḥ* saptajanmā / kṛpeti tasyaiva sāṃsārikaduḥkhaṃ vicintya / *vidur* iti viduṣā · iti ekā vyākhyā || *dhvajaṃ* sālambanaṃ cittam / *śastrahataṃ* prajñāśastreṇa chitvā · ekānekasvabhāvavicāraṇena niḥsvabhāvīkaraṇaṃ śastreṇa hananaṃ / *ca* kārāt · yenaiva vicārakeṇa cittena vicāryate · tasyāpi niḥsvabhāvīkaraṇaṃ darśayati / *saptāvartañ* ceti / saptadhā punar āvartya[4] khādyate niḥsvabhāvīkriyata iti · iyatā tathāvidhasthāne svaparayoḥ paramā rakṣā kṛtā syāt / sarpādayo 'pi nopasarpanti[5] · śūnyatāsamādhir āmukhībhavatīti / *kṛpety* ādi · kṛpety upalakṣaṇaṃ prāgeva caturbrahmavihārabhāvanāṃ kṛtvā yatnenety avaśyaṃ · *vidur* iti viduṣā · yadi jaganmāraṇam anu⟨pa⟩lambhī[6]karaṇaṃ tat katham ādau caturbrahmavihārabhāvanā kartavyety āha · *kṛpety* ādi · yadyā[26*b*/24*b* 5]dau caturbrahmavihārabhāvanā sadā ⟨na⟩[7] syāt samyaksaṃbuddharūpeṇa siddhir na syāt || kevalayā śūnyatābhāvanayā kadācic chrāvakādinirvāṇena nirvṛtiḥ syāt / atas *tasmād* ity ādinopasaṃharati / *duṣṭa* iti · sugataśāsanavidviṣṭāḥ

[1] '*prāṇinaś ca tvayā*, &c.' See II. iii. 29.

[2] After *bhūmis tu* Tib. adds: *Vajradharabhūmir.*

[3] MS. *tadvadhaḥ* probably for *udbaddhaḥ*. Tib. *dpyaṅs-pa* 'hanging down'. See V's commentary at this point, vol. I, p. 71 fn.

[4] MS. *punar āvarttya*; Tib. *yaṅ yaṅ bltas nas* = *punar ālokya.*

[5] MS. *sarppādayo*, &c. Tib. *bdud la sogs pas kyaṅ ñe bar ḥtshe bar mi ḥgyur ro* = *mārādayo 'pi nopaplavante.*

[6] MS. *anulambhī*. Tib. *mi dmigs par* = *anupalambhi.*

[7] Tib. *sgom pa med na.*

kaulādayaḥ / teṣāṃ mantrayāne niyoganārtham uktaṃ / *vidhimukhyād* ity ādi vidhimukhenaivātra *prasidhyati* / yatra yatra māraṇādayaḥ śabdāḥ prayuktā dṛśyante · tatra tatraivam mantavyaṃ || *dinas tu Bhagavān Vajrīty* ādi / *sadeti* sarvakālaṃ · tena punar lokānām agrato dhvajādayaḥ parihartavyāḥ / gaṇacakrādau ekānte punar bhoktavyā iti / *nācintyam* ity ādi / anyathā cintanam acintyaṃ · *yathā ātmani* Hevajrāhaṅkāras *tathā sattve*'pi kartavyaḥ / *tathātmanīti* / samuccayenāhaṃ · asau Hevajraḥ / *ahaṃ param* iti · ātmānāṃ parañ ca *pade sthita* iti / *advayam* iti · sarvadharmaśūnyatā saiva prabhāsvaramayatvād *dhetuḥ* kāraṇam ādiśabdāt svabhā-[27*a*/25*a* 4]vaḥ / śūnyatārahitā / *ūho* vitarkaḥ / tenāpagataṃ parityaktaṃ ka iti apratiṣṭhitanirvāṇena nirvṛtaṃ · iyatā śunyatānimittāpraṇihitānabhisaṃskārārthā Śrīherukaśabdārtha ity uktaḥ / ṣaḍgatiṣu jāyanta iti *jantavaḥ* pañcaskandhāḥ *piśitaṃ* svabhāvaḥ *aśnīyate* nirābhāsīkriyate / *budhair* iti / Hevajrayogayuktaiḥ · te te sattvā iti te te bhāvāḥ / *vaśaṃ yāntīti* · tatra tatra vaśitāṃ labhante / vicitrarūpādinā nirmāṇena viśvavinayanāt / *vajro* Hevajraḥ / kaṃ[1] sukhaṃ pālayatīti nairātmyā śūnyatākaruṇayor ubhayor *yogaḥ* samādhiḥ · tataḥ || iti Yogaratnamālāyāṃ Hevajrapañjikāyāṃ Chomāpīṭhapaṭalaḥ saptamaḥ ||

PART I. CHAPTER viii

athety ādi / *cakraṃ* maṇḍalaṃ paramādyabhavanaṃ · mahāmokṣapuram ity eko 'rthaḥ · tata dvividham[2] ādhāramaṇḍalam ādheyañ ca · tad atra ādiyogamaṇḍalarājāgrīkarmarājāgrīsamādhiyogo[3] vaktavyaḥ / sa ca devatāpaṭale · ekavīrayogānāṃ prastavatvān no[27*b*/25*b* 3]ktaḥ[4] · *yoginī* Nairātmā tasyāś cakraṃ yoginīcakram / *khadhātāv* ity ādi · vajraprākārapañjarābhyantarakhadhātau · *bhagaṃ* śarat · śaśidhavalaṃ trikoṇaṃ dharmodayākhyaṃ bhāvayet / *madhye kurvīta bhāvanām* iti · tanmadhye · ādhāracakrasyotpādanahetubhūtacaturbhūta-*bhāvanāṃ kurvīta* / katham ity āha / *cakraṃ pūrvam* ity ādi · ayam uddeśaḥ / *cakraṃ kṣoṇīty* ādi nirdeśaḥ / *kṣoṇīti* pṛthavīmaṇḍalaṃ / asya *pūrvaṃ* prathamaṃ *jalaṃ* vāruṇamaṇḍalaṃ · asya ca pūrvaṃ *yathānyāyaṃ hutāśana*-maṇḍalaṃ · tasyāpi pūrvaṃ *devatānām* iti vāyumaṇḍalaṃ bhāvakasya cittaṃ · evam evākāreṇāvasthitaṃ / *yathodayaṃ* · tad atra prathamaṃ dharmodayamadhye YAṂ-kārapariṇataṃ · dhanyābhaṃ nīlaṃ calatpatākāṅkitakoṭidvayaṃ vāyumaṇḍalaṃ / tadupari RAṂ-bhavaṃ trikoṇaṃ koṇeṣu REPHAM aṅkitam agnimaṇḍalaṃ / tadupari VAṂ-bhavaṃ vāruṇaṃ śuklaṃ vartulaṃ · ghaṭāṅkaṃ tadupari

[1] Read *kapālaṃ*. Tib. *thod pa ni*.
[2] Tib. *źes bya baḥi don to / de yaṅ rnam pa gñis te / = ity arthaḥ / tac cā dvividhaṃ*.
[3] Tib. *tiṅ ṅe ḥdzin gsum gyi rnal ḥbyor = samādhiyogatrayaṃ*.
[4] Tib. *bsam gtan no* in error for *ma bstan no*.

LAṂ-bhavaṃ pṛthavīmaṇḍalaṃ catu⟨ra⟩[1]sraṃ pītaṃ koṇeṣu vajrāṅkaṃ bhāvayet / [28*a*/26*a* 2] *dharmety* ādi · *dharmodayaḥ* saiva trikoṇamudrā · tasminn udbhavo vāyvādicaturmaṇḍalapariṇāmenāsyeti / yathoktaṃ / *cakram* ādhāramaṇḍalacatu⟨ra⟩[1]srādiguṇayuktaṃ / tathā ca vakṣyati ·

asmāc cakraṃ tvayā kathitaṃ hārārddhahārabhūṣitaṃ
catuṣkoṇaṃ caturdvāraṃ vajrasūtrair alaṅkṛtam[2]

iti *dviputam* iti puṭadvayaṃ *kiñjalke*[*ke*]*neti* · madhyāṣṭadalakamalavarakenaikaṃ puṭaṃ / trikoṇeneti dharmodayam abhivyāpyāparañ caturasraṃ *tanmadhye* dvipuṭakūṭāgāramadhye *pañcadaśa*-yoginīnāṃ · *āsanāni* · tāsām eva sthāneṣu pratyekaṃ *śavāsanaṃ* cintayet / *tasyeti* · madhyaśavāsanahṛ⟨da⟩ye candraṃ · āliparinataṃ tadupari *bījakam* iti · ādyasvaraṃ tadupari kāliparinataṃ *mārtaṇḍa*-maṇḍalaṃ / *dvayor* iti prajñopāyasvabhāvaṃ ca candrasūryayoḥ / tanmadhye mahāsukhasvabhāvaṃ [bījaṃ] bījam uktaṃ / candrasūr⟨ya⟩ yo⟨ḥ⟩ punar kim svabhāvam ity āha / *sthitālīty* ādi · *Gauryādyāḥ* pañcadaśa yoginyaḥ · yasmād etāḥ candrasūryabījodbhavāḥ · iyatā prajñopāyamahāsukhamayatvena yoginīnāṃ · Vajradhararūpatā kathitā · idānīm ādarśādipañcajñānamayatvena pañcatathāgatasvabhāvatām darśayann āha · *ādarśety* ādi · bījapariṇāmajaṃ kartṛvaraṭake [28*b*/26*b* 3] candre *bījaṃ cihnaṃ* svadevasyeti · devīnāṃ *pratyavekṣaṇam* iti pratyavekṣaṇājñānam ucyate || ekam anuṣṭhānam iti · cihnāntagatabījasphuritayoginīsamūhair viśvam abhivyāpya *sarvair ekam* iti saṃhṛtya[3] bījena sahaikībhūtaṃ tad eva bījaṃ kṛtyānuṣṭhāna⟨ṃ⟩ *niṣpattir* iti / candrasūryacihnabījapariṇāmena devatādehasya niṣpattiḥ suviśuddhadharmadhātujñānaṃ · *ākārān pañceti* / *ādarśādīn* / *budhaḥ* prājñaḥ / *ālikālisamāyogaś* candrasūryamaṇḍalayugaṇam[4] · *viṣṭara* iti · *āsanaṃ* / *vajraṃ* cihnaṃ · *sattvaṃ* bījākṣaraṃ / tasya Vajrasattvasya āsanam ity arthaḥ *akṣarodbhava* ity ādi · akṣaram ādyākṣaram tadudbhavasya piṇḍasyeti · maṇḍalanāyakasya · HŪṂ ityādi · HŪṂ-PHAṬ-kārau · ca-kārāt · ĀḤ-kārapraṇavaprajñopāyadehadravādikaṃ Nairātmyāmaṇḍale [end of 28*b*; Cambridge MS. ff. 29 and 30 missing; Kathmandu MS. continues: f. 23*a*, l. 2 / Tib. 27*a* 1] nāyakotpā[do 'kṣaram ādyakṣaram / tadudbhavasya piṇḍasyeti maṇḍa]da nāyaniṣpatti[5] yadi drutāpatter notpādaḥ kutas[6] tarhi bhavatīty āha · *sattvabimbety* ādi / sattvam bījākṣaraṃ viśvaṃ cihnaṃ / tābhyāṃ samudbhūtaṃ *maṇḍaleśam* iti / maṇḍalanāyakaṃ Nairātmyām ity arthaḥ / *pūrvavad* iti / yathā devatāpaṭale Vajrasṛṅkhalā kathitā savyāvasavyakare kartṛkapālāv iti / *vaktracihnādyair* iti / vaktraṃ mukhaṃ / cihnaṃ kartṛkapālakhaṭvāṅgāni / *ādi*-śabdena ambarābharaṇāni gṛhyante / candrakāntimaṇisadṛśī prabhā asyeti *candrakāntimaṇiprabhā* / candrāsanacandraprabhā maṇ-

[1] MS. *catusra*. Tib. *gru bźi pa.*
[2] Quoted from II. v. 4 and 6.
[3] MS. *saṃkṛtya*. Tib. *yaṅ dag par bsdus nas.*
[4] Tib. *zuṅ du ḥbyor pa.*
[5] Passsage similarly bracketed out on MS.; Tib. *gtso bo bskyed pa la mi ḥdod pa yin .no* = *nāyakotpādo na ceṣyate* /
[6] MS. *notpādan tatas*; Tib. *gaṅ las ḥbyuṅ bar ḥgyur.*

ḍalānīty arthaḥ / *evam* iti maṇḍalanāyakavat / *sarvam* iti Vajragauryādayaḥ / kathaṃ niṣpannāḥ prajñopāyasvabhāvataḥ / *Gauryādyā* iti Gauryādayaḥ maṇḍalanāyakahṛtcandracihnasthitabījāt candrasūryacihnabījapariṇāmena Gauryādayā maṇḍaleyā bhavanti / kiṃ bījam iti tāsān tad eva / nety āha / *varṇety* ādi varnaṃ bījaṃ tasya bhedaḥ / anyad anyad bījaṃ ity arthaḥ / tathā ca vakṣyati / sarvatantramudraṇapiṇḍārthapaṭale /

āler ādir Nairatmyā Vajrāler dvitīyam ity ādinā /[1]

idānīṃ yoginīnāṃ sthānam āha / *adhyātma* ity ādi / adhyātma iti abhyantarapuṭe / pañcaskhandhaviśuddhyā bhāvayet / *indra* iti pūrvasyāṃ diśi / *bāhyapuṭe* iti / pūrvādidvāreṣu / Gaurī Caurī Vetālī Ghasmaryaḥ / aindrānādikoṇeṣu / Pukkasī Śavarī Caṇḍālī Ḍombī / adhobhāgaṃ · avati rakṣatīti / adhovatī[2] Bhūcarī evam ūrdhvavatī Khecarī / bhaved ity ādi / saṃsāranirvāṇaviśuddhyā / pañcabuddhaviśuddhyeti / pañcabuddhasvabhāvena / *mudrakā* iti mudrāḥ / evaṃvidhā iti tathety arthaḥ / *jvaladdīptā* iti kāyena jvālantya cetasā dīptā / tathā *mānādīty* ādinā kartryādīnāṃ svabhāvam āha / *eteneti* / ittham bhāvayet / *laghur* iti kṣipram / idānīṃ cetasaḥ samārthakaraṇāya / ṣaḍaṅgayogam āha / ṣaḍbhir varṇaiḥ ṣaṭ ca cakravartisamatāsūcanārthañ ca / punar iti paścāt / *viramāntaṃ* sahajānandamātram ity arthaḥ / idanım utpattıkramaṃ nirdiśya dvitīyam utpannakramaṃ prastotam āha / *kramety* ādi / kramaḥ prakāraḥ / kasya kramaḥ samādhes candracihnabījādipariṇāmena devatākāraniṣpattir utpattiḥ sā yasmin samādhau asti sa utpattikramaḥ / utpannasvabhāvikam eva rūpaṃ / tad eva tattvarūpenādhimucyate bhāvyate yasmin yoge utpannakramaḥ / etat *kramadvayam āśritya* vajriṇāṃ buddhānāṃ dharmadeśanā samādhideśanā khadhātāv ity anayā gāthayā / utpattibhāga utpattikramapakṣaḥ kathitaḥ / arthād uktam bhavati / utpannakrama ucyata iti / tam āha / *khadhātāv* ity ādinā / *padmeṣv* iti prajñākamale / *jñānaṃ* kuliśaṃ / dhyātveti / praveśya / etat trayam ādi / sahajadvayam ante anayor madhye kurvīta bhāvanāṃ / samāhitā pratipattiḥ samāpattiḥ cālanaṃ tayā bhāvanayā janitaṃ sukhaṃ *tatsukhaṃ* / *cakram ucyate* yoginīṃ[3] cakraśabdenābhidhīyate / tenaiva mahāsukhena tāsāṃ saṃgrahāt / kīdṛśam tat sukham ity āha / *yathānyāyam* iti / *svasaṃvedyaṃ* / aparapratyayam pratyātmavedyaṃ svabhāva ity arthaḥ / tad eva svasamvedyaṃ bodhiḥ · bodhisvabhāvaṃ cittaṃ *bodhicittaṃ* / *tu* śabdaḥ samuccaye / saiva *devatā* / dehe vasatīti kṛtvā / *yathodayam* iti / yathārtham udayaṃ yathodayaṃ grāhyagrāhakānapeksaṃ / *śukraṃ* candrasaṃkāśaṃ dravarūpaṃ / yata evam ato dvaividhyaṃ sahajaṃ / dviprakāraḥ sahajānandaḥ / yady ayaṃ sahajas tadānīṃ strīpuṃsau kiṃ bhavisyata ity āha / *yoṣid* ity āha / anayor iti saptamī dvividhyam ānandasya katham ity āha / *vivṛtīty* ādi / mahāsukharūpaṃ vivṛtiḥ / yathodayaṃ *saṃvṛtiḥ* / ākāraleśena saṃvṛtatvāt / *ata eveti* / tayor dvaividhyāt /

[1] Quoted from II. iv. 20.
[2] MS. *avadhūti.*
[3] Tib. *rnal ḥbyor ma = yoginīnām.*

catasṛṇām iti caturṇāṃ *prabheda* iti / saha⟨ja⟩sāmānyena / prabhedena / nanu cānyathaiva catvāra ānandāḥ / paṭhyante · iha tv anyathaiva kathaṃ na virodha ity āha / *sahajam* ity ādi / ānandaparamānandādayaś catvāraḥ kramenotpadyante iti utpannakramapakṣaḥ / tad eva sahajasya *dvaividhyaṃ caturvidham* uktam ity [24*b*, l. 4: hereafter the Kathmandu MS. continues: *etat sarvam gurūpadeśato*, &c. (l. 36 below) having missed out the intermediate passage; Tib. continues: 28*b*, l. 5] ḥdi ni bśad pa gcig go / *nam mkhaḥi khams* źes bya ba la sogs pa gsuṅs pa la / *padma la* źes bya ba ni saṅs rgyas spyan la sogs pa rnams so / *ye śes* ni gñis su med paḥi ye śes so / nyon moṅs paḥi bdud la sogs pa rnams ḥjig par byed pas na *bhaga* źes brjod do / *bsgom pa* źes bya ba ni phyi rol gyi phyag rgya daṅ lhan gcig tuḥo / padma daṅ rdo rjeḥi sbyor bas dus mñam du ḥbab par gyur pa ni sñoms par ḥjug paḥo / deḥi bde ba ni sñoms par ḥjug paḥi bde baḥo / *ḥkhor lor brjod* par bya ba ni ḥkhor lo rnam pa bźir brjod pa yin no źes bya baḥi don to / *ji ltar rigs par bya* źes bya ba ni rim pa bźin du brjod źes bya baḥi don to / *raṅ rig ñid* ces bya ba ni las kyi phyag rgya las slob dpon gyi dbaṅ skur baḥi mtshan nyid can gyi bde ba gaṅ źig bla maḥi man ṅag ñid kyis ḥkhor lo daṅ por bstan pa ni raṅ rig ñid de raṅ rig ñid de raṅ rig pa źes brjod par byaḥo / chos kyi phyag rgya las gaṅ bskyed pa de ni *byaṅ chub kyi sems* źes bya ste / bde ba de ñid la byaṅ chub kyi sems źes bya baḥi don to / dam tshig gi phyag rgya las gaṅ dmigs paḥi bde ba de ni *lha* źes byaḥo / phyag rgya chen po las bde baḥi mtshan ñid gaṅ źig ji ltar ḥbyuṅ baḥi rim gyi ñe bar ḥbyuṅ baḥi mtshan ñid can gyi bde ba chen po de ni *khu ba* źes bya ste / *śu* źes bya ba mya ṅan te ḥkhor baḥi sdug bsṅal yin la kra ni gcod par byed pa daṅ ḥdra bas / khu ba źes bya ba yin no / rnam pa gñis śes bya ba ni de lta buḥi phyag rgya rnam pa bźi las ñams su myoṅ baḥi bde ba ñid ni [Cambridge MS. resumes: 31*a*/Tib. 29*a* 4] bhavāt sukhāt · dvidhaṃ sahajaṃ mahāsukhākārātmakaṃ śukrākāraṃ dvitīyañ[1] ca · karmamudrādibhedena sahajaṃ dvividham uktaṃ · kim ayam ekasyaiva puruṣasyotpadyate · āhośvit strīpuruṣayor apīti / tad artham āha · *yoṣid* ity ādi / *atra eva* hīti / *ānandānāṃ* caturṇāṃ *catasṛṇāṃ* mudrāṇāṃ *prabhedanam* ity ārthaḥ / atra yoginītantre yathā striyas tathā puruṣāṇām api mṛdumadhyādhimātrabhedāt sekādinā ’nugrahītavyā iti · bhavatu nāma mudrācatuṣṭayabhedaḥ / ānandānāṃ caturṇāṃ kasmād bheda ity āha / *sahajam* ity ādi · *utpannakrama* iti · sukhasyotpādalakṣaṇasyeti[2] bhāvaḥ / dvitīyavyākhyā / tad etat sarvaṃ gurūpadeśato boddhavyaṃ · idānīṃ sākalyena traividyam āha · *ānandam* ity ādi · *vīra* iti sādhakaḥ · ārabdhavīryatvāt · *paramānandan tu yoginīti* / tayā vinā ānandotpādābhāvāt / *suratānandaḥ* sahajalakṣaṇaḥ samasta eva

[1] Tib. *bde ba chen poḥi rnam pa ni gcig go / mya ṅan spyod* (for *gcod*) *paḥi rnam pa ni gñis pa ste / = mahāsukhākāram ekaṃ duḥkhacchedanaṃ dvitīyañ ca /*.

[2] Tib. *bde ba bskyed paḥi mtshan ñid kyi skad cig = sukhasyotpādalakṣaṇakṣaṇasya*.

sarvam eva trayam apīty arthaḥ / tad evāha / *upāyo* mudrāṇām upadeśaḥ · tadbhāvanājanitaṃ sukhaṃ *tatsukhaṃ sarvavid* Vajradharaḥ / utpattikrame sahajasyopalakṣaṇārthaṃ catvāra ānandāḥ paśyante [31*b*/29*b* 4] niṣpannakrame sahaja evaiko bhāvya iti / atrārthe[1] yuktitrayaṃ ślokatrayeṇāha / *ānandenety* ādinā · *sahajānandan tu śeṣa* iti pariśeṣād yad etat trayam bhavanirvāṇasvabhāvatvena bhrāntatvena saṃsārāvāhakaṃ / ataḥ kāraṇāt sādhyasya mahāsukhasya dharmakāyalakṣaṇasya prāpakaṃ sahajam iti / sa caiko bhāvyaḥ / kasmāt punar etat trayaṃ mokṣāvāhakaṃ na bhavatīty āha || *prathamam* ity ādi / *sparśeti* kamalakuliśayoḥ · *dvitīyaṃ* tadadhikavāñcchayā · *tṛtīyam* iti || viramānandaṃ *rāganāśatvāt* · tad iti vairāgyarūpatvāt / caturthaṃ sahajākhyaṃ tena kāraṇena bhāvya iti bhāvaḥ / paramānanda ity ādi / bhavaṃ saṃsāralakṣaṇaṃ · sahajasākāṃkṣatvāt / *virāga* iti viramānandaṃ / nirvāṇam uktaṃ / *madhyameti prathamānandamātraṃ* sukhasāraṇamātraṃ[2] · ebhir iti ebhir uktair varjitaṃ / sahajaṃ saṃsāranirvāṇayor doṣa[kalaṅ]kānaṅkitasvabhāvam[3] atas tad eva bhāvyan nānyad iti yāvat / yady evaṃ sahajasukhaṃ sādhyasya mahāvajradharapadasya prāpakaṃ tadā prajñāravinda evānubhūtatvāt · kṛtakṛtyatā syāt kim arthaṃ bhāvya ity āha / *nānyenety* ādi / guruvajradharādinā na kasminn api cakracatuṣṭaye prajñāka[32*a*/30*a* 6]malasaṃparke 'pi pratyātmavedyasya tasya vāgvikalpaviṣayātītatvād iti bhāvaḥ / kathaṃ tarhi tasya deśanā śrutaṃ vā · udbhāvanā saṃvṛtyā na tu tat svena rūpeṇa suranārakasukhaduḥkhavedanāśrutavat[4] / kathaṃ tarhi taj jñāyata ity āha / *ātmanety* ādi / bhāvanāviśeṣād ātmanaivopalabhyate na bhāvanā vyarthā 'taḥ || bhāvanāpariniṣpattiṃ vinā tasya sākṣātkartum aśakyatvāt / tathā coktaṃ ·

deśito yo mayā mārgas tṛṣṇāśalyasya[5] kartanaḥ
yusmābhir eva kartavyam ākhyātāras tathāgatā iti

nanu maṇḍalacakrabhāvanādāv eṣa nyāyaḥ / sahajānandas tu pratyakṣa evopalabhyate na hi pratyakṣe 'rthe paropadeśo yuktaḥ / ata āha *puṇyād* iti / evam manyate na hi laukika eva sahajānandaḥ sādhyaḥ siddhatvāt[6] sāśravatvena malinatvāt sāṃsārikāṇāṃ[7] kiṃ tarhi tathāgatānām eva yaḥ pratyātmavedyo dharmakāyaḥ sahajaḥ sa iha sādhyaḥ / sa ca gatyantarābhāvād asmin eva laukikasahajānande yathopadeśam adhimucyamāno bhāvanāparipākād *ātmanā jñāyate* na prāk || ato nātra śrutacintābhāvanāvaiyarthyam iti / upāyo mārgaḥ · tasya sevā sa[32*b*/30*b* 7]myag bhāvanā tasyā bahūni parvāni bahavaḥ prakārā ity arthaḥ / gurulabhyaṃ parvaṃ

[1] Tib. *don dam ñid* = *paramārthe*.

[2] Tib. *thun moṅ gi bde ba tsam* = *sukhasādhāraṇamātra*.

[3] Tib. *ḥkhor ba daṅ mya ṅan las ḥdas pa dag gi skyon gyis mtshon par ma gyur paḥi ṅo ba ñid de* / = *bhavanirvāṇayor doṣair anaṅkitasvabhāvaṃ*.

[4] Tib. *lha daṅ dmyal baḥi bde ba daṅ sdug bsṅal bstan pa daṅ thos pa bźin no* = *suranārakasukhaduḥkhadeśanāśrutavat*.

[5] MS. *tasṇṇāśallasya*.

[6] MS. *sādhyasiddhatvāt*.

[7] Tib. inserts *deḥi rtsa ba can yin paḥi phyir ro* = *satadmūlatvāt*.

guruparvaṃ yad yogyāya śiṣyāya guruṇā vidhivad dīyate · upadeśa ity arthaḥ / kathaṃ sahajabhāvanā kartavyā / kim ekadeśa evāhośvid viśvam abhivyāpyetyāha[1] / *hīnety* ādi · ayam uddeśaḥ · tasyaiva vyākhyānaṃ *śūkṣmapadārtham* ātmanaś cittacaittāḥ / bhāvam ātmanaḥ śarīraṃ dvābhyām iti svadehāvayavāḥ · ṣaḍindriyaṃ dehasthāś cakṣurādayaḥ · *sthiracalam* iti · bāhyāś cetanācetanāḥ / *naivāham* iti[2] · nāham eva kevalaṃ mahāsukhasvabhāvo Vajradharaḥ · kin tu hi *sarvāṇy etāni tulyaceṣṭāni* abhinnasvabhāvāni · katham ity āha · *tattvabhāvanair* iti · asyaiva vyākhyānaṃ · *samarasair* iti · asyāpi vyākhyānaṃ / *samam* ity ādi · sadṛśam ity arthaḥ · tasyeti hīnamadhyādeḥ / *rasaḥ* sāraṃ bhāva iti paryayāḥ / ko 'sau rasaḥ · *cakraḥ* · mahāsukhalakṣaṇaḥ sahaja ity arthaḥ · samudāyārtham āha / *samarasam ekasvabhāvatvañ* ceti · tat punaḥ samarasatvaṃ kathaṃ bhāvayet / *mad* ity ādi · *evaṃ matveti* · evam avadhārya · *susamāhita* iti sarvāvasthāsu tad eva sphuṭīkartum āha · *khāne pāna* ity ādi · *sātatyam* iti · surasavāhi[33*a*/31*b* 1]taṃ[3] · *mahāmudrety* ādi / mahāmudrārthaṃ · anenādhimokṣayoga uktaḥ / idānīm · atrārthe cetasaḥ sthirīkaraṇam āha / *bhāvyante* hīty ādi / *jagat sarvam* iti · sattvabhājanalokāḥ · te sarve bhāvyanta eva kasmād ity āha · *manaseti* vikalpajñānena yadi na vikalpyante · na tarhi bhāvyante · ity āha · *sarvadharmeti* / parijñānaṃ sahajarūpatayā *naiva bhāvanety* arthaḥ || *sthiracalety* ādi · sarve paramam eva tattvaṃ / tattvarūpeṇa bhāvyante · kiṃ punaḥ tat paraṃ tattvaṃ[4] *ātmety* ādi / ātmanaḥ svacittasya sahajalakṣaṇasya svarūpaṃ / *teṣām ekam* iti sahajalakṣaṇaṃ tattvaṃ / kiṃ punas tad ekam ityādi · *svasamvedyaṃ* / nanu bhūtakoṭiḥ sarvadharmāṇāṃ tattvaṃ nātaḥ paraṃ tattvam astītyāha · *svasamvedyād* iti / mahāsukhamayāc cittād eva mahāmudrāsiddhir bhavet · *svasamvedyam* iti · mahāsukhalakṣaṇaṃ cittam evotpannakramapakṣe *bhāvanā* · *sva⟨sam⟩vedyam*[*am*] iti · yat kiñcit · dṛśyate · sattvānāṃ karmavipākajanitaṃ vaicitraṃ sthāvarajaṅgamādikaṃ tad eva karma · yady atra[5] karmotpadyate svasamvedyāt · kathaṃ tarhi mahāmudrāsiddhiḥ / tad artham āha · *bodhanād* iti · bodho grāhyagrāhakarūpeṇa pratipattiḥ · tasmāt karmotpadyate na punar viśvasya sahajaikarasa [33*b*/32*a* 3] bhāvāt · ata eva yasmāt sahajamayaṃ karma tasmāt *svayaṃ kartā svayaṃ karteti* tadvyatiriktasyānyasya kartarabhāvāt / svayam eva kartā sukṛtaduḥsthitakarmāṇāṃ · *svayam* eva *rājata* iti rājā · *svayam* eva sakalakleśakṣaye prabhavatīti · prabhuḥ / rāgam ityādi · rāgādayas *tatpada* iti svasaṃvedyapade bhāvanāyāṃ kaleti ṣoḍaśīṃ api kalāṃ *nārghanti* na labhante vidyāt karaṇāya[6] · idānīṃ svasaṃvedyasya svabhāvam āha · *dharmodbhavam* iti ·

[1] MS. *abhivyāpyoha.*
[2] Tib. *ṅa ñid yin źes bya ba = evāham iti.*
[3] Tib. *raṅ gis źes bya ba ni raṅ gi ṅaṅ gis ḥjug paḥo = svata iti nijasvabhāvena vartate.*
[4] Add: *ātmabhāva ity ādi uktam.* Tib. *yaṅ deḥi dam paḥi de ñid gaṅ yin źes na / bdag gi dṅos poḥi źes bya ba la sogs pa gsuṅs te / bdag ñid źes bya ba ni,* &c.
[5] MS. *yady otra.*
[6] MS. *kalāṃ nā vidyāt karaṇāya* with a mark of omission after *nā* and then on the

dharma [ārya] āryadharmāḥ teṣāṃ samudayo 'sminn iti · dharmodayo dharmadhātuḥ / iha ta⟨n⟩mudrāyoṣitkamalaṃ dharmodayaḥ / tathā 'dhimokṣavaśāt · tasminn udbhavo 'syeti dharmo⟨dayo⟩dbhavaṃ jñānaṃ kīdṛśaṃ khasamaṃ · ākāśasvabhāvaṃ *upāyo* margaḥ / sa cānekaprakāraḥ · ukto vaksyati ca · anekenāpy upāyena niṣpannakramapakṣe sahajamātram evaiko bhāvyaḥ / kathaṃ tena mahāvajradharapadaprāptir ity āha · *trailokya* ity ādi / daśadiktryadhvavartināṃ buddhānāṃ kāyavākcitta[ṃ]guhyāni pratyekam anantāni trayo lokāḥ / teṣāṃ samāhāraḥ · trailokyaṃ mahāvajradharaḥ · sa tatra jātaḥ / tasmāj jātaṃ jñānaṃ bhāvayet / kena rūpeṇa prajñopāyasvabhāvata iti · prakṛṣṭaṃ jñānaṃ prajñā [34*a*/32*b* 4] dharmakāyaḥ / upāyo jagadarthakaraṇāya tanniṣyandabhūtasaṃbhoganirmāṇakāyadvayaṃ tayos tatsvabhāvataḥ · tatsvabhāvo jāta ity ārthaḥ / kathaṃ tayoḥ svarūpeṇa jāta ity āha · *śukrety* ādi · *Bhagavān* iti · kāyadvayasaṃgrāhaka upāya uktaḥ *tat sukham* iti · yat tat sukhaṃ khasamaṃ jñānam uktaṃ · tat kāminī prajñety arthaḥ / *ekānekety* ādi · asav iti · upāyabhāgaḥ śukrākāraḥ · ekānekasvabhāvavirahatvāt · niḥsvabhāvo vicāraśūnya ity arthaḥ / ataḥ kāraṇān nāsau bhāvyā vitathatvenāśutarabodhiprāpter ayogāt / *kṣaṇeti* · *ekā ratiḥ* prītiḥ sahajamahāsukhajñānaṃ sarvadharmaśūnyatā saiva parā śreṣṭhā bhāvanīyety ārthaḥ / tatraikānekavicārasyāvidyamānatvād iti bhāvaḥ / yadi tatra vicārasyānavakāśaḥ / kathaṃ jñāyate tad ity āha / *svasaṃvedyety* ādi / nānyena kathyate pratyātmavedyaṃ *vākpatha*[1] iti · vācaḥ panthā pratipattir vākpathasyā*tītagocaraḥ* / tadviṣayātikrānta ity arthaḥ / *adhiṣṭhānakrama* ity ādi · sarvatathāgatānāṃ kāyavākcittasaṃgrāhakatvena tanmayaṃ / pṛthivītyādinā ślokena dvayena sahajabhāvanāyāḥ phalam āha · kathaṃ pṛthivyādibhir na bādhya[34*b*/33*a* 5]te yata ākāṅkṣamāṇo bhāvakaḥ pṛthivyām unmajjati nijjati · tiraḥ kuḍyaṃ tiraḥ parvatam asajjamāno gacchaty āgacchati / viṣaśastrādibhiś ca na kliśyate · apām upariṣṭhād adhastāc ca śete nisīdati · tiṣṭhati caṃkramate vātavṛṣṭyādibhiś ca na kliṣyate / evam anyat⟨h⟩āpi yojyaṃ / *svaparasaṃvittivedanam* iti svaparacittāny atītānāgatapratyutpannāni jānāti · *svargamartyety* ādi · *ekamūrtir* ekasvabhāvaḥ *svapareti* gatārthaḥ / āgamāntarebhyo Hevajratantrasya viśeṣadarśanārtham āha / *samastety* ādi · vedāḥ · ṛgvajuḥ / sāmātharvalakṣaṇāḥ siddhāntāḥ · tīrthikapraṇītāḥ · purāṇādayaḥ / śrāvakapiṭakasūtrāntādayaś ca siddhiḥ · punarbhavasyānta ebhir iti kṛtvā *karmaprasarāḥ* kriyātantrādayaḥ · ebhir uktalakṣaṇā *siddhir na syāt* / pāramitānaye kiṃ bhavati na bhavatīty āha / *bhaved* ity ādi *śuddhyety*[2] anenātmanaḥ kleśajñeyāvaraṇakṣalanād iti śuddhiḥ · ṣaṭpāramitālakṣaṇamargaḥ tayā śuddhyā bhavaty eva bodhiḥ / kin tu *punarjan⟨m⟩a* iti · trikalpāsaṃkhyajanmaparamparayaity arthaḥ · tatra yogatantre 'pi ihaiva

edge of the folio what appears to be *dyānti labhante*. The Tibetan is quite certain but leaves *vidyāt karaṇāya* unaccounted for. *bcu drug char yaṅ źes bya ba ni ñams par byed par mi nus paḥo* ' "even a sixteenth part" that is to say it cannot be harmed (even by that much)'.

[1] MS. *vākpāntha*.

[2] MS. *śuddhyanty*.

janmani bodhir uktā · tebhyaḥ ko 'syātiśaya ity āha / *na ca tenety* ādi / tena svasaṃvedyalakṣaṇena sahajena vinā · ihaiva janmani janmāntare vā na siddhiḥ · [35*a*/33*b* 6] asya tarhi tebhyaḥ ko viśeṣa ity āha / *Hevajram* ity ādi / tantrāntare sucitrasya saha⟨ja⟩sya Hevajra eva parisphuṭākāreṇoktatvāt[1] / ataḥ kāraṇān *na jñātaṃ yena Hevajraṃ* tasya śrutacintābhāvanāpariśramo 'pi vyartha eveti saṃdarśayati · nanu durlabhā bodhiḥ katham ihaiva janmani prāpyate vetyāha · *nadīty* ādi · nadīsroto nadīpravāhaḥ / tadvad aparicchedena · dīpajyotir dīpaśekhā tasyāḥ *pravāhaḥ* / tadvat *satataṃ* nirantaraṃ *tattvayogaḥ* sahajānandayogaḥ · tena *sthātavyam ahorātraṃ* / evaṃ saty avaśyam ihaiva janmani bodhiḥ sidhyatīty arthaḥ / *mahāyoginyo* Nairātmyādayaḥ tāsāṃ melāyakaṃ *melakaḥ* · kūṭāgāre sahajānande ca · tad dyotakapaṭalas tathoktaḥ ||
iti Yogaratnamālāyāṃ Hevajrapañjikāyām aṣṭamaḥ paṭalaḥ ||

PART I. CHAPTER ix

viśuddhipaṭalam iti / viśuddhyanty anayeti viśuddhiḥ · yayāsarvabhāvāḥ · nirdoṣā bhavanti sā viśuddhiḥ / tad dyotakaṃ paṭalaṃ viśuddhipaṭalaṃ / *sarveṣāṃ bhāvānāṃ* vyāpinī *viśuddhiḥ* · *tathatā* sarvadharme śūnyatā · *smṛtety* aṣṭame paṭale kathitā · *paścād* ity adhunā *devatānāṃ* Vajragauryādīnāṃ kathan tad aśuddhaṃ · kathaṃ vā viśodhyate / *ṣaḍindriyam* i[35*b*/34*a* 7]tyādi / *svabhāveneti* / tathatāsvabhāvena · yadi śuddhaṃ kim arthaṃ viśodhyate · *ajñānety* ādi · *ajñānaṃ* svabhāvāparijñānaṃ jñeyāvaraṇaṃ · *kleśā* rāgādayaḥ kleśāvaraṇaṃ tair *āvṛtam* ācchāditaṃ · ataḥ kāraṇād *viśodhyate* · yā tarhi tathatātmikā śuddhiḥ kīdṛśī satyāha / prāg aṣṭame paṭale kathitā nānyayā śuddhyā viśuddhyata iti bhāvaḥ / *viṣayāṇām* iti · rūpādīnāṃ *svasaṃvedyasukhaṃ param* utkṛṣṭā śuddhiḥ / *ye 'py anya* iti bāhyarūpādayaḥ *śuddhabhāvāḥ* śuddhasvabhāvāḥ kuta ity āha / yasmād *buddhamayaṃ jagat* sahajamayaṃ jagat sacarācaraṃ / idānīṃ *He Bhavann* ity ādinā devatāviśuddhiṃ pṛcchati · *cakṣuṣeti* gṛhyate paricchidyate veti paricchinatti · *āsvādanaṃ* rasaḥ / *āpnuta* iti gṛhṇāti · yady aśuddhā na tarhi *sevitavyā* ity āha / *sevitavyā* iti sevārhāḥ · katham ete nirviṣīkartavyā ity āha / *rūpaskandhety* ādi / Vajrā śuddhyā rūpaskandhaṃ parijñāyety arthaḥ / ata āha *tattvayogina* iti · *aiśāna* ity ādinā bāhyam ārabhate · nanv abhyantarapuṭe Gaurī paṭhitā tat kathaṃ bāhyapuṭe pi paṭhyata ity āha / *apareti* / anyā Gaurī nāmaiva *punaḥ* samaṃ / *dvidevatīti* devyau [36*a*/35*a* 1] dvāv ity arthaḥ / sthānabhedo devīnāṃ bhedaparijñānārtham uktaḥ / viśuddhirūpatā punar āsām āha · *rūpa* ity ādinā *tattvayogina* iti devatātattvayoginaḥ · *bhujānām* ity ādinā · ṣoḍaśabhujānāṃ tattvaṃ ṣoḍaśaśūnyatā · tad yathā ·

[1] Tib. *rgyud gźan las ni lhan cig skyes pa bstan pa tsam źig tu zad la / dGyes paḥi rDorje ḥdi las ni yoṅs su gsal baḥi rnam pa gsuṅs paḥi phyir ro* / 'In the other tantras they simply teach of the Innate, but in the Hevajra it is taught in a very clear way.'

adhyātmaśūnyatā · bahirdhāśūnyatā · adhyātmabahirdhāśūnyatā · mahāśūnyatā · śūnyatāśūnyatā · paramārthaśūnyatā · saṃskṛtaśūnyatā[1] · asaṃskṛtaśūnyatā · atyantaśūnyatā · anavarāgraśūnyatā · anavakāraśūnyatā · svalakṣaṇaśūnyatā · prakṛtiśūnyatā · sarvadharmaśūnyatā · abhāvaśūnyatā · abhāvasvabhāvaśūnyatā · etā eva bhujāḥ kṛtā ity arthaḥ / *caraṇā māraṇāṃ* bhaṅga*viśuddhitaḥ* · skandhamāraḥ kleśamāro mṛtyumāro devaputramāraś ceti · mukheti mukhānāṃ · *trivajriṇeti* · kāyavākcittavajraiḥ · *pṛthivīty* ādi · pṛthivyādīnāṃ viśuddhiḥ Pukkasyādibhir ity arthaḥ / *etenety* ādi / skandham iti skandhādayaḥ / evaṃ tāvad utpattikramapakṣe viśuddhim ākhyāya · punar utpannakramapakṣe tām evaikarasāṃ viśuddhim āha / *yena* ity ādi yena yena rūpādinā loko badhyate / tenaivāhaṃ muñcāmi · nāpi devatādyākārabhāvanayā · yadi te[36*b*/35*b* 2]na tenaiva mucyate lokas tarhi kathaṃ badhyata iti ity āha / *muhyati lokas* tatraivedaṃ satyābhiniveśāt · *veti na tattvaṃ* teṣām anutpādas tattvaṃ tan na vetti tattvavivarjita · anutpādabhāvanārahitaḥ siddhiṃ Vajradharapadaṃ na prāpnotīti bhāvaḥ · yata evaṃ *tasmāt* kāraṇād gandhādayaḥ paramārthato naiva naiva vidyanta iti bhāvaḥ · *na ca cittasyāpi viśuddhiḥ* · pṛthakkartavyā · tasyā apy anutpādarūpatvāt / *sarvaviśuddheti* sarvajagadviśuddhaṃ · kayā uktayā sarvadharmaśūnyatāviśuddhyā / ataḥ *śuddhasvabhāvaṃ jagat* / kaḥ punar evaṃ jānātīty āha / *jagad* aham *manyo* jānāmīty arthaḥ /

iti Yogaratnamālāyāṃ Hevajrapañjikāyāṃ
viśuddhipaṭalo navamaḥ ||

PART I. CHAPTER X

idānīṃ śiṣyāṇām abhiṣeko dātavyaḥ / sa cātra lekhyamaṇḍala eva dātavyaḥ / tadartham āha · *athāta* ity ādi *yathākramam* aviparītavidhiṃ · śiṣyo 'pi yathā vidhinābhiṣicyate so 'pi vidhiḥ pravakṣyata iti yojyaṃ / *vasudhām* iti · pṛthivīṃ devatātmaka iti dvibhujahevajrayogayuktaḥ HŪṂ-*vajrīkṛtyeti* / śūnyatāṃ vibhāvya REPHeṇa sūryamaṇḍalaṃ tad upari HŪṂ-kāreṇa viśvavajraṃ tābhyāṃ vajramayīṃ bhuvaṃ vajraprākārapañjaraṃ tadbahir vajrāgnimālāṃ vicintya OṂ RAKṢA 3 [37*a*/36*a* 3] HŪṂ 3 phaṭ svāhety anenādhiṣṭhāya · maṇḍalaṃ likheta · *bodhisattvā* vajrapāṇiprabhṛtayaḥ / *trayahastam* ity ādi · *aṅguṣṭhayādhikam* eva tad ity arthaḥ / iti maṇḍaloddeśaḥ paścād asya nirdeśo bhaviṣyati / abhiṣekam prastavan āha / *vidyety* ādi · divyā iti · uttamāḥ · *athaveti* yady aśaktaḥ / tadā *yathālabdhā* yauvanapradhārāḥ praveśayet · mahārāganayaś cāyaṃ yoginīnaya iti · iti śiṣyālakṣaṇoddeśaḥ / idānīṃ guhyābhiśekham uddeśayati · *tāvat sevyate mudreti* || mudrāyās tv iti śiṣyāyāḥ · *upāyasyeti* śiṣyasya · *kāritavya* ity ādi · tasyāṃ eva prajñāyāṃ · *samarasaṃ* prajñābhiṣekaṃ śiṣyagocare śiṣya-

[1] MS. *saṃvṛta* for *saṃskṛta*.

mukham udghāṭya · etena kiṃ syād ity āha / *svasaṃvedyād* iti · ata eva samarasāt svasaṃvedyaṃ jñānaṃ bhavet / kiṃ viśiṣṭaṃ tad ity āha / *svaparety* ādi · svaparavibhāgabhedarahitaṃ · khasamam iti · nirābhāsattvenākāśasamaṃ / niḥkleśatvāt · *virajaṃ* · prapañcātītatvāt · *śūnyaṃ bhāva* utpā[37*b*/36*b* 2]daḥ abhāvo vināśaḥ · bhāvātmāsyeti[1] tathoktaḥ *param* iti paramārtharūpaṃ sarvadharmāṇāṃ śūnyatā *prajñā* · *upāyo* mahākaruṇā · sarvasattveṣv ātmasamatānubhavaḥ / tābhyāṃ *vyatimiśraṃ* / tayor ekarūpatvena prakhyānāt / *rāgaḥ* paramānandaḥ / *arāgo*[2] viramānandaḥ / tābhyāṃ vyatimiśrarūpaṃ *prāṇinaḥ* sattvāḥ · teṣāṃ sa eva jīvaṃ · tena vinā jīvitābhāvāt || *paramākṣaro* 'nādinidhanaḥ / dharmadhāturūpatvāt / *vyāpī* sarvadharmāṇāṃ tanmayatvāt / *sarvadehe vyavasthita* iti · vijñānādhiṣṭhitatvāt · jīvadehānāṃ · tasmād eva jagadutpattiḥ / tadātmakarmakleśodbhavatvād ity etad āha / *bhāvaḥ* śarīraṃ · *abhāvo* vedanādi · anyāni ṣaḍindriyāṇi *yāni tānīti* bāhyā bhāvāḥ sthiracalādayaḥ · tīrthikair api sa evātmāditvena parikalpita ity etad api pratiṣādayan āha / *sarvaṃ vijñānarūpañ* ceti vedāntavādinaḥ / cidrūpaḥ *puruṣa* iti saṃkhyā || *pudgala* iti pudgalavādinaḥ || nityo jagatkartā *īśvara* iti siddhāntavādinaḥ / [38*a*/37*a* 3] *ātmaiva* jāyate · jīvati mriyate · badhyate · mucyatety ātmavādinaḥ / *jīva* iti digambarāḥ *sattva* iti sattvavādinaḥ || *kāla* iti kālavādinaḥ

> kālaḥ pacati bhūtāni kālaḥ saṃharati prajāḥ ||
> kālaḥ svapiti jāgarti kālo hi duratikrama || iti

pūryate karmabhir *galati* teṣām eva nirjaraṇāt · evaṃ pudgalavādinaḥ || *sarvabhāvā* laukikalokottarāḥ *māyārūpī* ceti vicitranirmāṇanirmāteva tataḥ samarasaṃ punaḥ śiṣyāya gocaraṃ · kartavyam ity āha[3] · *prathamānandamātran tv* iti / ānandamātraṃ · sādhāraṇasukham ity arthaḥ / *dvisaṃkhyata* iti · dvitīyaṃ *tṛtīyam* iti bhinnayogaḥ kāryaḥ / *viramākhyaṃ* viramānandaḥ / *sahajam* iti · sahajānandarūpaḥ / ity ekā vyākhyā · *prathamam* ity ādi · prathamādau · ācāryābhiṣeke bāhyakamalakuliśayogād ānandamātram utpadyate · kasmāt · ānandamātraṃ sādhāraṇarūpatvāt / anyo 'pi kamalakuliśayogataḥ / tathāvidhasukham anubhavantīti kṛtvā ānandamātram ucyate · *paramānandam* ity ādi · param utkṛṣṭaṃ gurūpadeśato guhyamaṇinā saṃvedanāt / *dvisaṃkhya* iti · dvitīyābhiṣekasaṃkhyā [38*b*/37*b* 4] *tṛtīyam* ity ādi / viśiṣṭottararamo *viramaḥ*[4] prajñābhiṣekalakṣaṇaḥ / tadantargatamaṇinā mahāsukhasya vedanāt || *caturtham* ity ādi · caturthaṃ caturthābhiṣekaḥ · *sahaja* iti · apratiṣṭhitanirvāṇadhāturūpatayā saṃvedanāt / evaṃ śiṣyagocarīkartavye sahajānanda eva samarasādiśabdena lakṣaṇabhedena[5] nirdiṣṭe tasyāṃ Bhagavataḥ parṣadi parivṛtaṃ[6] tad āha

[1] For *bhāvātmā* Tib. *de dag gi bdag ñid can = tayoḥ svabhāvātmā.*

[2] MS. has *rāgo* for *arāgo*. Tib. *chags daṅ bral ba.*

[3] Tib. *yaṅ de lta buḥi ro mñam par ḥgyur ba de ji ltar slob ma rnams kyi spyod yul du ḥgyur bar bya źes na / = tata idṛśaṃ samarasaṃ śiṣyānāṃ gocaraṃ kathaṃ kartavyam ity āha.*

[4] MS. *vigamaḥ.*

[5] Tib. *skad cig maḥi dbye bas = kṣaṇabhedena.*

[6] MS. *yadvṛttaṃ*. Tib. *gaṅ dag gis yoṅs su bskor ba = yatparivṛtaṃ* (or: *yayā parivṛtaṃ*).

saṃgītikāraḥ / *evam* ity ādi · *vismaya* iti · āścaryaprāptyā · *avanau* pṛthivyāṃ *patitāḥ* / kim arthaṃ patitā ity āha · *prathamānandaṃ jagadrūpam* ity ādi · jagadrūpaṃ jagad vedyatvāt / *paramānandaṃ jagad* iti · mārgarūpatvena saṃvṛti satyabhāvatvāt / *tatheti* · tathaivety arthaḥ / yo 'pi *viramānanda*-rūpatvenākhyātaḥ / susūkṣmacittapratіvedyarūpaḥ so 'pi jagat saṃvṛti-satyasvabhāvacittamātrasyāpi saṃvṛtisatyatvena saṃgrāhāt / *evākāro* · avadhāraṇe draṣṭavyaḥ / trividha eva laukiko jagadvedyatvāj jagad ucyate · *na vidyet* sahajaṃ triṣv iti · nāpy eteṣu sahajam asti · samvedyate vā. · vilakṣaṇatvād ity arthaḥ / *iti* śabdaḥ saṅgītikāravacanaparisamāpty arthaḥ / evaṃ sati vismayam ā[39*a*/38*a* 5]pannā iti || *Bhagavān* āheti saṅgītikārasya vacanaṃ *sarvabuddhaiḥ* sahābhinnaśarīra *ekavigrahaḥ* / saṃśayam *apanīyam* iti · saṃśayam apanīyate yena *divyaṃ* śreṣṭaṃ *bodhaye* pratipattaye · na rāga ity ādi · rāgaḥ paramānandaḥ *virāgo* viramānandaḥ · *madhyameti* prathamānandaḥ / etat trayaṃ samyaksambodhirū-peṇa *nopalabhyate* · *trayāṇām* iti · eṣān tu trayāṇāṃ varjanāt pṛthakkaraṇāt[1] / *sahaja* iti sahajānandaḥ sambodhiḥ · sambodhihetutvāt · *na rāga* iti · rāgālambanatvād rāgaḥ / prathamābhiṣekaḥ / *virāgo* viśiṣṭasukhālambana-tvāt · tṛtīyābhiṣekaḥ / *madhyameti* · tayor madhye ca dvitīyābhiṣekaḥ *nopalabhyate* samyaksambodheḥ samanantarakāraṇarūpatvena · ataḥ karaṇād uktaṃ *trayāṇāṃ varjanād* iti / sahaja iti · sahajābhiṣekaḥ sahajaś caturtha ity arthaḥ / *sambodhir ucyata* iti kāraṇa kāryopacārāt[2] · anyatrāpi sekāntare kasmān nocyata iti kāraṇakāraṇatvād iti bhāvaḥ · ata evoktaṃ *ānandatrayavarjitam* iti · yady anyatra sarvathaiva na syāt / tadā tasya sahajakṣaṇasya vyāpakatvam[3] eva na labhyate · tasmān mukhyakāraṇatvena sahajaḥ sambodhir ucya[39*b*/38*b* 6]ta iti · idānīṃ katham api sahajam uttānīkartum āha / *viramety* ādi · viramānandasyādau kiṃ paramānanda evāpannety āha · *ānandatrayavarjitam* iti · arthād uktaṃ bhavati / para-mānandād ūrddhvam iti · tathā trayodaśe paṭale vakṣyati ·

sahajānandasvabhāvo 'haṃ paramāntaṃ viramādikaṃ[4] ·

ekā vyākhyā · *viramādāv* iti tṛtīyābhiṣekādau lakṣayet / yathāyogataḥ pratipattiṃ kuryāt · kiṃ viśiṣṭaṃ tad ity āha / *ānandatrayavarjitaṃ* · ānandaparamaviramarahitaḥ · tebhyo vilakṣaṇarūpatvena bhinnasvabhā-vatvāt · evaṃ samyagupalakṣite sahaje · upadeśeṇa bhāvayataḥ samādhaya utpadyante · tān āha[5] · *meghopamaḥ* · *māyopamaḥ svapnopamaḥ svapna-jāgaropamaś* ceti · *prathamam* iti prathamābhyāsasamaye kathaṃ *megho-pamaḥ* · tatra meghacchannapūrṇacandravat / aparisphuṭatvāt / kathaṃ *māyopamaḥ* · tasya mahāsukharasanimagnasya jagan māyeva prakhyānāt ·

[1] MS. *pṛtak raṇāt*. Tib. *tha dad du byas paho.* [2] MS. *kāryopacarāt.*

[3] Tib. *lhan cig skyes pa źes bya ba khyab pa po ñid* = *sahajasya nāma vyāpakatvaṃ.*

[4] See II. ii. 40.

[5] Tib. *bsgom paḥi tiṅ ṅe ḥdzin las skyes pa gaṅ yin pa de bstan pa* = literally: *bhāvanāyāḥ samādher yad utpadyate tad āha*, but probably should be: *bhāvanāyāḥ samādhaya yā utpadyante tān āha* /.

yadā sākṣād bhavati tadā siddhaḥ / *sahaseti* · tad ūrddhvaṃ *svapnopamaḥ* kathaṃ svapnopamaḥ svaparayor anupalambhāt · tasmāt *svapnajāgaropamaḥ* / jāgratasvapnāvasthayor abhedena samāhitatvāt / evaṃ catussamādhiniṣpattau yogī kathaṃ sidhyatīty āha / *abhede*[40*a*/39*a* 7]*ty* ādi · rūpādīnāṃ bhedābhāvo · abhedaḥ · kathaṃ bhedābhāvaḥ · *lakṣaṇāsiddhau* satyāṃ bhedābhāvaḥ / lakṣyate 'neneti lakṣaṇaṃ svabhāvas *tasyāsiddhau* · sarvabhāvānāṃ mahāsukhatvena niḥsvabhāvīkaraṇāt · *mudrāyogīti* · mahāmudrāyogī sidhyatīty arthaḥ / *itīti* · evaṃvidhā mahāmudrāsiddhiḥ sekair vinā ⟨na⟩ bhavatīti[1] · abhiṣekhā dātavyā iti hetoḥ śāstā Vajradharaḥ tadarthaṃ *maṇḍalam* āha · *samujjvalan* nānāratnair alaṅkṛtaṃ · *vicitracāmarair* iti nānāvarṇacāmaraiḥ · *vastrācchāditakandharā* iti nūtanavastraveṣṭitagrīvā · *pañcaratnāni* · prabāla · muktā · rājāvartā · suvarṇa · raupyāṇi · *dadyād* iti sthāpayet / *cakreśasyety* ādinā pūrvasevām āha · *prāg* iti bhūmiśodhanāt purvaṃ / *A-kārādimantra* iti · A-kāro mukhaṃ sarvadharmāṇām ādyanutpannatvāt / OṂ ĀḤ HŪṂ PHAṬ SVĀHeti baliḥ / pūjā 'bhyarthanā guroḥ · *yathākhyāteti* Tattvasaṃgrahādau · *Vajrasattva* iti Hevajraḥ · *paścād* iti · sekapradānānantaraṃ viśuddhaṃ sāṃsārikair doṣaiḥ · [40*b*/39*b* 7] *jñānarūpiṇaṃ* sarvajñajñānasamaṃ / *saṃsāravyavadāneneti* · yatra jñāne bhavanirvāṇayor *nāsti bheda* iti śeṣaḥ sarvaprapañcātītatvād iti bhāvaḥ / etad eva gāthādvayena spaṣṭayati / *paramety* ādi · paramaratiḥ paramā prajñā · prabhāsvaralakṣaṇaṃ jñānaṃ tasyāṃ na *bhāva* iti na kiñcid bhāvyam asti · *bhāvakaṃ* cittaṃ tad api nāsti · *vigrahaṃ* śarīraṃ · *grāhyaṃ* pratibhāsamānaṃ vastu · *grāhakaṃ* cakṣurādi · evaṃ *māṃsaśoṇitādayo* 'pi na santi · itthaṃ kleśāvaraṇāsambhavaṃ pratipādya · jñeyāvaraṇāsaṃbhavaṃ pratipādayan āha / na dṛśyam iti · dṛśyādi[2]bāhyā bhāvanā na vidyanta iti / *nistaraṅgety* ādi · taraṅgā vikalpāḥ · teṣāṃ kṣayān nistaraṅgaḥ[3] · vicitro nānāprakārapratibhāsaḥ · tasyābhāvād *avicitram* iti[4] evam ukte Bhagavatā · *āheti* pṛṣṭavān Vajragarbhaḥ / kim artham āha · *kasmād* ity ādi · ayam abhiprāyaḥ / sahajarūpatvena prakṛtipariśuddho dehaḥ / kasmāt sāsravo mahā*bhūtātmakaḥ* / sadṛśāt kāraṇāt · sadṛśasyaiva kāryasyotpādo yukta iti nyāyāt · prabhāsvaravyutthitavajradharaśarīravat / sahajajanitvāt sarveṣāṃ dehaḥ syād iti bhāvaḥ / *Bhagavān āheti* · laukika evāyaṃ sukhamātraṃ kathaṃ sahaja ity ucyate · sā[41*a*/40*b* 2]dṛśāt / karuṇārūpatvāt / ata āha · *bolakakkolayogeneti* · spṛśyamānakāṭhinyane dharmaḥ · dharmiṇī *pṛthivī* · bodhi*cittaṃ* śukram · *drava*-svabhāvatvāt · *gharṣaṇāt tejaḥ* śukrasya *gamanād vāyuḥ* / tatsukham ākāśadhātuḥ / anābhāsarūpatvāt / bhavatu pañcātmakatā skandhasya mahāsukhajanitatvenānāśravarūpatā tu kasmān na syāt / ata āha · *tasmād* ity ādi · sāṃvṛtaṃ kamalakuliśaṃ janitaṃ *na tattvākhyaṃ* pāramārthikaṃ sahajaṃ / kasmād

[1] Tib. *ḥbyuṅ bar mi ḥgyur bas = na bhavati.*
[2] MS. *dṛśyāpi.* Tib. *mthoṅ bar bya ba la sogs paḥi = dṛśyādi.*
[3] MS. *nitaraṅga.*
[4] MS. *citto nānā,* &c. . . . *vicitram iti.*

ity āha · *mahābhūta* ity ādi · mahābhūtajanakatvāt · mahābhūta ity ucyate[1] / tarhi katham prāg varṇita[2] ity āha / *sahajety* ādi · ādhyātmikaprajñopāyābhyāṃ sahajābhyāṃ yad utpannam anāśravalakṣaṇaṃ tatsahajaṃ paramārthaśabdenocyate · etad eva sphuṭīkartum āha · *svabhāvam* ity ādi · sarvadharmāṇāṃ prakṛtis tathatā bhūtakoṭiḥ svabhāva iti paryāyāḥ / tad eva sahajaśabdena prāg uktaṃ na sukhamātraṃ kiṃ viśiṣṭaṃ tat · sarvetyādi · *sarvākārāḥ* sarvabuddhadharmāḥ · saṃkṣepaḥ *saṃvaraṃ* tadāśritatvāt · sarvadharmāṇāṃ · evam ādhyātmikaprajñopāyajanitaṃ[3] sahajam ākhyāyā · idānīm anālambana[4]rūpaprajñopāya [41*b*/41*a* 3] janitaṃ sahajam ākhyātukāma āha · *kṛpetyādi* · sarvasattveṣv ātmasamatācittaṃ kṛpā[5] saiva paramopāyaḥ / samyaksambodhiprasādhanopāyarūpatvāt / sa ca yogī · yogināṃ pradhānadharmatvāt / *mudrā* prajñā kāsāv[6] ity āha · śūnyatā sarvadharmāṇām anutpādaḥ / katham anutpādaḥ śūnyatā · āha · *hetuviyogataḥ* / svataḥ parata ubhayato 'nubhayataḥ sarvabhāvānām anutpatteḥ · anutpādalakṣaṇā śūnyatā saiva paramā prajñā · tābhyāṃ *abhinnam* prabhāsvaralakṣaṇaṃ pāramārthikasambodhicittaśabdena kathitaṃ · na punar[7] bāhyamudrāsukhānubhavamātram iti bhāvaḥ / ataḥ kevalam utpannakramaṃ yogī bhāvayan mantrajāpādikaṃ kuryān na vety āha / *na mantrety* ādi mantraḥ OṂ-kārādiḥ / *tapas* trivelaparivartādiḥ / agnau ghṛtādīnāṃ havanaṃ *homaḥ* / maṇḍalamadhyavartino *māṇḍaleyāḥ* / maṇḍalaṃ kūṭāgāraṃ · tarhi mantrajāpādiphalam yogino[8] na syād ity ata āha / *sa* ity ādi · niṣpannakramasahajabhāvanāsamādhimantrādīnāṃ tattvaṃ yathoktaṃ · *bodhicittaṃ* tad eva *samajaḥ* sarvadharmāṇām ekarasamīlanaṃ *tadrūpo* bhaved yogī · ayam evātra[9] [42*a*/41*b* 3] caturtho mahāmudrābhiṣekaḥ · sarvavikalpamalānāṃ kṣālanāt sākṣād anena || abhiṣekadyotakaḥ paṭalas tathoktaḥ ||

iti Yogaratnamālāyāṃ Hevajrapañjikāyāṃ daśamaḥ paṭalaḥ ||

PART I. CHAPTER xi

mantranītau sattvānām avatāraṇāya catasro dṛṣṭayaḥ / pātanā · vaśyā · ākṛṣṭiḥ · stambhanā ceti · *samety* ādi · *samā* avakrā *krūrāḥ* sakrodhā *lalāṭī* puttalībhyāṃ lalāṭāśritā *pātanā* · yā *vāmāśritābhyāṃ* vāmaprekṣaṇī sā *vaśyā* / yā *ūrddhvāśritābhyāṃ* dakṣiṇaprekṣaṇī sā *ākṛṣṭiḥ*[10] yā tu[11] *nāsājaḍāśritābhyāṃ* samukhaprekṣaṇī sā stambhanā · nāsayā niḥsacala-*recako*

[1] MS. *i cya te* for *ity ucyate.*
[2] MS. *avarṇṇita.* Tib. *ciḥi phyir bsṅags par byed = kathaṃ varṇita.*
[3] Tib. *thabs daṅ śes rab kyi tiṅ ṅe ḥdzin las skyes paḥi = prajñopāyasamādhijanitaṃ.*
[4] MS. *idānīn nālambana,* &c. Tib. *da ni dmigs pa med pa,* &c.
[5] MS. *kṛpa.* [6] MS. *kāśau.* [7] MS. *na pu bāhya,* &c.
[8] MS. *mantrajāpādimaṇḍalasya yogino.* Tib. *sṅags bzlas pa la sogs paḥi ḥdras bu.*
[9] MS. *evāsa.* Tib. *de lta bu ni ḥdir.*
[10] MS. *yā ākṛṣṭi.* Tib. *des dbaṅ du byaḥo /.* [11] MS. *yā ta.*

vāyuḥ[1] / praviśan *pūrakaḥ* · pūritābhyantaraḥ *kumbhakaḥ* / praviśya niścalībhūtaḥ praśāntaḥ / āsām abhyāsasthānāny āha[2] / sarasadrumaḥ raktakusumaṃ snuhītaruḥ sacalatṛṇaṃ *bhrāntiḥ* saṃśayaḥ · māraṇādṛṣṭir noktā · kasmān noktety āha / nātra kāryaṃ syāt / sattvāvatāraṇārthaṃ dṛṣṭayaḥ proktā[3] iti / *saptāvartaṃ* saptajanmā · [42*b*/42*a* 3] *viramānandadūṣakīti* sahajānandalakṣaṇā siddhiḥ / vaśyakarmaṇi *kurukullā* viśiṣyate · tasyāḥ sādhanaṃ *saṃkṣiptaṃ* · yat pūrvam uddiṣṭaṃ tat vistareṇoddiṣṭaṃ / uktaṃ dvādaśabhiḥ kalpaiḥ · vistīrṇahevajratantre · *iṣuḥ* śaraḥ / *kārmukaṃ* dhanuḥ / *utpalam* indīvaraṃ · *aṅkuśañ* ceti · sarvaṃ raktavarṇaṃ · *Vajro* Vajradharaḥ · tasya *garbho* hṛdayaṃ Vajragarbhaḥ / tasyābhibodhād bodhiḥ sa Vajragarbhābhisambodhiḥ / tad dyotakaḥ kalpaḥ · tathoktaḥ ||

iti Yogaratnamālāyāṃ Hevajrapañjikāyāṃ prathamaḥ kalpaḥ ||

PART II. CHAPTER i

paṭādiṣu devatānāṃ · avasthānaṃ *pratiṣṭhā* · iha tu tadvidhiḥ pratiṣṭhā · tasyā lakṣaṇaṃ svarūpaṃ vajra iti Vajrapāṇi sarvatathāgatānāṃ kāyavakcittāni tāny eva · *sāraṃ* tad evātmā yasya sa tathoktaḥ / *homam* iti · vighnavināśanārthaṃ *pradoṣe* vikālavelāyām *adhivāsanādikaṃ kṛtveti* · adhivāsanāṃ yathāvidhinā kṛtvā · *sarvabuddhān praveśayed* iti · pratiṣṭhāpanīyā . . .[4]

OṂ źes bya ba la sogs pa ni mchod paḥi sṅags bstan paḥo / *sna tshogs* źes bya ba ni rnam pa sna tshogs paḥo / goṅ maḥi *rgyud kyi lugs rim par* źes bya ba ni dGyes paḥi rDo rjeḥi rgyud rgyas paḥi cho gaḥi rim pas so / skabs la babs paḥi sbyin sreg thams cad bstan paḥi phyir *źi baḥi thab khuṅ* źes bya ba la sogs gsuṅs te /

. . . *eṣv eva triṣu* yathāyogaṃ hotavyam āha / *tilam* ity ādi · *tvaṃ devītyā*[43*a*/42*b* 3]*di* pṛthivyāvāhanamantraḥ prastāvād uktaḥ · arghādimantro 'gner eva ||

iti Yogaratnamālāyāṃ Hevajrapañjikāyāṃ dvitīyakalpe prathamaḥ paṭalaḥ ||

PART II. CHAPTER ii

Vajragarbha āheti pṛṣṭavān · *gaganavad* ityādi · *sattvānām* akuśalā *dharmā* anādikālopacitā *gaganopamāḥ* · teṣāṃ pratipakṣaḥ *svādhidaivata*-bhāvanā ·

[1] Tib. *snaḥi rtse mo nas ḥbyuṅ ba ñid kyi rluṅ ni ḥbyuṅ ba ñid do* = *nāsāyā niḥsaran sa recako vāyuḥ*.

[2] After: *āha*. Tib. *rlon paḥi śiṅ źes bya ba la sogs pa gsuṅs te* = *snigdhavṛkṣa ity ādi*.

[3] In place of *sattvāvatāraṇārthaṃ dṛṣṭayaḥ proktā*.
Tib. *lta staṅs bźi po bsgrubs nas ni* ||
mkhas pas sems can gźug par bya || = main text, I. xi 6.

[4] Short passage missing in MS., but given by Tib.

tataś ca sāgaropame vipakṣarāśau *tumbikā*-sadṛśaḥ pratipakṣo na samarthaḥ · tasmād akuśalarāśeḥ samuttaraṇāya iti bhāvaḥ / tat *kathaṃ sattvās* tadbhāvanayā *sidhyantīti* praśnārthaḥ || atra *Bhagavān āha* / *nairātmety* ādi / *yogaḥ* samādhiḥ · tad*yukta ātmā atha⟨vā⟩*[1] *Śrīhevajrayoga*-yuktātmā yogī sakalavipakṣarāśim apahāya sidhyati · avaśyam eveti · nanu sāgaropamād vipakṣarāśeḥ kathaṃ devatāyogamātrāt[2] samuttaraṇaṃ · yathā giriguhāyāṃ sakṛd jvalito vahniḥ · cirakālam upacitaṃ tamasskandham upahanti · tathāyam api nairātmāhevajrabhāvanāviśeṣa iti bhāvaḥ / tathāpi sakṛt pratipakṣabhāvanayā vipakṣavināśāt[3] kathaṃ [43*b*/43*a* 4] siddhir na syād iti cet / satyaṃ na hi vipakṣa[4]vināśamātrān mahāmudrāsiddhiḥ / api tu sambhāradvayasambhṛto 'sāv etat[5] / tadartham āha / *kṣaṇam apy anyacitta sann* iti · ananyacittā hi nāma śamathalakṣaṇo bhāvanāviśeṣaḥ sa ca kramād abhyāsalabhyaḥ / atas tam āha / *prathamety* ādi · *niśākāla* iti rātrau · anyakāle vipakṣasambhavāt / siddho 'ham iti · adhimuktiviśeṣāt / rātrau samāhitayoga uktaḥ / tadanyakāle nirantarayogam āha / *aṃghrīty* ādi · *sevayed* iti · ārādhayet · kām ārādhayet · yoginīṃ nairātmāṃ / *anyarūpa* iti · nairātmāvilakṣaṇarūpaḥ / *Vajragarbhety* ādy upasaṃhāraḥ *kilbiṣā* doṣāḥ / dārḍhyotpādanārtham āha · *kautukenāpi* pakṣa iti māsārdham *dinaṃ* · atyantasamāhitarūpeṇa · *avicchinnam* iti · *sakṛd* iti pratyahaṃ · ekasandhyāyām abhyāsitā[6] *bhayety* ādinā pratyayaṃ darśayati · *evam* ity ādinā · *evaṃ mṛṣyamāṇā* vimarṣaśīlā *hitaṃ* kuśalaṃ tasyodayaṃ · *ahitasyā*-kuśalasyodayaṃ lokacarita *raurava* iti narakahetau laukikacarite / itthaṃ vartamānānām api pāpiṣṭhādīnāṃ mahāmudrāsiddhiḥ · ko 'vakāśa iti ced āha / *pa*[44*a*/43*b* 5]*ñcānantaryety* ādi / vikalagātrā hīnāṅgāḥ · *cintayeti* nairātmabhāvanayā || dhārmikāḥ tarhi na sidhyantīty āha / *daśakuśalety* ādi · *siddhiḥ* samādhilābhaḥ / ata eva *samāhitaḥ* / *māsam* ity ādi / *guhyam* iti guhyavrataṃ · mudrālābhārthaṃ tato yoginībhir ādiśyate · *bodhicitteneti triśaraṇagamanādi devatārūpacittaṃ* devatāyogaḥ / *samayo* rakṣaṇīyādi · *ekacittatā* sahajayogaḥ / *bhavyeti* siddhibhavyā · *saṃkalpo* vikalpaḥ kṛṣṭveti · ākṛṣya *tām* iti varalabdhām ākṛṣṭām vā · *dhairyapratyayād* iti dhairya · pratipadya[7] kasmād ity āha · *na caryety* ādi · *yākhyāteti* pūrvañ caryāpaṭale *bhīmarūpiṇī* kaṣṭataratvāt · *Vajragarbha āheti* · kim artham āha · *nairātmety* ādi / *mudreti* bāhyamudrā kim artham arthayata[8] iti *mudrayā mudrayeti dvābhyām* mudrābhyāṃ kathaṃ mudrāsiddhiḥ syāt · *strīrūpaṃ* nairātmārūpaṃ · *Bhagavata* iti Hevajrasya · *stanaṃ* hitveti[9]

[1] MS. *atha* for *athavā*.

[2] Tib. *rnal ḥbyor tsam gyis* = *-yogamātreṇa*.

[3] MS. *sakṛt bhāvanayā pratipakṣavināśāt*. Tib. *gñen poḥi phyogs skad cig tsam bsgoms pas mi mthun pas* (read *paḥi*) *ñams par ḥgyur ba źig yin na* / = text as amended.

[4] MS. *pratipakṣa-*. Tib. *mi mthun paḥi phyogs*.

[5] MS. *-saṃbhṛta sau vetat*. Tib. *tshogs gñis rdzogs pa des ni ḥthob par ḥgyur ro* ||.

[6] MS. *abhyasitā*.

[7] Tib. *brtan pa bstan paḥi phyir źes bya ba ni brtan par rab tu bsgrub paḥi phyir ro* / = *dhairyapratyayād iti dhairyapratipādanārthaṃ*.

[8] MS. *arthisyata*.

[9] MS. *hṛtveti*. Tib. *spaṅs pa*.

stanadvayam apahṛtya *tadbolam* kuryād ity arthaḥ / *tīrety* ādi pārśvadvayaṃ *ghaṇṭheti* muṣkaḥ *kiñjalkena* naranāsayā bolaṃ kuryāt || *mahārater* iti mahārāgamayasya *mudrāsiddhir* iti mahāmudrāsiddhiḥ / *yasmād* iti · anena krameṇa *vyakta*[44*b*/44*b* 1]*m avyaktasyeti* · utpattikramabhāvanāyuktasya · tatra mahāmudrāsiddhir devatādehadvaya[1]siddhiḥ / tataś ca vimānacāriṇāṃ Brahmādīnāṃ dehaḥ / saṃvartavivartābhyām utpattivināśabhāk tadvad ayaṃ mahāmudrāsiddhasyāpi na vety āha / *utpattīty* ādi · utpādavināśābhyāṃ naiva bādhyate · kasmān na bādhyata ity āha · *upāya* iti satataṃ saṃbhavatīti *saṃbhavaḥ* · yāvad ākāśapravartaṃ nityatayā nitya ity arthaḥ / sa upāyaḥ · tatphalaṃ bhāvanāniṣpattau · ataḥ pralayaḥ · *layo* hi sarvabhāvānām anupalambhaḥ · sā prajñā · tasmāt · asau *bhavāntakī* dehābhiniveśasyāntakī · tābhyām ekarasībhūtaṃ svapnendrajālāmāyāmarīcisaṃkāśaṃ yāvad ākāśaniṣṭhaṃ dehadvayaṃ mahāmudrāsiddhiḥ / yenaivaṃ tena kāraṇenāsya pralayo notpādaḥ || api tu tattvato na kaścit pralīyate · yadi bhāvarūpaḥ syāt tasyotpādavināśau syātāṃ yāvatā 'pratiṣṭhitanirvāṇarūpatvād asaṃskṛtalakṣaṇaḥ / tasmāt kaḥ pralīyate · tadabhāvāt · kṣayo vināśasya · tad evam mahāmudrāsiddhasyotpādavyayau na bhavata iti siddhaṃ / sa ca bhāvanālabhyaiva · bhāvanā tu kīdṛśīty ata āha / *utpattī*[45*a*/45*a* 2]*ty* ādi · *prapañcam* iti · ādhārādheyalakṣaṇaṃ nānāprakāraṃ *svapnavat kṛtveti* · yathā svapnacittaṃ nānākāreṇa prabhāti[2] · tadvat kṛtvā *prapañcair* iti vāgvikalpair niḥprapañcayet / itthaṃ krameṇābhyasyataḥ kiṃ syād ity āha / *yathety* ādi / gandharvanagaram iti / Hariścandrapurī *tathaiva bhavatīti* / tadvat sphuṭābhatāṃ gacchatīty arthaḥ / idānīṃ niṣpannakramalakṣaṇasya mahāsukhasyaiva svabhāvo 'yaṃ maṇḍalacakrabhāvaneti pratipādayan āha / *mahāmudrety* ādi / *mahāmudrābhiṣekaḥ* prajñābhiṣekaḥ / teṣu caturṣu *yathājñātaṃ* gurūpadeśato yathāpratītaṃ / gurūpadeśato yathāpratītiḥ kiṃ tan *mahāsukhaṃ* sādhyasādhanalakṣaṇaṃ *tasyaiva prabhāva* etan *maṇḍalam* ity arthaḥ / prabhāva iti tanmaya ity arthaḥ *maṇḍalaṃ* Hevajranairātmāmaṇḍalaṃ / *nānyasambhavam* iti · nānyasmād utpannaṃ · nanu prajñājñānābhiṣekeṣu niḥprapañcalakṣaṇaṃ sukhamātram upalabdhaṃ yat / kathaṃ tasmāt sarvākāravaropetaṃ maṇḍalacakram utpannam iti · uktam / sadṛśāt sadṛśasyaivotpādo yuktaḥ / naitad evaṃ / lokavyavahāramātram evaitat sadṛ[45*b*/45*b* 2]śāt sadṛśasyaivotpāda iti · yathā hi ālayavijñānavādino jagadbījādhāratvenālayavijñānaṃ varṇayanti tadvat prajñājñānābhiṣekapratītaṃ mahāsukhalakṣaṇaṃ sarvadharmaśūnyateti kṛtvā sarvabuddhadharmādhāratvena · mantramahāyāne tv anuvarṇyate / tad eva pratipādayan āha / *sukham* ity ādinā · *rajam*[3] iti prajñopāyayoḥ samāpattiḥ *bhāvaḥ* pañcabuddhasvabhāvaḥ / *abhāvas* teṣām eva niṣpañcatā[4] · bhavatu prajñopāyasvabhāvatvena · śrīhevajramaṇḍalasya sukharūpatā · nairātmāmaṇḍalasya tu kathaṃ sukharūpatety āha · *Vajra-*

[1] MS. *-dehādvayā-*. Tib. *lhaḥi gzugs gñis.*
[2] MS. *prakhyāti*. Tib. *snaṅ ba.*
[3] Tib. *gñis sbyor = kunduru.*
[4] Tib. *sprod pa med pa = niḥprapañcatā.*

sattva ity ādi · prajñopāyasvabhāvayoś candrasūryayoḥ samāyogajanitabījodbhavacihnaṃ vajraṃ tadgarbhasthitaṃ · bījam sattvaṃ · vajrasahitaḥ sattvo Vajrasattvaḥ / so 'pi sukhaṃ smṛtaḥ / *Vajragarbha* āheti · kim artham āha / utpattikramasyaiva bhagavatā sukharūpatvena praśaṃsanārthaṃ / *utpanna* ity ādi · *bhāvaneti* · devatādehabhāvanā tayā rahitaṃ · *utpattyā kiṃ prayojanam* iti prayojanābhāva ity arthaḥ / ayam abhiprā-[46*a*/46*a* 3]yaḥ / mahāsukhābhimokṣeṇa · maṇḍalacakrabhāvanayā · āyāmabahulayā kiṃ prayojanaṃ mahāsukhenaiva · kevalenābhimatasya siddhatvād iti · gauravam upadarśayati · ⟨*śraddhāvegena naṣṭa* ity ādi ·⟩[1] utpannakrame[2] gauravaṃ tena naṣṭo 'yam utpannakramapratikṣepāt[3] · dehetyādinā · tad evotpattikramaṃ stauti · kutaḥ saukhyam iti · nānyatra[4] saukhyam upadeṣṭum śakyata ity arthaḥ / tasmāt *sukhena vyāptaṃ jagad* ucyate · na tad[5] vyāpyarūpeṇāpi tu vyāpakarūpeṇāpi · ubhayor vyāpyavyāpakarūpatvāt · yathā sukhaṃ vinā na dehādi · tadvad dehaṃ vināpi na tad iti · *yathetyā*dinā dṛṣṭāntam āha / yady evaṃ maṇḍalacakrabhāvanaivāstu kiṃ kevalayā mahāsukhabhāvanayety āha / *bhāvo 'ham* ity ādi / bhāvo 'haṃ · sambhoganirmāṇakāyasvabhāvamaṇḍalacakrādirūpatayā · *naiva bhāvo 'haṃ* dharmakāyasvabhāvamahāsukharūpatayā · yadi bhāvasvabhāvatvaṃ maṇḍalacakrakaratayā · tadā ekānekasvabhāvarahitatvān maṇḍalacakrasya bhrāntatvaṃ / tasmān na buddha iti bhāvaḥ / ata āha · *buddho 'ham* iti · vastūni sarvadharmās teṣāṃ bodhaḥ sarvākārajñānaṃ tena jñānenāhaṃ buddhaḥ / [46*b*/46*b* 4] tasmād ahaṃ paramagambhīrakāyadvayasvabhāva iti darśayitum āha / *mām* ity ādi · *mūḍhā* iti · aśrutavantaḥ kalyāṇamitraparyupāsanarahitāḥ / tad eva gambhīrarūpaṃ kāyadvayaṃ prakaṭīkartum āha / *vihare 'ham* ity ādi / Amitābhasya tathāgatasya buddhakṣetraṃ sukhāvatīty ucyate · iha tu Nairātmādīnāṃ bhagāni Sukhāvatīsaṃkṣepāṇi niruttarasukhasya rakṣaṇāt / tatrāhaṃ viharāmi · ekamahāsukharūpatāsūcanārthaṃ sarvadharmāṇām *E-kārākṛtirūpatā* · buddhā eva ratnāni teṣāṃ karaṇḍake niketasthāne · idānīm itthaṃvidhasyātmano māhātmyaṃ dyotanārtham āha / *vyākhyātety* ādi · īdṛśasya dyotako yo dharmo Hevajrādiḥ / *śroteti* śiṣyaguṇayuktaḥ / *sādhyo* 'ham iti / yat prāk sādhyatvena ca varṇataḥ sa cāham eva · *jagataḥ śāstā*[6] saṃbhoganirmāṇakāyābhyām aham eva *loka* ity ādi · suratodbhavo lokas tasyaiva kāraṇabhūto bodhicittadravo laukikaḥ lokaḥ prayojanam asyeti kṛtvā saṃbhogakāyasvabhāvaḥ · so '*py ahaṃ* / nanu mukhyatvena mahāsukhasvabhāvatvaṃ katama[7] tad ity āha / *sahajam* ity ādi / kiṃ viśiṣṭaṃ sahajānandaṃ · *paramety* ādi · paramānte viramādau yat ta[47*a*/47*a* 6]d aham

[1] Tib. *dad paḥi śugs kyi⟨s⟩ rab tu ñams źes bya ba.*
[2] Tib. *bskyed paḥi rim pa la = utpattikrame.*
[3] Tib. *bskyed paḥi rim pa spoṅ ba = utpattikramapratikṣepa.*
[4] MS. *nātra* for *nānyatra*. Tib. *gźan las . . ma yin.*
[5] Insert *kevalaṃ* after *tad*. Tib. *ḥbaḥ źig.*
[6] MS. *jagasa śāstā.*
[7] MS. *katama*. Tib. *ji lta bu = kathaṃ.*

ity arthaḥ / nanu sādhyaṃ mahāsukhamayaṃ sarvātmakaṃ yaduta Bhagavān iti prāg uktaṃ saṃsārikan[1] tu sahajasukhaṃ naitat sādhyaṃ tat kathaṃ[2] tad eva Bhagavān iti / *tathā cety* ādi *ca*-śabdo hetau · yasmāt tad eva mukhyasya[3] drāṣṭāntikasya tathā pratyayasadṛśena dṛṣṭāntatvena pratītisādhanaṃ tasmāt tad eva mukhyam ayan tu pracāraḥ / tad evāha · *andhakārapradīpavat* / kvacid yathā · andhakāradeśavartināṃ ghaṭapaṭādīnāṃ pradīpaḥ pratītisādhanaṃ tathaiva · dṛṣṭāntatvena laukikasahajasukham eva mahāsukhasya sādhyalakṣaṇasya sādhanabhūtaṃ draṣṭavyaṃ / vicare 'ham ity ādinā prāg yad uktaṃ / tad eva vispaṣṭayan āha / *dvātriṃśad* ity ādi · lakṣaṇavyañjanojjvalaśarīraḥ *prabhur* iti buddhadharmāṇāṃ bhartā · *yoṣid* iti · dṛṣṭāntavajrayoṣit · tad-*bhage śukranāmnā sthito* 'ham śukraṃ sukhaṃ bāhyaretaś ca · *tena* śukreṇa *vinā* · ataś ca retasi sākṣeyaṃ sukham upalabdhaṃ / śukrābhāve kāraṇāntarāṇāṃ tathāvidhasukhotpādane sāmarthyābhāvāt / devatāyogād eva sukham utpadyata ity ucyate · tasmān mahāsukhārthinā devatāyogo 'vaśyaṃ eva bhāvyaḥ / yasmān mārgo na bhāvo nābhāvaḥ śukrasukharūpatvāt · tat [47*b*/47*b* 7] phalam api *buddho na bhāvo nābhāvaḥ* / kutaḥ · ity āha / *bhujamukhety* ādi / saṃbhogakāyena rūpī · na rūpī *paramasaukhyataḥ* / dharmakāyo na vā rūpī · ataś cāpratiṣṭhitatvāt · na bhāvo nāpy abhāva iti sthitaṃ / yat · evaṃ tasmāt sahajamayaṃ jagat · sarvasattvāḥ sahaja iti ko 'rthaḥ *svarūpam ucyata* iti dharmāṇāṃ prakṛtiḥ · sahaja iti paryāyaḥ / tad eva *nirvāṇaṃ* katham ity āha / *viśuddhīty* ādi / viśuddhir dharmalābhaḥ[4] prabhāsvararūpatā · ataḥ sā cittasya yadā syāt[5] tadā nirvāṇaṃ syād ity arthaḥ / yadi buddhamayaṃ jagat · bhāvābhāvasvarūpatvāt · tathāpi kasmāt · devatākārabhāvanā kriyata ity āha / satyam uktaṃ · *devatety* ādi · *bhujamukhety* ādi · dehasāmānyād ity arthaḥ / tato vyarthā bhāvanā syāt / *kin tv* ity ādi · prākṛtasya dehāntarasya tatra *vāsaneti* śeṣaḥ / tatra prahāṇārthaṃ anāśravaskandhavāsanāparipuṣṭaye devatādehabhāvanā kriyata iti bhāvaḥ · idānīṃ dehabhāvanā cāpratiṣṭhitanirvāṇahetur iti · duḥsaham etat[6] / tad idaṃ bahūbhir dṛṣṭāntaiḥ sādhayan āha / *tenaivety* ādi *spho*[48*a*/48*b* 1]*ṭayed* iti hanyāt / kathaṃ āyo vātaḥ · apānaṃ vātahetutvāt · kathaṃ viparītaḥ sahajātīyatvāt[7] · asya kalpanavidhiḥ[8] / *bhavaḥ* saṃsāraḥ *śuddhiḥ* parikṣīṇaḥ / *bhavenaiveti* · candrasūryacihnapariṇāmena · bhavatīti bhavo devatākāraḥ · tenaiva kṣīṇo bhavatīty arthaḥ / *vikalpaḥ* saṃsāraḥ / *parikalpato* devatākāraparikalpataḥ kṣīṇo bhavatīty arthaḥ / *karṇe* toya ity ādinā dṛṣṭāntam āha / *tathety* ādi · bhāvo vikalparūpaḥ saṃsāraḥ · *ākārair* devatākāraiḥ *khalv* iti niḥsaṃdeha ity arthaḥ · *yathety* ādi / *rāgāḥ* kleśāḥ tā *evāgniḥ* · dagdhāḥ patitaptāḥ ·

[1] MS. *saṃ rikan.* [2] MS. *karmma* for *kathaṃ.*
[3] MS. *sukhasya* for *mukhyasya.* Tib. *gtso bo.*
[4] Tib. *rnam par dag pa ni dri ma med pa ste = viśuddhir vimala*(*-ābhā*).
[5] Tib. *deḥi rnam pa can gyis sems su gaṅ gi tshe = tadākāraś cittasya yadā syāt.*
[6] MS. Tib. *ḥdi bsgrub par bya ba yin pas = sādhyam etat.*
[7] MS. Tib. *rigs gcig pa yin paḥi phyir ro = ekajātīyatvāt.*
[8] MS. Tib. *deḥi brtags pa ni de ñid phan par ro = asya kalpanāt tasyaiva hite*

svidyante paripācyante *rāgavahnineti* mahārāgabhāvanayā prajñopāyadehādvayalakṣaṇayā · *yena yenety* ādi · *badhyante* iti bandham upagacchanti · *raudrakarma* prāṇābhighātādi · *upāyo* mahākaruṇā · *rāgeneti* laukikarāgeṇa *mucyate* sahajarāgeṇa / [48*b*/48*b* 7] *viparītaṃ* sapakṣasyāpi vipakṣarūpatvāt · paramārthatas tu naikasya rāgamātrasyāpi tu sarveṣām laukikadharmāṇāṃ *na jñāteti* · evaṃvidhā mahāsukhabhāvanā na jñātā na pratītā · *buddhatīrthikaiḥ* śrāvakādibhiḥ / katham te bauddha ⟨iti · Buddhaṃ śāstāram upagacchanti · kathaṃ⟩ tīrthikāḥ[1] · Bhagavacchāsanasāre Vajrayāne pradveṣāt / iyatā maṇḍalacakrabhāvanayā mahāmudrāsiddhir iti prasādhitaṃ || idānīṃ paramamahāsukhasyaivānekakularūpateti darśayan āha · kunduresv iti · kunduravaḥ suratāni *bhaved* iti bhavanti · *pañceti* pañcavidhasaṃbhogāḥ / *pañcabhūtasvarūpa* iti pṛthivyādipañcamahābhūtarūpataḥ / kiṃ punas tāni · *eka* eveti *pañcatām* iti pañcākāratāṃ · *bhedanair* iti pañcamahābhūtabhedaiḥ / *bolakakkolety* ādi · *kāṭhinya*vāsanā kāṭhinyajñānaṃ pṛthivīdhātuḥ sa eva mohasya dṛḍhatvāt · *teja* iti uṣma *rāgas* tejasīti raktatā || *samīraṇarūpaṃ* gatimatvāt[2] / atra *cerṣyā* iragatāv iti pāṭhāt · *sukhaṃ* suratānandaḥ · tad eva rāgaṃ · āsaṅga[3]lakṣaṇatvāt · tad eva *raktaṃ* jagadrañjanāt · *tasyā*[49*a*/49*b* 1]*kāśalakṣaṇaṃ* niḥsvabhavatvat / *piśuna*-vajro Ratneśaḥ paramārthaprakāśanāt piśunaḥ · *mahācittaṃ* mahāsukharūpaṃ cittaṃ mahācittaṃ *pañceti* · *tatreti*[4] tasmin eva · *daśagaṅgety* ādi · *ekakuleṣv* iti · *eka*syaiva tathāgata*kuleṣu* · *saṃghakuleṣv* iti tathāgatasaṃghakuleṣu · tathāgatasaṃghakulānāṃ kuleṣu tataḥ *kulāni śatāni* bhavanti[5] · *lakṣakulāni koṭikulāni* pratisvaṃ bhavanti · anyeṣāṃ *asaṃkhya*[6]*kulāni* bhavanti · sarvāni tāni paramānandakulodbhavāni · ḍākinyo vajraḍākinyaḥ · tāsāṃ jālaṃ samūho maṇḍalacakraṃ tena saṃvaraṃ sukhavaraṃ tasmāt siddhis tasya[7] nirṇāyaḥ ||

Yogaratnamālāyāṃ Hevajrapañjikāyāṃ
dvitīyaḥ paṭalaḥ ||

PART II. CHAPTER iii

athety ādi · *Vajrī* Vajradharaḥ / *sarvatantranidānaṃ* sakalasya Hevajratantrasyādhikāraṇaṃ[8] tad evoddiśyādau tantrasya darśanāt / *nāmeti* tenaiva nāmnā prasiddhaṃ · *upāyaṃ* samyaksaṃbodhisādhanaṃ / tasyai-

[1] MS. *kathaṃ te buddhatīrthikāḥ*, &c. Tib. *ji ltar de dag saṅs rgyas źes bya źes na / saṅs rgyas ñid ston par khas len paḥi phyir ro / ciḥi phyir mu stegs źes bya źes na / bcom ldan ḥdas kyi bstan paḥi sñiṅ por gyur pa*, &c.

[2] Tib. *ḥjug par ḥgyur baḥi phyir ro.*

[3] Tib. *chags pa med paḥi = asaṅga-.*

[4] MS. *tatveti.*

[5] MS. *kuleṣu tataḥ kulāni tallakṣāni bhavanti.* Tib. *rigs de las rigs ḥbyuṅ bar ḥgyur ro = kuleṣu tataḥ kulāni bhavanti.*

[6] MS. *anyeṣāṃ saṃkhya-*. (Compare main text.)

[7] MS. *tasyā.*

[8] MS. *ādikāraṇaṃ* for *adhikāraṇaṃ*. Tib. *dbaṅ du byas pa.*

voddeśam āha / *samvarety* ādi · samvarāṇi mahāsukhajñānāni · *abhiṣekaṃ* catvāro 'bhiṣekāḥ / abhisaṃbodhibhāṣaṇaṃ *sandhyābhāṣaṃ* · *ānandaṃ* · ānandāś catvāraḥ / *kṣaṇabhedaṃ* · catvāraḥ kṣaṇāḥ / *anyad* iti · niḥprapañcatādicaryā / *ca*-kārāc ca[49*b*/50*a* 2]kṣurādīnāṃ śuddhiḥ / *bhojanam* ācāryasya[1] · *ādi*-śabdād ārādhanagāthā · *samvaram* ity ādi · keṣāṃ samvaraṃ *sarvabuddhānāṃ* · kathaṃ[2] mahāsukharūpatvena sarvabuddhānāṃ nānārthasyābhāvāt / EVAṂ-*kāre* dharmodayamudrāyāṃ *sthitaṃ* kathaṃ jñāyata ity āha · *abhiṣekāt* · *jñāyata* ity ādi · jñāyate gurūpadeśāt · pratipadyate · *ḍākinīnām* iti · ḍai vihāyasagamane dhātur atra vikalpitaḥ sarvākāśacarī siddhiḥ / *ḍākinīti* · ḍākinīcchayeti[3] Bhagavatā vyākhyātatvāt / ḍākinyo vajraḍākiyoginyaḥ · tāsāṃ saṃvaraṃ saṃkṣepavaratvāt / sarvatathāgatānāṃ kāyavākcittānām ekarūpatāsūcanārthaṃ · E-*kārākṛtiḥ* · dīvyanty asminn iti *divyam* VAṂ-*kāraṃ*[4] varaṭakaṃ · tena *bhūṣitaṃ* śobhitaṃ / *ālaya* iti · ādhāraḥ / *buddharatna* iti · pañcatathāgatakaraṇḍakaṃ teṣām ādhārarūpatvāt · *tatraivānandā jāyante* · *kṣaṇeti* · vicitrādibhedena bheditāḥ · yady ānandā eva bhidyante · kiṃ kṣaṇabhedenety āha / *kṣaṇety* ādi / kṣaṇānāṃ svarūpaparijñānāt · sukham ānandānāṃ bhedaparijñānaṃ syān nānyan ceti bhāvaḥ / tam eva kṣaṇānāṃ bhedaṃ darśayan āha · *vicitram* ity ādi · vividha nānāprakāra cā[50*a*/50*b* 4]turyam ācāryaparikarma ca / *vipākam* ity ādi · tasmād viparyāsaṃ ca viparītaṃ jñānasyeti mahāsukhajñānasya bhuñjanam anubhavaṃ · *vimardety* ādi · ālocanam anantarasya smaraṇaṃ · athavālocanaṃ jñānasya pratyakṣatā · sukhaṃ bhuktaṃ mayeti · pūrvasyāvadhāraṇaṃ *vilakṣaṇa* iti tribhyaḥ prāg uktebhyaḥ · rāgārāgeti bhavanirvāṇarahitaṃ / *vicitrety* ādinā catuḥsekeṣv ānandānāṃ vyavasthāpanaṃ karoti · ānandā api pratisvaṃ · ācāryaguhyaprajñācaturthākhyāṃ labhanta iti bhāvaḥ / ata evāha · ānandādyā ity ādi · *kramaśa* iti · ānanda ācāryābhiṣekaḥ paramānando guhyābhiṣeko / viramānandaḥ prajñābhiṣekah · sahajānandaś caturthābhiṣeka iti · evam abhiṣekeṣu caturṣv api pratipattirūpadeśataś[5] catvāraḥ kṣaṇā ānandāś ca veditavyāḥ / itthaṃ catuḥ saṃkhyāto bodhavyāḥ · *hasitety* ādinā sekānāṃ viśuddhim āha / kvacit kriyātantre devatānāṃ pra[50*b*/51*a* 3]jñopāyayor anurāgasūcakaṃ hasitaṃ · tadviśuddhyā *ācārya* iti · ācāryābhiṣekaḥ / kvacic caryātantre prajñopāyayor anurāgasūcakam · anyonya-*nirīkṣaṇaṃ* tadviśuddhyā guhyābhiṣekaḥ / kvacid yogatantre prajñopāyayor anyonyaliṅganaṃ tadviśuddhiḥ *prajñā*bhiṣekaḥ / kvacid anuttarādau[6] prajñopāyayor dvandvatantraṇaṃ dvandvasamāpattiḥ · tadviśuddhiś *caturtho* 'bhiṣekaḥ / ataḥ kāraṇāt *ṣekam* ity ādi · *caturvidhaṃ* catuḥprakāraṃ *khyātaṃ* · katham[7]

[1] MS. *ādir asya* for *ācāryasya*. Tib. *slob dpon gyis so.*

[2] Tib. omits: *kathaṃ.*

[3] Tib. *kla kloḥi skad kyis = mlecchabhāṣayā.*

[4] MS. *divya sukāraṃ.* Tib. *bzaṅ po ste* / VAṂ *gi rnam paḥo* /.

[5] Tib. *so so daṅ skad cig ma bźi daṅ dgaḥ ba bźi bla maḥi man ṅag las sbyar bar śes par bya ste = . . . pratisvaṃ gurūpadeśayogataś . . . .*

[6] MS. *kvacid yottarādau.*

[7] Tib. omits: *katham*; read perhaps: *kva*?

atra Hevajratantre · asya tantrasya yoginīniruttaratvenātrādhikṛtasya sarvādhikāritvaṃ · ata eva *sattvānāṃ hitahetave* hitārthaṃ · abhiṣekaśabdasyārthaṃ darśayan āha / *snāpyate* 'neneti · abhiṣekaḥ · *tenābhidhīyata* iti prakṣālyate nirmalīkriyata ity arthaḥ / *pāṇibhyān* tv ity ādinā · ācāryābhiṣekasya lakṣaṇam āha / *gaṇṭhāvajrasamāyogo* hastayoḥ kamalakuliśayor vā yathopadeśam *ācāryābhiṣekaḥ* · cāruvaktrety ādinā guhyābhiṣekārthaṃ prajñāyāḥ svarūpam āha / *jyeṣṭhānāmikābhyām* iti vāmakarajyeṣṭhānāmikābhyāṃ samāpattirasaṃ *śiṣyavaktre* guhyābhiṣekagāthāpurassaraṃ *nipātayet* · ekā vyākhyā · athavā jyeṣṭhā lalanā · *a*[51*a*/51*b* 2]*nāmikā* rasanā tābhyāṃ *śiṣya*kuliśamaṇi*vaktre* prajñāyā bodhicittaṃ *nipātayet* · tad upadeśaṃ kathayeti / *kāritavyañ ca tatraiva samarasam* ity ādi · tatreti tasyām eva prajñāyām upadeśaḥ · kathitaḥ · *sama* samam iti / prajñopāyayor bodhicittasaṃyogaṃ *śiṣyagocaram* pratītiviṣayaṃ kuryād ity arthaḥ / iti guhyābhiṣekaḥ / *prajñām* ity ādi · tantravihitalakṣaṇopetāṃ pūjayed iti prathamaṃ *śāsteti* guruḥ / viṣamakaraṇabharakṣamā[1] na veti parīkṣaṇārthaṃ tantroktavakṣyamāṇagāthayā *samarpayet* / *gṛhṇa mudrām* iti · dharmamudrā iti prajñābhiṣekaḥ / *jñātvety* ādi · *mahadbhūtaṃ* mahāmudrāsiddhibhavyaṃ · *nirīrṣyam* amatseriṇaṃ *krodhavarjitaṃ* mahākāruṇikaṃ śiṣyam *ājñāpayatīti* · upadeśaṃ kathayatīty arthaḥ / evaṃ brūte *kunduraṃ* kuru surataṃ mahāmudrāsamāpattiṃ kuru *Hevajradhṛk* Vajradhara[2] ity arthaḥ / caturthābhiṣekaḥ / idānīṃ sekārthaṃ śiṣyārādhanam ucyate · *śiṣyakṛtyam* ity ādi / *anunāyayet* · *He Bhagavann* iti gurustutiḥ / advayayogenāvasthitatvān *mahāśāntaṃ vajrasya* kuliśasya *yogaḥ* samāpattiviśeṣaḥ · tasminn eva tattvaparaḥ *tatpara mudrā*[51*b*/52*a* 3]*prasādhaketi* · catasro mudrāḥ / tāsāṃ prasādhakaḥ / pariśodhakaḥ · śūnyatāsvabhāvatvāt · *abhedyavajrās* tathāgatāḥ / teṣāṃ yogaḥ samādhiḥ · tasmin *samudbhavaḥ* / yatheti[3] · yathā yūyaṃ jagaddhitahetavaḥ / *tad* iti tadvat · *vibhoḥ* prabhoḥ *paṅka* iti paṅkaḥ saṃsāra *saṃpātaḥ*[4] samūhaḥ · tatra *magno 'haṃ trāhīti* trāyasva · *aśaraṇaṃ* māṃ iti śeṣaḥ / *miṣṭeti* susvādam annaṃ · pānaṃ khādyañ cety uddeśaḥ · madanaṃ *balamahattaraṃ* nirdeśaḥ · *vajradhāriṇam* advayajñānadhāriṇaṃ guruṃ · *paramānandety* ādi · *samutpanneti*[5] · atikrānte *nānātvavarjite* sahajākhye[6] caturthe *mahāsattveti* śiṣyaṃ bodhayitvā · idaṃ jñānaṃ mahāsūkṣmam ity ādi vakṣyamāṇagāthayā dhāraṇīyaṃ *mahāsukham* iti · ājñāṃ yathopadeśato dadyāt · *yāvad* ity ādinā vakṣyamāṇalakṣaṇaṃ jñānaṃ sūcayati / iti *dīkṣyābhir* abhiṣicya sarva*kriyācayaiḥ* kriyāsamūhaiḥ · *Vajrīti* gurur evaṃ brūyāt · kin tad ity āha · *etad eveti* · abhiṣekopalabdhaṃ sahajatvān *mahājñānaṃ* · *sarvadeha* iti caturmudrādehe *vyavasthitaṃ* / *advayaṃ* prajñopāyadvayābhāsarahitaṃ · *dvayarūpaṃ* tayoḥ svabhāvaṃ bhāvābhāvātmakam iti / [52*a*/52*b* 4] paramānandaviramānandayoḥ sva-

[1] MS. originally *kṣamā*, altered to *kṣamo*.
[2] MS. *Vajradharam*.
[3] MS. *tatheti*.
[4] Hevajra-tantra II. iii. 20: *saṃghāte*.
[5] Tib. *thob* = *saṃprāpta*.
[6] MS. *sahajakhye va caturthe*.

bhāvaṃ[1] *prabhum* iti · ānandānāṃ trayāṇāṃ pradhānabhūtaṃ · sthiraṃ dharmasamayamudrābhāvanā · *calaṃ* bāhyamudrāsamāpattiḥ / tat sarvam abhi*vyāpya tiṣṭaty* ayam eva *māyārūpīveti* · nānānirmāṇanirmiteva · tarhi *sātatyam* asau kenopāyena *yātīty* āha · *maṇḍalety* ādi · *ādi*-śabdān mudrādvayopadeśaikavīrādhimokṣādīnāṃ saṃgrahaḥ / *atheti* · maṇḍalacakraśabdena mahāmudropadeśaṃ *mṛṣitveti* kṣamayitvā · *āheti* pṛṣṭavān · pūryate sarvabuddhair iti puraṃ kiṃ iti kasmād ity arthaḥ · *maṇḍalety* ādi · maṇḍalaśabdaḥ sāraparyāyaḥ · kiṃ tat sāram ity āha · *bodhicittaṃ mahāsukham* iti · sakalakleśopakleśajanitaduḥkhakṣayaratilakṣaṇaṃ / *ādānam* ātmīkaraṇaṃ · *tad* iti mahāsukhajñānaṃ *mīlanaṃ* sarvabuddhasamāyogaḥ · tataḥ pāramārthikamaṇḍalam ity arthaḥ · *cakram* iti mahāsukhalakṣaṇaṃ *nivahaṃ* karuṇā khadhātuḥ · sarvadharmaśūnyatā *viṣayādīnāṃ viśuddhiḥ* · tayor ekarasarūpaṃ prabhāsvaraṃ *bolaṃ* mahākaruṇāmayaś cittavajraḥ / *kakkolaṃ* sarvadharmāṇāṃ [52*b*/53*a* 5] prakṛtiḥ / yathopadeśan tayor *yogaḥ* saṃyogaḥ · tena *tasyeti* mahāmudrāyāḥ *saukhyaṃ* prabhāsvaralakṣaṇaṃ pratipadyata iti bhāvārthaḥ / parituṣṭo *Vajragarbha āheti* · kim artham āha · tasya niruttarasya yogasya samayaṃ samvaraṃ cen noktaṃ · tadartham āha · *prāṇinaś* cety ādy uddeśaḥ · asau ca nirdeśaḥ / *ekacittam* ity ādi · cittasya[2] prabhāsvaratāpattir ekacittatā tad eva prāṇivadham / katham ity āha · *prāṇam* ity ādi · yataḥ prāṇabhūtaṃ cittaṃ · asyānutpāda eva ghātaḥ / *lokam* ity ādi · *uttārayiṣyāmīti* mṛṣā paramārthataḥ sattvalokānupalambhād iti bhāvaḥ / *yoṣito* vajrayoṣitaḥ · tāsāṃ *śukram* advayajñānaṃ · tadadvayamārgabhāvanayā[3] labhyam ataś *cādattaṃ* / *svābhā sundarī* Nairātmādiḥ · sā kathaṃ *paradhārāḥ* · paramotkṛṣṭarūpatvāt · *eśām* iti · viṣayādīnām *mohavajrādiyuktānīti* · yathā vakṣyate · *ṣaḍ etāni* cakṣurādīni · *viṣayillakāḥ* [53*a*/53*b* 5] *viṣayiṇaś* cakṣurādayaḥ / *saṃskārāntā* iti · vijñānaṃ madhye[4] paṭhitvā · *yoginīnām* iti ādikarmikayoginīnāṃ *bodhaya* iti · pratipādanārthaṃ / eṣām kiṃ svabhāvam iti · *ādyanutpannam* iti · ādāv evānutpādasvabhāvaḥ · kathaṃ pratibhāsanta[5] ity ādi · *satyaṃ* ⟨*na*⟩ *mṛṣeti* · yathā pratibhāsamānam alīkatvān na satyaṃ na mṛṣā · *udakacandrety* ādi · anyasvabhāvasyānyathāpratibhāsanāt · *jānata* iti jānīta · *icchayeti* · icchāvinītaḥ / *kāṇḍam* uttarāraṇī · *mathanīyam* adharāraṇī · *puruṣahastavyāyāmo* vyāpāraḥ / *akasmād*[6] iti teṣu vidyamāneṣv api nopalabhyate / *na satyam* iti · ekānekasvabhāvavirahāt / *na mṛṣeti* · tathā pratibhāsamānatvāt / *manasikuruteti* manasi manasidhārayet / *pibayati*[7] · pāyayati · *vajrāmṛtaṃ* bodhicittarasaṃ / *tuṣṭe satīti* tuṣṭau satyām / yayā caryayā 'tyantaniḥprapañcalakṣaṇayā 'nuṣṭhitayā Vajrasattvo 'dhiṣṭhitaḥ ·

[1] Tib. *mchog tu dgaḥ ba daṅ dgaḥ ba daṅ dgaḥ bral gyi ṅo boḥo = paramānandānandaviramānandānāṃ svabhāvaṃ.*

[2] MS. *ekacittasya* corrected to *cittasya* by deletion of *eka-*.

[3] Tib. *de yaṅ ḥphags paḥi lam bsgoms pas = tad āryamārgabhāvanayā.*

[4] MS. *vijñānamadhye.*

[5] MS. *pratibhāṣanta.*

[6] MS. *asmād* for *akasmād*. Tib. *blo bur du.*

[7] MS. *pibābayati.*

adhiṣṭhānaṃ darśayati prakāśayatīti bhāvaḥ / tattvaprāptinimittaṃ *tattvaṃ* · *pūjā* vajraṃ dṛḍhatvāt / *icchayā* ādareṇa · *Bhagavato bhāṣitaṃ* Bhagavadvacanaṃ / *bodhi*[53*b*/54*a* 6]*citteneti* · bodhipariprāpticittena · athavā sarvadharmānutpādacittaṃ tena tad evāha / *advāyajñānacetaseti* · *pretālayaḥ* śmaśānaṃ / *mūrdhajāḥ* keśāḥ / *indriyāṇīty* ādi · devatākāreṇa prāk śodhitāni · *sarvaviṣayasyeti* sarvasya jñeyamaṇḍalasya · *Mohavajrī* Vajrā · *Dveṣavajrī* Nairātmā · *Mātsaryavajrī* Guptagaurī · *Rāgavajrī* Vāriyoginī · *Īrṣyavajrī* Vajraḍākinī · *sandhir* abhiprāyaḥ · abhiprāyapradhānaṃ bhāṣaṇaṃ · nākṣarapradhānam ity arthaḥ / *mahāsamayam* iti · guptasaṃketaṃ / *na chidritaṃ* · na lakṣitaṃ / *hasitety* ādinā 'tiguhyatām āha / *caturṇām* iti / kriyā · caryā · yoga · yogottarāṇām iti · *na śabditaṃ* · na kathitaṃ · *kulam* ity ādi · *pañcavidhaṃ* · pañcaprakāraṃ tad vakṣyati · *sandhyābhāṣayā buddhāḥ* · *pañcakaulikāḥ* syuḥ / *Ḍombīty* ādi · kulam *eva kulī* · *khyāteti* yoginītantreṣu · kasmād *etāḥ* · kulāni · yasmāt susidhidāḥ · vajram iti · vajrajñānaprāptinimittaṃ · *pūjayitveti* · kamalakuliśayogena *Vajragarbhety* ādi · [54*a*/54*b* 7] *mahāsattveti* samayaparipālaḥ / *samayavidrohanaṃ*[1] samayakhaṇḍanaṃ / ītayo vyādhayaḥ · teṣāṃ upadravaṃ paripīḍā · *svasamayavidām* iti · Hevajrayogināṃ prāpya *kṣobhaṃ* dveṣaṃ · sarvatantranidānaṃ sa sandhyabhaṣaṃ dyotakaḥ /

iti Yogaratnamālāyāṃ Hevajrapañjikāyāṃ dvitīyakalpe tṛtīyaḥ paṭalaḥ ||

PART II. CHAPTER iv

athety ādi · *Vajragarbhapramukhāḥ* · Vajragarbhapūrvaṅgamāḥ / *saṃśayaḥ* saṃdehaḥ · kasmāt saṃdehaḥ prākṛtagītanāṭyayor vipakṣarūpatvāt · *devābhiṣekatu* iti devābhiṣekapaṭale · abhiṣicyamāno mūrdhayāṃ[2] svakuleśo bhavatīti vacanāt / *mudryam* iti · mudraṇam · *kiṃ bījam* iti kasya tad[3] *bījakaṃ* kasmād devatāyāḥ · *bhrāntir* aparijñānaṃ samābhūd ity arthaḥ / *Kollagiriḥ* pīṭhaviśeṣaḥ / *Mummuṇiḥ* kṣetraṃ · *bolakakkoleti* / tadupalakṣitayor yogiyoginyor dūrasthayor api melakaṃ sūcayati / *ghaṇa* iti nirantaraṃ *kipiṭaṃ* damarukaṃ / *karuṇeti* karuṇāyā 'nyonyavācchalyāt[4] na kriyate *rolah* kalakalaḥ / kiṃ tat ⟨na⟩[5] kriyata ity āha / *bala* ityādi · gāḍheneti nirbharaṃ yathā bhavati[6] / hale iti yoginīnāṃ saṃbodhanaṃ *kāliñjarāḥ* · samayinaḥ · *dundurāḥ* · asamayinaḥ / *catuḥsamādayaḥ* · samālabhyante[7] · *tahi*[8] *bharu khāia* iti tatra melake nirbharaṃ khādyante / *śuddhaḥ* pariniṣpannaḥ / [54*b*/55*b* 2] *aśuddha*[9] ādikarmikaḥ / tāv ubhau na jñāyate /

[1] MS. *viddohanaṃ*. Tib. *ñams* 'destruction'.
[2] MS. *mūrddhayāṃ* for *mūrddhni*. See I. iv. 3.
[3] MS. *ka tad*.
[4] MS. *vācchayyāt* for *vātsalyāt*.
[5] MS. omits *na*. Tib. *de ltar na mi byed ce na*.
[6] Tib. *ji ltar yod pa bźin ḥthuṅ baḥo = yathā bhavati pibati /*.
[7] Tib. *causamaa źes bya ba mñam par ḥbyuṅ ba rnams so = causamaa iti samāpadyante.*
[8] MS. *tarhi* for *tahi*.
[9] MS. *āśuddha*.

aṅgacaḍāviiai iti āropyate / *tahiṃ jeti* tatra *śarāva paṇiai* iti śrāyo 'pi praveśya ity arthaḥ / iyatā catasro gāthāś catuḥpādikāḥ / catasṛṇāṃ gāthānāṃ ante brūvakaṃ gātavyaṃ / tad evāha · *malayajety* ādi · *kolla-girau* śirasi sthito 'haṃkāro *bolaḥ mummuṇi* nābhau · AṂ-kāraḥ · *kakkolaḥ* · tayor yogāt · *ghaṇaṃ* nirantaraṃ *kṛpīṭam* anāhatadhvaniḥ · *vājai* · iti samucchalati / *karuṇeti* yoginā *na kiai* na kriyate · *rolā* bāhye suratam ud-dhaḥ[1] *tahiṃ baleti* balam ātmabhāvaṃ khādyate · ⟨*kharjjai* iti ·⟩[2] anupa-lambhīkriyate / *mayaṇā pijjai* iti · yogajaṃ mahāsukhapānaṃ pīyate *kāliñjaro* yāyuḥ / *paṇiai* antaḥ praveśyate · *dundurāḥ* · rāgādayaḥ kleśāḥ / *catuḥsamaṃ* rūpaskandhaṃ / *kasturikā*[3] vedanā · *sihlakaṃ* saṃjñānaṃ *karpūraṃ* vijñānaṃ · *lāiai* mārjanā kriyate[4] · *mālatīndhanaṃ* saṃskāra-skandhaṃ · sarveṣām ahaṃkāraspandam ātmā[5] · *tahīti*[6] · tatra yoge khādyate · niḥsvabhāvīkriyate ity arthaḥ / *pekhaṇakheḍa* iti bodhicitta-dravasya mahāsukhādā gatiḥ *prekhaṇaṃ* punargati [55*a*/56*a* 3] *kheṭa* || *śuddhāśuddheti* bhāvābhāvau na jñāyete · ity arthaḥ / ata eva *niraṃśuka* sādharmyān niraṃśukā retobindavaḥ / *aṅga* iti pratyaṅganāḍībhir āropyate · ⟨*tahiṃ*⟩ tasmin yoge sarvadharma nairātmā *sarāba paṇiai* iti · anupraveśaḥ kriyata ity arthaḥ / *malayajaṃ*[7] nāḍīnāṃ melakaṃ || *diṇḍimaṃ* sarvānu-palambha[8]samādhiḥ / *na vajjiai* iti · ātmasātkriyate / *nāṭyam* ity ādi Heru-kasya svabhāvo Herukamūrtiḥ · kathaṃ tena · *amuṣitasmṛtiyogato* dṛḍhasa-mādhiḥ / tad evāha *bhāvanety* ādi · *vajradharmair* iti Padmanarteśvara-rūpeṇa · *buddha* iti Vairocanarūpeṇa · *mātṛbhir* iti bhagavatībhir Nairātmā-dibhiḥ / *ābhyām* iti · uktalakṣaṇābhyāṃ *param* ity arthaḥ[9] · *gaṇarakṣeti* · gaṇacakrarakṣā · *vaśam* iti vaśyam · *anenaiva* mantrajāpaḥ kṛto bhavati · *ghrāṇam* iti gandhaḥ / *gītasyādhiṣṭhānaṃ* / yoginībhiḥ · tasya *lakṣaṇaṃ* cihnaṃ · *rutaṃ* śabdaḥ · *haṃsabhṛṅgayor* gītādhiṣṭhānaṃ śeṣataḥ śrūyate · *gomāyuḥ* śṛṅgālaḥ · *bāhyodyāne* · *api* śabdād ākāśe 'pi · iyatā gītanāṭya-praśnau pratyuktau · dvitīyaṃ prativaktum āha / *mudraṇam* ity ādi · mudraṇaṃ liṅganaṃ aṅgaṃ ceti / [55*b*/56*b* 4] paryāyāḥ / tena mudraṇena *lakṣyate* pratīyate · etena kiṃ syād ity āha / vyastakulabhāvanādiḥ kulāntaramudritaṃ bhāvanāyoge sati · na siddhir nāpi sādhakaḥ samaya-bhraṃśāt / ataḥ kulaparijñāne yatnaḥ kartavya iti bhāvaḥ / *nairātmety* ādi · *dveṣo* 'kṣobhyaḥ · *moho* Vairocanaḥ · *paiśunyaṃ* Ratnasambhavaḥ · *rāgo* Amitābhaḥ · *irṣyā* 'moghasiddhiḥ / *Pukkasīm* ity ādi · Pukkasī · Śavarī · Caṇḍālī Ḍombyaḥ · dveṣamohapiśunarāgaiḥ / *punar Gaurīm* iti dvārapālīṃ Gaurī Caurī Vetālī Ghasmaryaḥ / dveṣamohapiśunarāgaiḥ kramāt / Bhūcarī mohena · Khecarī rāgena · *icchayeti* bhaktyā jñānīyāt || tṛtīyaṃ

[1] MS. thus; Tib. *phyi rol gyi sñoms par ḥjug pa mi byed paḥo* = *bāhyasurataṃ na karoti.*

[2] MS. omits *kharjjai iti*, and reads: *nulambhīkriyate.* [3] Tib. *kacchuri.*

[4] Tib. *sbyor bar byed paḥo* for ? *sbyoṅ bar byed paḥo* = *mārjanā kriyate.*

[5] Tib. *thams cad kyaṅ bdag tu ṅa rgyal baḥi bdag ñid can ni salijaḥo* = *sarveṣām ahaṃ-kārātmakatvaṃ salija* /.

[6] MS. *taḍīti.* Tib. *tahim źes pa der rnal ḥbyor pas bzaḥ bar bya ste.*

[7] MS. *malaejaṃ.* [8] MS. *sarvvānulambha-.* [9] MS. *param aty arthaṃ.*

prativaktum āha · āler ity ādi · *āler ādir* A-kāraḥ · *nairātmeti* nairātmābījaṃ || caturthaṃ vaktum āha · *kulapaṭalam* ity ādi · *khyātāḥ* kathitāḥ *dviṣoḍaśeti* dvātriṃśat · dhvedhvenālī · ekaikayoginyaḥ / *kramaśa* iti yathākramaṃ / *lalanety* ādi · nāḍītrayaṃ Nairātmāyoginī pañcadaśaiva yoginyaḥ / arthād uktaṃ bhavati Geha[1] Caṇṭikā · Māradārikāṃ / Khecarīyoginīti · nanu dvātriṃśan nāḍyaḥ · tadardhena ṣoḍaśakalā [ā(56*a*/57*a* 4)liḥ] kutaḥ pañcadaśa yoginyaḥ / ata āha · *sarvety* ādi / sarvaśeṣāṃ tyajet / nāsau yoginīsvabhāva ity arthaḥ kuta ity āha / *ṣoḍaśīty* ādi · na kalā yata ity akala[2] · tathā hi tithikrameṇa śuklapakṣe · pañcadaśaiva candrakalāḥ / ālokādibhir vṛddhilakṣaṇārtham *arthakriyāṃ* kurvan ṣoḍaśī sā tu kṣaya-hetur ato *yatnāt tyajet* tāṃ · tat kim ity āha *bodhicittam* ity ādi / *karpūram* ity ādi · kim iti vitarke / *na tyājyaṃ* na parityajanīyaṃ · *sarvayoginīti* · sarvanāḍisambhavaṃ / *sahajānandasvabhāvam* iti sahajānandahetubhūtaṃ / punaḥ punar utpatter *avyayaṃ* · sarvadeheṣv avasthitatvāt pīvaraṃ[3] / khe yonau gacchatīti *khagaṃ* / *yathā vadasīti* na tyājyam etad ity arthaḥ / *maṇḍalacakrādīti* · ādiśabdād anyatra sayogabhāvanayā · *svādhiṣṭhānakramo* niṣpannakramabhāvanopadeśaḥ / kvotpādanīyam ity āha / strīkakkoletyādi · kathaṃ *Sukhāvatīty* ucyata ity āha · *sukhasya rakṣaṇād* iti / nanu sarvam idam adhimokṣamatraṃ saṃsāra evāyaṃ · vayan tu mokṣārthinaḥ / ata evāha / *evam evety* ādi / saṃṣārād ṛte 'nyatra nirvāṇaṃ na pratītiviṣayaṃ gacchatīti bhāvaḥ / [56*b*/57*b* 5] *amī dharmās* tu nirvāṇaṃ / *mohāt saṃsāra-rūpiṇa* ity ādi / svalaksanadhāraṇād dharmāḥ / paramārthato nirvāṇaṃ sarveṣāṃ bhūtakoṭiḥ paramārthatayā yady[4] ete nirvāṇam kathaṃ saṃsāra ity āha · mohāt saṃsārarūpiṇaḥ · moho 'jñānaṃ svarūpāpratipattiḥ / tasmād *amūḍha* iti · prāptagurūpadeśaḥ / *saṃsarann* iti saṃsarattaḥ[5] · *śuddhyeti* prāg uktayā · *nirvṛtāyata* iti nirvāṇavad bhavati · katham ity āha · *nirvṛti bodhicittaṃ hi vivṛtisaṃvṛtirūpakaṃ* / vivṛtiṃ[6] kundasaṃkāśaṃ saṃbhogakāyalakṣaṇaṃ / iyatā prasaṅgena karpūrasya mahāsukhalakṣaṇa-syātyājyarūpatā samarthitā · upāyo 'pi tasya samarthitaḥ[7] / idānīṃ sāṃvṛtasyotpādam āha · *cāruvaktrety* ādi · *sihlakarpūrasaṃbhavām* iti / guhyābhiṣekādinā 'bhiṣiktāṃ *vratī* sādhakaḥ · *edhanāyeti* vardhanāya · iyatā *karpūraṃ na tyajed* iti · samarthitaṃ · idānīṃ vivṛtirūpasya punaḥ karpūrasyotpattikarmāntaram āha · *karpūrety* ādi · *nairātmeti* niḥsvabhāvaḥ kuta ity āha / *sukham* ity ādi / yasmāt kāraṇāt sukhaṃ · tac ca *nairātmarū-piṇaṃ* niḥsvabhāvarūpiṇam ity arthaḥ / [57*a*/58*a* 5] *tasyeti* nairātmasya · *saukhyaṃ* prāptinimittaṃ kiṃ tan *mahāmudreti* paramā mudrā ādhyātmikīti

[1] *Gehā*, &c. These names end the list of the 32 veins. See I. i. 18.

[2] MS. *na kalayatīty akala*. Tibetan differs: *don mi byed pas ni don gyi bya ba mi byed pa ste = akṛtārthā-arthakriyāṃ na karoti.*

[3] MS. omits *pīvaraṃ*. Tib. *khyad paḥo* for *rgyas paḥo*. [4] MS. omits *ya-* of *yady*.

[5] MS. *saṃsarattaḥ*. Tib. *ḥkhor bar gnas pas = saṃsāre sthitaḥ.*

[6] MS. shows an omission. Tib. *mya ṅan las ḥdas pa ni bde ba chen poḥi ṅo bo ñid kun rdzob ni kun(da) daṅ ḥdra ste = vivṛtiṃ mahāsukhasvabhāvaṃ / saṃvṛtiṃ kundasaṃkāśaṃ.*

[7] MS. *sambandhitaḥ*.

yāvat / kutra sā 'stīti · āha · *saṃsthite* ity ādi / *nābhimaṇḍale* nirmāṇacakre · dhīr iti · prajñā · karmamudrāyāḥ · prakṛṣṭajñānajanakatvāt · *na sety* ādi · sarvaprapañcātītatvāt / *tasyām* iti · *utpadyate yogitvam* iti · abhyāsakāle *saukhyaṃ bhunakti* · *tayeti* · tasmād[1] utpannakramapakṣe saiva mudrā saiva sahaja iti · tat pratipattihetutvāt / *divyayoginī* saiva Nairātmā saiva *maṇḍalacakram* iti sarvanāḍīsamājarūpatvāt / *saivāham* iti · na kevalaṃ nairātmāmaṇḍalacakrarūpā sāham apīti maṇḍalādhipatiḥ / *saivetyādi* · *Nairātmeti* · kin tasyās tattvaṃ svarūpam ity āha / iti pañcamaṃ praśnottaraṃ || *Vajragarbha āheti* · kim āha *saṃvarārthaṃ* · *yoginyā dehamadhyety* ādi · dehamadhyan nābhiḥ / A-*kāram* iti · ādyasvaraḥ · sthitam iti sadāsthitam eva · saṃvarasyārtham āha / *yathety* ādi · yathā bāhye nairātmābhāvanā tathaivety arthaḥ / na tasmād dūram[2] ity arthaḥ / [57*b*/58*b* 6] dehe saṃvṛtatvāt saṃvaram iti bhāvaḥ / tad iha yathaiva nairātmāmaṇḍalaṃ tathaiva nābhistho 'kāraḥ saṃvaraṃ nairātmāyāḥ / tathā *vajrāyatanaṃ* HŪṂ-kāra *upāyakaṃ* · upāyasya Hevajrasya hṛdisthasaṃvaram iti bhāvaḥ / etena kiṃ syād ity āha / *bolasaukhyam* ity ādi / tayor bolāgraṃ nābhau gatasaukhyaṃ[3] mahāmudrādehaniṣpattihetutvān *mahāmudrāyā* iti bhāvaḥ / *anayety* ādi · *guhyasamāpattir* ādhyātmikā samāpattiḥ / asyā nirdarśanaṃ kim tad ity āha / *bāhyadvandvaṃ* Nairātmāherukayoḥ surataṃ / *trikāyam* ity ādi · buddhānām kāyatrayaṃ *trikāyaṃ* tadyogino *dehamadhyasthaṃ kathyate* · trayāṇāṃ parijñānaṃ samatājñānaṃ svābhāvikaḥ kāyaḥ [kāyaḥ] · sa *mahāsukhacakram* ity arthaḥ / kāyatrayasya saṃvararūpeṇa mahāsukhacakrākāreṇa nirdiśyata ity arthaḥ / cakrāṇām nāmāny āha / *dharmety* ādi / *yonīty* ādi · yoninābher adhodeśa⟨s⟩ *trayaḥ kāyā* iti saparijñānā · ity arthaḥ / kāyānāṃ sthānasambandhe yuktim āha / *aśeṣety* ādi · *yatreti* yonau · *gīyata* iti prakathyate · *tatra syād* iti bhavet / nirmāṇam iti[4] · sādharmyān nirmāṇaṃ / api ca buddhānāṃ yāvad saṃsāras tāvad eva nirmāṇakāyenāvasthānaṃ · tata *sthāvaraḥ* · ataḥ sthāvaratvena sā[58*a*/59*a* 7]dharmyād yonir eva tasya sthānaṃ · ata evāha · *utpadyata* iti || *dharmam* iti cittamātrāḥ sarvadharmāḥ · ato dharmakāyasya sthānaṃ · cittasthānatvāt || *sambhogam* iti · *bhuñjanam* upabhogaḥ · *rasanaṃ*[5] *kaṇṭhata* iti vartate / sambhogasāmyāt tatra sambhogakāyaḥ · bodhisattvānāṃ dharmarahasya deśanā *mahāsukham* iti · mahāsukhakāyaś caturthaḥ / *śirasi sthitam* iti mastake sthitaṃ · evaṃ catvāri cakrāṇi · yathā kāyānāṃ saṃvaraḥ · tathā phalānāṃ nikāyānāṃ ceti pratipādayan āha / *evam* ity ādi · EVAṂ-kāro yonicakraṃ · kiṃ tatrety āha · *niṣyandaphalaṃ* / *dharmacakre vipākaphalaṃ* · *sambhogacakre puruṣkāraphalaṃ* · *mahāsukhacakre vaimalyaphalaṃ* / kathaṃ karmaphalam upabhuktaṃ kaś ca dadātīty āha *karmabhug* iti · karmaphalaṃ tasyopabhoktrī prajñaiva nātmādi /

[1] Tib. *yasmād*, which is preferable to *tasmād*.
[2] MS. *dūraṃ*. Tib. *dman pa* = *hīnaṃ*.
[3] MS. *yatasaukhyaṃ*. Tib. *yi ge de gñis rdo rje rtse mor phyin paḥi bde ba* = *akṣayor* (A and HUṂ) *tayor bolāgragatasaukhyaṃ*. [4] MS. *nirmmiti*. [5] MS. *rasanāṃ*.

karmamāruto vātaḥ / sa ca karmaiva[1] · nānyaḥ / ātmeśvarādi / niḥsyandādīnāṃ karmāṇāṃ lakṣaṇam kathaṃ jñeyaṃ i[58*b*/59*b* 7]ty āha / *yathety* ādi · karmamudrābhāvanayā prapañcalakṣaṇayā tadanurūpatā prapañcacaryayā vakṣyamāṇayā saṃharaṇasphuraṇādinā yathā ātmano[2] Vajradharakāyo jagadarthakārī kṛtaḥ / tathāyaṃ bhuñjanaprāpto *niḥsyanda* iti śabditaṃ / niḥsyando hi · hetusadṛśa iti vacanāt · *vipākam* iti · *tadviparyāsaṃ* sadṛśād viparītaṃ / tallakṣaṇaṃ dharmamudrāyām astu · tathā hi dharmamudrāyāṃ māyopamasamādhinā niḥprapañcacaryā yāṃ viharan san svalpe 'pi karmaṇi mahat phalaṃ Vajradharapadaṃ prāpnuyāt / mahāmudrāyāṃ sambhoge ca punaḥ puruṣkāraphalaṃ tathā hy atyantaniḥprapañcacaryayā ātmanaḥ pauruṣeyaṃ sādhyaṃ phalaṃ / ataḥ · *puruṣkāraphalaṃ* hīnavīryāṇāṃ tatrādhikārābhāvāt / *vaimalyam* iti · *yogo* mahāmudrāyogaḥ / tasya *viśuddhiḥ* sekānantaraṃ mahāmudrāsiddhiḥ / tathā hi · asya kalpāsaṃkhyeya[3]bhāvanāviśuddhadhiyām adhimātrendriyāṇāṃ bhāvanānirapekṣaiva mahāmudrā [59*a*/60*a* 6] siddhiḥ / phalaṃ mahāsukhacakre sthitaṃ · *sthāvarīty* ādi · sthāvaratvayogāt · nirmāṇacakre sthāvarīnikāyaḥ / sarvaḥ san vādo 'sminn iti *sarvāstivādaḥ* · sa ca cittacakra eva · kuta ity āha · *vādānāṃ samudbhavaḥ* kāraṇaṃ · dharmaḥ · saṃvidyogāt · *saṃvidi* · ṣaḍrasanaṃ *saṃvedanāt* || mahatvāt sarvadharmāṇāṃ saṃghatvāt · mahāsukhacakraṃ *mahāsāṃghī* · ata evāha · *ke* śirasi sarveṣām upari sthitaṃ / *yata* iti yasmāt tasmān mahāsaṃghībhāvaḥ || idānīm anyatsamvarāntaram āha / *nikāyam* ity ādi · nikāyo bhikṣusaṃghaḥ / tatsamvaraṃ yoginaḥ kāyaḥ sarvadharmādhāratvāt / *udaraṃ* mātuḥ kukṣiḥ / *vītarāgo* janmakāle · yoniyuktasya rāgābhāvāt · ujjvala[4] amlānaṃ · *dhvananamantram* iti / mantram uccārayan / *nagna* iti abaddhakacchaḥ · ābhir ity uktābhiḥ / *daśabhūmīśvarā* iti · janmanaḥ pūrvaṃ *bhūmaya* iti · *etāṃ bhāratīti* Bhagavadvacanaṃ sattvā buddhā eveti · *khitijale*[59*b*/60*b* 5]tyādi · *khiti* nirmāṇacakraṃ · *jala* dharmacakraṃ / *pavano* mahāsukhacakraṃ / *hutāśanaḥ* saṃbhogacakraṃ / *tuhye* iti · yūyaṃ Locanā Māmakī · Pāṇḍuravāsinī Tārāḥ · *bhājanī*bhūtā [bhūtā] devyaḥ / kim enan nādhigacchata[5] ho suraya Nairātmya tvaṃ iha sākṣī bhūtā tiṣṭhasi · nāhaṃ mṛṣyāvacanaṃ bravīmi[6] / kasmād yūyaṃ mūrcchitāḥ / atha kasmād idaṃ paramarahasyam ucyata[7] iti cet · *pavañcamīti* prapañcāmi vistarayāmi · *tattvakathāṃ* · paramārthakathāṃ / *ko 'pi na jānitam* iti[8] paramakaruṇayā · yūyaṃ punar arthatattvapravīṇāḥ · kuto vismayam āpannā iti bhāvaḥ / ekā vyākhyā / *khitīty* ādi · kamalakuliśayor yoge prathamataḥ kāṭhinyajñānaṃ pṛthivīdhātuḥ[9] / drutajñānam abdhātuḥ[10] / cālanāparipākas tejodhātuḥ /

[1] Tib. *las kyi rluṅ las kyi dbaṅ ṅo* = *karmamāruto karmavaśaḥ.* [2] MS. *sic.*
[3] MS. *kalpasaṃkhyeya-.* Tib. *graṅs med pa dpag du med pa* = *asaṃkhyeyāprameya-.*
[4] MS. *ujjala.* Tib. *ḥkhrul min* = *askhalana.*
[5] MS. *kim ennādhigacchata.* Tib. *ci ḥdi dag rtogs par ma gyur tam.*
[6] Tib. *kye dpal mo bdag med ma khyod ñid bdag gi dbaṅ du gyur pa yin te ṅa ni brdzun du smra ba ma yin no* /. MS. . . . *sākṣi bhuja tāstha,* &c. [7] MS. *udyata.* Tib. *rjod par byed.*
[8] MS. *prati* for *iti.* [9] MS. *pṛthīdhātu.* [10] MS. *apadhātu.*

śukrasaṃbhāvo vāyudhātuḥ / eteṣāṃ bhāginyaś caturṇām anyatamānyatamasvabhāvā yūyaṃ[1] · mahāsukhajñānaṃ surayaḥ[2] · tad eva Vajradhararūpaṃ / prapañcāmīti sattvebhyaḥ kathayāmi / kuto yasmān naitat tattvaṃ ko 'pi jānāti · ataś ca *jīvaprāptā abhuvann* iti / yady e[60*a*/61*a* 5]tat tattvaṃ sattvānāṃ pratipādārtham uktaṃ / prāk tarhi kasmād uktaṃ sattvā buddhā eveti · suviśuddhadharmadhāturūpatvāt / kiṃ tv ity ādi / *evam etad* iti / yoginīnāṃ vacanaṃ na mṛṣety abhyupagamaḥ[3] / yadi malair ācchāditāḥ · katham eṣāṃ mokṣa ity āha / *ghumma* ity[4] ādi · ghurṇyate *garalasya* viṣasya *bhakṣaṇe* sati *lokaḥ* · yo na cetano viṣatattvābhijñaḥ / *mohavivarjito* viṣatattvaparijñānāt / viṣanāśanatattve mano 'syeti *tattvamanāḥ*[5] · tasyaiva paraṃ *truṭyate śokaḥ* / eṣa dṛṣṭāntaḥ / drāṣṭāntikam āha / *tathety* ādinā · nirvṛtir mokṣaḥ / *Hevajre kṛtaśramāḥ* / kliṣṭam ajñānaṃ *avidyā ādi*-śabdāt krodhalobhādayaḥ / sāṃvṛteṣu dharmeṣv idaṃ satyābhiniveśo *mohaḥ* · ca eva[6] bandhanāni · kiñ cābuddha ity ādi / *saṃbodhād* iti saṃvedanāt · *svasyeti* · ātmanaḥ *svasya* ceti mahāsukhasvabhāvasyety arthaḥ / svabhāvadarśanam eva śūnyatādarśanaṃ · tad eva bodhiḥ · yā pṛthagjanatathatā sā sa ⟨sarva⟩jñatathateti[7] vacanāt / buddhā eva sarvasattvāḥ / nanu yeṣāṃ niruttaraṃ sukha[60*b*/61*b* 5]samvedanaṃ devādīnāṃ te bhavantu buddhāḥ / na ca nārakādīnāṃ tathāvidhasukhasamvedanam astīty ata āha / *naraketу* ādi · *nityam* iti · sarvakālaṃ / nanu kutaḥ · sarvakālaṃ teṣāṃ sukhaṃ sāmagrījanitaṃ · sukhaṃ samāyogād bhavati · viyogān neti ced āha / *svabhāvata* iti prakṛtyā *sukhinaḥ* / sukhajātyā sāmyād ity arthaḥ / nanu yādṛśaṃ devādīnāṃ sukhaṃ tādṛśaṃ nārakādīnān nāsti / mābhūt / *na jānanti yataḥ* / *saukhyaṃ devasyāpy asurasya ca* · na khalu buddhāḥ · surāsurasukhaṃ sukharūpatvena paśyanti · anityatvena sāsravatvena ca duḥkham iti manyante · tasmān mahāsukham eva / sukhaṃ · tac ca sarveṣāṃ prakṛtirūpatayā tulyaṃ · *na buddham* ity ādi · yuktyantaram āha / *anyatreti* / uktalakṣaṇād bodhicittād anyatra cittam eva hīti bodhicittaṃ / nānyatreti darśitaṃ / *Caṇḍālety* ādinā tantrasya māhātmyaṃ darśayati / māraṇam evārthaṃ · arthotpattihetutvāt / tenārthena · jīvikāḥ[8] / *Hevajram* iti · He-kāram iti mahākaruṇāṃ Vajraṃ sarvadharmaśūnyatām / [61*a*/62*a* 5] *āgamya*[9] · abhyantarakrameṇāmukhī · kṛtya · *imām* iti Hevajroktām upapattiṃ / *bhavacārakaḥ* · bandhanāgāra ity arthaḥ / iyatā praśnasyottaraṃ / idānīṃ mudraṇe kasya cid viparītasambhāvanā syād iti tad uttarāṇi bhavanti · *pṛthvīty* ādi / anupraśnaśloko Vajragarbhasya · *kakkhaṭatvaṃ*

[1] Tib. *ḥdi dag ñid kyi snod du gyur pa ni khyod ñid de sde pa bźi po gźan daṅ gźan gyi ṅo bo ñid du gyur pa ñid do* /. MS. omits *nikāyānāṃ* to be inserted before *caturṇām*.

[2] MS. *surataḥ*. Tib. *dpaḥ mo*, probably for *dpal mo* = *surayaḥ*. Compare p. 149, l. 31.

[3] MS. *abhyugamaḥ*.

[4] MS. *ghumma ity* perhaps for *ghuṇṇaïty*.

[5] *lokaḥ yo . . . tattvamanāḥ* missing in Tib.

[6] MS. *ta eva*.

[7] MS. *sajñatathateti*. Tib. *thams cad mkhyen paḥi*, &c.

[8] MS. *tenārthaḥ jīvikaṃ*. Tib. *bsod don źes bya ba la bsod pa ñid don thob par bya baḥi ched du byed pa ñid de* / *don des tshor* (for *ḥtsho*) *bar sems paḥo* ' "set on slaughter" means acting for the sake of slaughter as one's objective, therefore they think to live for that objective'.

[9] MS. *agamye*.

pṛthvī tac ca mohakāyaś ca tāv ubhau Vairocanaḥ / tenaiva mudraṇaṃ yuktaṃ nānyeneti praśnārthaḥ / *tasmād* ity ādi · yatra evam ataḥ kāyasvabhāvā[1] Pukkasī cittenaivākṣobhyenaiva mudrayet / *āpadhātuḥ*[2] · Śavarītyādi / tasmāc cittam eva Moho Vairocanaḥ / *tejaś* Caṇḍālīty ādi / *rāgamudreṇeti* · Amitābhamudreṇa · *raktam* iti strīpuṣpaṃ Ratnasambhavaḥ / *piśuneneti* Ratnasambhavena / *Ḍombīty* ādi · vāyurūpaṃ vāyusvabhāvaḥ / *rāgaṃ* hitvety ādi / *na syān* na bhavet / *rūpam* ity ādi · *pūrvokteneti* / Pukkasyām ukteneti · idam uttaraṃ · Caurītyādi · evaṃ Ghasmarī ceti · Śavarī Caṇḍālī Ḍombī praśneṣu yathoktaṃ / aviparītamudraṇam ity arthaḥ / *evam* ity ādi saṃgītikāravacanaṃ / [61*b*/62*b* 5] *samāsīno* nairātmāsamāpannaḥ / *Vajrasattvo* Hevajraḥ / *diśed* iti · deśayati / *Indra Yama Jala Yakṣeti* dikpatīnāṃ sambodhanam idaṃ / *Bhuda Vahni Vāyu Rakheti* vidikpatīnāṃ · *Candreti* · Candraḥ / *Sūryeti* · Sūryaḥ / *Mādeti* pṛthvī matā · *Vappeti* pitā · *Aṭṭheti* · aṣṭau nāgāḥ / *svāheti* · svāhāśabdaḥ prīṇanārthaḥ / *edam* iti · idam baliṃ / *bhuñjeti* · bhuṃkṣva · *jigheti* · jighra / kiṃ tad ity āha · *phulladhūpeti* · puṣpadhūpau · *māṃsaviṃgheti*[3] · māṃsamāṃsīyaṃ veṃghaya vardhaya[4] · *ambakārjja sarvasādheti* · asmākaṃ kāryaṃ sarvaṃ sādhaya · *khānti khuṇi* tat · sphoṭaya[5] gātrāt / evaṃ balidānena 'nusaṃśām āha / *śubhāyeti* · svaparayoḥ · śubhārthaṃ[6] · *anāvilaṃ* nirmalam manaḥ[7] / jagataḥ *susṭhabhūti*saṃpattiḥ / ebhya iti / jagata bhūtayaḥ / *vaśyety* ādi · *bhaved* iti niṣpadyate · *śaśvad* iti · nityaṃ *Vajragarbha āheti* pṛṣṭavān / *Khecarīty* ādi · *triguhyam* iti kathaṃ triguhyaṃ / *kāyavākcittabhedataḥ* / tat kathaṃ *cakramadhyata* ity āha / [62*a*/63*a* 6] *adha* ity ādi / yathākrameṇa sambandhaḥ / yasmāt *kāyavajrī* ataḥ · kāyavajreṇa mudrayet / *cittavajrīty* ādi / *madhyajeti* madhyasthāne jātā *kulāni ṣaḍvidhānīti* · *śuddhyā nāyeti* ṣaṭkulaviśuddhyā bhāvyā · iti bhāvanīyāḥ / *vihāyeti* parityajya · *tadanu traividhyam* iti · pañcavidhasaṃkṣeparūpaṃ kulam ekaṃ *ṣaṭpañcakam* iti / sarvatantram etad eva kṛtsnaṃ Hevajratantrasarvasyeti · mudraṇasya ca piṇḍārthaḥ / taddyotakaḥ paṭalas tathoktaḥ || iti Yogaratnamālāyāṃ Hevajrapañjikāyāṃ dvitīyakalpe caturthaḥ paṭalaḥ ||

PART II. CHAPTER V

ṣoḍaśety ādinā Herukābhyudayapaṭalam āha / *āsyaṃ* mukhaṃ · jaṅghāṅghrisamudāyaś[8] *caraṇaṃ bhayānakaṃ* bhayaṅkaraṃ / niruttaravīryayogād

[1] MS. *kāyasvavā.* [2] MS. *āpadhātu.* [3] Tib. *maṃsipaṃgha* intending: *māṃsapiṃgha.*
[4] MS. *ceṃghaya.* Tib. *bdag ñid kyi śa skyed ciṅ ḥphel bar gyis śig = ātmano māṃsam utpādaya vardhaya.* [5] MS. *spheṭaya* for *sphoṭaya* (missing in Tib.).
[6] Tib. *khanti khuni phe ḍa ga ta źes bya ba ni lus las so / de ltar gtor ma sbyin paḥi phan yon bstan paḥi phyir / gal te ḥdis ni źes bya ba la sogs pa gsuṅs te / legs par ḥgyur ro źes bya ba ni bdag daṅ gźan gyi don bzaṅ po rnams so* || MS. omits *yadīty ādi* after *āha.*
[7] MS. *nirmmalam manaḥ.* Tib. omits *manaḥ.*
[8] MS. *jaghāṅghisamudāyaś.* Tib. *rje ṅar daṅ źabs mthil la sogs pa bsdus pa.*

vīraṃ · *kandharā*[1] grīvā || vasitādibhir dīvyatīti devaḥ saṃgītikārasya vacanāni · *asmad* ity ādi · *prāg na jñātam* iti · devatāpaṭale 'nuktatvāt / kaṃ sukhaṃ pālayatīti kapālaṃ kamalaṃ / *cakram* iti · ādhāramaṇḍalaṃ / *pūrvam* iti pūrvavat / niṣpādayati · *yathāpūrvaṃ* kathitaṃ · tathaivety arthaḥ / *atrety*[2] ādi · aham iti pañcākārābhisaṃbodhikrameṇa vakṣyamāṇalakṣaṇenādhibhūtaṃ Vajrasattvam ity arthaḥ / *vi*[62*a*/64*a* 1]*dhy⟨eyaṃ⟩*[3] bhāvayet / *tvayeti* · Nairātmāsamāliṅgita / jagadartharāgo *mahārāgaḥ* / tasminn *anurāgaḥ* prītiḥ / tena · ata āha / *sahajānandasvabhāvataḥ* · svabhāva evāyaṃ Bhagavataḥ || *bhayasyāpīti* · bhīṣaṇasyāpi · *muṇḍeti* sārdramuṇḍamālā · *sūryastham* iti sūryamaṇḍalopari · *caturmārasamākrāntaṃ* · *tāṇḍaveti* · ardhaparyaṅkatāṇḍavaṃ tenānvitaḥ · tatkāriṇam ity arthaḥ / *bhṛṅgeti* bhramarasannibhāḥ / ata uttaro granthaḥ prāyeṇa chinnakramaḥ / tat punar gurūpadeśato jñātavyaḥ / vayan tu pāṭhakrameṇa vyākhyāsyāmo na sambandhakrameṇa tasyātibahuvaktavyatvāt / Bhagavataḥ sādhane 'pi sulabhatvāc ceti · *tvayā mayety* ādi · *krīḍateti* · suratakrīḍayā · *ratinirbharair* iti · ratisaṃbhogaiḥ · *niḥsṛteti* bodhicittapariṇāmena / *indradig* iti · pūrvasyāṃ diśi sphuraṇameghair jagadarthaṃ kṛtvā *pūrvadvāra* iti tāṇḍavābhinayena *saṃsthitā* · *Cauriketi* · tathaiva svabījapariṇāmena *dvayor* iti / Nairātmāhevajrayor *gharṣaṇaṃ* cālanaṃ pāvako 'gnis tatkoṇa āgneyakoṇaḥ *rākṣasāyām* iti nairṛtyām *māruto* vātaḥ · *vāyavyakoṇa* ity arthaḥ / atrāpy upadeśato bhinna[63*a*/65*a* 5]yogaḥ / *tato Vajrīty* ādi / *tvayā mayety* asyānantaradraṣṭavya *savidyayeti* · Nairātmayā saha drutāpannaṃ dhyāyāt / yata · iti vinayāntaraṃ[4] devyaḥ · Pukkasī · Śavarī · Caṇḍālī · Ḍombyaḥ / svadigāgatāḥ svāsaneṣu nipannāḥ · *codayanti* · prerayanti · kramasamādher vyutthāya / *nānāgīteti* pṛthak pṛthak gītopahāreṇa · tatra Pukkasī tāvat prathamaṃ codayati · *uṭṭha bharāḍo* iti · uttiṣṭha Bhagavan iti · *karuṇamaṇḍeti* · karuṇāmayamanā · *Pukkasī mahum* iti · Pukkasīṃ māṃ *paritrāhi* · iti paritrāyasva · *mahāsuhety* ādi / mahāsukhārthaṃ yogaḥ · dravodbhava · Hevajramūrtiḥ / tena *kāmaya* māṃ · *chāḍahi* tyaja · *sunnasamāhi* · ākāraśūnyaṃ drutasamādhiḥ || tataḥ Śavarī *tohyavihuṇṇa*[5] iti · tvayā vinā *maramīty* arthaḥ · mriye 'ham / *uṭṭha tuhuṃ Hevajreti* · uttiṣṭha tvaṃ Hevajreti / *chāḍahi sunnasahāvaḍā* iti · tyaja dravarūpatāṃ *Śavarī sihyau*[6] *kajjeti* Śavaryāḥ · kāryaṃ sidhyatu / tataś Caṇḍālī *loa nimantīti* lokān nimantrya · *suraapahu* · he surataprabho śū[63*b*/65*a* 6]nyena drutāpattyā · *acchasīti* tiṣṭhasi kasmāt / *hauṃ*[7] *Caṇḍālī vinnamīti* / ahaṃ Caṇḍālī vijñapayāmi · *taiṃ viṇṇa uumi na disa* tvayā vināhaṃ diśo na paśyāmi yaḥ sattvān duḥkhād uddhariṣyati || tato Ḍombī · *indiālī uṭṭha tuham* iti · he aindrajālika · uttiṣṭha tvaṃ nāham aindrajālika iti ced āha / *hauṃ jāṇami tua citta* · jānāmy ahaṃ tava cittaṃ / *ambhe Ḍombhī ccheamaṇḍa* · vayaṃ

[1] MS. *skandhara*.
[2] MS. *atrety* for *tatrety*.
[3] MS. appears to have *vidyāṃ* but is rendered almost illegible.
[4] Tib. *źu bar gyur paḥi rjes thogs su* = *dravāpannānantaraṃ*.
[5] MS. ? *tojhavihuṇṇa*.
[6] MS. ? *sijhau*.
[7] MS. *haṃ uṃ*.

Ḍombikā nāgarikā jānāhi *mā ⟨kara⟩ karuṇavicchetteti* · karuṇāparicchedaṃ dravarūpatayā mā kārṣāḥ || idānīṃ dravarūpasamādher vyutthitasya Bhagavataḥ · ṣoḍaśabhujasthitacihnāny abhidhīyante / *hastyaśvety* ādi · *śarabhaḥ* siṃhaḥ / *utuko* biḍālaḥ / *dvipādaya* iti · gajādayaḥ · *tejo* vahniḥ · *Antako* Yamaḥ · *Dhanado* Vaiśravaṇaḥ / *śṛṅgārety* ādinā *navanāṭyarasā* ucyante · idānīṃ codanāsamanantaraṃ dravasamādhivyutthānam āha / ĀṂ-HŪṂ-*bhyām* iti ādi / dravasamādhipariṇāmajacandrasūryopari AṂ-HŪṂ-pariṇatakartṛkapālamadhyacandrasūryasthitābhyāṃ *Mahāvajrī* · Śrī[64*a*/65*b* 6]hevajraḥ / katham utthitam ity ādi / idānīṃ niḥsṛtā Indrādir Gaurīty[1] ādi · utsṛjed devī gaṇasya yathākramaṃ bījāny āha / GAṂ VAṂ CAṂ GHAṂ PAṂ ŚAṂ CAṂ HAṂ || *bījair* utsitad[2] iti *sṛjed* iti · utsṛjet / *āsām* iti · Gauryādīnāṃ bījāny etāni · idānīm AṂ-HŪṂ-*bhyām* iti yad uktaṃ · tasyaiva viśeṣam āha · ki viśiṣṭābhyāṃ[3] AṂ-kāra-HŪṂ-kārabhyāṃ · *adhipatir* maṇḍalādhipatiḥ / *ratiḥ* prītiḥ / tasya bhāryā Nairātmā · anayor *bījābhyāṃ* · *jvālākarālau* ca · tau *nīlau* ca karālanīlau / *mātṛcakraṃ* devatānāṃ maṇḍalaṃ · *īdṛśam* iti[4] · uktavakṣyamāṇalakṣaṇaṃ / [*kūrmaḥ* kacchapaḥ / *padmabhājanaṃ* kapālaṃ] *Gauryā* ity ādinā māṇḍaleyadevīnāṃ cihnāny āha / *rohito* matsyaḥ *kṛpītaṃ* · ḍamarukaṃ / *varāhah* śūkaraḥ / *kūrmah* kacchapaḥ / *padmabhājanaṃ* kapālaṃ *kṛṣṇavarṇety* ādi / *Upendro* Viṣṇuḥ · *Vaivasvato* Yamaḥ · *Vittanāyakaḥ* Kuveraḥ · *Nairṛtiḥ* Rākṣasādhipatiḥ Vemacitrī Asurādhipatiḥ · *viṣṭaraṃ* · āsanaṃ / iyatā ādiyoga[5]maṇḍalarājāgrīsamādhidvayam uktaṃ / karmarājāgrī tṛtīyaḥ[6] tantrāntarānusāreṇa boddhavyaḥ / japtavidyasya siddhir[7] iti [64*b*/66a 7] bhāvanāprasaṅge 'pi[8] Bhagavatī *mantraṃ pṛcchate*[9] · kim viśiṣṭaṃ tad ity āha / *strīṇām* ity ādi sugamaṃ / *tad aham* ity ādi · Bhagavato vacanam || *yogam* iti · uktalakṣaṇayogāt *sarva* iti śāntyā⟨di⟩caturvidhakarma · *vedānām*[10] ity ādi / ādyakṣaraṃ praṇavaḥ / *bhūṣitas* tasyaiva svabhāvaḥ || mantrānto HA-kāradvādaśabhuṣitaḥ-paryante[11] PHAṬ SVĀHĀ · pṛcchate · *maṇḍalaṃ* Bhagavato lekhyamaṇḍalaṃ / tatreti tuṣṭe sati · *śāstā* · avabhāṣata iti śeṣaḥ / *mahājñānī* · ācāryo *maṇḍalaṃ svayaṃ likhet* · ādau nānyena citrakarādinā · ālekhayet · *aṣṭau kalaśānīti* · citrayet · *aṣṭāv* iti devīnāṃ arthāt · *vijayakalaśaṃ* sārvakarmikakalaśaṃ ca || maṇḍalaṃ kena rajasā lekhayed ity āha · *pañcaratna-*

[1] MS. *Indrādir gGaurīty*. Tib. *dbaṅ po la sogs paḥi phyogs la brtan paḥi Gaurī la sogs pa= indrādidigāśritā Gauryādayā*, which is correct.

[2] Tib. *gsuṅs = uktam*; original MS. reading perhaps *utsiktam*.

[3] Tib. *khyad par ji lta bu źig ce na = kīdṛśo viśeṣa ity āha* or *kiṃ viśiṣṭam*, &c.

[4] MS. *dṛśaṁ iti*.

[5] MS. *ādiyogo*. See p. 123, l. 21.

[6] MS. adds after *tṛtīyaḥ*: *atatra tu tantrā*, ? for *atra tu tantre ⟨noktaḥ⟩*. Tibetan knows nothing of it.

[7] MS. *japtavidyasya*, &c. Tib. *bzlas pa la brtson pas ni dṅos grub kyaṅ ḥgrub par ḥgyur ro* 'by applying oneself to the reciting of mantras, *siddhi* will come about'.

[8] MS. *-prasaṅgena*. Tib. . . . *skabs yin na yaṅ* 'even though the topic was meditation, she asked', &c.

[9] MS. *prayaccha*. Tib. *źus paḥo = pṛcchate*.

[10] MS. *vedanām*.

[11] MS. *mantrānta* HA-*kārāḥ dvadaśasvarabhūṣita paryante*, &c. Tibs. *sṅags kyi tha mar ni yi ge* HA *dbyaṅs kyi yi ge bcu gñis kyis brgyan paḥo /*.

mayair uttamaiḥ *taṇḍulādibhir* madhyamaiḥ / śmaśāneṣṭakādibhir adhamaiḥ / tanmadhyeti / maṇḍalamadhye *narakaṃ* narakapālaṃ / *śarabhaḥ* siṃhaḥ / *uragaḥ* · sarpaḥ / *devīnām* ity ādi · yathā devīnāṃ cihnāni tathā cihnāni likhyante · madhyasthitakarotakaṃ viśvavajrādhiṣṭhitaṃ likhet · *vijayakalaśam* ity ādi · dadyāt pūrvataḥ / arthād uktaṃ bhavati · devatīnāṃ kalaśāni yathāsthānaṃ dadyād ity arthaḥ / *maṇḍaleṣv* ity ādi · *praveṣṭavyā* · iti pra[65*a*/67*a* 2]veśayitavyāḥ / *dvir aṣṭābdeti* ṣoḍaśābdāḥ · *aṣṭau vidyā* ity uktaṃ / kās tā ity āha · *Jananīty* ādi / naitā lokasambandhinyaḥ[1] / *Jananīti* · ācāryasya priyā · saiva śiṣyasya mātā · Bhaginīti tasyāḥ sakhī · *Duhiteti* · ācāryasya śiṣyā · *bhāgineyī* tac chiṣyā · *māmakasya bhāryeti* mātuḥ priyasakhasya vallabhā · *mātir bhaginī* · ācāryasya sakhī · *svasṛketi* śisyasya priyā · *pitur bhaginī* · ācāryasya bhaginī · *āsām* ity ādi || *yogī* ācāryaḥ / *yathā kathitā* iti · Tattvasaṃgrahādau · *stuti* · *pūjety* ādi / *unneyam* ity ādi · unnetavyaḥ / *viramādīti* viramaś cāsau ādiś ceti viramādi *paramāntaka* iti paramāntaṃ tṛtīyābhiṣekasya tattvam ity arthaḥ / *sarvatantre* sahajalakṣaṇasya tattvasyoktatvāt / atra ko viśeṣa ity āha / *gopitam* ity ādi / etad vakṣyamāṇalakṣaṇaṃ prajñābhiṣekaṃ / sarve tantre gopayitavyaṃ tarhi prāk kiṃ tat prakāśitaṃ / *antam antam* ity ādi · ācāryaguhyābhiṣekau prakāśitāv iti bhāvaḥ / yasmād ayaṃ prajñājñānābhiṣeko na prakāśitaḥ / prāk · ataḥ kāraṇāt · *pṛcchati* · *tatreti* prajñājñānābhiṣeke · sekasyānyasya · udakamuku[65*b*/67*b* 3]ṭādeḥ sarvasyaiva tulyarūpatvāt / caturṣv abhiṣekeṣu *vajrapūjāprayogato* viśeṣam ataḥ / tatra pṛcchati *tat kṣaṇaṃ kīdṛśam* iti / kṣaṇaśabdenātra kṣaṇasvarūpaprāptiś cābhidhīyate · saṃgītikārasya vacanaṃ / Bhagavān āha / *āi na* ity ādi · ādiḥ paramānandaḥ / *na majjhaṃ* nāpi madhyamaḥ · prathamānandaḥ / *nānto* viramānandaḥ / *nau bhava nau nirvāṇa* iti / trayāṇāṃ yathāyogaṃ bhavanirvāṇarūpatvāt / *ehu so* iti · eṣa sa iti vakṣyamāṇalakṣaṇaḥ / *paramamahāsuha* iti sahajalakṣaṇaḥ / *nau para nau āppāṇa* iti · grāhyagrāhakavarjitaḥ / athavā *āi na* · *anta na majjha tahīti* / ādau kriyata iti · ādir ācāryābhiṣekaḥ / anta prajñābhiṣekaḥ / madhye guhyābhiṣekaḥ / tad ayaṃ na bhavatīty arthaḥ / kuto na bhavatīty · āha / *nau bhava nau nivvāṇa* bhavanty anena buddhaguṇā iti Bhagavato mārgaḥ / ācāryaguhyābhiṣekau bhavaḥ · nirvāṇaḥ · tṛtīyas tatprāptau kṛtakṛtyarūpatvāt · *ehu so* iti · eṣa sa prajñājñānābhiṣekaḥ kiṃ tatra ity āha / *nau para nau appāṇa* · atra prajñopāyayor anu⟨pa⟩lambhāt[2] · advayaprakāśaḥ / kathaṃ tad utpadyate ity āha / *svasavyetarety* ā[66*a*/68*a* 5]di · savyaṃ dakṣiṇaṃ / itaro vāmaḥ / *pāṇeḥ* prāṇasya *vṛddhā* lalanā / *anāmikā* rasanā / *tābhyām* iti dvābhyām iti dvābhyāṃ saṃbhoge · saṃbhuñjanārthaṃ *laharī dvayaṃ* vāmadakṣiṇavāyor[3] gatāgataṃ etena kiṃ syād ity āha *paścād* ity āha / na kevalaṃ ⟨prajñā-⟩jñānābhiṣekakāle · paścād api bāhyaprajñāṃ vināpy utpadyate / *jñānam* iti · advayalakṣaṇajñānaṃ[4] / *kumārī surataṃ*

[1] Tib. adds: *bla maḥi ḥbrel pas yin no* = *kiṃ tu gurusambandhinyaḥ.*
[2] MS. *anulambhāt*. Tib. *rjes su mi dmigs paḥi phyir.*
[3] MS. *-vayo.*
[4] MS. *advayajñānaṃ lakṣaṇa /.*

yatheti / sekāntareṣv anupalabdhapūrvaṃ / *mūrkhasya svapnayatheti* · vāggocarātītaṃ / athavā saṃbhogacakre[1] prāṇavayor laharīdvayaṃ · *vṛddhā* lalanā · *anāmikā* rasanā / tābhyāṃ pīḍayet / etat prayogadvayaṃ · āmnāyāt · gurūpadeśād bodhavyam[2] / *kiṃ punas tatrotpadyata* ity āha · *paramāntam* ity ādi · *śūnyāśūnyaṃ* prajñopāyayor ekarasarūpatvāt / etad eva jñānaṃ Herukaśabdavācyaṃ / śūnyatākaruṇayo[66*b*/68*b* 4]r advayarūpatvāt / Hevajrasyābhyudayaḥ / utpattis taddyotakaḥ · paṭalas tathoktaḥ ||

iti Yogaratnamālāyāṃ Hevajrapañjikāyāṃ dvitīyakalpe pañcamaḥ paṭalaḥ ||

PART II. CHAPTER vi

devīm ity ādi · *kakṣāv* iti kucayor adhaḥ[3] / *pañcamudrām* iti · caryākāle gaṇacakrādau vā pañcānāṃ mudrāṇāṃ dhāraṇā · abhisandhiḥ / *vidhānam* upāyaḥ *kriyā* ācāraḥ || *samayīti* · samānasamayī · *ghoram* iti bhayakaraṃ · *narakasthair* iti narakapālasthaiḥ *kurveti* · kurvikayā[4] · *gurum* iti gauraveṇa · *samayādhiṣṭhānayogo* devīrūpabhāvanaṃ / *bhakṣayann* iti bhakṣayatā *nijamudrāṃ sthāpya* · *vamena likhed* iti sambandhaḥ

iti Yogaratnamālāyāṃ Hevajrapañjikāyāṃ dvitīyakalpe ṣaṣṭaḥ paṭalaḥ ||

PART II. CHAPTER vii

athety ādi · *katham*[5] iti kīdṛśam / mahāmadhukṛtenāñjanena masīm *mahāmadhumasīm* / *dunduro* viheṭhakaḥ / *na siddhiḥ syād* iti sādhakasyāparaloko janmāntaraṃ / *saṃpradāyayukto* Hevajrādhimuktaḥ / *kadācaneti* kadācit · *adhvagocare* · adhvagamanasam . .[6] *ā*[67*a*/69*a* 5]*diśed* iti deśitavān / *bhojana*śabdenāprapañcacaryā gaṇacakravidhiś ca kathyate · *yatreti* gaṇamaṇḍale caryāyāñ ca / *sarvakāmārthasādhakī* mahāmudrāsiddhiḥ / caryāyāḥ sthānaviśeṣam āha / *śmaśānety* ādi / *girikuñjeṣu* giriguhāsu *navākhyaṃ* navasaṃjñakaṃ / *samayasyeti* · gokudahanādeḥ / *bhuktvā bhuktvety* ādi / *mātara* iti · cakṣuḥ[7]śrotraghrāṇajihvākāyamanāṃsi / nṛtyagītavādyādibhir nirbharaṃ[8] pūjayet / tad evāha / *yadi vā mātety*[9] ādi · mātrādiśabdaiḥ pañcendriyāni · abhidhīyante / tāni śabdarūparasādibhiḥ pañcakāmaguṇaiḥ · tarpayet · iyam eva hi tatra sthānaṃ · devīnāṃ[10] niruttarā pūjeti / kathaṃ

[1] MS. *saṃbhogasacakre.* [2] MS. *bodhyaṃ.*

[3] MS. *kakṣav iti kacayoḥ.* Tib. *mtshan khuṅ źes bya ba ni dpuṅ paḥi ḥog go* = *kakṣāv iti bāhvor adhaḥ.*

[4] MS. *kurvveti kurvvikayā.* Tib. *pir źes bya ba ni skud par byed paḥo* 'brush—an instrument for painting'. *kucceti?* [5] MS. *katamam iti.*

[6] Tib. *lam du ḥgro baḥi dus su* = *adhvagamanāvakāśe.*

[7] MS. *cakṣuśrotra-.* [8] MS. *nnibharaṃ.* [9] MS. *motety.*

[10] Tib. *gnas de dag na gnas paḥi lha mo de rnams la* = *eṣu sthāneṣu sthitānāṃ devīnāṃ,* &c.

mātrādayaḥ · cakṣurādaya iti cet / tathā coktaṃ buddhakapāle yoginītantre · athātaḥ saṃpravakṣyāmi ·

aśuddhacittaśodhanāt · bhaginī bhavec cakṣur
bhāgineyī śrotram eva ca · jananī bhaṇyate ghrāṇaṃ /
rasanā duhitā tathā · mano bhaved bhāryā
ṣaḍ etā varā divyā [67*b*/69*b* 6] mahāmudrāpradāyikā iti /

pūjayen nirbharam iti · niruttaram anubhūyāt / *ekakhaṇḍam* iti mahānarakaṃ dvijakapālaṃ *dadyāt* · prathamaṃ paścāt pibet · bhojanadyotakaḥ paṭalas tathoktaḥ || iti Yogaratnamālāyāṃ Hevajrapañjikāyāṃ dvitīyakalpe saptamaḥ paṭalaḥ ||

PART II. CHAPTER viii

tatrety ādi · *mahāmudrā* prāg abhihitaiva · idānīṃ prapañcacaryāyogino yayā sārdhaṃ mahāmudrāsiddhiḥ · sā kīdṛśī · ataḥ · āha / *saṃvṛtyeti* lokavyavahāreṇa · ācāraḥ priyavādādiḥ / rūpaṃ varṇākāraśobhādiḥ / *mṛganābhiḥ* kaṣturikā · *samaprabhaṃ* tulyapratibhāsaṃ · *indīvaram* utpalaṃ · *kṣaṇād* iti[1] kadācit · ācared udvahet / *sihlakaṃ* · turuṣkaṃ · *tasyā* iti dehasya · *vāyasāguruḥ* · ⟨sugandhyaguruḥ /⟩[2] manorameti manojñā · *gambhīradharmapāṭako* Hevajrapāṭhakaḥ / *vaineyam* iti vineyatvaṃ / *poṣadhaṃ* pūrṇamāsyādau svaḥsūryodayayāvad aṣṭaśikṣāpadaṃ / *daśeti*[3] yāvaj jīvādhikāraṃ kāyavākmano[4]duścaritebhyo viratilakṣaṇaṃ virāgāya bhāṣā vibhāṣā · saiva *vaibhāṣyaṃ* / tac ca śrāvākayānaṃ / Avadānaśatkatridaṇḍakamālādikaṃ / *sūtrāntam* iti · anabhi[68*a*/70*b* 1]gambhīrāṇi sūtrāṇi sūtrāntāni · ekagāthā caturgāthā upadhāriṇī[5] ṣaḍmukhī bhadracaryā lalitavistara daśabhūmakādīn · *yogacāram* iti · cittamātram idam viśvaṃ · asatyarthe 'rthapratibhāsaṃ saṃbhrāntyotpadyate yathāsvapna iti · *madhyamakam* iti sarvadharmānutpādaḥ / *sarvamantranayam* iti pañcavidhaṃ · kriyā caryā yoga yogottara yoganiruttarabhedena[6] / Vaibhāṣikādiprakārakārtsnyam atra vivakṣitaṃ na dravyakārtsnyam ānantyāt / *gṛhṇīyād* iti kuryāt / *ādaram* asmiṃs tantra gauravam iti ||

iti Yogaratnamālāyāṃ Hevajrapañjikāyāṃ dvitīyakalpe 'ṣṭamaḥ paṭalaḥ ||

[1] MS. *kṣaṇādibhiḥ* for *kṣaṇād iti*.
[2] MS. omits. Tib. *dri mchod daṅ ldan paḥi akaruḥo* /.
[3] MS. *aṣṭaśikṣāpadaṃ daśeti*. Tib. *bslab paḥi gnas ni brgyad dam bcu ni bźi ñid ces*. *K* has read *anu* for *aṣṭa*, and *KT* attempts to make sense of it by saying 'the *śikṣāpada* may be eight or ten, and (here) four'. See II. iii. 29.
[4] MS. *-vākmano-* (*sic*).
[5] Tib. *tshigs su bcad pa gñis paḥi gzuṅs* = *dvigāthādhāriṇī*.
[6] MS. *-niruttarādibhedena*. Tib. omits *ādi*, which is not required.

PART II. CHAPTER ix

athāta ity ādi / *sampuṭaṃ* vijñānaśarīrayor udghāṭaḥ · pṛthakkaraṇaṃ · dhyāneneti viśeṣaḥ / siddhiṃ krūrakarmasiddhiṃ / *adhyātaṃ*[1] · atyantaduṣṭaṃ · *krūraṃ* māraṇaṃ cittaṃ / *bhāvanā* 'nantaroktā saiva[2] kevalāt · mātraṃ / *buddho 'pīti* saṃrakṣito 'pi *dṛṣṭveti*[3] smṛtvā *yathārūpam* iti · vakṣyamāṇarūpeṇa · sūcīm iti · vajrasūcī · *vahnirūpikā* jvalantī / *hutāśanaṃ* rephaṃ · prajvalantaṃ *dṛṣṭveti*[4] [68*b*/71*a* 2] dhyātvā · paṭhitasiddham iti · pāṭhārthasiddhaṃ satyam iti yāvat / *rahasyam* abhavyasattvānām agocaratvāt / *paramam* anāyāsaivābhimatasiddhiḥ · *avikalpam* iti · niḥsaṃśayaḥ · *mahāratnam* iti cintāmaṇiratnaṃ / kiṃ tat ratnam ity āha · *vapur* nijaśarīraṃ · *paśya devi jvāleti* · mahāsukhajvālā · *māleti* · pañcadaśayoginīsvabhāvā nāḍyaḥ / tair ākulaṃ samādhisthitaṃ / *ayogya* syād iti · *aviddho* 'pratividdhaḥ · ajñātaḥ sāṃsārika eva syād · yathā ratnam aviddham ayogyaṃ sarvābharaṇakarmasu tathā punar ajñātaṃ nālaṃ buddhatvam avāptam iti || prati*viddhaḥ* kiṃ karotīty āha / rucidāyakam iti · abhilaṣitārthaniṣpādakam ity arthaḥ / *tadvad* iti / yathāvapuḥ · tathaiva saṃsāraratnaṃ · *pīyūṣam* amṛtaṃ *yena rūpeṇeti* · tattvenāyaṃ · aṃghrayaś *caraṇāh* / vimokṣanti aṣṭavimokṣamātreṇeti · mudrādibhiś[5] cakrādibhiḥ / *mantroddhāram* iti · devyāḥ praśnagāthā · *Bhagavān āheti* saṃgītikārasya vacanaṃ · *śṛṇu* [69*a*/71*b* 2] *devīty* ādi Bhagavato vacanaṃ / *Vairocanaḥ* praṇavaḥ / uṣmāṇāṃ caturthakaṃ / HA-kāraḥ / *Pukkasī* Ū-kāraḥ / *śūnyaṃ* anusvāra *svāhāntam* iti · ante svāhākāraḥ · *varṇādhipa* OṂ-kāraḥ[6] · *khecarī* AṂ-kāraḥ · *prathamasya dvitīyaṃ* KHA-kāraḥ · *dvitīyasya tṛtīyaṃ* JA-kāraḥ · *vārīti* I-kāraḥ *varṇesvara* OṂ-kāraḥ[6] / *pañcamasya tṛtīyaṃ* BA-kāraḥ · *ḍākinī* U-kāraḥ · *varṇajyeṣṭa* OṂ-kāraḥ[6] / *prathamasya prathamaṃ* KA-kāraḥ / *Vajraḍākinī* hrasva-U-kāraḥ · *antasthānāṃ dvitīyaṃ* REPHAḤ / tasyaiva *tṛtīyaṃ* LA-kāraḥ · *Caurī* E-kāraḥ · *caturthasya tṛtīyaṃ* DA-kāraḥ / *antasthānāṃ caturthaṃ* VA-kāraḥ · *uṣmāṇāṃ caturthaṃ* HA-kāraḥ · *Pukkasī* ṣaṣṭasvaraḥ / *pañcamasya dvitīyakaṃ* PHA-kāraḥ *pañcamasya caturthaṃ* BHA-kāraḥ / *antasthānām prathamo* YA-kāraḥ / *abhyantara-Gaurī* I · *tṛtīyasya prathamaṃ* ṬA · pañcamasya tṛtīyaṃ BAḤ · dvitīyasya tṛtīyaṃ JAḤ / *vahni* REPHAḤ / *caturthasya prathamaṃ* TAḤ · *hutāśano* REPHAḤ · *Vetālī* AI · *antasthānāṃ tṛtīyaṃ* LA · *prathamasya prathamaṃ* KA · *antasthānāṃ prathamaṃ* YA · *Vajrā* Ā · *Caurī* E · *pañcamasya prathamaṃ* PA · *Nairātmā* A · *prathamasya prathamaṃ* KA · *dvitīyasya prathamaṃ* CA · *tṛtīyasya pratha*[69*b*/72*a* 2]*maṃ* ṬA · *caturthasya prathamaṃ* TA · *pañcamasya prathamaṃ* YA · *antasthānaṃ*

[1] MS. *adhyātaṃ*. Tib. *ḥkhrugs śiṅ* = *kṣubhita*.
[2] MS. *naiva* for *saiva*. Tib. *de ñid ni tsam*.
[3] MS. *yatra dṛṣṭeti*.
[4] MS. *dṛṣṭeti*.
[5] MS. *mātrādibhiś*. Tib. *gug kyed ces bya ba*.
[6] MS. MO-*kāraḥ* for OṂ-*kāraḥ*.

prathamaṃ YA · *usmāṇāṃ prathamaṃ* ŚA · *antasthānāṃ dvitīyaṃ* RA · *Vajrā* Ā
iti Yogaratnamālāyāṃ Hevajrapañjikāyāṃ dvitīyakalpasya navamaḥ paṭalaḥ ||

PART II. CHAPTER X

athāhety ādi / *ekasaṃvara* iti[1] · advitīyasaṃkṣepavaraḥ · japanaṃ jāpaḥ / *tadviṣayam* akṣasūtraṃ / *mahiṣasya* ceti · mahiṣāsthimālikayety arthaḥ / pratikarmasamayabhedam āha / *stambhanety* ādi sugamaṃ /

iti Yogaratnamālāyāṃ Hevajrapañjikāyāṃ dvitīyakalpe daśamaḥ paṭalaḥ ||

PART II. CHAPTER xi

gāḍhenety ādi · ity āheti · vakṣyamāṇakaṃ · *Akṣobhyakulam* iti Akṣobhyasya tatkulam iti · *sattvakulam* iti · Vajrasattvakulaṃ · *tāsām* iti strīṇāṃ · *te* iti tathāgatāḥ / *bodhayām āseti* / āmantritavān · *madanaṃ* mahāsukhodbhavaṃ · *aṅga* iti tadartham nakhakṣatāḥ *karaiḥ*[2] *karmeti* · dvyaṅgulicālanādi · *bolavān* iti stabdhabolaḥ[3] / *dolāyetyādineti* caturṇāṃ sekānāṃ[4] svabhāvalakṣaṇopadeśakaraṇāny āha · doleva [70*a*/72*b* 1] lolā · aupariṣṭakaṃ / atra strī kartrī ·

agrataḥ pṛṣṭhato nārī kramaśo dolayet kaṭiṃ /
meghopari[5] samāsinā dolayāṅgaprakīrtitā[6]

kurparety ādi / atra puruṣa kartā ·

nāryājānu · samaṃ sthāpya dakṣiṇaṃ vāmabāhunā
yojayed ūrdhvakaraṇaṃ / sthitāv abhimukhāv ubhau

suprasāritety ādi /

hansapakṣasamākāram[7] uttaraṇāyā prakīrtitāḥ ·
dvābhyāṃ prasaritābhyāṃ pādābhyāṃ suprasāritaṃ /

tathety anena sūcīm āha /

uttānordhvam adhaḥ · pādo[8] daṇḍavad yatra saṃsthitaḥ /
pārśvan nataṃ trikaṃ kiñcit sūcīkaraṇaṃ smṛtaṃ /

[1] MS. *ekasvaram iti.*
[2] MS. *madanaṃ mahātmā · das tadartham aṅkāni nakha*(? *bhu*)*tāḥ karaiḥ*. Tib. *myos pas ni bde ba chen po ḥbyuṅ bar ḥgyur baḥo* || *mtshan maḥi źes bya ba ni deḥi don du sen mo ḥdebs paḥo* || *lag pas źes bya ba ni sor mo gñis kyis bskyod pa la sogs paḥo* || Text corrected accordingly.
[3] MS. *sattabolaḥ*. Tib. *reṅs par gyur paḥi rdo rjes so.*
[4] MS. *-ādinā carṇṇam iti sekānāṃ.*
[5] MS. ? *medropari*. Tib. *mtshan maḥi steṅ na.*
[6] MS. *daivata ghari kīrttitā*. Tib. *ḥphyaṅ thag ḥdra bar rab tu grags.*
[7] MS. *samāsāraṃ.*
[8] MS. *pādau.*

karpūrahetave karpūravṛddhyartham / sahajārthakaraṇaviśeṣo[1] yatra tat dyotakaḥ paṭalas tathoktaḥ /

iti Yogaratnamālāyāṃ Hevajrapañjikāyāṃ dvitīyakalpe ekādaśaḥ paṭalaḥ ||

PART II. CHAPTER xii

tathety ādi / caturṇām abhiṣekānāṃ yathopadeśaṃ prajñārpaṇagāthāḥ · *vajrapratiṣṭhita* iti · vajradharatvena pratiṣṭhitaḥ · *bodhi* prajñā tasyāḥ *putrakā* bodhisattvāḥ / *ratiḥ* prītiḥ · *sthāna* bodhicittasya · *idam* i[70*b*/73*a* 1]ti · *mahāsūkṣmam* agocaratvāt / *vajras* tathāgatāḥ / teṣāṃ *maṇḍaṃ* sāraṃ · *nabhopamam* anābhāsatvāt · virajaskaṃ kleśakṣāyāt / mokṣadaṃ saṃsārābhikrāntatvāt / *pitā te tvam asiti* / tathaiva[2] pratyātmavedyatvāt / *vajrapadmayor adhiṣṭhānaṃ* yenādhiṣṭhyate || Yogaratnasya

Yogaratnamālāyāṃ kṛtvā Hevajrapañjikāṃ /
yat puṇyam ācitaṃ tena niḥkleśaḥ syād akhilo janaḥ ||

Yogaratnamālā samāptā || || ||
kṛtir iyaṃ Paṇḍitācāryaśrīkāṇhapādānām iti ||
Parameśvaretyādirājāvalī pūrvavat / Śrīmad Govindapāladevānāṃ saṃ 39 bhādradine 14 likhitam idaṃ pustakaṃ Kaśrīgayākareṇa ||

[1] MS. *viśā*.
[2] Tib. *khyod ñid*.

SELECT VOCABULARY

TIBETAN - SANSKRIT - ENGLISH

* refers to an entry in the Index (vol. I, pp. 143 ff.). † refers to an entry in the Glossary (vol. I, pp. 131 ff.). P Peking Kanjur. N Narthang Kanjur. SB concealed meaning (*sandhyābhāṣa*).

ka-ba *stambha* column, I. x. 21.

ku-ba *tumbikā* goad, II. ii. 1.

kun-mkhyen *sarvajña* omniscient, I. viii. 51.

kun-gyis bkur-ba *Saṃvidī* one of the early Buddhist *schools (= *Sammitīya?*).

kun-ḥdar-ma *Avadhūtī* centre *vein.

kun-ḥbyuṅ-ba *samudaya* 'origination', I. i. 26.

kun-rdzob *saṃvṛti* *relative *in contrast to* absolute (don dam-pa).

ko-lpags-mkhan *carmāra* a low-caste (worker in leather), II. iii. 45.

kyeḥi rdo-rje **Hevajra*

dkaḥ-thub *tapas* austerities, I. vi. 24; x. 43.

dkar-mo **Gaurī*.

dkyil *maṇḍa* essence, II. xi. 4.

dkyil-ḥkhor †**maṇḍala* mystic circle.

dkri-ba *veṣṭ* to wrap, I. ii. 20.

dkrug-pa *kṣobha* causing to tremble, a *rite, I. ii. 5; II. ix. 34.

bkal-pa (N: bskal-pa) *prasāritaka* 'stretching', II. xi. 13.

rkaṅ-gdub *nūpura* ankle-ring, I. vi. 3; II. v. 58.

rkaṅ-pa g'yas-pa brkyaṅ-byas-pa *ālīḍha* a posture, I. x. 30.

rkaṅ-ḥog *pātāla* a *hell, I. viii. 53.

rkun-maḥi skra *cauryakeśa* 'piled-up hair', I. vi. 15.

rkun-maḥi lo-ma *cauryapattra caurya* leaves, I. ii. 20.

ska-ba *kaṣāya* astringent, II. iii. 46.

ska-rags *or* ske-rags *mekhalā* belt, I. iii. 14; vi. 3, 12; viii. 17; II. vi. 4.

skad cig-ma †*kṣaṇa* *moment.

skal *bhāga* 'worth', I. vi. 19.

skal-chen *mahābhāga* 'greatly blessed', II. vii. 2, 12.

skal-ldan *bhavya* worthy, II. ii. 19; iii. 57.

skal-pa *vibhaga* 'apportionment', I. v. 16.

skal-med-pa *dundura* SB: unworthy, II. vii. 3; viii. 8.

skal-bzaṅ *saubhāgya* well endowed, II. vi. 11.

sku **kāya* body.

sku-gzugs *pratimā* image, II. i. 2. 3.

sku-gsum *trikāya* *threefold formula of personality.

ske-tshe *rājikā* black mustard, I. ii. 24.

ske-rags *see* ska-rags.

skyil-kruṅ phyed-pa *ardhaparyaṅka* a dancing posture, II. v. 34.

skyur-ba *amla* sour, II. iii. 46.

skye-mched **āyatana* basis of consciousness.

skye-ba bdun-pa *saptāvarta* 'seven-timer', I. xi. 9; *see also* lan-bdun-pa.

skye-bo med-pa *vijana* lonely, I. x. 3; *see also* dben-pa.
skyed-byed-ma *Jananī* 'Mother', I. v. 2.
skyed-tshal ra-ba *udyāna* garden, I. vii. 18.
skyes-gñis *Dvijā* = **Brāhmaṇī*, II. iii. 62; *see also* bram-ze-mo.
skyes-bu *puruṣa* man, I. x. 12.
skyes-buḥi byed-pa(ḥi ḥbras-bu) *puruṣakāra(phala)* 'fruit of manly activity', II. iv. 56, 58.
skyes-med rim-pa **utpannakrama* 'Process of Realization', I. viii. 30; *see also* rdzogs-paḥi rim-pa.
skyon-ma *Doṣā* 'Fault', one of the 32 *veins, I. i. 16.
skra-yi ska-rags *kacaḍori* hair-cord, I. vi. 16.
skrod-pa, bskrad-pa *uccāṭaṅa* driving away, a fierce *rite, I. i. 8; ii. 14; II. iv. 95; ix. 18; x. 3, 5.
brkam-pa *lobha* desire, I. vi. 18.
brkyaṅ-ma *Lalanā* left *vein, I. i. 13, 14, 17; II. iv. 25.
bskyed-paḥi rim-pa †**utpattikrama* 'Process of Emanation', I. viii. 24; ix. 12; II. ii. 29, 34.

kha-ba *tikta* bitter, II. iii. 46.
kha-baḥi ri *Himādri* a place of pilgrimage, I. vii. 14.
kha-sbyar *saṃpuṭa* union, 'complex', II. ix. 1; *see also* mñam-sbyor.
khab *sūcī* needle, II. ix. 5.
kham-phor *śarāva* dish, I. ii. 20.
khams **dhātu* sphere of consciousness.
khu-ba **śukra* semen.
khyab-ḥjug **Viṣṇu*.
khyab-pa *vyāp* pervade.
khyim-ma *Gehā* 'Homely', one of the 32 *veins, I. i. 18.
khyogs *dolā* swing, rocking motion (*dolāṅga*, II. xi. 13).
khrag *rakta* *blood.
khru *hasta* cubit, I. ii. 20; x. 5; II. i. 7; (II. ix. 1. lag-pa).
khru-ma *jarāyu* covering of the embryo, II. iv. 61.
khro-gñer *bhṛkuṭī* eyebrow, I. vii. 6.
khro-gñer-can *Bhṛkuṭī*, II. iv. 65.
mkhaḥ-ḥgro-ma †**ḍākinī*.
mkhaḥ-spyod *khecaratva* 'powers of an aerial being', I. xi. 11.
mkhaḥ-spyod-ma **Khecarī*.
ḥkhal-ba (*kṛ*) spin (thread), II. vi. 8.
ḥkhor-ba **saṃsāra* phenomenal existence (= srid-pa).
ḥkhor-lo †**cakra*, circle, wheel; **cakrī* circlet, one of the five symbolic *adornments.
ḥkhyud-pa *āliṅga* embrace.
ḥkhril-śiṅ *latā* creeping-plants, I. viii. 45.
ḥkhrul-ba *bhrānti* mistake, I. xi. 5; II. iii. 26; iv. 4, 5.

ga-pur **karpūra* camphor, SB: semen.
gar *nāṭya* *dance.
gar-ma *or* gar-mkhen-ma *Naṭī*, **Nartī*, or *Nartakī*.
gug-skyes (P: gug-skyed) *mudra* 'symbolic adornment', II. ix. 12; *see also* phyag-rgya.
guṅ-mo *madhyamā* middle finger, I. vii. 3.
gur *pañjara* canopy, I. iii. 3.
gur-gum *kuṅkuma* saffran, I. iv. 2.
go-cha *kavaca* 'protection', II. iii. 52.
goṅ-bu *piṇḍa* embryo, I. viii. 9.

goms-pa *abhyāsa* practice, perseverance.

gos-dkar-mo **Pāṇḍurā* (*Pāṇḍuravāsinī*).

gri-gug *kartṛ*, *kartṛkā*, *karti*, *kartari* *knife.

grub-mthaḥ *siddhānta* authoritative treatise, I. viii. 54.

grub-ma *Siddhā* 'Perfected', one of the 32 *veins, I. i. 18.

gro-ga *bhūrja* birch-bark, II. vii. 2.

gros *ālocana* deliberation, reflection, II. iii. 8.

gla-rtsi *kasturikā* musk, II. x. 5.

glu *gīta* *song.

glegs-bam *pustaka* book, II. vii. 1–4.

glo-bur dri-ma **āgantukamala* accidental defilement, II. iv. 69.

dgaṅ-ba *pūraka* holding the breath, I. xi. 3.

dgaḥ-ba †*ananda* *joy; *moda* joy, I. iii. 1.

dgaḥ-bral-gyi dgaḥ-ba *viramānanda* (†*ānanda*) *'joy of cessation'.

dgug-pa *ākṛṣṭi* conjuring forth, a *rite, I. xi. 2, 4; II. i. 10; iv. 95; x. 3, 4; *see also* ḥgugs-par byed-pa.

dge-ḥdun phal-chen *Mahāsaṅghī* one of the early Buddhist *schools.

dge-sloṅ *bhikṣu* monk, II. iv. 63; v. 32, 53.

dgoṅs-paḥi skad *saṃdhyābhāṣa* *secret language.

dgod-pa (ḥgod-pa) *nyās* to place, implant, I. iii. 2; II. vii. 9.

dgod-pa *hasita* smile, II. iii. 11, 54; *hāsya* mirth, II. v. 26.

dgyel-ba (*for* ḥgyel-ba) *pat* to fall, I. x. 14.

dgyes-pa *-tuṣṭa* pleased, II. iii. 39; v. 48; vii. 1; viii. 8; *hṛṣṭa*, II. v. 49.

dgra-sta *paraśu* axe, I. ii. 23; II. v. 32.

bgegs *vighna* obstacle, II. iv. 90.

bgrod-pa *gamya* suitable, I. vi. 21; II. iii. 41; *gati* way, II. iv. 77.

mgul-gyi phreṅ-ba *kaṇṭhamālā* necklace, I. vi. 11.

mgul-rgyan *kaṇṭhī* necklace, I. viii. 17; II. vi. 4.

mgon-po *nātha* guardian lord, I. vii. 11.

ḥgugs-par byed-pa *ākarṣaṇa* conjuring forth, a *rite, I. ii. 17; II. ix. 21; *see also* dgug-pa.

ḥgog-pa *nirodha* 'cessation', I. i. 26.

ḥgyel-ba *pat* to fall, II. iv. 66.

rgyal *Puṣya*, I. ii. 23.

rgyal-tshan *dhvaja* banner of victory, II. iii. 21; SB: hanged man, I. vii. 21.

rgyal-rigs *kṣatriya* warrior caste, II. iii. 45.

rgyas-pa *pauṣṭika* prosperity, a *rite, II. i. 6, 7, 8; iv. 95.

rgyas-par *vistareṇa* in full, II. iv. 100.

rgyu-ḥthun (ḥbras-bu) *niṣyanda* (*phala*) 'corresponding fruit', II. iv. 56–58.

rgyu-sbyin-ma *Hetudāyikā* 'Producer of the Cause', one of the 32 *veins, I. i. 17.

rgyud *tantra* ritual text, II. i. 5; rite, II. ix. 6.

sgeg-pa *śṛṅgāra* lasciviousness, passion, II. v. 26.

sgog-pa *laśuna* garlic, II. iv. 13.

sgom-pa †**bhāvanā* conceiving, thought-creation; *bhāvayati* conceives, produces imaginatively.

sgom-pa-ma *Bhāvakī* 'Anchoress', one of the 32 *veins, I. i. 16.

sgyu-ma **māyā* illusion.
sgyug-mo *śvasṛkā* mother-in-law, II. v. 59; vii. 11.
sgrub-thabs †**sādhana.*
sgrol-ma *Tāraṇī* or **Tārā.*
brgyal-ba *mūrchita* senseless, I. x. 14; II. iv. 66; *ghasmai* reel, stagger (?), II. iv. 71.
bsgyur-ba *sphoṭa* 'opening', I. v. 20; *vikṣepa* movement, I, vii. 26.

ṅa-rgyal gcag-pa *abhimant* 'have a special liking', II. xi. 8.
ṅal-ba *pariśrama* striving, I. viii. 55.
ṅal-bsos *kṛtaśrama* 'make effort', II. iv. 72.
ṅu-ḥbod *raurava* a *hell, II. ii. 12.
ṅo mi tshogs-pa (*cp.* Mvp. 2440: ṅo mi chod-paḥam mi zlog-pa) *uparodha* protection, II. v. 41.
dṅos-grub †**siddhi* success.
dṅos-po *bhāva* existence, phenomenal things, nature, I. i. 10, 20; viii. 20; ix. 3, 5; x. 9, 11, 12; II. ii. 37; etc. *vastu* thing, I. i. 12; ix. 1, 7; II. ii. 37; etc.
mṅar-ba *madhura* sweet, II. iii. 46.
mṅaḥ-bdag *vibhu* Lord, II. iii. 19.
mṅon-par bsṅag-pa *abhimantr* enchant, I. ii. 28.
mṅon-spyod *abhicāruka* bewitching, a *rite (I), I. i. 8; ii. 16; II. iv. 95; ix. 20; x. 2.
rṅa *dundubhi* drum, I. iv. 2.
rṅa-yab *cāmara* streamer (made of a yak's tail), I. x. 21.
rṅam-pa *adbhuta* wonderment, II. v. 26.
rṅub-pa *kumbhaka* inhaling, I. xi. 3.
rṅon-pa-ma **Śavarī*, I. ix. 16; *see also* ri-khrod-ma *and* mtshan-ma.
sṅa-ba *pradoṣa* 'night-fall', II. i, 2.
sṅags †**mantra* spell.
sṅags-pa *mantrin* = yogin, II. ii. 16.
sṅo *pūrvaṃ* first, I. viii. 2.
sṅo-bo *or* sṅon-po *nīla* dark blue, I. ii. 20; iii. 7, 13.
sṅo-bsaṅs *śyāma* dusky colour, II. iv. 36; v. 36; xi. 6.
sṅon-rabs *purāṇa* primeval, I. x. 12.

caṅ-teḥu *ḍamaru* *drum.
cod-pan *mukuṭī* tiara, I. vi. 15, 16.
bcom-ldan-ḥdas-ma *bhagavatī* 'Lady', II. ii. 6.
lcags-kyu *aṅkusa* hook, I. iv. 1; xi. 13.
lcags-paḥi braṅ-ñid *Karmārapāṭaka* a place of pilgrimage, I. vii. 13.
lcug *gulma* shrub, I. viii. 45.

cha *bhāga* part, I. viii. 24, 53; ix. 13; x. 2; *khaṇḍa* section, II. v. 52; vii. 12; *kalā, aṃśaka* phase, II. iv. 25, 26.
cha-byad *ākṛti* appearance, II. ii. 38; iii. 4.
chags-pa *utpāda* origination, II. ii. 27, 28; *rāga* passion (= ḥdod-chags), II. ii. 51; iii. 8; etc.
chaṅ *rasa* juice, I. ii. 20; *madya* intoxicant, I. ii. 25; II. iii. 46, 56; *madana* passion, SB: intoxicant, II. iii. 56; iv. 37; v. 61; vi. 9; vii. 12; xi. 15.
chu-bdag phyogs *vāruṇī* west, I. viii. 13; ix. 11.
chu-ma *or* chu-yi rnal-ḥbyor-ma *Vārī* or **Vāriyoginī.*
chu-tshod *nāḍī* 'hour', I. i. 30.
che-mchog *mahattara* best, II. iii. 20.
cho-ga *or* chog *vidhi* rite, I. x. 27; II. i. 5; *vidhāna* ritual, II. vi. 6.
chom-rkun *caura* thief, I. v. 3.

chom-rkun-ma **Caurī*.

chos-kyi dbyiṅs *dharmadhātu* 'whole of existence', I. iii. 4; 'sphere of thought', II. iv. 44, 47.

chos-gos *jvalacīvara* yellow robe, religious dress, II. iv. 61.

chos-dbyiṅs dag-pa(ḥi ye-śes) *śuddhidharmatā(jñāna)* Wisdom of the Pure Absolute, I. viii. 7 (= *next entry*).

chos-dbyiṅs śin-tu rnam-dag-ma *suviśuddhadharmadhātu(jñāna)* Wisdom of the Pure Absolute, II. iv. 47 (*see* *wisdom as five-fold).

mchan-khuṅ *kakṣa* breast, II. vi. 2; vii. 4.

mchil-rnag *julāsṛg* spittle, II. iii. 47.

mchog-tu dgaḥ-ba *paramānanda* perfect (†*ānanda*) *joy.

mchog-sbyiṅ *tyāga* renunciation, I. vi. 24.

mchod-pa *pūja* (*pass.*), *upacāra* (I. ii. 28), *upahāra* (II. v. 19) worship; *pūj* (*pass.*), *ṛc* (I. ii. 20) to honour, worship.

mchod-yon *argha* offering, II. i. 5, 14.

ḥchi-ba *maraṇa* death, I. v. 21.

ḥchol-pa *vyasta* disordered, wrong, II. iv. 15.

ḥjig-rten gsum-po *trailokya* *three-fold world, I. viii. 49.

ḥjig-pa *nāśana* destroying, II. iv. 95.

ḥjigs-pa *karāla* terrible, II. v. 28.

ḥjigs-ruṅ-ba *bhayānaka* frightful, II. v. 26.

ḥjim-pa *mṛd* clay, II. iii. 44.

ḥjug-ma *Viṣṭā* 'Pervader', one of the 32 *veins, I. i. 16.

ljaṅ-khu *harita* green, I. ii. 20; II. ii. 32.

rje-btsun *bhaṭṭāraka* lord, I. i. 2; iii. 8; *bharāḍo* lord, II. v. 20.

rjed-pa *ṛc* to honour, II. iii. 15.

rjeḥu(ḥi rigs) *vaiśya* traders and craftsmen, II. iii. 45.

ña-phyis *śuktikā* 'mother-of-pearl', II. iv. 39.

ñal **supta*, **svapna* sleep.

ñi-ma *sūrya* (*pass.*), *mārtaṇḍa* *sun, I. iii. 11.

ñi-maḥi mdog *aruṇa* reddish, I. iii. 7, 13.

ñis-bskor *dviveta* two-stranded, I. vi. 16.

ñe-baḥi ḥthuṅ-gcod *upapīlava* place of pilgrimage, I. vii. 10, 17.

ñe-baḥi dur-khrod *upaśmaśāna* place of pilgrimage, I. vii. 10, 18.

ñe-baḥi ḥdu-ba *upamelāpaka* place of pilgrimage, I. vii. 10.

ñe-baḥi gnas *upapīṭha* place of pilgrimage, I. vii. 10, 13.

ñe-baḥi tstshando *upachandoha* place of pilgrimage, I. vii. 10, 16.

ñe-baḥi źiṅ *upakṣetra* place of pilgrimage, I. vii. 10, 14.

ñe-dbaṅ *Upendra*, II. v. 37.

ñed-pa *malana* 'pressure', I. v. 19; *moṭana* 'pressure', I. v. 20; *mṛd* to rub, II. ii. 5; *see also* rnam-par ñed-pa.

ñon-moṅs-pa *kliś* to disturb, II. ii. 11; *kleśa* molestation, I. v. 15; ix. 2; *kilbiṣa* evil, II. ii. 8.

ñon-moṅs śes-byaḥi sgrib *kleśajñānāvaraṇa* moral and intellectual imperfections, I. ix. 2.

gñis-gñis-ḥkhyud-pa *dvandvatantra* 'union', II. iii. 11, 54.

gñer-ma *valī* wrinkle, II. viii. 5.

mñam-ñid ye-śes *samatājñāna* Wisdom of Sameness (*see* *wisdom as fivefold), I. viii. 6; II. iv. 46.

mñam-ldan-pa *samāyukta* associated together, I. vi. 5.

mñam-sbyor *saṃpuṭa* union, II. vi. 2; *see also* kha-sbyar.

mñam-zas-can *samāhārin* concentrating, II. viii. 7.

mñes (mñed-pa) *mṛd* rub, II. v. 5; xi. 10.

sñan-gsan ḥdebs-pa (P: ḥbab-pa) *nimantr* invite, I. ii. 28.

sñiṅ-rje *karuṇā, kṛpā* *compassion.

sñiṅ-po *hṛdaya* heart, essence, I. i. 2; ii. 3; *sāra* essence, II. iii. 27; ix. 15; *garbha* in *Vajragarbha.*

sñu-gu-ma (= *Veṇukī*?) *Premaṇī* 'Affectionate', one of the 32 *veins, I. i. 18.

sñems-pa *āṭopa* pride, I. x. 30, 31.

bsñun *kṣema* 'well-being', I. vii. 2.

bsñen-pa *sevā* practice, I. ii. 22.

til *tila* sesame-oil, II. i. 10.

gtad-pa (gtod-pa) *samarp* consign, II. iii. 15.

gtum-mo **Caṇḍikā* 'Impetuous', one of the 32 *veins, I. i. 18; **Caṇḍālī*, I. i. 31; ix. 16; II. v. 36; *see also* gdol-pa-mo, smre-śa-can, raṅ-ḥtshed-ma.

gtor-ba *sic* sprinkle, II. iii. 12.

gtor-ma *bali* *offering, I. ii. 1; x. 26; II. iv. 89, 90, 92, 94, 95; ix. 37.

btaṅ-sñoms *upekṣā* impassibility, I. iii. 1.

btaṅ-gtor (P: bsaṅ-gtor) *prokṣaṇa* sprinkle, II. v. 60.

btu-ba *paṭala* chapter, II. iv. 4; ix. 14; (= leḥu).

btuṅ-mchog *pīvara* luscious, II. iv. 27.

rta-babs *toraṇa* portal, II. v. 50.

lta-staṅs *dṛṣṭi* 'gaze', a kind of *rite, I. i. 8; xi. 1, 6.

lta-ba *īkṣaṇa* gaze, II. iii. 11, 54.

ltuṅ-bar byed-pa *pātanā* over-throwing, a fierce *rite, I. xi. 1, 3, 4.

lte-ba *nābhi* navel, I. ii. 25; II. iv. 40; ix. 1; *varaṭaka* 'heart', I. iii. 6.

lto-ḥphye *uraga* serpent, II. iii. 54.

ltos daṅ bcas-pa *sāpekṣaṃ* mutually, II. ii. 42.

sta-gon *adhivāsana* arrangement, II. i. 2.

stoṅ-pa *śūnya* *void.

brtul-śugs-can *vratin* 'true one', yogin, I. ii. 34; vii. 9; II. ii. 6, 29; iii. 48, 63; iv. 38; ix. 1.

bsten-pa (sten-pa) *sev, sevā, upasevā* serve, honour, I. v. 3; viii. 36; ix. 7; x. 7; II. ii. 6.

tha-sñad *ācāra* 'aspect', II. xi. 9.

thags-bzaṅ-ris *Vemacitrin*, II. v. 37.

thab-khuṅ *kuṇḍa* hearth, II. i. 6.

thabs †*upāya* *Means.

thams-cad yod-par smra-ba **Sarvāstivāda*, I. i. 29; II. iv. 59.

thams-cad-rig *sarvavit* omniscient, I. viii. 31.

thal-ba *bhasma* ashes, I. vi. 16; II. v. 10.

thig-ḥdebs-pa *saṃsūtr* to measure, I. ii. 20.

thig-le *tilaka* mark, sign, I. ii. 23; II. ix. 21.

thu-bo *jyeṣṭha* oldest, II. ix. 21.

thugs *citta* *mind, *thought.

thuṅ-ṅu-ma *Vāminī* 'Dwarfish', one of the 32 *veins, I. i. 16.

thun *saṃdhi* 'watch', I. iv. 3.

thun-tshod *prahāra* 'watch', I. i. 30; 'stage', II. v. 63.
theḥu-chuṅ *kaniṣṭhika* little finger, I. vii. 3.
tho brtsams-pa *viheṭh* 'have contempt', II. xi. 8.
thod-pa *kapāla* *skull.
mthar-gnas-pa *antasthāna* the letters *ya*, *ra*, *la*, *va*, II. ix. 23, 24, 28, 32, 34, 37.
mthe-boṅ *aṅguṣṭha* thumb, I. vii. 2; inch, I. x. 5; *jyeṣṭhā* thumb, II. iii. 14; *vṛddhā* thumb, II. v. 69.
mthe-boṅ rgan-po *vṛddhāṅguṣṭha* big toe, I. ii. 28.
ḥthag-pa (*kṛ*) weave, II. vi. 8.
ḥthuṅ-gcod *pīlava* a place of pilgrimage, I. vii. 10, 17.
ḥthor-ḥthuṅ *ācama* rinsing the mouth, II. ii. 5.

dag-pa *śuddhi*, *see* rnam-par dag-pa.
dad-pa *śraddha* faith, II. ii. 35.
dam-pa *para* excellent (*pass.*); *parama* supreme, I. x. 10; *vara* excellent, I. x. 3; *divya* sacred, I. x. 4; *gāḍhaṃ* closely, II. v. 60; vi. 1; xi. 1.
dam-tshig †*samaya* *conventional or symbolic form, I. i. 5; vi. 24; vii. 7; xi. 6; II. ii, 19, 29, 38; iii. 52, 55, 65, 67; vi. 8; *sacrament, I. xi. 8; II. vi. 10; vii. 10.
dam-tshig-can *samayin* belonging to the tradition, II. vi. 7, 8; viii. 6.
dal-ba *dhairya* composure, II. ii. 21; *dhīra* calm, II. iv. 36; viii. 5.
dug *viṣa* *poison.
duṅ-chos *śaṅkhaka* conch-shell, II. iv. 39.
dum-bu *khaṇḍa* fragment, II. ii. 46.
dur-khrod *śmaśāna* *cemetery.
dus *kāla* time, I. x. 12.
dus-thabs *parva* observance, I. viii. 36.
do-śel *hāra* necklace, garland, I. x. 21; II. v. 6, 9, 58.
do-śel-phyed *ardhahāra* chain, I. x. 21; II. v. 6.
dog-pa *mañjarī* bunch, I. ii. 20.
don dam-pa *vivṛti* *absolute.
don-yod (grub-pa) **Amogha*(*siddhi*) 'Infallible Success'.
drag-chen *mahāraudra* very fearful, I. viii. 16.
drag-po *Rudra*, II. v. 37.
drag-śul *raudra* horror, II. v. 26.
dran-pa ñams-pa *cheamaṇḍa* distraught, II. v. 23.
dral-ba *sphāṭana* rending, I. ii. 21; *see also* bdud-dral-ma.
dri-ṅa *pūti* putrid, II. iii. 46.
dri-med (ḥbras-bu) *vaimalya*(*phala*) 'pure fruit', II. iv. 56, 58.
dri-źim *surabhi* fragment, II. iii. 46.
dril-bu *ghaṇṭhā* *bell.
drod *uṣma* heat, I. vi. 7; *tejas* fire, I. x. 39; II. ii. 55; iv. 84.
gdug-pa *duṣṭa* evil.
gdub-bu, II. vi. 4; *see* lag-gdub.
gdon *graha* demon, II. iii. 66.
gdol-pa *caṇḍāla* a low-caste, II. iii. 45; iv. 76.
gdol-pa-mo *or* gdol-ma **Caṇḍālī*; *see also* gtum-mo, smre-śa-can, raṅ-ḥtshed-ma.
bdag **ātman* self.
bdag-ñid *ātmaka* very self.
bdag-ma **Māmakī*.
bdag-med-ma *Nairātmikā*, *Nairātmyayoginī*, **Nairātmyā*.
bdud **Māra*.

bdud-dral-ma *Māradārikā* 'Daughter of Death', one of the 32 *veins, I. i. 18.

bdud-rtsi *amṛta* *ambrosia, I. ii. 20; iv. 2; xi. 9; II. iii. 38, 46; *pīyūṣa* *ambrosia, II. ix. 9.

bdud las rgyal-ba *mārtaṇḍa* *sun, I. iii. 9; viii. 5.

bdun-gyi bdun-pa *saptasaptika* *sun, I. viii. 6.

bde-ba *sukha* bliss.

bde-ba-can *sukhāvatī* realm of bliss, II. iv. 31; v. 2.

bde-ba chen-po **mahāsukha* great bliss.

bden-pa bźi *satyacatuṣka* four *truths.

bden-bral *Nairṛtī* a goblin, II. v. 37.

bden-bral (phyogs) *nairṛtī* south-west, I. ix. 10; x. 29; II. v. 53.

mdo-sde-pa *Sautrāntika*, II. viii. 9.

ḥdam-skyes *paṅkaja* lotus, I. iii. 7; II. xi. 4.

ḥdar-ba *dhū* tremble, II. iv. 66; *kamp* tremble, II. ix. 4.

ḥdu-ba *melā* meeting, I. vii. 9, 10; *melāpaka* place of pilgrimage, I. vii. 10; *milana* meeting, II. iii. 56.

ḥdus-pa *melā* 'conjunction', I. viii. 5, 6.

ḥdod-chags *rāga* passion.

ḥdod-ma *Kāminī* 'Lustful', one of the 32 *veins, I. i. 18; lady, I. viii. 50.

rdul *prasveda* sweat.

rdul-tshon *rajas* colour, I. ii. 20.

rdo *pāṣāṇa* stone, II. iii. 44.

rdo-rje †**vajra*.

rdo-rje mkhaḥ-ḥgro-ma *Vajraḍākī* or **Vajraḍākinī*.

rdo-rje-can †*Vajrin* 'Adamantine Lord', I. vii. 23; viii. 25; ix. 15; II. iii. 1, 23; iv. 66; vii. 5; ix. 15; xi. 1.

rdo-rje-spyan **Locanā*, I. iv. 2; *see also* spyan-ma.

rdo-rje-ma **Vajrā*; *vajriṇī* 'adamantine representative', II. iv. 98.

rdo-rje-ḥdzin-pa †**Vajradhara*, *Vajradhṛk*, *Vajradhārin* 'Vajra-Holder'.

rdo-rje sems-dpaḥ †**Vajrasattva* 'Adamantine Being'.

rdo-rje lu-gu-rgyud-ma *Vajraśṛṅkhalā*, I. iii. 8.

ldo *kautuka* joy, I. vii. 7; *see also* brtse-ba.

ldoṅ-ros *haritalakta* green lac, I. ii. 20.

sdaṅ-bar byed-pa *vidveṣaṇa* a fierce *rite, I. ii. 15; II. ix. 19; x. 4, 5.

sdug-bsṅal-ba *duḥkha* 'sorrow', I. i. 26.

sdug-pa *sneha* love, II. iii. 44; *see also* mi-sdug-pa.

sde *sainya* army, I. i. 8; ii. 22; II. iv. 95.

sde-pa *nikāya* 'school', I. i. 29; II. iv. 61.

sdom-pa †*saṃvara* 'bond', internal maṇḍala, I. i. 21; vi. 24; x. 41; II. iii. 1, 2, 3, 29; iv. 48, 49; 'unity', II. x. 1.

brda *saṃketa* sign, II. iii. 55; *see also* tstsho-ma.

brda-chen *mahācchoma* secret sign, I. i. 8.

bsdig-pa *tarj* to threaten, II. v. 27, 39.

bsdigs-mdzub *tarjanī* forefinger, II. v. 33.

bsdu-ba *saṃgraha* concentration, I. iii. 2; 'beneficial act', II. xi. 1.

bsdu-baḥi dṅos-po bźi *saṃgraha-vastucatuṣka* four means of conversion, II. ix. 11.

naṅ-du gźug-pa *vidarbhita* adorned, I. ii. 4.
nan-tan(-gyi ye-śes) *anuṣṭhāna (jñāna)* Active Wisdom; *see* bya-ba nan-tan *and* *wisdom as fivefold.
nim-pa *nimba* bitter fruit of the nimba tree, II. iii. 46.
nu-ma *kuca* breast, II. vi. 2.
nor-bdag *Kubera* god of wealth, II. v. 37.
nor-bu *kaṇṭhī* necklace, I. iii. 14.
gnas *ālaya* abode, II. iii. 4; *deśa* place, I. x. 3; *pada* spot, I. viii. 48; 'course', II. iv. 62; *pīṭha* place of pilgrimage, I. vii. 10, 12; II. iii. 67; *bhuvana* world, I. viii. 41; *vihāra* monastery, II. iv. 61; *siddhi* 'success', II. xi. 3; *sthāna* place, II. vii. 9.
gnas-brtan-pa *Sthāvarī* one of the early Buddhist *schools.
gnas-pa *sthā* stand, abide; *sthiti* maintaining, I. i. 9; stability, II. iv. 82.
gnod-pa *bādh* obstruct, harm, I. viii. 52, 53; II. ii. 27; *apakāra* harming, I. xi. 7.
gnod-sbyin *yakṣa*, I. xi. 15; II. ii. 21.
mnan-pa *ākram* to trample, I. ii. 20, 23; iii. 18; II. v. 8; ix. 16, 27, 29, 33; *bādhana* thwarting, I. viii. 47.
mnar-med *Avīci* a *hell, I. vi. 22.
rna-cha *kuṇḍala* ear-rings, I. iii. 14; vi. 2, 11; viii. 17; II. vi. 4.
rnam-pa *ākāra* form, I. viii. 50; II. ii. 38, 43; *kāra* syllable, I. ii. 4, 25; II. iii. 3; iv. 30; *-kṛti* 'syllable', I. iii. 5; *-tvam* 'nature', I. iii. 4; *-vidha* 'sort', I. v. 15.
rnam-par rgyal-ba(ḥi bum-pa) *vijaya(kalaśa)* Vessel of Victory, I. x. 23; II. v. 56.
rnam-par ñed-pa *vimṛd* to press, crush, II. iii. 39; *vimarda* pressing together, 'consummation', one of the four *moments (†*kṣaṇa*), I. i. 24; II. iii. 6, 8, 9.
rnam-par rtog-pa *vikalpa* discursive thought.
rnam-par thar-pa *vimokṣa* release, I. xi. 15; II. ix. 12.
rnam-par dag-pa †*viśuddhi* *purification.
rnam-pa sna-tshogs *vicitra* 'variety', one of the four *moments (†*kṣaṇa*), I. i. 24; II. iii. 6, 7, 9.
rnam-par snaṅ-mdzad (rnam-snaṅ) **Vairocana* 'Brilliant'; = 'OṂ', II. ix. 16, 19, 23, 28, 30, 32, 34, 35, 36, 37.
rnam-par sbyaṅ-ba *viśodhana* purification, II. iii. 28.
rnam-par sbyoṅ-ba *saṃskṛ* 'consecrate', II. ii. 18; *see also* sbyaṅ-ba.
rnam-par smin-pa(ḥi skad-cig-ma) *vipāka* 'development', one of the four *moments (†*kṣaṇa*), I. i. 24; II. iii. 6, 7, 9.
rnam-par smin-pa(ḥi ḥbras-bu) *vipāka(phala)* 'fruit of retribution', II. iv. 58.
rnal-ḥbyor †**yoga* union, II. ii. 23, 42; iii. 18, 19; iv. 41, 58; vi. 8; xi. 8; *see also* sbyor-ba.
rnal-ḥbyor rgyud **yogatantra* (†*tantra*).
rnal-ḥbyor-pa **yogin*.
rnal-ḥbyor spyod-pa **Yogācāra*, II. viii. 10.

rnal-ḥbyor-ma *yoginī.
rnal-ḥbyor-ma rgyud *yoginītantra, I. vii. 19.
sna-tshogs rdo-rje viśvavajra crossed vajra, I. iii. 3; II. v. 55.
snag-tsa masi ink, II. vii. 2.
snaṅ-byed bhāskara *sun, I. viii. 5.
snabs siṅghāṇaka mucus of the nose, II. iii. 48.
snun-pa han 'overcome', II. ii. 47.
snod bhājana vessel, I. iii. 9; viii. 20; II. v. 31; bhāṇḍa vessel, II. iii. 48.
snod-can bhāīni (bhāginī) worthy, II. iv. 67.
bsnun-pa (snun-pa) upahata afflicted, II. ii. 37.

padma-can padminī beautiful woman, II. viii. 5.
parṇṇa-ri-khrod-ma Parṇaśavarī, II. iv. 65.
pir kuccā brush, II. vi. 7.
dpaḥ-bo vīra hero, II. v. 3, 26.
dpuṅ-rgyan keyūra bangle, I. vi. 3.
dpe-byad vyañjana (80) minor characteristics, II. ii. 41.
dpral-ba lalāṭa forehead, I. vii. 6; I. xi. 1.
spyan-ma *Locanā, I. i. 22; II. iv. 65; see also rdo-rje-spyan.
spyi-bo mūrdhan head, I. iv. 3.
spyi-ma Sāmānyā 'Common', one of the 32 *veins, I. i. 17.
spyod-pa cārya practice.
spyod-yul gocara range, sphere.
spro-ba sphar to send forth, II. v. 10; pavañcami (pravañc) 'discourse', II. iv. 67.
spros-pa prapañca 'diversity', II. ii. 29.

phal-pa prākṛta ordinary, II. ii. 45.
phug-pa (ḥbugs-pa) viddha pierced, cut, II. ix. 8.
phuṅ-po *skandha component of personality.
phub tuṣa chaff, I. ii. 24.
phod-pa argh to prevail, I. viii. 48.
phyag-rgya †*mudrā symbolic adornment, gesture, sign, partner; mudra, mudraṇa sign, I. iii. 13; vii. 7; II. iv. 3, 15–19, 79–88, 96; vi. 4; see also gug-skyes.
phyag-rgya-can mudrī possessing the sign, II. iv. 98.
phyag-rgya chen-po †*mahāmudrā 'Great Symbol'.
phyag-mtshan cihna symbol, I. viii. 7, 10; II. v. 55; vii. 12.
phyag-dar-mkhan haḍḍika a low-caste (a sweeper), II. iii. 45.
phyugs paśu cattle, I. x. 15; victim, II. ix. 4.
phye-ma cūrṇa powder, I. ii. 20; x. 4; II. v. 51.
phra-gzugs-ma Sūkṣmarūpā 'Subtly-formed', one of the 32 *veins, I. i. 16.
ḥphar-ma puṭa circle, I. viii. 12, 14; ix. 9, 10; x. 28; II. v. 50.
ḥphar-ma gñis-dag dvipuṭa 'of two concentric parts', I. viii. 3.
ḥpho-ba saṃkrānti 'phase', I. i. 30.

bā-yi mchog-sbyin Godāvarī a place of pilgrimage, I. vii. 14.
ba-laṅ-tshe (= literally 'cow-age', go[m]āyus); gomāyu jackal or frog, II. iv. 14.
bag-chags vāsanā influence of past actions, effect, II. ii. 45, 53.
bar-maḥi srid antarābhava intermediate state (between death and rebirth), II. ii. 30.

bin-dha gźon-nuḥi groṅ-khyer *Vindhyākaumārapaurikā* a place of pilgrimage, I. vii. 17.
bu-btsas-skyes *prasūtaja*, II. iii. 46.
bu-ram *guḍa* raw sugar, II. iii. 46.
buṅ-ba *bhṛṃga* bee, II. iv. 13; v. 12.
bum-pa *kalaśa* jar, I. ii. 28; iv. 2; x. 22; II. v. 51.
bya-skyibs *kuñja* cave, II. vii. 7.
bya-rgod *gṛdhra* vulture, II. iv. 13.
bya-ba nan-tan (-gyi ye-śes) *kṛtyānuṣṭhāna(jñāna)* Active Wisdom (see *wisdom as fivefold), I. viii. 7; II. iv. 46.
byaṅ-chub-kyi sems (byaṅ-sems) **bodhicitta* 'thought of enlightenment' (= khu-ba).
byaṅ-chub yan-lag bdun *bodhyaṅgasapta* seven factors of enlightenment, II. ix. 13.
byams-pa *maitrī* love, II. ix. 11.
byiṅ-ba (ḥbyiṅ-ba) *magna* sunk, II. iii. 20.
byin-gyis brlabs-pa †*adhiṣṭhāna* *empowerment, efficacious expression, 'grace', I. ii. 10; iv. 3; viii. 51; II. iii. 39; iv. 14, 29; vi. 8; ix. 36; xii. 5; *prabhāva*, II. ii. 31; iii. 39.
byin-za *hutāśana* *fire, I. viii. 2; II. iv. 67; ix. 5, 32.
bye-ba *koṭi* ten million, I. ii. 22, 27; II. ii. 60.
bye-ba *bheda* 'disclosure', I. v. 3; *see also* dbye-ba.
bye-brag smra-ba **Vaibhāṣya*, II. viii. 9.
byed-paḥi braṅ-ñid *Kāruṇyapāṭaka* a place of pilgrimage, I. vii. 13.
byol-soṅ *tiryac* animal, II. iv. 73.
bram-ze *brahman* Brahmin, II. iii. 45.
bram-ze-mo **Brāhmaṇī*, I. v. 2, 6; *see also* skyes-gñis.
bris-sku *paṭa* painting, II. vi. 6, 7; vii. 3.
bregs (ḥbreg-pa) *muṇḍita* shaved, II. iv. 63.
bla-ma *guru* *master, I. viii. 36; II. iii. 3, 18; vi. 3; vii. 12; viii. 6; ix. 3; momentous, II. vi. 7.
blugs-pa *snāp* wash, I. 11. 20; II. iii. 12.
blo *dhī* wisdom, II. iv. 41.
dbaṅ *dīkṣā* ceremony, I. vi. 23; *seka* consecration, I. x. 27; II. iii. 10, 12; *see also* dbaṅ-du byed-pa *and* dbaṅ-bskur-ba.
dbaṅ-bskur-ba *or* dbaṅ †*abhiṣeka* *consecration.
dbaṅ-sṅon *indranīla* sapphire, II. v. 36.
dbaṅ-du byed-pa *vaśya* subduing, a *rite, I. ii. 13, 26, 27; xi. 1, 3, 4, 14; II. i. 8, 9, 10; iv. 11; v. 39; ix. 17; x. 2, 4.
dban ldan (phyogs) *aiśanī* north-east, I. ix. 10; x. 29; II. v. 17, 53.
dbaṅ-po *indriya* sense-faculty, I. ix. 2; II. iii. 31, 33, 35, 42, 50; iv. 33; *Indra*, II. v. 37.
dbaṅ-po(ḥi phyogs) *aindrī* Indra's quarter, east, I. viii. 13; ix. 11; II. v. 13.
dbaṅ-phyug *īśvara* lord.
dbaṅ-ma *Sekā* 'Consecration', one of the 32 *veins, I. i. 16.
dbaḥ-rlabs med-pa *nistaraṅga* tranquil, II. v. 11; *see* rlom-sems med-pa.
dbu-ma **Madhyamaka*, II. viii. 10.
dbul-ba (ḥbul-ba) *pradhauk* to present, II. 1. 5.

dben-pa *vijana* lonely, I. ii. 20; vi. 6; vii. 7.
dbyaṅs-yig *svara* vowel, II. iv. 41.
dbyug-gu *daṇḍa* 'period', I. i. 30.
dbye-ba *bheda* 'component', I. i. 21; 'distinction', I. v. 9; vi. 5; viii. 28; II. ii. 52, 59; etc.
ḥbad-pa *yatna* effort.
ḥbigs-pa *sphuṭ* dispel, II. ii. 46.
ḥbyuṅ-po *bhautika*, *bhūta* spirit, I. ii. 1; II. iv. 95; ix. 37.
ḥbyuṅ-ba *bhūta* element, I. v. 10; II. ii. 52; *recaka* exhaling, I. xi. 3.
ḥbriṅ-po *madhyama* middle, I. viii. 37; x. 4; (= dbu-ma, I. viii. 38).
ḥbru-mar *taila* sesame oil, I. ii. 28.
sbyaṅ-ba *saṃskṛta* 'consecrated', I. vi. 9; *see also* rnam-par sbyoṅ-ba.
sbyar-du bźag-pa *saṃpuṭīkṛta* placed together, I. ii. 20.
sbyin-sreg *homa* *oblation, I. vi. 24; x. 43; II. i. 2.
sbyoṅ-ba *śudh* purify, I. ix. 18; *see also* rnam-par dag-pa.
sbyor-ba †*yoga* union, I. vi. 4; vii. 28; x. 30, 38; xi. 5; II. ii. 26, 53; iv. 38; v. 43, 48; *see also* rnal-ḥbyor.
sbyor-bral-ma *Viyogā* 'Unattached', one of the 32 *veins, I. i. 18.
sbraṅ-chen *mahāmadhu* collyrium, II. vii. 2.

ma-mchu *oṣṭha* lower lip, II. vi. 2, 5; vii. 1; xi. 1, 12.
ma-mo *Mātarī* 'Mother', one of the 32 *veins, I. i. 16; *mātṛ* mother-goddess, I. iv. 1; vi. 6; II. iv. 10; v. 29; vii. 10.
ma-ruṅs-pa *krūra* wrathful, I. ii. 20; xi. 1; II. ii. 13; vi. 9; ix. 2.
mar-gad *marakata* emerald, II. v. 35.
mar-ṅo *kṛṣṇā* dark fortnight (second half of lunar month).
mi-bskyod-pa **Akṣobhya* 'Imperturbable'.
mi-ḥchi *amṛta* ambrosia, I. vi. 4; II. iv. 39; *see also* bdud-rtsi.
mi-sdug-pa *bībhatsa* loathsomeness, II. v. 26.
mi-phyed-ma *Abhedyā* 'Indivisible', one of the 32 *veins, I. i. 16.
mi-bzad-pa *raudrakarman* 'of evil conduct', II. ii. 50.
mig-ḥphrul mṅaḥ-ba *indīālī* (*indrajālin*) wonder-worker, II. v. 23.
mu-stegs-pa *tīrthika* heretic, II. ii. 51.
me(ḥi phyogs) *agni* (*āgneyī*) south-east, I. ix. 10; x. 29; II. v. 53.
me-loṅ ye-śes *ādarśajñāna* Mirror-like Wisdom (*see* *wisdom as fivefold), I. viii. 6; II. iv. 46.
mon-sran-sṅeu *māṣa* beans, II. ii. 47.
myo-ba *unmāda* mania, II. ii. 11.
dmigs-pa *upalabh* to conceive, envisage, I. viii. 35; x. 17; *avalamb* to depend on, II. iii. 42; *dṛś* 'envisage', II. ix. 5.
rmaṅs (dmaṅs) *śūdra* common people, II. iii. 45.
smin-mkhan (P: smig-mkhan) *ceṇḍakāra* a low caste, II. iv. 76.
smod-tshig *durbhāṣa* evil words, derogatory speech, II. vi. 3.
smon-lam *praṇidhāna* vow, II. viii. 6.
smyug-gu *lekhanī* pen, II. vii. 2.
smre-śa-can (P: sme-śa-can) **Caṇḍālī*, II. iv. 21; *see also* gdol-pa-mo.

tsan-dan *candana* sandal-wood, II. ii. 5; x. 2.

tsun-dā *Cundā*, II. iv. 65.
gtsaṅ-spra *śuci* purification, I. x. 31, 33; II. iii. 41.
gtsigs-pa-can *vikarālin* distorted, II. iv. 12.
gtsug-pud *śikhā* crest, I. vii. 6.
gtsub-stan *mathanīya* 'fire-stick', II. iii. 37.
gtsub-śin *kāṇḍa* 'fire-stick', II. iii. 37.
gtso-bo *pradhāna* chief, I. i. 13; *prabhu* lord, I. iii. 10; viii. 47; II. ii. 41; iii. 24; iv. 81, 96; v. 1, 29, 67; vi. 6; ix. 10; *mukhya* best, I. vii. 22.
gtso-blag-ma *Rajakī* 'Washerwoman', I. v. 17; *see also* tshos-ma.
btsir (ḥtshir-ba) *prapīḍ* press, II. v. 69; vi. 2, 5; vii. 1; xi. 1.
btsun-mo *yoṣid* woman, *yoginī*, I. i. 1; viii. 28; II. ii. 38, 41; iii. 30, 43; v. 43; viii. 7.
btsod *mārtaṇḍa* *sun, II. v. 35.
btsos (ḥtshod-pa) *tapta* 'burnished', II. v. 35.
rtsa *nāḍī* *vein, I. i. 13, 19; II. iv. 24.
rtse-ba-ma (*literally*: 'Playful') *Divyā* 'Divine', one of the 32 *veins, I. i. 16.
rtse-gsum-pa *triśula* trident, I. iii. 18.
brtse-ba *kautuka* zeal, II. ii. 8; *see also* ldo.

tsha-ba *kaṭuka* pungent, II. iii. 46.
tsha-ba-ma *Uṣmā* 'Heat', one of the 32 *veins, I. i. 17.
tshaṅs-pa *Brahmā*, I. v. 12–13; II. v. 37.
tshaṅs-paḥi sa-bon *brahmabīja palāśa*-seed, I. ii. 23.
tstshando *chandoha* a place of pilgrimage, I. vii. 10, 15.
tshul *rūpa* form.
tshems *daśana*, *danta* tooth, II. vi. 2, 5; vii. 1; xi. 1.
tsher-ma *kaṇṭhaka* thorn, II. i. 10.
tstsho-ma (= brda) *choma* secret sign, I. vii. 1.
tshogs *gaṇa* troupe, company, II. iv. 11, 12, 95; vii. 6, 11.
tshod-ma *vyañjana* herbs, II. iii. 58.
tshor-ba **vedanā* feeling, II. iv. 33.
tshos-ma *Rajakī* 'Washerwoman', I. v. 2, 6; II. iii. 63; *see also* gtso-blag-ma.
mtshan/mtshon-pa *lakṣ* to mark, I. vi. 3; vii. 18; viii. 9, 11; II. ii. 38; iv. 12, etc.; *aṅk*, II. v. 55.
mtshan-ñid *or* mtshan *lakṣaṇa* characteristic.
mtshan-ma *aṅka* mark, II. iv. 15; (*aṅga* limb, II. xi. 13).
mtshan-mo **Śavarī* 'Savage', one of the 32 *veins, I. i. 17; *see also* ri-khrod-ma *and* rṅon-pa-ma.
mtshan-ñid daṅ bral-ba *vilakṣaṇa* 'blank', one of the four *moments (†*kṣaṇa*), I. i. 24; II. iii. 6, 8.
mtshams *sīmān* parting, I. vii. 5.
mtshon-bsnun *śastrahata* 'slain warrior', I. vii. 21.
ḥtshal-ba (*elegant usage*) *jñā* know, II. iv. 96; v. 4, 22, 23.
ḥtshe-ba *upadrava* calamity, II. ii. 11; iii. 66.
ḥtshed-pa *pāvaka* fire, II. ii. 49.
ḥtshed-paḥi mtshams *pāvakakoṇa* south-east, II. v. 18; *see* meḥi phyogs.
ḥtshed-ma *Pāvakī* 'Purifying', one of the 32 *veins, I. i. 18.

mdzub-mo *pradeśikā* second finger, I. vii. 3.

rdzas *dravya* 'ingredient', II. iii. 38.
rdziṅ-bu *puṣkariṇī* pool, I. ii. 20.
rdziṅ-buḥi ḥgram *vāpikātīraṃ* 'shore of the lotus-pool', a place of pilgrimage, I. vii. 18.
rdzu-ḥphrul *ṛddhi* magical power, I. xi. 5.
rdzogs-pa *niṣpatti* manifestation, I. iii. 2; viii. 7; *niṣpanna* manifest, I. viii. 10; II. i. 5.
rdzogs-paḥi rim-pa **utpannakrama* Process of Realization, I. viii. 24; II. ii. 34; iv. 41; *see also* skyes-med rim-pa.

źaṅ-po *mātula* maternal uncle, II. v. 59.
źabs-bsil *pādya* water for the feet, II. i. 5, 14.
źi-ba **nirvāṇa*, I. viii. 15; ix. 12; *nivṛti* release, II. iv. 72; *śānta* tranquil, II. iii. 18; xi. 4; *śānti* propitiation, a *rite, II. i. 6–8, 10; iv. 95; v. 26; **Śiva*, I. v. 12–13.
źiṅ *kṣetra*, I. vii. 10, 13.
źim-pa *miṣṭa* pleasing, II. iii. 20.
źe-sdaṅ *dveṣa* *wrath.
źo *dadhi* curds, II. i. 10.
gźib-pa (ḥjib-pa) *vṛṣ*, *saṃvṛṣ* to suck, II. v. 62; vi. 1; xi. 12; *bhūṣ*, II. v. 38.
gźon-nu-ma *kumārī* girl, I. ii. 20, 28.
gźol-ma *Pravaṇā* 'Bent', one of the 32 *veins, I. i. 17.
bźi-mñam *catuḥsama* 'potion of four ingredients', II. iii. 59; iv. 7; x. 4.
bźi-ba(ḥi dbaṅ-bskur) *caturthābhiṣeca* Fourth *Consecration (†*abhiṣeka*), II. iii. 10, 11.
bźed-pa *tatpara* intent, II. iii. 18.

za-ma-tog *karaṇḍaka* casket, II. ii. 39; iii. 4.
ze-ba *keśara* anthers, pericarp, II. v. 52.
ze-ḥbru *kiñjalka* pericarp, lotus-centre, I. viii. 3; II. ii. 25; xi. 6.
zla-nor *candramaṇi* moon-stone, II. v. 36.
zla-ba chu-śel *candrakānti* magic moon-stone, I. viii. 10.
zlum-po *vartula* round, II. i. 6.
gzugs-kyi rdo-rje-ma **Rūpavajrā*, I. iv. 2.
gzugs-brñan *prakṛti* image, I. ii. 20; *bimba* manifestation, I. viii. 9; *puttalī*, I. xi. 1, 2.
gzuṅ-ba daṅ ḥdzin-pa *grāhyagrāhaka* object and subject, I. i. 20; ix. 5; x. 33.
bzaṅ-mo *divya* celestial, I. x. 5.
bzaḥ-ba *bhojana* feasting, II. iii. 1; vii. 5, 6, 7, 10; *khāna* eating, II. ix. 36.
bzi-ba *majjana* drunk, I. vi. 26.
bzlas-pa †**japa* recitation.
bzlog-pa *viparīta* reverse, II. ii. 47, 51.

(ḥod) dpaḥ-med **Ārolik*, **Amitābha* 'Boundless Light'.
ḥo-byed-pa *and* ḥo-mdzad-pa *cuṃbana* kiss.
ḥog-źal-ma *Ahomukhā*, II. iv. 65.

yaṅ-dag rab-sbyin *saṃpradāya* tradition, II. vii. 4.
yi-ge *akṣara* *syllable, I. viii. 9.
yi-dvags zla-phyed *pretapakṣa* dark fortnight, I. vii. 20; *see also* mar-ṅo.
yig-ḥbru *akṣara* *syllable, I. iii. 2.
yid-ches *pratyaya* certainty, II. ii. 40.

yid-bzaṅ-ma *Sumanās* 'High-minded', one of the 32 *veins, I. i. 18.

yul *viṣaya* *sense-sphere, II. iii. 31, 32, 34, 35, 50; *deha* body, 'phenomenal form', II. iii. 24.

yul-can *vaiṣayikā* sense-faculty, II. iii. 34 (= dbaṅ-po).

ye-śes lṅa *pañcajñāna* *wisdom as fivefold, II. iv. 45.

g'yuṅ-mo **Ḍombī*; *ḍomba* a low-caste, II. iii. 45.

g'yon-pa-ma *Vāmā* 'Left-handed', one of the 32 *veins, I. i. 16.

ra-ba *prākāraka* balustrade, I. iii. 3.

raṅ-ḥdod lha **sveṣṭadevatā* chosen divinity.

raṅ-byuṅ me-tog *svayambhūkusuma* SB: blood from menstruation, II. iii. 48, 59.

raṅ-ḥtshed-ma **Caṇḍālī*, II. iii. 62; *see also* gdol-pa-mo.

raṅ-bźin *svabhāva* self-nature.

raṅ-rig *svasaṃvedya* self-experiencing, I. viii. 27, 46, 51; I. ix. 3; I. x. 8.

rab-tu rgyas-pa *prasara* pouring forth, I. vii. 26.

rab-tu myos-ma *pramāda* young woman, I. ii. 26.

rab-mthoṅ *pratyakṣa* intuitive, II. i. 3.

rab-gnas *pratiṣṭhā* *consecration, II. i. 1.

rab-soṅ-gnas *pretālaya* cemetery, II. iii. 49.

rab-gson-dge-ḥdun *Pretasaṃhāta*, a place of pilgrimage, I. vii. 18.

ral-gri *khaḍga* sword, II. xi. 4.

ri-khrod-ma **Śavarī*; *see also* mtshan-mo *and* rṅon-pa-ma.

ri-boṅ-can *śaśin* *moon, I. i. 31.

rig-byed *veda*, I. viii. 54; II. v. 45; ix. 18.

rig-ma †*vidyā* *Spell (= *yoginī*), I. x. 5; II. ii. 10; v. 19, 58, 59.

rigs *kula* *'Buddha-Family'.

rigs-kyi bdag-po *kuliśa* (translated into Tibetan as *kuleśa*) thunderbolt, †**vajra*, II. v. 53.

rigs-pa *yukti* device, I. i. 4; iii. 16; v. 8.

rin-chen (ḥbyuṅ-gnas) **Ratna* (*sambhava*).

rim-pa *krama, nyāya* order.

rims *jvara* fever, plague, II. iii. 66.

ril-ba spyi-blugs *kamaṇḍalu* jar, I. ii. 22.

ru-sbal *kūrma* tortoise, II. v. 31, 54.

ru-sbal-skyes-ma *Kūrmajā* 'Tortoise-born', one of the 32 *veins, I. i. 16.

rus-paḥi rgyan *asthyābharaṇa* bone-ornament, II. iii. 56.

rus-paḥi phreṅ-ba *asthimālikā* bone-necklace, I. vi. 3.

reg-min *asparśa* untouchable, II. iii. 58.

reg-riṅ *duḥspṛśa* untouchable, II. iii. 45.

reṅs-par byed-pa *stambhana* petrifying, a *rite, I. i. 8; ii. 12; xi. 2, 3, 4; II. ix. 16; x. 2, 4.

reṅs-ma (*literally*: 'Stiff') *Kṛṣṇavarṇā* 'Black', one of the 32 *veins, I. i. 17.

ro *mṛtaka* corpse, I. iii. 4; II. iii. 49; *śava*, II. iii. 57; vii. 8.

ro-mñam-pa *samarasa* same flavour, equal, I. viii. 37, 39, 40; x. 8; II. iii. 15.

ro-ma *Rasanā* right *vein.

ro-laṅs-ma **Vetālī*.

rol-mo *tāṇḍava* dancing, II. v. 9.
rlabs *laharī* wave, II. v. 69.
rluṅ (gi phyogs) *vāyavī* north-west, I. ii. 20; ix. 10; x. 29; II. v. 18, 53.
rlom-paḥi śiṅ *snigdhavṛkṣa* succulent tree, I. xi. 4.
rlom-sems med-pa *nistaraṅga* tranquil, I. x. 34, 36; II. v. 11; *see also* dbaḥ-rlabs med-pa.
brla *kurpara* thigh, II. xi. 13.

lag-bcaṅs-pa *pāṇyāvāpti* embrace, II. iii. 11.
lag-gdub *rucaka* bracelet, I. iii. 14; vi. 2, 11; viii. 17; II. vi. 4.
laṅ-tshos *yauvana* youth, II. ii. 17; iii. 14; iv. 35; vi. 11.
lan-bdun-pa *saptāvarta* 'seven-timer', I. vii. 21; I. xi. 10; *see also* skye-ba bdun-pa.
lan-tsva rgya-mtshoḥi naṅ-skyes *lavanasāgaramadhyaja* 'arising in the salt ocean', a place of pilgrimage, I. vii. 15.
lan-tshva *lavaṇa* salt, II. iii. 46.
luṅ-btaṅ *riṣṭikā* soap-berry tree, II. x. 2.
lud-pa *śleṣma* phlegm, II. iii. 48.
lus-ṅan (phyogs) *kauberī* north, I. viii. 13; ix. 11.
le-lo *kausīdya* indolence, II. ii. 37.
log-pa *jāgrat* awake, I. viii. 43; x. 19.
log-par ḥdren-pa *vināyaka* trouble, II. iv. 90.

śa *māṃsa* *flesh, meat, II. iii. 56; ix. 13; *bala* meat, II. v. 61; xi. 15.
śa-chen *mahāmāṃsa* human flesh, II. iii. 60.
śi-ba *mṛtaka* corpse, I. viii. 4; *see also* ro.
śiṅ *kāṣṭha* wood, II. iii. 44.
śin-tu gzugs-can-ma *Surūpiṇī* 'Beautiful', one of the 32 *veins, I. i. 17.
śel *sphaṭika* crystal, II. x. 2.
śes-rab **Prajñā* partner, I. iii. 17, 18; v. 16; vii. 23; II. iii. 13, 15; iv. 44, 57; ix. 15; †*prajñā* *wisdom.
śes-rab pha-rol-phyin-ma **Prajñāpāramitā* 'Perfection of Wisdom', II. xi. 2.
śes-rab-ma **Prajñā* partner, II. iv. 41.
śes-rab ye-śes (kyi dbaṅ-bskur) *prajñājñānābhiṣeka* †*Consecration (†*abhiṣeka*) of the Knowledge of Wisdom, II. iii. 10, 11.
gśin-rje *Vaivasvata* = **Yama*, III. v. 37.
gśin-rje (ḥi phyogs) *yāmya* Yama's quarter, south, I. viii. 13; ix. 11.
gśer-ba *drava* flow, II. ii. 54.

sa-spyod *bhūcara* sprite, I. v. 3.
sa-spyod-ma **Bhūcarī*.
sa-bon *bīja* *seed.
sa-lu *śāli* rice, I. ii. 27; II. iii. 60; v. 56, 61; x. 5.
saṅs-rgyas lṅa *pañcabuddha* *buddhahood as fivefold, II. vi. 4.
sum-ḥkhor-ma *Traivṛttā* 'Threefold', one of the 32 *veins, I. i. 18.
ser-sna *piśuna* malignity, II. ii. 57; iii. 51; iv. 16.
ser-sna rdo-rje *Piśunavajra* = **Ratnasambhava*, II. ii. 57.
sems-dpaḥ-bo *Sātvika* (= †**Vajrasattva*), I. v. 12; II. xi. 7.
ser-po *pīta* yellow, I. ii. 20; *piṅga* yellow, I. iii. 13.
so *medinī* earth, I. vii. 5.
so-phag *iṣṭaka* brick, I. ii. 20; II. v. 51.

so-rtsi *pūga* betel-nut, II. ii. 5.

so-so-rasṭa-ñid *Saurāṣṭra*, a place of pilgrimage, I. vii. 15.

so-sor rtog-pa(ḥi ye-śes) *pratyavekṣaṇa(-jñāna)* Discriminating Wisdom (*see* *wisdom as fivefold), I. viii. 7; II. iv. 46.

sor-mo (sor) *aṅgulī* finger, I. vii. 2; *aṅgula* inch, I. vi. 16; II. i. 8; vii. 2.

sol-ba *aṅgāra* charcoal, I. ii. 20; II. v. 51.

srad-bu *sūtra* thread, I. ii. 20; x. 22, 24; II. v. 6, 50.

sriṅ-mo *bhaginī* sister, I. v. 2, 16; II. v. 59; vii. 11.

srid-pa *bhava* existence.

srin-paḥi mtshams *rakṣasāśā* south-west, II. v. 18.

srin-lag *anāmikā* fourth finger, I. vii. 3, 4; II. iii. 14; v. 69; xi. 3.

srub-pa *mantha, manthāna* agitation, churning, II. v. 14, 18, 48.

sreg-blugs *hotavya* oblation, II. ix. 6.

slu-ba *vañcana* misleading, I. ix. 7.

slob-dpon (gyi dbaṅ-bskur) *ācāryābhiṣeka* Master's *Consecration, (†*abhiṣeka*) II. iii. 10, 11, 13.

gsaṅ-baḥi dkar-mo *Guptagaurikā* Gaurī II, I. ix. 17.

gsaṅ-ba(ḥi dbaṅ-bskur) *guhyābhiṣeka* Secret *Consecration (†*abhiṣeka*), II. iii. 10, 11; xi. 2.

gsil-byed *khiṅkhirikā* fan, II. v. 32.

gsuṅ *vāc* speech.

gser-daṅ-ldan-paḥi-gliṅ *cāmīkarānvitaṃ dvīpaṃ* 'Isle of Gold', a place of pilgrimage, I. vii. 16.

gso-ba *jīva* soul, I. x. 12.

gso-sbyoṅ *poṣadha* confession, II. viii. 9.

gsod-par byed-pa *and* bsad-par bya-ba *māraṇa* *slaying.

gsol-ba gdab-pa *abhyarcanā* prayer, I. x. 17.

bsam-gtan *dhyeya* meditation, I. v. 20; **dhyāna*, I. v. 21; vi. 24; II. ii. 8; iii. 42; ix. 6.

bsil-sbyin-ma *Sītadā* 'Freshener', one of the 32 *veins, I. i. 17.

bsre *gaṇḍhā* rhinoceros, I. ii. 31.

lha-bśos *naivedya* food-offering, II. i. 14; iii. 21.

lhan-cig skyes-pa *sahaja* *innate.

lhan-cig skyes-paḥi dgaḥ-ba *sahajānanda* innate *joy (†*ānanda*).

lhuṅ-bzed *yogapātrikā* begging-bowl, II. v. 31.

a-ga-ru *vāyasāgaru* sweet aloe wood, II. viii. 4.

SELECT VOCABULARY

SANSKRIT-TIBETAN

* refers to an entry in the Index (vol. I, pp. 143 ff.). † refers to an entry in the Glossary (vol. I, pp. 131 ff). P Peking Kanjur. N Narthang Kanjur. SB concealed meaning (*sandhyābhāṣa*).

aṃśaka cha.
**akṣara* yi-ge, yig-ḥbru.
**Akṣobhya* mi-bskyod-pa.
agni me.
aṅka mtshan-ma.
aṅkuśa lcags-kyu.
aṅga I. i. 25; II. xi. 13.
aṅgāra sol-ba.
aṅgula sor-mo.
aṅgulī sor-mo.
aṅguṣṭha mthe-boṅ.
adbhuta rṅam-pa.
adhivāsana sta-gon.
†**adhiṣṭhāna* byin-gyis brlabs-pa.
anāmikā srin-lag.
anuṣṭhāna(jñāna) nan-tan (gyi ye-śes).
antarābhava bar-maḥi srid.
antasthāna mthar-gnas-pa.
apakāra gnod-pa.
abhicāruka mṅon-spyod.
abhimant ṅa-rgyal gcag-pa.
abhimantr mṅon-par bsṅag-pa.
†**abhiṣeka* dbaṅ, dbaṅ-bskur-ba.
Abhedyā mi-phyed-ma
abhyarcanā gsol-ba gdab-pa.
abhyāsa goms-pa.
**Amitābha* ḥod-dpaḥ-med.
**amṛta* bdud-rtsi, mi-ḥchi.
**Amogha(siddhi)* don-yon(grub-pa).
amla skyur-ba.
aruṇa ñi-maḥi mdog.
argh phod-pa.
argha mchod-yon.
arjaka I. ii. 20.
ardhaparyaṅka skyil-kruṅ phyed-pa.
ardhahāra do-śel-phyed.
**Avadhūtī* kun-ḥdar-ma.
avalamb dmigs-pa.
Avīci mnar-med.
asthimālikā rus-paḥi phreṅ-ba.
asthyābharaṇa rus-paḥi rgyan.
asparśa reg-min.
Ahomukhā ḥog-źal-ma.

ākarṣaṇa ḥgugs-par byed-pa, dgug-pa.
ākāra rnam-pa.
ākṛti cha-byed.
ākṛṣṭi dgug-pa.
ākram mnan-pa.
**āgantukamala* glo-bur dri-ma.
ācama ḥthor-ḥthuṅ.
ācāra tha-sñad.
**ācāryābhiṣeka* slob-dpon (gyi dbaṅ-bskur).
āṭopa sñems-pa.
ātmaka bdag-ñid.
**ātman* bdag.
ādarśajñāna me-loṅ ye-śes.
†**ānanda* dgaḥ-ba.
**āyatana* skye-mched.
**Ārolik* ḥod-dpaḥ-med.
ālaya gnas.
āliṅga ḥkhyud-pa.
**ālīḍha* rkaṅ-pa g'yas-pa brkyaṅ-byas-pa.
ālocana gros.

indīālī mig-ḥphrul mṅaḥ-ba.
**Indra* dbaṅ-po.
indranīla dbaṅ-sṅon.
**indriya* dbaṅ-po.
iṣṭaka so-phag.

īkṣaṇa lta-ba.
īśvara dbaṅ-phyug.

uccāṭana skrod-pa, bskrad-pa.
†**utpattikrama* bskyed-paḥi rim-pa.
**utpannakrama* skyed-med rim-pa, rdzogs-paḥi rim-pa.
utpala I. vi. 8; II. i. 10; viii. 4.
utpāda chags-pa.
udyana skyed-tshal ra-ba.
unmāda myo-ba.
upakṣetra ñe-baḥi źiṅ.
upacāra mchod-pa.
upachandoha ñe-baḥi tstshando.
upadrava ḥtshe-ba.
upapīṭha ñe-baḥi gnas.
upapīlava ñe-baḥi ḥthuṅ-gcod.
upamelāpaka ñe-baḥi ḥdu-ba.
uparodha ṅo mi tshog-pa.
upalabh dmigs-pa.
upaśmaśāna ñe-baḥi dur-khrod.
upasevā I. i. 25.
upahata bsnun-pa.
upahāra mchod-pa.
†**upāya* thabs
upekṣā btaṅ-sñoms.
Upendra ñe-dbaṅ.
uraga lto-ḥphye.
uṣma drod.
uṣman II. ix. 15, 27, 34, 37.
Uṣmā tsha-ba-ma.

oṣṭha ma-mchu.

aindrī dbaṅ-po (ḥi phyogs).
aiśanī dbaṅ-ldan (phyogs).

kakṣa mchan-khuṅ.
kacaḍori skra-yi ska-rags.
kaṭuka tsha-ba.
kaṇṭhaka tsher-ma.
kaṇṭhamālā mgul-gyi phreṅ-ba.
kaṇṭhī mgul-rgyan, nor-bu.
kaniṣṭhika theḥu-chuṅ.
**kapāla* thod-pa.
kamaṇḍalu ril-ba spyi-blugs.
kamp ḥdar-ba.
karaṇḍaka za-ma-tog.
karāla ḥjigs-pa.
**karuṇā* sñiṅ-rje.
**kartṛ* gri-gug.
**karpūra* ga-pur.
**Karmārapāṭaka* lcags-paḥi braṅ-ñid.
**kalaśa* bum-pa.
kalā cha.
kavaca go-cha.
kaṣāya ska-ba.
kasturikā gla-rtsi; II. iii. 59; iv. 7.
kāṇḍa gtsub-śiṅ.
Kāminī ḥdod-ma.
**kāya* sku.
kāra rnam-pa.
**Kāruṇyapāṭaka* byed-paḥi braṅ-ñid.
kāla dus.
kāṣṭha śiṅ.
kiñjalka ze-ḥbru.
kilbiṣa ñon-moṅs-pa.
kuca nu-ma.
kuccā pir.
kuṅkuma gur-gum.
kuñja bya-skyibs.
kuṭhārachinna I. ii. 22, 23.
kuṇḍa thab-khuṅ.
kuṇḍala rna-cha.
kunda II. iv. 30; v. 11.
kunduru I. x. 38; II. ii. 33, 52; iii. 17, 38, 60; iv. 8, 38.

**Kubera* nor-bdag.
kumārī gźun-nu-ma.
kumbhaka rṅub-pa,
kurpara brla.
kula rigs.
kuliśa rigs-kyi bdag-po.
kūrma ru-sbal.
Kūrmajā ru-sbal skyes-ma.
kṛtaśrama ṅal-bsos.
kṛtyānuṣṭhāna(jñāna) bya-ba nan-tan (gyi ye-śes).
kṛpīta II. iii. 57; iv. 6.
Kṛṣṇavarṇā reṅs-ma.
kṛṣṇā mar-ṅo.
keyūra dpuṅ-rgyan.
keśara ze-ba.
koṭi bye-ba.
kautuka ldo, brtse-ba.
kausīdya le-lo.
kauberī lus-ṅan (phyogs).
krama rim-pa.
krūra ma-ruṅs-pa.
kliś, *kleśa* ñon-moṅs-pa.
kleśajñānāvaraṇa ñon-moṅs śes-byaḥi sgrib.
**kṣaṇa* skad-cig-ma.
kṣatriya rgyal-rigs.
kṣetra źiṅ.
kṣema bsñun.
kṣobha dkrug-pa.

khaṭikā I. ii. 22.
khaḍga ral-gri.
khaṇḍa cha, dum-bu.
khāna bzaḥ-ba.
khiṅkhirikā gsil-byed.
khecaratva mkhaḥ-spyod.
**Khecarī* mkhaḥ-spyod-ma.
kheṭa II. iii. 56; iv. 8.

gaṇa tshogs.
gaṇḍhā bsre.
gati bgrod-pa.
gamya bgrod-pa.
gāḍhaṃ dam-pa.
**gīta* glu.
guḍa bu-ram.
Guptagaurikā gsaṅ-baḥi dkar-mo.
**guru* bla-ma.
gulma lcug.
**guhyābhiṣeka* gsaṅ-ba(ḥi dbaṅ-bskur).
gṛdhra bya-rgod.
Gehā khyim-ma.
gocara spyod-yul.
**Godāvarī* bā-yi mchog-sbyin.
gomāyu ba-laṅ-tshe.
Gaurī dkar-mo.
graha gdon.
grāhyagrāhaka gzuṅ-ba daṅ ḥdzin-pa.

**ghaṇṭhā* dril-bu.
ghasmai brgyal-ba.

†**cakra*, **cakrī* ḥkhor-lo.
caṇḍāla gdol-pa.
**Caṇḍālī* gtum-mo, gdol-pa-mo, smre-śa-can, raṅ-ḥtshed-ma.
**Caṇḍikā* gtum-mo.
catuḥsama bźi-mñam.
**caturthābhiṣeka* bźi-ba(ḥi dbaṅ-bskur).
candana tsan-dan.
candrakānti zla-ba chu-śel.
candramaṇi zla-nor.
carmāra ko-lpags-mkhan.
cāmara rṅa-yab.
cāmīkarānvitaṃ dvīpaṃ gser-daṅ-ldan-paḥi-gliṅ.
cārya spyod-pa.
**citta* thugs, sems.
citraka I. ii. 24.
cihna phyag-mtshan.

**Cundā* tsun-dā.
cumbana ḥo-byed-pa.
cūrṇa phye-ma.
ceṇḍakāra smin-mkhan.
caura chom-rkun.
**Caurī* chom-rkun-ma.
cauryakeśa rkun-maḥi skra.
cauryapattra rkun-maḥi lo-ma.

chandoha tstshando.
cheamaṇḍa dran-pa ñams-pa.
choma tstsho-ma.

*Janan*ī skyed-byed-ma.
†**japa* bzlas-pa.
jarāyu khru-ma.
jalāsṛg mchil-rnag.
**jāgrat* log-pa.
jīva gso-ba.
jñā ḥtshal-ba.
jyeṣṭha thu-bo.
jyeṣṭhā mthe-boṅ.
jvara rims.
jvalacīvara chos-gos.

**ḍamaru* caṅ-teḥu.
†**ḍākinī* mkhaḥ-ḥgro-ma.
ḍiṇḍima II. iii. 58; iv. 8.
ḍomba, **Ḍombī* g'yuṅ-mo.

tatpara bźed-pa.
†**tantra* rgyud.
tapas dkaḥ-thub.
tapta btsos.
tarj bsdig-pa.
tarjanī bsdigs-mdzub.
tāṇḍava rol-mo.
**Tārā*, *Tāraṇī* sgrol-ma.
tikta kha-ba.
tiryac byol-soṅ.
tila til.
tilaka thig-le.
tīrthika mu-stegs-pa.
tumbhikā ku-ba.
tuṣa phub.
tuṣṭa dgyes-pa.
tṛptikara II. iii. 58.
tejas drod.
toraṇa rta-babs.
taila ḥbru-mar.
tyāga mchog-sbyin.
**trikāya* sku-gsum.
triśula rtse-gsum-pa.
trailokya ḥjig-rten gsum-po.
Traivṛttā sum-ḥkhor-ma.

daṇḍa dbyug-gu.
dadhi źo.
danta, *daśana* tshems.
divya dam-pa, bzaṅ-mo.
Divyā rtse-ba-ma.
dīkṣā dbaṅ.
duḥkha sdug-bsṅal-ba.
duḥspṛśa reg-riṅ.
dundubhi rṅa.
dundura II. iii. 57; iv. 7; skal-med-pa.
durbhāṣa smod-tshig.
duṣṭa gdug-pa.
dṛṣṭi lta-staṅs.
dolāṅga khyogs.
Doṣā skyon-ma.
drava gser-ba.
dravya rdzas.
dvandvatantra gñis-gñis ḥkhyud-pa.
Dvijā skyes-gñis.
dvipuṭa ḥphar-ma gñis-dag.
dviveta ñis-bskor.
**dveṣa* źe-sdaṅ.

**dharmadhātu* chos-kyi dbyiṅs.
**dhātu* khams.
dhī blo.
dhīra dal-ba.

dhū ḥdar-ba.
dhairya dal-ba.
**dhyāna*, *dhyeya* bsam-gtan.
dhvaja rgyal-tshan.

Naṭī, **Nartī* gar-ma.
**nāṭya* gar.
**nāḍī* chu-tshod, rtsa.
nātha mgon-po.
nābhi lte-ba.
nāśana ḥjig-pa.
nikāya sde-pa.
nimantr sñan-gsan ḥdebs-pa.
nimba nim-pa.
niraṃśuka II. iii. 56; iv. 8; vi. 10; x. 2.
nirodha ḥgog-pa.
**nirvāṇa* źi-ba.
nivṛti źi-ba.
niṣpatti, *niṣpanna* rdzogs-pa.
niṣyanda (*phala*) rgyu-ḥthun (ḥbras-bu).
nistaraṅga dbaḥ-rlabs med-pa, rlom-sems med-pa.
nīla sṅo-bo.
nūpura rkaṅ-gdub.
**Nairātmyā* bdag-med-ma.
Nairṛtī bden-bral.
naivedya lha-bśos.
nyāya rim-pa.
nyās dgod-pa.

paṅkaja ḥdam-skyes.
**pañcajñāna* ye-śes lṅa.
**pañcabuddha* saṅs-rgyas lṅa.
pañjara gur.
paṭa bris-sku.
paṭala btu-ba.
pat dgyel-ba, ḥgyel-ba.
pada gnas.
padminī padma-can.
para, *parama* dam-pa.
**paramānanda* mchog-tu dgaḥ-ba.
paraśu dgra-sta.
pariśrama ṅal-ba.
**Parṇaśavarī* parṇṇa-ri-khrod-ma.
parva dus-thabs.
paśu phyugs.
**Pāṇḍurā*, *Pāṇḍuravāsinī* gos-dkar-ma.
pāṇyāvāpti lag-bcaṅs-pa.
pātanā ltuṅ-bar byed-pa.
pātāla rkaṅ-ḥog.
pādya źabs-bsil.
pāvaka ḥtsḥed-pa.
pāvakakoṇa ḥtshed-paḥi mtshams.
Pāvaki ḥtshed-ma.
pāṣāṇa rdo.
piṅga ser-po.
piṇḍa goṅ-bu.
piśuna ser-sna.
Piśunavajra ser-sna rdo-rje.
**pīṭha* gnas.
pīta ser-po.
pīyūṣa bdud-rtsi.
pīlava ḥthuṅ-gcod.
pīvara btuṅ-mchog.
puṭa ḥphar-ma.
puttalī gzugs-brñan.
purāṇa sṅon-rabs.
puruṣa skyes-bu.
puruṣakāra (*phala*) skyes-buḥi byed-pa(ḥi ḥbras-bu).
puṣkariṇī rdziṅ-bu.
Puṣya rgyal.
pustaka glegs-bam.
pūga so-rtsi.
pūja mchod-pa.
pūti dri-ṅa.
pūraka dgaṅ-ba.
pūrvaṃ sṅo.
poṣadha gso-sbyoṅ.
pauṣṭikā rgyas-pa.
prakṛti gzugs-brñan.

†**prajñā* śes-rab, śes-rab-ma.
**prajñājñānābhiṣeka* śes-rab ye-śes (kyi dbaṅ-bskur).
**prajñāpāramitā* śes-rab pha-rol phyin-ma.
praḍhauk dbul-ba.
praṇidhāna smon-lam.
pratimā sku-gzugs.
pratiṣṭhā rab-gnas.
pratyakṣa rab-mthoṅ.
pratyaya yid-ches.
pratyavekṣaṇa(jñāna) so-sor rtog-pa(ḥi ye-śes)
pradeśikā mdzub-mo.
pradoṣa sña-ba.
pradhāna gtso-bo.
prapañca spros-pa.
prapīḍ btsir (ḥtshir-ba).
prabhāva byin-gyis brlabs-pa.
prabhu gtso-bo.
pramāda rab-tu myos-ma.
Pravaṇā gźol-ma.
prasara rab-tu rgyas-pa.
prasāritaka bkal-ba.
prasūtaja bu-btsas-skyes.
prasveda rdul.
prahāra thun-tshod.
prākāraka ra-ba.
prākṛta phal-pa.
preṅkhana II. iii. 57; iv. 8.
pretapakṣa yi-dvags zla-phyed.
Pretasaṃhata rab-gson-dge-ḥdun.
pretālaya rab-soṅ-gnas.
Premaṇī sñu-gu-ma.
prokṣaṇa btaṅ-gtor.

bandhuka I. iii. 13.
bala śa II. iii. 20, 43, 56.
bali gtor-ma.
bādh gnod-pa.
bādhana mnan-pa.
bimba gzugs-brñan.
**bīja* sa-bon.
bībhatsa mi-sdug-pa.
**bodhicitta* byaṅ-chub-kyi sems
bodhyaṅgasapta byaṅ-chub yan-lag bdun.
**brahmabīja* tshaṅs-paḥi sa-bon.
brahman bram-ze.
**Brahmā* tshaṅs-pa.
**Brāhmaṇī* bram-ze-mo.

bhagavatī bcom-ldan-ḥdas-ma.
bhaginī sriṅ-mo.
bhaṭṭāraka rje-btsun.
bhayānaka ḥjigs-ruṅ-ba.
bharāḍo rje-btsun.
bhava srid-pa.
bhavya skal-ldan.
bhasma thal-ba.
bhāīni snod-can.
bhāga skal, cha.
bhājana snod.
bhāṇḍa snod.
bhāva dṅos-po.
Bhāvakı sgom-pa-ma.
†**bhāvanā* sgom-pa.
bhāskara snaṅ-byed.
**bhikṣu* dge-sloṅ.
bhuvana gnas.
bhūcara sa-spyod.
**Bhūcarī* sa-spyod-ma.
bhūta ḥbyuṅ-ba.
bhūrja gro-ga.
bhṛkuṭī khro-gñer.
Bhṛkuṭī khro-gñer-can.
bhṛṃga buṅ-ba.
bheda dbye-ba, bye-ba.
bhojana bzaḥ-ba.
bhautika ḥbyuṅ-po.
bhrānti ḥkhrul-ba.

magna byiṅ-ba.
majjana bzi-ba.

mañjarī dog-pa.
maṇḍa dkyil
†**maṇḍala* dkyil-ḥkhor.
mathanīya gtsub-stan.
madana II. iii. 56; iv. 6.
madya chaṅ.
madhura mṅar-ba.
madhyama ḥbriṅ-po, dbu-ma.
**Madhyamaka* dbu-ma.
madhyamā guṅ-mo.
†**mantra* sṅags.
mantrin sṅags-pa.
mantha, manthāna srub-pa.
marakata mar-gad.
maraṇa ḥchi-ba.
malana ñed-pa.
malayaja II. iii. 56; iv. 8.
masi snag-tsa.
mahattara che-mchog.
mahācchoma brda-chen.
mahābhāga skal-chen.
mahāmadhu sbraṅ-chen.
mahāmāṃsa śa-chen.
†**mahāmudrā* phyag-rgya chen-po.
mahāraudra drag-chen.
Mahāsaṅghī dge-bdun phal-chen.
mahāsādhanā I. i. 25.
**mahāsukha* bde-ba chen-po.
māṃsa śa.
Mātarī ma-mo.
mātula źaṅ-po.
mātṛ ma-mo.
**Māmakī* bdag-ma.
**māyā* sgyu-ma.
**Māra* bdud.
**māraṇa* gsod-par byed-pa.
Māradārikā bdud-bral-ma.
mārtaṇḍa ñi-ma, bdud las rgyal-ba, btsod.
mālatīndhana II. iii. 58; iv. 4, 7; vii. 10.
māṣa mon-sran-sneḥu.
milana ḥdu-ba.
miṣṭa źim-pa.
mukuṭī cod-pan.
mukhya gtso-ba.
muṇḍita bregs (ḥbreg-pa).
**mudra, mudraṇa* phyag-rgya, gug-skyes.
†**mudrā* phyag-rgya.
mudrī phyag-rgya-can.
mūrchita brgyal-ba.
mūrdhan spyi-bo.
mṛtaka ro, śi-ba.
mṛd (noun) ḥjim-pa.
mṛd (verb) mñes (mñed-pa).
mekhalā ska-rags.
medinī so.
melā ḥdus-pa.
melā, melāpaka ḥdu-ba.
moṭana ñed-pa.
moda dgaḥ-ba.
maitrī byams-pa.

yakṣa gnod-sbyin.
yatna ḥbad-pa.
yāmya gśin-rje(ḥi phyogs).
yukti rigs-pa.
†*yoga* sbyor-ba, rnal-ḥbyor.
**yogatantra* rnal-ḥbyor rgyud.
yogapātrikā lhuṅ-bzed
**Yogācāra* rnal-ḥbyor spyod-pa.
**yogin* rnal-ḥbyor-pa.
**yoginī* rnal-ḥbyor-ma.
**yoginītantra* rnal-ḥbyor-ma rgyud.
yoṣid btsun-mo.
yauvana laṅ-tshos.

**rakta* khrag.
rakṣasāśa srin-paḥi mtshams.
**Rajakī* gtso-blag-ma, tshos-ma.
rajas rdul-tshon.
**Ratna(sambhava)* rin-chen (ḥbyuṅ-gnas).

ravaṇa I. ii. 24.
rasa chaṅ.
*_Rasanā_ ro-ma.
rāga chags-pa, ḥdod-chags.
rājikā ske-tshe.
riṣṭikā luṅ-btaṅ.
rucaka gdub-bu, lag-gdub.
Rudra drag-po.
rūpa tshul.
*_Rūpavajrā_ gzugs-kyi rdo-rje-ma.
_ṛc_ rjed-pa.
ṛddhi rdzu-ḥphrul.
recaka ḥbyuṅ-ba.
rolā II. iv. 6.
rohita II. v. 30.
raudra drag-śul.
raudrakarman mi-bzad-pa.
raurava ṅu-ḥbod.

lakṣ mtshan/mtshon-pa.
lakṣaṇa mtshan-ñid, mtshan.
latā ḥkhril-śiṅ.
*_Lalanā_ brkyaṅ-ma.
lalāṭa dpral-ba.
lavaṇa lan-tshva.
lavaṇasāgaramadhyaja lan-tsva rgya-mtshoḥi naṅ-skyes.
laśuna sgog-pa.
laharī rlabs.
liṅga II. vii. 5; xi. 2, 10.
lekhanī smyug-gu.
*_Locanā_ spyan-ma, rdo-rje-spyan.
lobha brkam-pa.

†*_vajra_ rdo-rje.
Vajraḍākī, *_Vajraḍākinī_ rdo-rje mkhaḥ-ḥgro-ma.
†*_Vajradhara_, _Vajradhārin_, _Vajradhṛk_ rdo-rje ḥdzin-pa.
*_Vajraśṛṅkhalā_ rdo-rje lu-gu-rgyud-ma.
†*_Vajrasattva_ rdo-rje sems-dpaḥ.
*_Vajrā_ rdo-rje-ma.
†*_vajrin_ rdo-rje-can.
vajrinī rdo-rje-ma.
vañcana slu-ba.
vara dam-pa.
varaṭaka lte-ba.
vartula zlum-po.
valī gñer-ma.
vaśya dbaṅ-du byed-pa.
vastu dṅos-po.
vāc gsuṅ.
vāpikātīra rdziṅ-buḥi ḥgram.
Vāmā g'yon-pa-ma.
Vāminī thuṅ-ṅu-ma.
vāyavī rluṅ (gi phyogs).
vāyasāgaru a-ga-ru.
*_Vārī_, _Vāriyoginī_ chu-ma, chu-yi rnal-ḥbyor-ma.
vāruṇī chu-bdag phyogs.
*_vāsanā_ bag-chags.
vikarālin gtsigs-pa-can.
vikalpa rnam-par rtog-pa.
vikṣepa bsgyur-ba.
vighna bgegs.
vicitra rnam-pa sna-tshogs.
vijana skye-bo med-pa, dben-pa.
vijaya(kalaśa) rnam-par rgyal-ba(ḥi bum-pa).
vidarbhita naṅ-du gźug-pa.
viddha phug-pa (ḥbugs-pa).
†*_vidyā_ rig-ma.
vidveṣaṇa sdaṅ-bar byed-pa.
vidhāna, _vidhi_ cho-ga, chog.
vināyaka log-par ḥdren-pa.
*_Vindhyākaumārapaurikā_ bin-dha gźon-nuḥi groṅ-khyer.
viparīta bzlog-pa.
vipāka(kṣaṇa) rnam-par smin-pa(ḥi skad-cig-ma).
vipāka(phala) rnam-par smin-pa(ḥi ḥbras-bu).
vibhāga skal-pa.

vibhu mṅaḥ-bdag.
vimarda, *vimṛd* rnam-par ñed-pa.
vimokṣa rnam-par thar-pa.
Viyogā sbyor-bral-ma.
**viramānanda* dgaḥ-bral-gyi dgaḥ-ba.
vilakṣaṇa mtshan-ñid daṅ bral-ba.
**vivṛti* don dam-pa.
†**viśuddhi* rnam-par dag-pa.
viśodhana rnam-par sbyaṅ-ba.
viśvavajra sna-tshogs rdo-rje.
**viṣa* dug.
**viṣaya* yul.
Viṣṭā ḥjug-ma.
**Viṣṇu* khyab-ḥjug.
vistareṇa rgyas-par.
vihāra gnas
viheṭh tho brtsams-pa.
vīra dpaḥ-bo.
vṛddhā mthe-boṅ.
vṛddhāṅguṣṭha mthe-boṅ rgan-po.
vṛṣ, *saṃvṛṣ* gźib-pa (ḥjib-pa).
**Vetālī* ro-laṅs-ma.
**veda* rig-byed.
**vedanā* tshor-ba.
**Vemacitrin* thags-bzaṅ-ris.
veṣṭ dkri-ba.
**Vaibhāṣya* bye-brag smra-ba.
vaimalya(*phala*) dri-med (ḥbras-bu).
**Vairocana* rnam-par snaṅ-mdzad.
Vaivasvata gśin-rje.
vaiśya rjeḥu(ḥi rigs).
vaiṣayikā yul-can.
vyañjana dpe-byad, tshod-ma.
vyasta ḥchol-pa.
vyāp khyab-pa.
vratin brtul-śugs-can.

śaṅkhaka duṅ-chos.
śarāva kham-phor.
śava ro.
**Śavarī* rṅon-pa-ma, mtshan-mo, ri-khrod-ma.
śaśin ri-boṅ-can.
śastrahata mtshon-bsnun.
śānta, *śānti* źi-ba.
śāli sa-lu.
śikhā gtsug-pud.
**Śiva* źi-ba.
Śītadā bsil-sbyin-ma.
śuktikā ña-phyis.
**śukra* khu-ba.
śuci gtsaṅ-spra.
śuddhi dag-pa.
śuddhidharmatā(*jñāna*) chos-dbyiṅs dag-pa(ḥi ye-śes).
śudh sbyoṅ-ba.
**śūnya* stoṅ-pa.
śūdra rmaṅs (dmaṅs).
śṛṅgāra sgeg-pa.
**śmaśāna* dur-khrod.
śyāma sṅo-bsaṅs.
śraddhā dad-pa.
śleṣma lud-pa.
śvasṛkā sgyug-mo.

†**saṃvara* sdom-pa.
Saṃvidī kun-gyis bkur-ba.
**saṃvṛti* kun-rdzob.
saṃvṛṣ gźib-pa.
**saṃsāra* ḥkhor-ba.
saṃsūtr thig-ḥdebs-pa.
saṃskṛ, *saṃskṛta* rnam-par sbyoṅ-ba, sbyaṅ-ba.
saṃketa brda, tstsho-ma.
saṃkrānti ḥpho-ba.
saṃgraha bsdu-ba.
saṃgrahavastucatuṣka bsdu-baḥi dṅos-po bźi.
satyacatuṣka bden-pa bźi.
saṃdhi thun.
**saṃdhyābhāṣa* dgoṅs-paḥi skad.
saptasaptika bdun-gyi bdun-pa.

**saptāvarta* skye-ba bdun-pa, lan-bdun-pa.
samatājñāna mñam-ñid ye-śes.
†**samaya* dam-tshig.
samayin dam-tshig-can.
samarasa ro-mñam-pa.
samarp gtad-pa (gtod-pa).
samāyukta mñam-ldan-pa.
samāhārin mñam-zas-can.
samudaya kun-ḥbyuṅ-ba.
saṃpuṭa kha-sbyar, mñam-sbyor.
saṃpuṭīkṛta sbyar-du bźag-pa.
saṃpradāya yaṅ-dag rab-sbyin.
sarvajña kun-mkhyen.
sarvavit thams-cad-rig.
**Sarvāstivāda* thams-cad yod-par smra-ba.
**sahaja* lhan-cig skyes-pa.
sahajānanda lhan-cig skyes-paḥi dgaḥ-ba.
Sātvika sems-dpaḥ-bo.
†**sādhana* sgrub-thabs.
sāpekṣaṃ ltos daṅ bcas-pa.
Sāmānyā spyi-ma.
sāra sñiṅ-po.
sālija II. iii. 60, iv. 7.
siṅghāṇaka snabs.
sic gtor-ba.
Siddhā grub-ma.
siddhānta grub-mthah.
†**siddhi* dṅos-grub.
**sihlaka* II. iii. 18; iii. 59; iv. 7, 36; viii. 4.
sīmān mtshams.
sukha bde-ba.
**Sukhāvatī* bde-ba-can.
supta ñal.
Sumanās yid-bzaṅ-ma.
surabhi dri-źim.
Surūpiṇī śin-tu gzugs-can-ma.
suviśuddhadharmadhātu chos-dbyiṅs śin-tu rnam-dag-ma.
Sūkṣmarūpā phra-gzugs-ma.
sūcī khab.
sūtra srad-bu.
sūrya ñi-ma.
seka dbaṅ.
Sekā dbaṅ-ma.
sev, sevā, upasevā bsñen-pa, bsten-pa.
sainya sde.
**Sautrāntika* mdo-sde-pa.
saubhāgya skal-bzaṅ.
**Saurāṣṭra* so-so-raṣṭa-ñid.
**skandha* phuṅ-po.
stambha ka-ba.
stambhana reṅs-par-byed-pa.
sthā gnas-pa.
sthāna gnas.
Sthāvarī gnas-brtan-pa.
sthiti gnas-pa.
snāp blugs-pa.
snigdhavṛkṣa rlom-paḥi śiṅ.
sneha sdug-pa.
spaṭika śel.
sphāṭana dral-ba.
sphar spro-ba.
sphuṭ ḥbigs-pa.
sphoṭa bsgyur-ba.
svabhāva raṅ-bźin.
svayambhūkusuma raṅ-byuṅ me-tog.
svara dbyaṅs-yig.
svasaṃvedya raṅ-rig.
**sveṣṭadevatā* raṅ-ḥdod lha.

haḍḍika phyag-dar-mkhan.
han snun-pa.
harita ljaṅ-khu.
haritalakta ldoṅ-ros.
hasita dgod-pa.
hasta khru.
hāra do-śel.
hāsya dgod-pa.
**Himādri* kha-baḥi ri.

hutāśana byin-za.
hṛdaya sñiṅ-po.
hṛṣṭa dgyes-pa.
Hetudāyikā rgyu-sbyin-ma.
**Hevajra* kyeḥi rdo-rje.
hotavya sreg-blugs.
**homa* sbyin-sreg.